KB066160

세계는 역사를 어떻게 교육하는가

9개국의 역사 교육과정 분석

세계는 역사를 어떻게 교육하는가

강선주 엮음

한울
아카데미

차례

책을 펴내며: '역기공'의 첫 번째 공부

이 책은 '역사교육 기초연구를 위한 공부 모임'(이하 역기공)의 첫 결실이다. 역기공은 2016년 12월 역사교육의 기초가 되는 이론적·경험적 연구를 활성화하기 위해 뜻을 함께한 역사교육 연구자들이 모여서 만들었다. 2016년 12월 28일에 전체 소통을 시작했으며, 첫 번째 공부 주제를 '세계의 역사 교육과정'으로 잡고 1년 동안 한 달에 한 번씩 모여서 공부했다. 역기공은 열려 있는 모임이며 만들어가고 있는 모임이다.

2016년 12월은 국정교과서에 대한 학계와 교육계의 반대 목소리가 큼에도 정부가 국정교과서를 배포하겠다는 의지를 꺾지 않고 있었던 때이자, 유래 없는 자금을 투입해 교사 연수를 시키고 있었던 때이다. 또한 이러한 정부의 조치에 대항해 몇몇 지방자치단체에서도 독자적으로 대안 역사 교재를 개발하고 교사 연수를 실시하던 시기이기도 하다. 많은 역사교육 연구자들은 역사교육이 정치적 제물이 되는 것을 걱정했고, 제도권 정치의 간섭에서 벗어나 역사교육의 논리에 기초해 역사교육을 연구할 필요가 있다는 문제의식을 공유했다. 역기공은 그러한 걱정과 문제의식 속에서 만들어졌다.

교육과정 개정 때마다 정치적 입김에 의해 역사교육이 밑바닥부터 흔들리고 있다는 것을 느낀다. 정권이 바뀔 때마다 역사 교육과정도 바뀌는 현상이 반복되어 역사교육이 정치의 시녀가 되지는 않을까 염려된다. 교육과정 개정 때마다 이론적 틀에 대한 논의의 부족함 또한 느낀다. 종래 틀의 한계에 대해 비판하면서도 그 틀을 과감하게 깨지는 못한다. 연구가 바탕이 되지 않은 새로운 시도는 정당성을 얻지 못하기 때문이다. 교육학계의 새로운 이론들을 역사과에도 적용하라는 요구가 강하다. 때론 역사교육계가 그것을 어떻게 해석하고 변형해 정의할 것인지에 대한 심층적인 논의를 진행하기도 전에 역사 교육과정에 적용되는 사태를 맞이한다. 결국 역사교육과 교육학 이론의 어설프고 불편한 동거가 지속된다. 이 책은 이러한 문제를 해결해보겠다는 도전적인 생각으로, 그러면서도 소박하게 시작했다.

2015년 스위스에서 역사교육 연구자가 방한해 스위스 역사 교과서에서 한국을 어떻게 다루는지 발표했다. 스위스에서 사용하는 한 역사 교과서에 한국 학생들이 학교 수업 후 '학원'에 간다는 내용이 서술되어 있다고 소개했다. 외국인의 눈에 비친 한국 교육의 현실과 마주하면서 한국 교육에 대해 다시 한번 생각해보았다. 한국에서 교육을 대표하는 기관이 학교가 아니라 학원이 되어가고 있는 것인가? 유명한 학원 강사들의 인터넷 역사 강의를 찾아듣는 학생들에게 학교에서는 무엇을 어떻게 가르쳐야 할까?

그 연구자는 한국의 초·중·고등학교 역사 수업 현장을 둘러본 후, 교실마다 태극기가 있는 것이 놀라웠다고 조심스럽게 말했다. 그러면서 스위스에서는 역사교육을 애국심이나 정체성 함양의 수단으로 생각하지 않으며 비판적 사고, 혹은 역사적 역량 계발에 중점을 둔다고 했다. 그러나 스위스인으로서의 정체성 함양을 역사교육의 목적으로 내걸지는 않더라도 제도로서 학교가 역사를 정체성과 무관하게 가르치기는 어렵다. 문제는 정체성 함양을 역사교육의 목적으로 삼느냐가 아니라, 역사교육이 어떤 정체성과 어떻게 관계하느냐이다. 역사교육이 관계하는 정체성의 구성 요소나 미래 지향성이 다를 수 있기 때문이다.

1980년대 후반 이후 영국과 유럽의 많은 나라, 미국을 비롯해 아메리카에 속한 여러 나라에서 국가 교육과정이나 국가 수준의 '기준(standard)'을 개발했다. 그러한 움직임은 최근 교육에 대한 국가의 통제가 전혀 없던 벨기에를 포함해 유럽의 다민족 국가들에서도 계속되고 있다. 종래 분권화된 교육 체제 속에서 나타나는 교육의 격차 문제를 해소해 국가 경쟁력을 강화하고자 하는 것이다. 그런데 국가가 표준화된 교육과정 체제를 통해 교육의 질을 관리하고자 하면서 역사 논쟁, 기억 투쟁이 본격화되고 있다. 이렇게 어떤 역사를 가르칠 것인지에 대해 논쟁할 수 있다는 것은 그 사회가 민주적이라는 의미이다. 그런데 논쟁할 수 있다고 민주주의가 성숙된 사회라고 할 수는 없다. 그 사회의 민주적 전통의 성숙도는 논쟁을 해결하는 방법을 통해 알 수 있다. '전통'의 가치는 옛것을 그대로 지키는 데 있는 것이 아니라 옛것을 오늘날에 맞게 변형해 미래의 생성에 바탕이 되게 하는 데서 찾을 수 있다. 변화하는 사회를 읽으면서 소통과 토론, 타협, 절충, 포용을 통해 교육과정을 함께 만드는 민주적 전통을 세우는 것이 역사에서 민주주의를 가르치는 것만큼 중요하다. 그렇다면 세계는 역사 논쟁을 어떻게 해결하고 있는가?

세계 여러 나라는 국가 공통의 교육과정을 만들어 지방 격차를 해소하는 방향으로 가고 있다. 한국은 오랫동안 국가 교육과정을 획일적으로 운영해왔다. 그런데 최근 지방자치단체, 교육청, 학교 단위의 자율성이 높아지고 있으며, 이에 따라 교육과정 운영 면에서도 다양성이 커지고 있다. 지역의 특색이나 인구구성 등에 따른 운영의 다양성은 존중해야 한다. 그런데 여기서 한발 더 나아가 국가 교육과정 체제를 폐지하고 지방이 교육과정 개발의 주체가 되어야 하고 교육을 분권화해야 한다는 주장도 나타나고 있다. 교육을 분권화하는 방향으로 나가야 할까? 그러할 경우 교육 질의 지방적 격차 문제는 어떻게 해소해야 할까? 고민해볼 필요가 있다.

최근 독일, 프랑스 등 유럽의 여러 나라와 캐나다, 호주, 중국, 일본 등에서 역량 중심 교육과정을 개발했다. 한국에서도 '2015 개정 역사 교육과정'에 역사적 역량 개념을 도입했다. 그런데 이 나라들에서의 역사적 역량은 종래 역사적 사고력이나 역사 리터러시와 어떻게 다를까? 또한 교육학계에서 말하는 역량과 역사교육계에서 말하는 역량은 어떻게 비슷하고 또 다를까? 한국 역사교육도 역량 중심 교육과정으로 가야할까? 이 또한 외국 사례나 교육학의 이론들을 검토하면서 한국 역사교육의 필요라는 관점에서 판단해야 한다.

역사를 가르치는 사회문화적 조건이나 역사교육 문화는 나라마다 다르다. 그런데 외국의 역사교육 관련 글을 읽다 보면 오늘날 세계 변화 속에서 역사교육 연구자로서 갖는 문제의식이 유사하다는 것을 깨닫게 된다. 역사교육에서 함양해야 할 정체성의 문제, 자국사와 세계사의 관계 설정 문제, 역사적 사고력과 역사 리터러시, 역사적 역량을 정의하고 가르치는 문제, 역사 학습을 수준별로 위계화하는 문제, 그리고 역사교육 질의 지방 편차 축소 문제 등에 대해 고민하고 또 논쟁한다. 각 나라는 이 문제들을 어떻게 해결하고 있을까?

이 책에서는 이러한 문제들을 바탕으로 영국, 호주, 미국, 프랑스, 독일, 인도, 캐나다, 중국, 일본 등 9개국 교육과정의 문서 체계, 목적, 자국사와 세계사 등의 내용 체계 등을 검토하고, 한국 역사교육계에서 몇십 년 동안 가르쳐야 한다고 강조해왔던 역사적 사고, 그리고 최근에 논의하기 시작한 역사적 역량을 외국에서는 어떻게 정의하고 가르치는지, 학생 수준을 어떻게 고려해 학습의 연속성과 차별성을 체계화하는지 등을 살펴본다. 특히 각 나라가 역사를 어떻게 비슷하게 혹은 다르게 가르치는지 비교하기 위해 각 나라 교육과정에서 19세기와 20세기의 '제국주의(식민주의)' 혹은 '제국'이라는 주제를 어떻게 다루는지 공통적으로 분석한다.

이 책은 3부로 구성된다. 1부는 영국, 호주, 미국 등 역사 논쟁이라는 조건 속에서 역사 교육과정이나 '역사 기준서'를 개발했던 나라들로 묶었다. 이 나라들에서 논쟁을 해결했던 방식은 한국이 역사 논쟁을 해결하는 방향에 대해 생각해볼 기회를 줄 것이다. 2부는 프랑스, 독일, 인도의 '비판적 사고'를 부각해 엮었다. '자부심으로서 비판적 사고', '성찰로서 비판적 사고', '비판과 경계로서 비판적 사고'가 그것이다. 이 세 나라 역사교육이 추구하는 비판적 사고 교육의 취지를 비교하면서 한국 역사교육계가 추구해야 할 '비판적 사고'에 대해 생각해볼 수 있다. 3부에서는 역량 이론을 바탕으로 역사 교육과정을 개발한 캐나다, 중국, 일본을 다룬다. 이 세 나라의 역사 교육과정에서 역량 이론의 해석과 적용은 좀 색다르다. 정치체제와 역사교육 문화가 서로 다른 이 나라들에서 역사적 역량 이론을 어떻게 정의하고 적용했는지 살펴보면서 한국 역사교육계는 역량 이론을 어떻게 해석하고 적용할 것인지에 대해 논의해볼 수 있다.

이렇게 아홉 나라를 세 개의 범주로 구분해 엮었지만 각 나라들이 역사를 교육하는 조건이나 문제의식, 또 기초로 하는 이론들이 확연하게 구분되는 것은 아니다. 오히려 공통적인 고민이나 유사한 이론들을 보게 된다. 캐나다도 1부에 포함된 나라와 비슷하게 역사 논쟁이 심한 조건 속에서 교육과정을 개발했다. 3부에 있는 나라만이 아니라 1부나 2부에 있는 나라들, 프랑스도 역사적 능력을 중심으로, 독일도 역사적 역량 중심으로 교육과정을 개발했고, 영국도 법교육과정적으로 역량 이론을 적용했다. 그러나 이들 나라에서 말하는 역사적 역량이란 역사적 사고 기술, 역사 리터러시에 가깝다. 아홉 나라의 사례를 상호 비교하면서 읽으면 세계적으로 비슷한 문제의식을 읽을 수 있고, 또 각 나라의 독특한 문제 해결 방식을 알 수 있을 것이다. 이 책이 한국 역사교육의 문제를 진단하고 또 해결하는데 작게나마 도움이 되기를 바란다.

공부를 하면서 한국에서 사용하고 있는 몇 가지 용어의 적합성에 대해 논의했다. 그러한 용어 가운데에는 학습의 '계열화'라고 할 것인지 '위계화'라고 할 것인지, 'historical continuity'를 '지속성'이라고 할 것인지 '연속성'이라고 할 것인지, 'historical skill'을 역사적 '기능'이라고 할 것인지 '기술'이라고 할 것인지 등이 포함되었다.

한국에서 말하는 '계열화', 즉 학교급, 혹은 학생 수준별로 학습의 연속성과 차별성을 확보하는 것을 의미하는 용어가 나라마다 달랐다. 그러므로 이 책에서는 소통의 편의를 위해 '계열화'라는 용어를 유지했다. 그러나 앞으로 학습의 '위계화' 혹은 '단계화' 등의 용어를 사용하는 것에 대해 논의할 필요가 있다.

철학 사전에 따르면 '지속(duration)'은 "하나의 대상에 계속 변화가 나타나 다양성을 보일지라도 그 대상이 그대로 원래 모습을 유지하고 있다면 대상은 지속되고 있다고 하듯이, 시간의 경과 속에서 변화가 계속 일어나는(繼起) 것에 대해 그것들을 관통해 자기동일성을 유지하는 상태, 또는 이 자기동일성을 유지하는 시간상의 길이"를 의미한다. 또한 '연속(continuity)'은 "존재나 과정 속에 간격이나 비약이 없는 것"을 의미하며, "간격이나 비약이 있는 것을 불연속"이라 한다(철학사전편찬위원회, 2009). 이 책에서는 아날학파의 '장기 지속'의 개념과 구분해 'continuity'를 '연속'이라고 번역했다.

교육학 용어 사전에 따르면 '기능'이란 "학습한 개념이나 원리를 효과적으로, 그리고 자유로이 활용하는 능력", "비교적 정도가 낮은 교육과 반복적 훈련을 통해 습득될 수 있는 능력"을 의미한다(서울대학교 교육연구소, 1995). 역사교육계도 '사고 기능'이라는 용어를 사용해왔다. 그러나 여러 나라에서 가르치고자 하는 '사고 기술(thinking skill)'은 단순히 반복적 훈련을 통해 연마하는 기능이 아니라 지식·기능·태도 등의 요소들이 어우러지는 복합적인 사고 과정으로서, 분석·해석·적용·구성·활용·창조 등을 포함하는 총체적 사고 기술이다. 이 기술은 장기간에 걸쳐서 개발된다. 그러므로 이 책에서는 'historical skill'을 '역사적 기술'로 번역하고 역사적 사고의 복합적 과정을 의미하는 용어로 사용했다.

책을 마무리하면서 몇 가지 아쉬움이 남는다. 그중 하나는 러시아와 싱가포르의 역사 교육과정에 대해 공부했지만 끝내 포함시킬 수 없었던 것이다. 또한 한국에서 검토되지 않았던 나라들, 한국에 '이상적인' 교육문화를 갖고 있는 나라로 알려진 핀란드, 한국과 비슷한 정치적 과정을 겪은 스페인, 식민지를 겪었던 대만이나 인도네시아의 역사교육도 검토하려 했지만, 언어나 자료 등 여러 장벽으로 결국 의도대로 하지 못한 점도 아쉽다.

끝까지 함께 공부했지만 개인 사정으로 글을 쓰지 못했던 김한종 선생님과 백은진 선생님께 아쉬움 마음을 전하고 감사하다고 말씀드리고 싶다. 조교 역할을 하면서 열심히 공부하고 있는 강민경 선생에게도 고마운 마음을 전한다. 마지막으로 이 책을 기꺼이 출판해준 한울엠플러스와 서로 다른 필자들의 글을 통일성 있게 편집해준 이예은 편집자께도 감사의 말을 전한다.

하나를 매듭짓고 다른 하나를 시작하며

2018년 1월 강선주

제1부

‘역사적 서사’와 ‘역사적 사고’의 논쟁과 타협

1장

연대기적 서사 대 역사적 사고: 영국의 타협*

/

강선주

호키는 영국에서 역사교육을 추구하는 입장을 네 가지로 구분했다(Hawkey, 2015). 첫째, '신역사(new history)' 학파의 시각에서 역사를 지식의 형식(the form of knowledge)으로 추구한다. 둘째, 위대한 영국을 가르치는 방향으로 역사를 기억해야 할 지식(the body of knowledge)으로 추구한다. 셋째, 현재 세계 변화를 주시하고, 종교적·민족적·인종적 다양성의 측면을 고려하며, 그와 관련된 편견을 해결한다. 호키는 이 방향에서 2009 역사 교육과정이 개정되었다고 평가했다. 넷째, 간학문적·범교과적 접근 방법에 기초해 교육 전반에서 추구해야 할 목적을 중심으로 교육과정을 개발한다. 이 방법에서 '큰 그림 교육과정(a big picture of the curriculum)'(QCA, 2008)은 개별 과목이 아니라 교육과정 전체를 조직하는 수단이 된다. 이러한 교육과정을 추구하는 사람들은 "빠르게 변하는 세계에서 학생들이 책임 있는 어른, 참여하는 시민, 호기심 많은 평생 학습자, 유능한 숙련된 직원으로 사는 데 요구되는 역량을 개발할 필요"가 있다고 주장한다.

영국의 가장 최근 역사 교육과정은 2013년에 개발되었고, 2014년부터 시행되었다. 여기에서는 호키가 말한 네 가지 논쟁적 시각이 타협되어 복합적으로 반영되었다. 이 장에서는 2014 교육과정을 중심으로 역사과의 위상, 역사적 사고, 학습 계열화의 원리, 영국사와 세계사를 가르치는 시각 등에 대해 검토한다.

* 이 글은 강선주(2017)의 내용을 수정 및 보완한 것이다.

1. 국가 교육과정과 교과서의 의미

영국에서는 1988년 교육법이 제정된 이후 잉글랜드, 웨일스, 북아일랜드가 국가 교육과정을 제정했다. 이후 각 지역은 몇 차례에 걸쳐 교육과정을 개정했고, 가장 최근에는 2010년 보수당 중심의 연합 정권하에서 잉글랜드의 국가 교육과정 개정을 추진했다. 네리스 로버츠(Nerys Roberts)에 따르면 2010년 11월 교육과정 개정을 선언한 후, 현장 평가, 초안 개발 및 의견 수렴, 수정을 거쳐 2013년 9월 최종 공표까지 거의 2년 8개월 동안 교육과정을 개발했다(Roberts, 2017: 4). 그리고 1년 만인 2014년 9월부터 교육과정을 현장에 적용했다(2014 교육과정).[1] 한국은 교육과정을 확정, 고시한 후 적어도 2년 이상의 시차를 두고 현장에 적용한다. 교과서 개발 및 검정 심사 기간이 필요하기 때문이다. 영국이 교육과정을 개발한 지 1년 만에 현장에 적용할 수 있었던 까닭은 교과서 개발 및 교과서 검정 심의 과정이 없기 때문이다.

영국에는 한국과 같은 의미의 교과서가 없고, 수업 시간에 사용할 수 있는 다양한 교재만이 있다. 한국에서 교과서는 처음부터 끝까지 학생들에게 가르쳐야 할 내용이 담긴 교육과정으로서의 의미를 갖는다. 그러나 영국에서는 교과서가 아니라 국가 교육과정을 가르친다. 국가 교육과정이 개정되면, 각 학교는 국가 교육과정에 기초해 과목별 교육과

1 2013년에 개발되었으므로 '2013 교육과정'이라고 부르기도 하지만 2014년부터 실행했기 때문에 영국의 많은 연구자는 '2014 교육과정'이라고 부른다. 이 장에서는 실행 연도를 기준으로 교육과정의 명칭을 1991(1990년 공표), 1995(1994년 공표), 2000(1999년 공표), 2008(2007년 공표), 2014(2013년 공표)로 지칭한다.

정을 해마다 개발해 공개하고, 그에 따라 수업을 운영해야 한다. 영국에서는 교사들이 교육과정을 가르치기 때문에 가르칠 내용을 너무 상세하게 제시하면 교사들이 저항하거나 비판한다. 1990년대 이후 역사 교육과정 개정 때마다 교육과정 초안이 너무 상세하고 지시적이어서 교사의 교수 자율권을 침해할 수 있다는 비판이 컸다. 이 때문에 정부는 매번 수정 과정에서 지시적인 측면을 축소하기 위해 노력해야 했다.

그런데 영국의 모든 학교가 국가 교육과정을 의무적으로 따라야 하는 것은 아니다. 2014 국가 교육과정 총론에 다음 사항이 명시되어 있다.

> 주의 경제적 지원을 받는 모든 학교(state school)[2]들은 광범위하고 균형 있는 교육과정을 제공해야 한다. 각 학교별로 교육과정을 마련할 수 있는데, 국가 교육과정은 학교 교육과정의 일부를 형성한다. 주립학교들은 모든 단계의 학생들에게 종교교육(religious education)을, 중등학교 학생들에게는 성교육과 관계교육(sex and relationship education)을 실시해야 한다. 메인테인드 학교(maintained school)는 법에 의해 학습 프로그램에 제시된 법령적 국가 교육과정(statutory curriculum)을 필수적으로 따를 것을 요구받는다. 즉 메인테인드 학교는 법령적 국가 교육과정에 명시된 과목들과 그 과목들의 내용을 반드시 가르쳐야 한다. 또한 모든 학교는 해마다 학교 교육과정을 과목별로 온라인상에 공개해야 한다 (DfE, 2014a: 4).

2 이후 '주립학교'는 주의 경제적 지원을 받는 학교라는 의미로 사용한다.

메인테인드 학교란 지방 교육청(local authority)의 재정 지원과 감독을 받는 공립학교로, 이 학교들은 국가 교육과정을 반드시 따라야 한다. 단, 국가의 지원을 받는 아카데미(academy)는 예외이다(Roberts, 2017: 4).[3] 그러나 실제로 많은 아카데미와 사립학교들이 국가 교육과정에 준해 가르친다(Roberts, 2017: 4). 교육, 아동 서비스 및 기술 표준원(The Office for Standards in Education, Children's Services and Skills)은 주립학교와 일부 사립학교들이 교육과정 혹은 교육법[4]을 준수해 학교교육을 실시하는지, 그 학교 학생들이 학습 면에서 어느 정도 향상되었는지 등을 사찰(inspection)해 의회에 보고한다. 학교들은 '교육, 아동 서비스 및 기술 표준원'의 사찰에 대비해야 하며, 이 사찰은 학교들에게 부담이 된다. '교육, 아동 서비스 및 기술 표준원' 사찰은 국가나 주 교육부 및 지방 관할 교육청의 지원을 받는 학교들, 일부 사립학교들이 국가 교육과정을 준수하도록 강제하는 역할을 한다. 요컨대 영국에서 국가 교육과정이 모든 학교에 획일적으로 적용되는 것은 아니다.

---

3 영국에는 학교 종류가 매우 다양하다. 아카데미는 정부의 지원으로 운영되는 학교이다. 아카데미의 재원은 정부와 아카데미 위원회(academy trusts) 사이의 계약을 통해 확보된다. 아카데미 운영은 위원회가 하지만, 운영 규칙은 정부와 운영위원회가 서로 협의해 결정한다. 2017년 6월 26일을 기준으로 했을 때 중등학교 163개 중 140개가 아카데미이다. 자유 학교(free school)는 정부의 경제적 지원을 받지만 학교 운영, 교육과정 운영에서 자유를 보장받는다. 독립 학교(independent school)는 사립학교이다(The U.K's Independent Factchecking Charity).

4 교육부는 2014년 법령〔Education (Independent School Standards) Regulations 2014〕을 제정해 아카데미, 독립 학교, 자유 학교 등을 포함한 모든 학교는 통합교육(integration)과 영어, 수학, 과학, 그리고 종교교육을 아우르는 광범위하고 균형 있는 교육과정을 운영하도록 하고 있다. 2014 교육과정은 통합교육과 전체 교육과정에서 수학적 역량과 언어 및 문해력을 개발할 것을 강조한다. 통합교육이란 학생의 능력이나 신체적·지적 장애, 인종, 성별, 종교, 성적 기호, 임신 및 결혼 여부와 상관없이 그들을 모두 국가 교육과정에 따라 가르친다는 것을 의미한다. 즉, 교사는 학생들의 특성을 고려해 수업 계획을 달리해야 한다는 것이다(DfE, 1994: 8~9).

2. 영국의 2014 역사 교육과정에서 역사의 위상

영국에서는 과목별 학습 프로그램을 학교급이 아니라 주요 단계(key stage)별로 제시한다. 영국은 학교급과 학년 체제가 통일되지 않고 다양해 학교급으로 교육과정을 운영할 수 없기 때문이다.[5] 국가 교육과정에서는 주요 단계 1을 5~7세(보통 1~2학년), 주요 단계 2를 7~11세(보통 3~6학년), 주요 단계 3을 11~14세(보통 7~9학년), 주요 단계 4를 14~16세(10~11학년)로 구분한다.[6] 주요 단계 4는 중등교육 수료 과정(General Certificate of Secondary Education: 이하 GCSE) 단계라고도 부른다. GCSE 과정과 시험은 한국의 수능과 비슷한 역할을 해서 GCSE 과정 및 시험에서 받은 점수는 학생들의 진로나 대학 입학과 직결된다.[7] 국가 교육과정에서 역사는 주요 단계 1에서 3까지만 제시되며, GCSE 과정은 별도로 개발해 공시한다.

---

5 영국은 6-5-2-3 학제를 택하고 있다. 중등학교는 중학교과 고등학교의 구분 없이 5년간 운영되며, 중등학교와 대학 사이에 대학 준비 과정인 식스폼(six form) 또는 직업교육 과정(further education)인 후기 중등 과정이 2년 있다.

6 학자에 따라 연령을 다르게 표기하기도 한다.

7 주요 단계 4의 10~11학년에서 선택한 과목을 학습하고, 그 가운데 몇 과목을 선택해 GCSE 시험을 치르기 때문이다. 학생들은 영어, 수학, 과학 등 세 과목과 함께 몇 개의 과목을 추가로 선택해 시험을 치른다. 이 시험 성적과 학교의 수행평가, 과정 평가 성적을 합해 최종 등급이 결정된다. GCSE 시험 성적이 학생들이 입학할 식스폼 단계와 그 단계에서 수강할 수 있는 과목들을 결정하는 데 영향을 미친다. A 레벨 시험은 중등 후기〔12~13학년이나 식스폼 칼리지(six form college)〕에서 보는 시험으로 GCSE보다 높은 단계의 시험을 말한다. 이 시험을 보기 위해서는 A 레벨 과목을 수강해야 한다. GCSE와 A 레벨 시험 성적은 입학할 수 있는 대학의 수준, 대학에서 수강할 강좌, 그리고 미래의 진로를 선택하는 데 중요한 영향을 미친다. 예를 들어 공대에서는 A 레벨이나 그에 버금가는 화학과 수학, 물리 과정을 이수하고 GCSE 과학 및 수학의 높은 성적을 요구한다.

학교교육에서 역사의 위상을 이해하기 위해서는 국가 교육과정의 과목 운영 원칙에 관해 살펴볼 필요가 있다. 2014 교육과정에서 제시한 원칙은 다음과 같다. 첫째, 국가 교육과정은 핵심 과목(core subject)과 기본 과목(foundation subject)으로 분류하는데, 핵심 과목은 전 단계의 학생들이 필수로 학습해야 하지만, 기본 과목은 대체로 두 단계 정도에서만 필수로 가르친다.[8] 역사는 기본 과목으로 분류되어 주요 단계 1~3에서 필수이지만 주요 단계 4에서는 선택과목으로 개설된다. 2004년부터는 시민성(citizenship)을 주요 단계 3과 4의 필수과목으로 가르치기 시작했다. 그런데 최근 영국의 교육과정 개정 과정에서 전문가들은 시민성이 하나의 독립 과목으로서 존립할 수 있을 정도로 고유한 쟁점이나 토픽을 다룬다고 보기 어렵다면서, 시민성을 기초 교육과정(basic curriculum)으로 재분류할 것을 권했다(Harris, 2017: 181~182).[9] 교육, 아동 서비스 및 기술 표준원 조사(2013.4)에서도 점점 많은 학교가 시민성 교육에 관심을 두지 않기 때문에 시민성 교육의 미래가 밝지 않다고 보고했다.

둘째, 주립학교는 종교교육을 모든 주요 단계에서 필수로 진행해야 하며, 주요 단계 3과 4에서는 성교육과 관계교육을 진행해야 한다. '성교육과 관계교육', '종교교육'은 법령으로 강제한다.[10] 셋째, 주요 단계 4

8 국가 교육과정에서 영어, 수학, 과학은 핵심 과목으로, 예술과 디자인, 시민성, 컴퓨터, 디자인과 테크놀로지, 언어, 지리, 역사, 음악, 체육 교육은 기본 과목으로 분류된다. 기본 과목 중 컴퓨터와 체육 교육은 모든 주요 단계에서 필수이지만, 나머지는 한 개나 두 개의 주요 단계에서 선택과목으로 가르친다.

9 여러 연구자들은 시민성이 과목으로서의 정체성이 모호하다고 비판한다. 시민성은 원래 노동당 정부가 도입했다. 도입될 당시에는 비판적 사고력 함양을 추구했으나, 이후 그러한 취지와 다르게 정치적 개념, 제도 등 지식을 가르치는 방식으로 교육과정이 계속 바뀌고 있다(Harris, 2017: 180~181).

에서 예술(예술과 디자인, 음악, 댄스, 드라마와 미디어 아트), 디자인과 테크놀로지, 인문학(지리와 역사), 근대 외국어는 국가 교육과정상 필수는 아니지만, 메인테인드 학교 학생은 네 개의 영역 각각에서 하나의 과목을 학습할 수 있도록 법령으로 보장한다.[11]

이러한 과목 체계 속에서 주요 단계 4에서 역사에 배당되는 수업 시수와 역사를 선택하는 학생 수가 줄어들었다는 조사 결과가 보고되었다. 영국에서 역사교육을 주도하는 역사 협회(The Historical Association)의 2011년 조사에 의하면 7학년의 경우 조사를 실시한 학교 중 40%가 넘는 곳이 역사에 배당하는 시수를 줄였다(Historical Association, 2011: 1~2). 주요 단계 4에서 역사는 선택과목이지만 시민성과 종교교육은 필수과목이다. 리처드 해리스(Richard Harris)와 테리 헤이든(Terry Haydn)은 2002년부터 시민성이 주요 단계 4의 필수과목이 되면서 역사 시간이 축소되었다고 평가했다(Harris and Haydn, 2009). 한편 교육, 아동 서비스 및 기술 표준원의 시찰관인 마이클 메디슨(Michael Maddison)은 종교교육이 GCSE의 인문학에서 역사의 위상을 약화하고 있다고 보고했다

---

10 2015년에 정부는 2019년부터 모든 주 정부 지원 초등학교에서 관계교육(relationship education)을 필수로 하는 법령을 통과시켰으며, 중등학교에서는 성교육과 관계교육을 하도록 권고했다. 즉 주립학교를 제외한 중등학교에서는 성교육 및 관계교육을 반드시 시행해야 할 의무가 없다. 또한 2017년 하원에 제출한 로버츠의 보고서에 따르면 부모는 자신의 아이들이 성교육과 관계교육, 종교교육을 받지 않게 할 수 있다. 종교교육은 지방의 학교에 따라 내용을 달리할 수 있다(Roberts, 2017: 4).

11 국가 교육과정 총론은 주요 단계 4에서 법령에 의한 필수 사항을 다음과 같이 제시한다. "학교는 학생에게 네 영역 각각에서 적어도 하나의 강좌(course)에 접근할 기회를 제공해야 한다. 학생들이 원한다면 모든 영역의 강좌를 수강할 기회를 제공해야 한다. 그 강좌는 학생들이 인증된 자격을 획득할 수 있도록 모든 필수적 요소를 갖추어야 한다"(DfE, 2014a: 7).

(Maddison, 2009; Sheldon, 2011). GCSE 인문학 시험에서 종교교육을 선택하는 학생 수가 늘어나면서 역사를 선택하는 학생 수가 줄었다는 것이다. 해리스와 헤이든의 조사에 따르면 독립 학교 학생의 48%, 주립학교 학생의 30% 정도가 GCSE 과정과 시험에서 역사를 선택했다(Harris and Haydn, 2009). 케이트 호키(Kate Hawkey)는 GCSE 시험에서 역사를 선택하는 학생의 비율이 낮은 학교가 점점 증가하고 있다고 주장했다(Hawkey, 2015: 150). 또한 최근의 조사를 인용하며, 점점 많은 학교가 학생들에게 역사 대신 다른 과목을 선택하도록 조언하는데, 그렇게 조언하는 학교의 비율이 2011년에는 16% 정도였던 반면, 2014년에는 45%까지 증가했다고 설명했다(Hawkey, 2015: 190). 특히 역사 전공자가 역사를 가르치는 비율이 점점 낮아졌다고 우려를 표명하기도 했다.

영국의 정부, 특히 보수당 정부는 2020년부터 시행하는 영국 바칼로레아(English Baccalaureate: 이하 EBacc)에서 역사와 지리 중 하나를 선택하도록 했다. EBacc는 원래 GCSE의 다양한 과목들에서 학교의 성취 정도를 측정하는 도구인데, 2020년부터는 GCSE 시험에서 학생들이 EBacc 과목을 반드시 선택하도록 했다.[12] 역사가 EBacc의 선택과목으로 지정되자 역사교육 연구자들은 영국 바칼로레아의 실시로 역사의 위상이 높아질 것이라고 기대하고 있다(Harris, 2017: 181). 그러나 다른 한편 그것이 역사교육의 질을 향상시킬 수 있는 방안인지 의문을 제기하는 연구자도 있다. 영국 보수당 정부가 바칼로레아에 역사를 선택과목으로 도입한

12 EBacc는 학교가 얼마나 잘 가르치고 있는지 측정하는 도구이다. GCSE 과목에서 얼마나 많은 주요 단계 4 학생이 C 이상의 점수를 받는지 보여준다.

배경에는 GCSE 과정 이상에서 많은 학생이 역사를 선택하지 않는다는 우려의 목소리가 있었다. 한국의 대학수학능력시험에서 역사를 선택하는 학생 수가 줄어들까 걱정하는 것과 마찬가지의 현상이 영국에서도 나타난 것이다. 영국에서 먼저 2010년에 2020 EBacc에서 역사나 지리를 중 하나를 선택하게 하는 방식으로 이 문제를 해결했고, 한국도 비슷하게 2013년 박근혜 정부 시기에 2017 수능부터 한국사 시험을 필수로 보게 하는 방식으로 해결했다. 그러나 이러한 방식이 역사교육의 질을 향상시킬 것인지는 영국이나 한국 모두 좀 더 두고 볼 필요가 있다.

영국에서는 국가 교육과정에 제시된 과목의 운영 방식을 학교 자율에 맡긴다. 국가 교육과정을 반드시 따라야 하는 학교나 그렇지 않은 학교 모두 교육과정에서 제시된 과목을 반드시 독립 과목으로 가르쳐야 하는 것도 아니다. 예를 들면 국가 교육과정이 중등학교인 주요 단계 3과 4에서 '시민성'이라는 과목을 필수적으로 가르칠 것을 명시하고 있지만, 아카데미나 독립 학교에서는 그 과목을 개설하지 않고 범교육과정적 통합으로 가르칠 수도 있다.[13] 이러한 방식이 가능한 까닭은 모든 학교는 국가 교육과정을 언제, 어떻게 실행할지 재량으로 결정할 수 있기 때문이다. 국가 교육과정은 각 과목을 가르쳐야 하는 최소 시수를 제한하지 않는다(Roberts, 2017: 4). 교육과정에 제시된 목적에 따라 제시된 내용을 가르치기만 하면 된다. 따라서 종래의 학교 관행에 맞게 역사를 독립 과

13 실제 몇몇 영국 연구자들의 글이나 보고서들을 보면, 영국에서는 시민성을 역사와 함께 가르치는 경우가 많은 것으로 보인다. 여러 연구자들이 역사와 시민성을 어떻게 관계시킬 것인지에 대해 논했다. 그 가운데 피터 리(Peter Lee)와 데니스 셰밀트(Denis Shemilt)는 역사가 시민성을 지원하는 모델을 세 가지로 제시했다. 코르누코피아(cornucopia), 경력(career), 보조(complement) 모델인데, 이러한 모델은 아직까지 유효하다고 한다(Lee and Shemilt, 2007).

목으로서가 아니라 다른 기초 과목과 결합하거나 연계해 토픽 및 테마 안에서 가르치는 초등학교도 있다(Maddison, 2017: 10). 범교육과정적 테마 중심의 틀(cross-curricular thematic approach)에서 역사를 가르치는 것이다. 교육, 아동 서비스 및 기술 표준원은 테마 중심 접근법으로 역사를 가르칠 경우 역사를 독립적으로 가르칠 때보다 학생의 실력 향상 정도가 낮았다고 보고하면서, 테마 중심 접근법에서 역사를 가르치는 것에 대해 우려를 표명했다(Ofsted, 2011; Maddison, 2014). 테마 중심 접근에서 역사를 특화해 가르치는 곳은 역사의 온존성을 확인할 수 있지만 그렇지 않을 경우 역사를 온존하게 가르치지 못한다는 것이다(Ofsted, 2011). 역사교육 연구자들은 학생이 역사를 하나의 주제가 아니라 일관되고 논리적인 역사로 이해할 수 있게 하려면 역사를 독립 과목으로 가르쳐야 한다고 강조한다(Maddison, 2017: 10). GCSE와 관련해 역사 위상에 대한 우려의 목소리가 있지만, 교육, 아동 서비스 및 기술 표준원의 초등학교와 중학교 역사 수업에 대한 평가는 매우 긍정적이다.

3. 최근 역사 학습 프로그램의 문서 체제

국가 교육과정 문서 체제를 보면, 가장 처음에 총론을 제시하고, 그 후 교과별로 학습 프로그램(Program of Study, History)을 설명한다. 학습 프로그램의 문서 체제는 모든 과목에서 동일하다.

국가 교육과정의 역사 학습 프로그램에는 '학습 취지(purpose of study)', '목적(aim)', '달성 목표(attainable target)', '과목 내용(subject content)' 등을 순서대로 진술한다. 역사 학습 프로그램에서는 학습 취지를 다음과 같이 제시한다.

> 양질의 역사교육은 학생들이 영국의 과거와 더 넓은 세계에 대한 일관된 지식과 이해를 얻는 데 도움이 된다. 역사교육은 학생이 과거에 대해 더 많이 알고 싶어 하도록 호기심을 자극해야 한다. 수업에서는 학생들이 지각 있는 질문을 하고, 비판적으로 생각하고, 증거를 평가하며, 논증을 가려내고, 관점과 판단을 개발하게 해야 한다. 역사는 학생들이 사람들의 삶의 복잡성, 변화의 과정, 사회의 다양성 및 여러 집단 간의 관계뿐만 아니라 자신의 정체성과 그들의 시대가 직면하고 있는 도전에 대해 이해하게 도와준다.

이러한 진술은 영국이 역사를 기억해야 할 지식으로 가르치면서 동시에 지식의 형식으로서, 그리고 정체성의 문제를 이해하는 방법으로서 가르치고자 한다는 점을 알 수 있다.

이어서, 목적 1과 2는 학습할 내용 지식의 범위인 동시에 분석 혹은 이해해야 할 역사적 국면이나 패턴에 대한 설명이다. 목적 1에서는 영국이 네 개의 섬으로 구성되어 있다고 인식하게 하고, 영국사를 연대기적 서사로 이해하며 세계사와의 관계 속에서 학습하게 한다. 목적 2에서는 역사의 개별 사실들(facts)을 단편적으로 기억하는 것이 아니라 문명, 제국, 비유럽 사회 등의 개념을 활용해 역사적 패턴을 분석할 수 있게, 그리하여 인간 사회의 과거와 현재를 패턴을 통해 통찰하게 한다. 목적 3에서는 역사적 용어와 개념을 이해하고 활용해 사회문제를 해결하도록 유도한다. 목적 4에서는 2차 개념(second-order concept), 또는 조직 개념(structural concept)을 알고 그러한 조직 개념에 기초해 역사를

표 1-1 2014 역사 학습 프로그램에 진술된 목적

1	영국 섬들의 역사를 초기부터 현재까지의 일관된 연대기적 서사로 파악하고 이해한다. - 사람들의 삶이 이 나라를 어떻게 만들었으며 영국이 더 넓은 세계에 어떤 영향을 미치고 또 어떤 영향을 받았는지 알아본다.
2	더 넓은 세계의 중요한 역사적 측면을 이해한다. - 고대 문명의 본질, 제국의 팽창과 해체, 과거 비유럽 사회의 특징, 인류의 업적과 어리석음에 관해 알아본다.
3	'제국', '문명', '의회' 및 '소작농층'과 같은 추상적인 용어를 역사적으로 이해하고 그 개념을 사용한다.
4	연속성 및 변화, 원인 및 결과, 유사성 및 다른 점, 중요성과 같은 역사적인 개념을 이해하고 그 개념들을 사용해 (사건이나 현상을) 연결하고, 대조되는 점을 도출하고, 추세를 분석하며, 역사적으로 유효한 질문을 생성하고, 내러티브나 분석 등과 같은 학생들 자신만의 구조화된 설명을 만든다.
5	역사적 주장을 펼치기 위해 증거가 어떻게 엄격하게 사용되었는지 등 역사적 탐구 방법을 이해하고, 과거의 논증과 해석이 어떻게, 왜 구성되었는지를 판단한다.
6	학습한 지식을 다른 맥락에서 활용해 (사건이나 현상을) 역사적 관점에서 본다. - 지방사, 국가사 및 국제사 사이의 연결을 이해한다. 문화사, 경제사, 군사사, 정치사, 종교사, 사회사 등을 연관시키고, 단기간 및 장기간의 기간을 연결해 이해한다.

자료: DfE(2013: 3).

내러티브나 분석 등 여러 형식으로 재현하게 한다. 목적 5에서는 역사가 곧 증거에 기초한 주장이라는 점, 역사는 해석이라는 점을 이해하고, 저자가 증거를 어떻게, 그리고 왜 그렇게 활용했는지를 분석해 역사적 주장이나 해석의 타당성을 평가할 수 있게 한다. 마지막으로 목적 6에서는 역사 지식과 방법을 활용해 역사적 관점을 세우고, 사건과 현상을 여러 지리적·시간적 범위로 연결하며, 인간 사회의 여러 분야를 함께 분석해 이해하도록 한다.

이러한 서술을 보면 연대기적 서사의 이해와 역사적 개념 및 방법을 알고 적용해 문제를 해결하는 능력 함양을 함께 추구한다는 점을 알 수 있다. 즉 보수적인 정치인과 역사가가 강조했던 '서사로서의 역사교육', 신

역사(new history) 계열 연구자와 교사들이 추구했던 '역사적 개념 및 방법으로서의 역사교육'이 학습 취지와 목적에서 절충되어 진술되고 있다.

영국 국가 교육과정에서 '달성 목표(attainable targets)'란 '각 주요 단계가 끝날 때까지 학생들이 알고, 적용하고, 이해해야 할 문제, 기술, 과정'을 의미한다. 1989년에 영국에서 처음으로 국가 교육과정을 개발할 당시, 초안에 주요 단계별 '달성 목표'를 '연대기적 이해', '과거의 사건, 사람, 변화에 대한 지식과 이해', '역사적 해석', '역사적 탐구', '조직과 의사소통' 등 다섯 가지 범주로 구분해 제시했다. 그리고 각각의 달성 목표를 기준으로 학생의 수준이 어느 정도 향상했는지를 10개로 구분해 평가하게 했다.

그러나 달성 목표에 기초해 학생의 역사 이해 향상 정도를 평가하는 체제는 체제 도입과 동시에 공격을 받았다. 신역사 계열 연구자인 마틴 부스(Martin Booth)는 1989년 보고서에 제시된 평가 체제는 '학생이 같은 테마, 같은 토픽, 같은 기술을 반복적으로 학습하면 역사 개념이나 역사적 탐구 기술이 향상될 수 있다는 믿음'에 기초하고, 또 '학생의 역사적 사고가 하나의 일정한 방식과 단계를 거쳐 발달하며', '학생의 단계적 발달을 10개의 위계적 레벨로 구분할 수 있다는 개념'에 기초하는데, 이러한 믿음, 전제와 개념 자체에 문제가 있다고 비판했다(Booth, 1993). 또 다른 연구자는 역사 지식은 과학이나 수학 지식처럼 단계적으로 축적해 습득할 수 있는 것이 아니므로, 주요 단계별로 가르치고 테스트할 수 있게 역사 지식을 위계화하는 것이 가능하지 않다고 주장했다(Phillips, 1998: 68). 역사라는 과목에서 학생들의 실력이 향상(progression)되지 않는다고 주장하는 것이 아니라, 학생들의 실력이 하나의 표준적인 방식으로 단계를 거쳐 향상된다는 생각에 문제가 있다는 것이다. 여러 비판에도 불구하고 다른 대안이 없는 상태에서 국가 교육과정에서 표준화된 수준 구분 체제는 한동안 유지되었다.

그러나 10개의 수준이 서로 구분이 잘 되지 않는다는 비판이 점점 심해지고 교사가 계속해서 평가의 어려움을 호소하자, 2000년 개정 역사 교육과정에서는 수준을 6~8개로 축소, 수정하고 교사의 평가를 돕기 위해 각 수준에 대한 상세한 설명(level description)을 제공했다(DfEE, 1999). 그럼에도 표준화된 수준 구분 체제에 대한 논란은 끊이지 않았고, 결국 달성 목표에 기초한 표준화된 수준 구분 체제는 2013년에 폐지되어 2014 역사 교육과정에서 사라졌다. 힐러리 쿠퍼(Hilary Cooper)의 설명에 따르면 "역사적 사고력의 발달 패턴을 확인하기 위해 대규모 프로젝트를 진행하기도 했지만, 오히려 이러한 연구는 패턴을 찾는다는 것 자체에 문제가 있다는 것을 입증했고, 이에 따라 2013년 개발된 역사 교육과정에서 수준 설명은 제거되었다"고 한다(Cooper, 2014: 16). 결국 2014 교육과정의 '달성 목표'란에는 "각 주요 단계가 끝날 때까지 학생들은 프로그램에서 상세화한 문제, 사고 기술, 과정들을 알고, 적용하고, 이해할 수 있기를 기대한다"라는 기술만 남겼다.

달성 목표 다음에는 〈표 1-2〉와 같이 '과목 내용'을 주요 단계별로 제시한다.

과목 내용에서는 먼저 해당 단계에서 학생들이 학습해야 할 지식의 범위, 역사적 개념, 역사 조직 개념, 사료 활용 및 역사 서술 방법, 역사의 해석적 본질에 관해 개관한다. 그다음 그러한 지식을 알고 이해하고, 또 개념과 기술을 발달시킬 수 있도록 수업을 계획할 때 유의할 점을 제시하고, 학생들에게 가르쳐야 할 구체적 주제들을 나열한다. 학습 주제들 밑에는 그 주제를 가르칠 수 있는 사건들의 예를 제안하는데, 그 예

표 1-2 2014 역사 학습 프로그램의 '과목 내용'

주요 단계 1	
ㄱ.	학생들은 시간의 흐름과 관련된 일반적인 단어와 구를 사용해 과거에 대한 이해를 심화시킨다. 학습하는 사람들과 사건들이 연대기적 틀에서 어디에 위치하는지를 알아야 하고, 다른 시대의 삶의 방식들 사이의 유사점과 다른 점을 구별해야 한다. 또한 일상적인 역사 용어를 폭넓게 구사해야 한다. 역사 설명의 주요 부분을 알고 이해해야 한다는 것을 보여주기 위해 설명의 일부분, 관련된 사료를 선택하고 사용해 질문하고 대답해야 한다. 과거에 대해 알아내고 그것이 재현되는 몇 가지 방법을 이해해야 한다.
ㄴ.	교사는 'ㄷ'에서 설명한 사람, 사건 및 변화에 대해 가르쳐 학생들이 'ㄱ'에서 설명한 단계로 향상될 수 있게 수업을 계획하면서 때로 주요 단계 2와 3에서 좀 더 상세하게 학습하게 될 역사적 시기에 관해 소개한다.
ㄷ.	학생들에게 가르쳐야 할 내용 • 사람들이 기억하는 변화: (적절한 곳에서) 국가적인 생활에서 변화 국면을 밝히는 데 사용되어야 한다. • 사람들이 기억하는 사건 이외에 국가적으로나 세계적으로 중요한 사건(예: 런던의 대화재, 첫 번째 항공기 비행, 또는 축제나 기념일 행사) • 국가적·세계적으로 공헌한 업적이 있는 과거 개인들의 삶, 이 중 몇몇 사람들의 삶은 다른 시대의 삶과 비교하는 데 사용한다(예: 엘리자베스 1세, 빅토리아 여왕, 크리스토퍼 콜럼버스, 닐 암스트롱, 윌리엄 캑스턴, 팀 버너스 리, 피터르 브뤼헐과 로런스 스티븐 로리, 로자 파크스와 에밀리 데이비슨, 메리 시콜 또는 플로렌스 나이팅게일과 에디스 카벨). • 중요한 역사적 사건, 자기 지방의 사람들 및 장소

자료: DfE(2013: 3~4).

들은 비법령적(non-statutory)이므로 반드시 가르쳐야 하는 것은 아니다.

'학생들에게 가르쳐야 할 내용'(ㄷ)은 주제와 시기를 간단하게 개조식으로 제시한다. 즉 각 주제를 어떤 시각에서 해석해야 할지가 명확하게 드러나지 않는다. 목적에서 진술한 대로 학생들이 특정한 주제를 학습하면서 여러 사료를 분석하고 활용해 그 주제를 이해하는 자신의 시각을 세우거나(주요 단계 1), 그 주제에 관해 자신의 시각에서 역사적 설명을 할 수 있으며(주요 단계 2), 또 그 주제에 관해 서로 다른 시각에서 접근하거나 해석한 역사 서술을 비교하면서 왜, 그리고 어떻게 서로 다른 해석이나 주장이 나오게 되는지 분석할 수 있다(주요 단계 3).

그러나 주제와 관련해 제시된 사건의 예들을 종합해보면 자국사와 세계사를 어떤 서사로, 어떤 관점에서 가르치게 하는지 짐작해볼 수 있다. 주요 단계 1에서는 정치만이 아니라 사회와 문화 영역을 포괄해 사건이나 인물을 가르치게 하지만, 주요 단계 2와 3의 영국사는 정치사를 서사의 기본 축으로 한다. 지방사(local history)와 세계사(world history)는 연대기적 서사로서가 아니라 주제사로, 이슬람 세계, 중국, 아프리카 등을 탐구하도록 한다. 2014 교육과정에서 세계사, 특히 이슬람 세계의 역사 비중이 종래보다 확대되었다.

4. 주요 단계별 학습의 계열화와 평가

'과목 내용'의 개관[14]에서는 학생들이 습득해야 할 역사적 사고 기술

---

14 주요 단계 2의 개관은 다음과 같다. "학생들은 그들이 학습하는 시기, 혹은 그 시기들을 가로지르는 명확한 서사를 구축하면서 영국, 지방사 및 세계사에 대해 연대기적 지식을 습득하고 이해해야 한다. 시간 속에서 연결, 대조 및 추세를 이해하고 역사적인 용어를 적절하게 사용해야 한다. 변화, 원인, 유사성 및 다른 점, 중요성에 대해 역사적으로 유효한 질문을 주기적으로 제기할 수 있어야 하고 때로는 새롭게 고안해야 한다. 관련된 역사적 정보를 숙고해 선택하고 구성해 지적으로 반응할 수 있어야 한다. 과거에 관한 우리의 지식이 다양한 자료로부터 어떻게 구성되는지 이해해야 한다." 주요 단계 3의 개관은 다음과 같다. "학생들은 영국, 지방사 및 세계사에 관한 연대기적 지식과 이해를 확장하고 심화시켜 그러한 지식과 이해가 폭넓은 학습을 위한 충분한 정보가 될 수 있게 한다. 주어진 시기 내에, 그리고 그 시기를 넘어 장기적으로 의미 있는 사건을 확인하고, 연결하고, 대비하고, 추세를 분석한다. 학생들은 역사적인 용어와 개념을 더 정교한 방식으로 사용해야 한다. 스스로 탐구의 틀을 짜기도 하면

과 개념을 주요 단계 1에서 주요 단계 3까지 나선형으로 확장하며 제시한다. 그런데 영국에서는 최근 '사고 기술'이라는 용어보다는 '조직 개념'이라는 용어 사용을 선호한다(Byrom, 2015: 2). 과목 내용의 개관에서 제시한 것은 그 단계에서 학생이 학습을 통해 향상시켜야 할 점들(aspects to develop), 즉 도달해야 할 목표 지점들이다.

영국은 1960년대부터 '단계별 향상'이라는 용어를 사용하면서 어떻게 하면 주요 단계별로 가르쳐야 할 지식, 조직 개념, 용어, 탐구 방법 등의 수준을 구분하는 동시에 연결할 수 있을지 고민하고 연구해왔다(Cooper, 2016: 17). 1980년대 중반까지는 국가 차원에서 가르쳐야 할 내용 지식을 주요 단계별로 상세화하지 않았다. 그러나 1988년 HMI(Her Majesty's Inspectorate) 보고서에서는 16세까지 학생들이 공통적으로 학습해야 할 구체적인 내용 지식을 상세한 목록으로 제시했다(HMI, 1988: 16~17). 이를 바탕으로 1991년 국가 역사 학습 프로그램에서 가르쳐야 할 내용 지식 및 개념, 발달시켜야 할 사고 기술, 즉 탐구 과정을 주요 단계별로 제시했다. 영국에서는 국가 교육과정 개발 초기부터 초등학교와 중등학교 사이에 역사 학습의 연속성(continuity)을 확보하는 방법과 서로 다른 단계의 학습에서 개발되어야 할 사고 기술의 단계별 향상[15]을 확보하는 방법에 관심을 두었던 것이다.

서 역사적으로 유익한 탐구를 수행해야 하며, 관련성 있고 구조적이며 증거에 의해 뒷받침되는 설명을 구축해야 한다. 어떻게 서로 다른 종류의 역사적 사료들이 역사적 주장에 사용되는지, 어떻게, 그리고 왜 과거에 대해 대조되는 주장들과 해석들이 구성되는지 구분해야 한다"(DfE, 2013: 4~6).

15 케임브리지 영어 사전에 의하면 '향상(progression)'은 "발달의 다음 단계로 변화하는 행위(the act of changing to the next stage of development)"를 의미한다.

한국의 초등학교에서는 생활사와 인물사 중심의 주제 학습 방식으로, 중학교에서는 정치 사건사 중심의 통사 학습 방식으로, 고등학교에서는 문화사 중심의 주제 학습의 방식으로 수업을 하는 등 일정한 틀을 유지해 학습해야 할 내용의 범위와 순서를 정해왔다. 그리고 이렇게 초·중·고등학교 간 학습 내용의 연속성과 차별성을 확보하는 것을 학습의 '계열화'라는 용어로 설명해왔다. 사실 학교급 간에 학습 범위와 순서를 정한다는 의미로 통용되는 '계열화'라는 용어가 적절한지에 대해서는 토론이 필요하다. 그러나 현재 한국에서 '계열화'라는 용어로 통용되는 개념은 학교급 간에 학습해야 할 내용 수준을 구별한다는 의미까지 내포하고 있다. 한국의 학습 계열화의 이론적 토대는 장 피아제(Jean Piaget)와 제롬 부르너(Jerome Bruner)의 인지 발달 이론, 특히 1960년대 일본에서 들어온 '역사의식' 이론이다. 한국은 초·중·고등학교 간 학습의 연속성을 연대기적 구조의 반복적 활용을 통해, 차별성은 초등학교에서 인물, 중학교에서 사건, 고등학교에서 구조 등 역사의 설명 단위와 방법을 달리하는 방식으로 확보해왔다. 역사적 사고 기술이나 개념 등의 측면에서 학교급별 연속성과 차별성을 확보하는 방법에 대해서 논의가 없었던 것은 아니지만 실제 교육과정 개정 과정에는 영향을 미치지 못하고 있다.

한국과 영국에서 사용하는 용어는 다르지만, 학생 발달을 고려해 학습의 연속성과 차별성을 확보해야 한다는 문제의식은 동일하다. 즉 영국의 단계별 향상이라는 개념은 한국 역사교육계의 '학습 계열화'와 같은 문제의식에서 나왔다. 다만 영국은 주요 단계별 과목 내용이 곧 평가 내용이므로, 내용 지식만이 아니라 조직 개념, 개념, 용어 등까지 연속적이면서도 수준을 달리해 평가하게 한다. 그러나 한국에서는 인물사, 정치 사건사, 문화사를 어떻게 수준을 달리해 평가할 수 있는지에 대한 논의는 진행하지 못했다.

주요 단계 1에서 3까지 '과목 내용'의 개관에서 제시한 역사적 과정을 범주화하면 다음과 같다. 교사는 (1)부터 (6)까지의 범주에서 역사 학습의 단계별 향상을 추구해야 하며 또 관찰하고 평가해야 한다.

(1) 영국사와 지방사, 세계사에 대한 연대기적 지식과 이해
(2) 시간 속의 연결, 대조, 추세 이해와 분석
(3) 역사적 용어와 개념의 사용
(4) 변화, 원인, 유사성과 다른 점, 중요성 등의 조직 개념에 기초한 역사 탐구와 서술
(5) 역사적 정보, 사료 등의 선택과 증거에 기초한 역사 구성
(6) 과거에 대한 지식이 어떻게 구성되는지, 왜 서로 다른 주장이 나오는지 이해: 역사의 해석적 성격 이해

주요 단계 1(5~7세)이면 한국의 초등학교 1학년에서 3학년 사이이다. 영국에서는 초등 저학년 단계부터 시간의 맥락에서 사고하고 연대기의 틀에서 사건들을 이해하게 하며, 사료에 대해 질문하고 또 역사가 재현되는 방식이 복수라는 점을 알 수 있게 한다. 단순히 과거와 현재가 다르다는 정도만 아는 수준을 넘어, 과거를 역사적 관점에서 이해하게 하는 것이다. 한국의 2015 개정 사회과 교육과정에서는 초등 저학년 단계인 1학년과 2학년에서 과목 구분 없이 통합해 가르치고, 3학년과 4학년에서는 일반사회, 지리, 역사 영역의 구분 없이 사회과 통합의 시각에서 가르치게 되어 있다. 그리고 5학년 1학기와 6학년 1학기에 역사를 가르치는데, 인물 중심으로 왕조 교체와 대외 항쟁을, 문화재 중심으로 우수

한 민족문화를 설명한다. 인물 중심 역사라는 원칙만 본다면 한국의 5~6학년 역사교육 방식은 영국의 주요 단계 1(초등 1~3학년)의 역사교육 수준과 흡사하다.

주요 단계 1에서 서로 다른 시대의 삶의 방식을 비교해 유사점과 다른 점을 구분해야 한다면, 주요 단계 2에서는 그 단계를 넘어서 시간의 흐름 속에서 연결, 대조, 추세를 이해하고, 역사적으로 중요한 사건(중요성)에 대해 역사적 질문을 해야 하며, 역사적 정보에 기초해 사람들과 대화를 나누고, 과거에 대한 지식이 어떻게 구성되는지 이해해야 한다. 주요 단계 3에서는 주요 단계 2의 수준을 넘어 용어나 개념을 좀 더 정교하고 정확하게 사용하며, 학생 스스로 탐구를 계획하고 독립적으로 탐구할 수 있는 수준이 되어야 한다. 서로 다른 역사적 주장이나 해석이 어떻게, 왜 제기되는지 알고 적용해 문제를 해결해야 한다. 역사의 해석적·논쟁적 성격을 파악해야 하는 것이다.

문제는 평가이다. 앞서 서술했듯이, '달성 목표'에 기초한 표준화된 10개의 수준 구분 체제는 폐기되었다. 폐기의 배경에는 여러 경험적 연구들의 축적이 있다. 영국 역사교육계는 오랫동안 '역사 이해가 향상되었다(progress at historical understanding)'는 것의 의미를 정의하고 향상 과정을 이론화하기 위해 많은 경험적 연구를 진행해왔다. 그러나 수많은 연구 결과, 그들은 역사 이해가 향상되었다는 의미가 무엇인지, 또 어떠한 방식으로 향상되는지를 명확하게 하나로 표준화 혹은 일반화해 정의할 수 없다는 결론에 도달했다(Byrom, 2015). 평가의 기초가 되는 학습이론, 평가 내용과 방법, 평가 측정 도구 등 여러 가지 변수가 향상의 의미와 향상 정도, 향상 단계 등을 다르게 정의하기 때문이다.

그럼에도 연구자들은 학습을 독려하기 위해서는 국가 교육과정에 주요 단계별로 향상 정도를 평가할 지표, 도달해야 할 목표를 명시할 필요가 있다는 데 의견을 같이 한다. 따라서 2014 교육과정에서 문서 항목과 진술 방식은 변했지만 '과목 내용' 개관에서 제시한 지식 및 이해, 개념, 기술, 탐구 과정 등에 비추어 학생들의 학습 향상 정도를 평가하는 체제는 그대로 유지된다. 다만 교사가 개별적으로 평가 틀과 도구를 개발하고 학생의 향상 정도를 평가하는 체제로 변화되었을 뿐이다. 이에 따라 여러 기관과 연구자들이 역사과에서 학생의 향상 정도를 평가하는 데 도움이 되는 틀, 평가 도구, 지침서들을 개발해 제공하고 있다.[16]

이언 크루즈(Ian Cruse)는 2011년 10월 20일에 영국 상원이 역사교육에 관해 토론할 기초 자료(Library Note, House of Lords)를 마련했다(Cruse, 2011). 여기서 그는 1980년대 후반 이후 영국의 역사교육 논쟁을 '사실 대 기술(facts versus skills)'로 요약했다(Cruse, 2011). 이러한 영국의 논쟁에 대해 몇몇 한국 연구자들은 내용과 사고 기술을 어떻게 분리해 가르칠 수 있는지 의문을 표한다. 한국의 역사교육 문화에서는 아직까지 역사 자체를 아는 것이 중요하며, 이는 평가에서도 마찬가지이다. 최근에 수행 과정 평가를 강조하는 분위기로 전환되고 있지만, 여전히 선다형 평가 도구는 물론 서술형도 역사 교과서에 있는 사실 암기를 전제로 개발한다.

영국에서는 수행 과정과 수행 결과물을 평가하는데, 여기에는 구두시험, 필기시험, 제작시험 등이 있다. 수행 과정과 논술시험 평가에서 학생이 지식을 아는지도 확인하지만 학생이 그 지식을 활용해 주어진 사

16 예를 들면 바이롬(Byrom, 2015) 등이 있다.

료를 분석하고 자신의 관점을 세워 역사적으로 논증할 수 있는지를 주의 깊게 살핀다. 또한 학생들이 역사적 용어와 개념을 정확하게 구사하는지, 시대착오적으로 이해하지는 않는지, 역사 조직 개념(원인과 결과, 연속과 변화 등)에 기초해 글이나 기타 결과물을 구조화하는지 등 '과목 내용' 개관에 제시된 사항이 표준적인 평가 기준이 된다. 부정확한 어법과 철자법까지도 감점의 대상이다. 따라서 교사는 역사 수업에서 역사적 사고 기술과 조직 개념을 활용해 학습 내용을 탐구하고, 탐구한 내용을 역사적 용어와 개념을 사용해 여러 형식으로 재현할 수 있게 가르쳐야 한다.

이는 GCSE와 A 레벨 과정에서도 마찬가지이다. GCSE와 A 레벨 과정에서는 수행평가와 시험 평가를 종합해 학생의 등급을 결정한다.[17] 수행 과정에서 학생들은 심층 탐구를 진행해야 하며, 탐구 결과는 주로 논문(paper) 형식으로 제출한다. 영국인이 역사교육을 '사실 대 기술'의 논쟁이라고 할 때, 사실을 가르쳐야 한다고 주장하는 사람들은 시험에서 학생들이 많은 사실을 기억해서 쓸 수 있어야 한다고 주장한다. 특히 역사교육에서 '주제나 토픽들에 관한 탐구'보다 '사실과 연대기적 서사의 기억'을 강조한다. 역사적 기술의 습득과 심화를 강조하는 사람들은 신역사 교육자와 역사 연구자들로, 학생이 학습한 역사 지식을 활용해 시험에 주어진 자료들을 역사적 맥락에서 분석하고, 자신의 관점을 세워

17 2007년, 영국의 고든 브라운(Gordon Brown) 총리는 영어, 수학을 포함한 GCSE 다섯 개 과목에서 평균점 이상을 얻은 졸업생이 1/3이 안 되는 중등 공립학교는 폐교하겠다고 밝혔다. 따라서 학생 개인의 진로와 대학 입학 차원은 물론 학교 차원에서도 GCSE는 매우 중요해졌다. 여러 출판사들은 시험 대비 교재들을 출판하고 있다.

결론을 도출할 수 있어야 한다고 주장한다.

1980년대 후반 국가 교육과정을 개발할 당시부터 학생들이 사실을 많이 알도록 가르쳐야 한다는 주장이 계속되어 왔지만, 평가는 큰 변함 없이 1970년대 후반 신역사 계열에서 개발된 방식에 기초해 이루어졌다(Sheldon, 2011: 23). 이러한 평가 체제에 관해 역사가들, 때로는 일부 진보적 역사가들까지 비판적인 태도를 보인다(Cruse, 2011). 지식을 알게 하지 않고 역사적 사고 방법만 가르친다는 것이다. 이러한 비판이 계속되면서 GCSE 시험에 역사적 사실을 기억해 쓰는 문제가 점차 확대되었다. 2016년 시행된 GCSE 역사 시험에서는 1시간 45분 동안 세 개의 연속된 토픽들을 선택해 문제를 풀도록 했는데, 한 토픽에서 제시된 문제의 유형은 특정한 사건에 대해 간략하게 설명하기, 주어진 자료(사료)들 분석하기, 사건에 관한 논쟁적 해석들에 관해 자신의 역사적 관점을 세워 논리적으로 주장 펼치기 등 세 가지이다. 역사 지식의 기억을 확인하는 문제는 단순히 사실의 기억을 요구하는 것이 아니라 그 뒤에 주어진 자료 분석 및 해석 문제와 긴밀하게 연결되어 있다. 2010년 교육부장관인 마이클 고브(Michael Gove)는 학생들의 학력이 저하되고 있다고 하면서 GCSE 시험을 어렵게 하겠다고 선언했다. 개혁한 시험 체제는 2017년 6월부터 시행되었다.

사실을 가르칠 것이냐 아니면 사고 기술을 가르칠 것이냐의 논쟁은 결국 사고 기술을 포기하지 않으면서 사실도 함께 평가하는 방식으로 타협되었다. 2014 교육과정은 연대기적 서사를 더욱 강조했다는 점에서 변화가 있지만, 역사적 사고가 여전히 평가의 중심이라는 점에서 신역사의 틀을 계속 유지하고 있다. 보수당 정권은 더 많은 사실을 가르치라고 하지만, 영국의 역사교육 문화와 체제는 사고를 비중 있게 가르치게 한다.

5. 내용 선정 및 구성

2013년 2월 역사 교육과정 초안이 발표되자 학자들의 비판이 쇄도했고 교사들의 저항도 컸다(Boffey, 2013). 역사의 핵심은 과거 인간 생활이 인종, 민족, 젠더 등에 따라 다양할 수 있고, 같은 민족이나 인종 내에서도 다를 수 있으며, 인간 사회의 문제 또한 복잡하다는 점을 이해하는 것인데, 초안으로는 역사를 그렇게 가르칠 수 없다고 비판했다(Boffey, 2013). 고브에게 교육과정에 대해 자문을 했던 사이먼 샤마(Simon Schama)를 비롯해 역사가 리처드 에번스(Richard Evans), 데이비드 캐너다인(David Cannadine) 등은 초안이 잉글랜드 역사를 너무 과도하게 강조하고 지나치게 자세히 가르칠 것을 요구한다고 비판했다(Boffey, 2013). 영국사가 너무 편협하게 정의되었다는 점과 영국 이외의 역사 및 세계사가 부족하다는 점, 그리고 역사를 다양한 시각에서 보지 못하게 한다는 점 등에서 공격받았다.

역사 협회(The Historical Association)의 설문 조사에서도 95% 이상의 초등과 중등 교사들이 초안을 부정적이라고 평가했다(Boffey, 2013). 너무 상세하고 지시적이라는 것이다. 또 어린 학생들에게는 지나치게 많은 학습량이라는 점, 역사 이해와 거리가 먼 과도하게 많은 철자법, 사실, 규칙들만을 강조하는 점도 문제로 지적되었다(Roberts, 2017).

이러한 비판 이후, 고브는 역사 교육과정의 초안을 수정하면서 초등 역사 교육과정의 범위를 극적으로 축소하고, 의무적으로 가르쳐야 할 필수 내용도 줄여 학교에 더 큰 자율권을 주겠다고 발표했다(Mansell, 2013). 초등 역사의 초안에 있었던 영국의 역사적 인물을 줄이는 대신 세계사적으로 유명한 인물을 추가하고, 중등 역사에서는 이민과 이슬람 역사를 추가하겠다고 발표했다.

2013년 9월에 발표한 최종본에서는 주요 단계 1부터 3까지 모든 단계에서 영국사를 기본으로 학습하면서 지방사와 세계사를 심층 탐구할 수 있게 했다. 특히 초등 및 중등 과정 모두에서 세계사를 대폭 추가했다. 세계사가 추가되면서 초등 교사들은 새로운 주제를 가르쳐야 하는 부담을 갖게 되었다. 그러나 교육계와 학계는 세계사의 확대를 긍정적으로 평가했다(Harnett, 2014). 주요 단계 1에서 가르칠 내용은 〈표 1-2〉에서 확인할 수 있으며, 주요 단계 2와 주요 단계 3 학생들에게 가르칠 내용은 비법령적 예를 제외하고 제시하면 〈표 1-3〉과 같다.

주요 단계 1의 학습 주제는 오늘날 사람들의 기억 속에 남아 있는 역사적 변화, 영국이나 세계적으로 중요한 과거의 사건과 인물이다. 예시한 인물들에는 영국 외에 다른 나라의 인물, 정치·문화·사회 면에서 중요한 인물, 그리고 여성도 포함된다. 역사를 인물의 삶에 대한 이야기로서가 아니라 인물을 통해 여러 시대를 이해하도록, 특히 여러 시대의 모습을 비교하게 한다. 초등 1~3학년(5~7세) 정도까지는 학생들이 일상 속 기념일이나 여러 통로로 접할 수 있는 사건, 인물을 가르치게 한다.

주요 단계 2부터는 본격적인 연대기적 서사 구조에서 역사를 가르친다. 주요 단계 2와 3의 구분은 1066년이다. 1066년은 노르만의 침입이 있었던 해로서 전환점으로 인식된다. 이 사건은 잉글랜드의 언어, 문화, 사회, 정치 등 거의 모든 면에서 변화를 가져왔다. 주요 단계 2와 3의 내용상 중복을 피하기 위해 주요 단계 2에서는 영국사를 선사시대부터 1066년까지의 정치사를 중심으로, 세계사는 초기 문명과 비유럽 사회의 역사를 중심으로 학습하게 한다. 또한 주요 단계 3에서 학습하게 될 1066년 이후의 역사를 연결해 탐구할 기회를 줄 것을 강조한다.

표 1-3 **역사 학습 프로그램의 주요 단계 2와 주요 단계 3 학습 내용**

주요 단계 2
• 영국의 석기 시대에서 철기 시대로의 변화 • 로마제국과 로마제국이 영국에 미친 영향 • 참회자 에드워드 시기까지 바이킹과 앵글로 색슨의 영국 왕국을 위한 투쟁 • 지방사 탐구 • 학생의 연대기 지식을 확장시킬 수 있는 1066년 이후 영국 역사의 한 측면이나 주제에 대한 탐구 • 초기 문명의 성과: 최초 문명이 등장한 장소와 시기에 대한 개관과 고대 수메르, 인더스 계곡, 고대 이집트, 중국 고대의 상 왕조 • 고대 그리스: 그리스인의 생활과 발전, 그들이 서구 세계에 미친 영향 • 영국과 대조를 이루는 비유럽 사회: 초기 이슬람 문명(서기 900년 바그다드 포함), 서기 900년 마야 문명, 서기 900~1300년 베닌(서아프리카) 등에서 하나를 선택해 학습한다.
주요 단계 3
• 중세 영국 1066~1509년의 교회, 국가(state) 및 사회의 발전 • 1509~1745년 영국의 교회, 국가 및 사회 발전 • 사상, 정치권력, 산업 및 제국: 1745~1901년 • 영국, 유럽 및 더 넓은 세계를 위한 도전: 1901년부터 현재까지 • 지방사 • 학생들이 자신의 연대기 지식을 통합하고 확장할 수 있는 1066년 이전 영국 역사의 한 측면 또는 주제에 대한 탐구 • 세계사에서 중요한 적어도 하나의 사회나 쟁점, 그리고 이와 상호 연관된 다른 세계의 발전을 탐구한다[예: 무굴 인도(1526~1857), 중국의 청 왕조(1644~1911), 변화하는 러시아제국(약 1800~1989), 20세기 미국].

자료: DfE(2013: 4~8).

주요 단계 3에서는 1066년 이후 영국사와 세계사를 가르친다. 그러면서도 주요 단계 2에서 학습한 1066년 이전 시기에 관한 지식을 통합하고 확장해 역사를 탐구하게 한다. 주요 단계 2와 주요 단계 3 각각에서 학습한 내용을 상호 연결해 문제를 해결할 수 있게 하는 것이다. 주요 단계 4인 GCSE 단계에서는 다음의 역사를 포함한다(DfE, 2014b).

- 세 개의 시대(era): 중세(500 ~ 1500년), 근세(1450 ~ 1750년), 근대(1700년 ~ 현재)의 역사
- 세 개의 시간 규모(time scale): 단기간(심층 탐구), 단기간과 장기간의 중간〔기간 학습(period study)〕, 장기간(테마 학습)
- 세 개의 지리적 맥락(geographical context): 지방(locality, 역사 환경), 영국, 유럽과 넓은 세계

전체 과정에서 평가하는 내용 가운데 영국사가 40% 이상을 차지해야 한다. 심층 학습에서는 사건이나 현상을 사회적·경제적·정치적·종교적·기술적·군사적 요인들을 복합적으로 탐구하게 해야 한다. 영국사와 세계사 각각에서 적어도 하나의 주제를 심층 학습하게 해야 한다. 이때 영국사와 세계사의 주제를 동일한 시기에서 선택해서는 안 된다. 이러한 제한은 학생의 학습 범위를 넓히는 역할을 한다. 기간 학습은 적어도 50년 정도의 시간에 초점을 맞추어야 한다. 학생은 이 기간 동안 이루어진 실질적인 발달에 대한 내러티브나 이 기간과 관련된 쟁점을 이해해야 한다. 테마 학습은 역사의 장기적인 측면에서 서로 다른 시대의 중요한 특징을 포함하며, 변화와 연속성을 이해하도록 한다. 수백 년에 걸쳐 이루어진 광범위한 변화를 밝히고 서로 다른 시기를 비교하게 한다. 세 개의 시대, 세 개의 시간 규모, 세 개의 지리적 맥락 등에서 역사를 탐구하도록 하면서 학생들이 역사를 다층적으로 이해할 수 있게 한다. GCSE에서는 가르쳐야 할 세부 토픽을 제시하지 않으며, 학생의 독립적인 탐구 능력 함양을 강조한다.

노동당 정부하에서 개정된 2000년 및 2008년 교육과정[18]과 주제 및 시각의 측면에서 비교하면 2014 교육과정의 특징을 좀 더 잘 파악할 수

있다. 첫째, 2014 교육과정에서는 학습 내용을 대폭 줄였다. 예를 들면 2000 교육과정에서는 주요 단계 2에서 지방사, 영국사(로마, 앵글로색슨과 바이킹, 튜더 왕조 시기 영국과 더 넓은 세계, 빅토리아 시기나 1930년 이후 영국), 유럽사(고대 그리스), 세계사(고대 이집트, 인더스, 아즈텍, 베닌)를 학습해야 했다. 2014 교육과정에는 주요 단계 2에서 튜더 시기, 빅토리아 시기, 1930년 이후 영국사 등을 배제해 내용을 줄였다. 이 내용들은 주요 단계 3에서도 반복해 배우게 되어 있었다. 요컨대 2014 교육과정에서는 주요 단계 2와 3에서 중복되는 학습 주제를 없애는 방식으로 학습 내용을 축소했다.

한국과 마찬가지로 영국에서도 국가 교육과정이 처음 개발된 이후 학습량이 많고 학습 주제를 다루는 지침이 너무 지시적이라는 비판이 계속되었다. 그리하여 교육부는 1993~1994년에 학습량 축소를 위해 론 디어링(Ron Dearing)에게 조사를 요청했고, 그는 축소 방안을 제시했다. 디어링의 보고서는 1995년 역사 교육과정 개정의 기초가 되었다. 이때 만들어진 학습량 축소 원칙은 이후에도 계속 적용되고 있다(Dearing, 1994: iii).[19]

그중 한국 역사교육계에서도 검토해볼 수 있는 원칙은 여러 단계에서

18 2008 교육과정 개정에서 역사는 주요 단계 3만 개정되었다.

19 보고서에서 디어링은 주요 단계별로 학습 내용 줄이는 방안을 제시했다. 주요 단계 1에는 "신화, 전설, 허구적 이야기, 음악이나 컴퓨터 기초 자료 사용을 줄인다. 법령적인 것을 비법령적 예로 바꾼다" 등이, 주요 단계 2에는 "일부 내용은 다루어야 하는 범위를 좀 더 제한해 제시한다. 심층 학습에서 다루어야 할 내용을 명확하게 한다. 확장 학습(extended learning)의 지시적이고 상세한 성격을 줄인다. 내용에서 초점을 맞추어야 할 부분을 명확하게 한다" 등이 있다. 주요 단계 3에서는 "주요 단계 2에서 제시한 원칙 이외에 개관해야 할 것과 심층적으로 다루어야 할 부분을 명확하게 한다. 두 개의 보조 단원(supplementary units)을 핵심 단원과 같은 비중으로 다루게 한 필수 조항을 제거한다" 등을 제시했다.

학습 내용이 중복되는 것을 피하고, 각 주요 단계에서 학습해야 할 주제의 수를 줄이는 것이다. 유럽 여러 나라, 미국, 캐나다 등이 초·중·고등학교에서 서로 다른 시기를 가르치게 하는 학습 내용 계열화 방식도 눈여겨봐야 한다. 한국은 초·중·고등학교에서 한국사를 통사로 반복적으로 가르쳐왔다. 이러한 방식은 학생들의 흥미를 저하시킬 뿐 아니라 과다한 학습량의 문제를 해결하기 어렵게 한다. 또한 영국에서 전체적으로 개관(overview)하는 정도로 학습하게 하는 내용과 심층적으로 탐구하게 해야 할 내용을 명확하게 구분해 제시하는 방식도 참고할 만하다.

둘째, 2014 교육과정은 영국사(British history)에서 민족적·문화적·젠더적 다양성을 대폭 축소했다. 영국사를 잉글랜드 역사 중심으로 정의할 것인가? 아니면 여러 섬들의 역사로 정의할 것인가? 이 문제는 영국에서 교육과정을 개발하던 1980년대 후반부터 논의되었다. 1991 교육과정 이래 영국에서는 문화적·민족적·종교적 다양성에 기초해 역사를 볼 수 있게 했다. 노동당 정권하에서 개발된 2000 교육과정과 2008 교육과정에서는 영국이 여러 섬들로 이루어졌다는 시각에 기초해 영국사를 가르치도록 학습 주제를 진술했다. 2008 역사 프로그램의 주요 단계 3에서는 영국의 민족적·문화적 다양성의 역사적 기원에 대해 이해하도록 했다. 폴 브레이시(Paul Bracy)와 다리수 잭슨(Darisu Jackson), 앨리슨 고브 험프리스(Alison Gove-Humphries)는 잉글랜드, 아일랜드, 스코틀랜드, 웨일스 등의 서로 다른 역사와 변화하는 관계들, 그리고 다양한 민족들이 영국 영역으로 들어오거나 떠나는 움직임 및 그에 따른 영향을 탐구한다는 의미에서의 다양성이라는 관점은 2014 교육과정에서 폐기되었다고 주장했다(Bracy, Jackson and Gove-Humphries, 2017: 203).

2014 교육과정에서는 분석 범주로서 젠더의 시각이 축소되었다. 보

수당 집권 중에 개발된 1991과 1995 교육과정, 노동당 집권 중에 개발된 2000과 2008 교육과정은 모두 영국사나 세계사에서 서로 다른 영역(sections)에서 온 남성, 여성, 어린이의 삶을 탐구할 수 있게 했다. 예를 들면 튜더 시기나 1930년대 이후 세계의 남성, 여성, 어린이 등의 삶을 학습하게 했다. 남성과 여성, 어린이를 서로 다른 사회적·문화적 집단으로 보고, 분석의 범주로서 젠더와 연령을 사용했다. 브레이시와 잭슨, 고브 험프리는 2014 교육과정과 과거 교육과정의 다른 점은 "민족, 문화, 젠더, 계급 차원에 대한 명백한 언급의 부재"라고 지적했다(Bracy, Jackson and Gove-Humphries, 2017: 203). 주요 단계 1에서는 여성이 포함되었지만, 주요 단계 2와 3에서는 분석의 범주나 시각으로서의 젠더가 사라졌다. 다만 주요 단계 3에서 여성 참정권 운동이 이전 교육과정에서와 마찬가지로 비법령적 예시로 남아 있을 뿐이다.

셋째, 2014 교육과정은 영국 제국의 팽창사를 여러 각도에서 다룰 수 있는 기회를 제공한다. 2010년 다시 정권을 잡은 보수당의 수상 고브는 당시 학교 역사 교과(2008 교육과정)가 사고 기술만을 지나치게 강조하고 위대한 영국의 역사는 제대로 가르치지 못한다고 비판하면서 역사 교육과정을 개정해야 한다고 주장했다(Cruse, 2011: 14). 고브의 요청으로 2014 교육과정 개정에 참여한 니얼 퍼거슨(Niall Ferguson)도 고브와 같은 입장에서 역사를 연대기적 틀로 재편할 것을 주장했다(Ferguson, 2010). 특히 GCSE와 A 레벨 역사에서 서구 팽창(western ascendancy)의 거대사를 학습할 수 있게, 적어도 중세, 근세, 근대 각각 하나씩의 논문을 써서 전체 이야기를 학습할 수 있게 해야 한다고 말했다. 서구의 팽창을 제국주의에 대해 변명하는 시각이 아니라 5세기에 걸쳐 세계를 크게 변화시킨 사건으로 가르쳐야 한다는 것이다. 당시의 역사 교육과정으로는 영국 학생들이 서구 팽창의 역사를 그러한 시각에서 알 수 없다고 비판했다.

주요 단계 3의 '사상, 정치적 권력, 산업과 제국: 영국 1745~1901', '영국, 유럽, 더 넓은 세계에 대한 도전: 1901년부터 오늘날, 홀로코스트'라는 주제에서는 '영국 제국'을 학습하게 한다. 그러나 제국주의, 혹은 식민주의 등을 명시적으로 가르치게 하지는 않는다. 법령적으로 가르쳐야 할 내용의 제목들은 제국으로서 영국을 강조한다. 그런데 비법령적 예시에서는 영국 제국의 발달에 대한 심층 학습, 복지국가로서 영국의 발달 이외에 영국의 대서양 노예무역과 궁극적 폐지, 아메리카와 인도 식민지 등의 주제도 포함되어 있다. 영국 제국의 공과 과를 함께 가르치겠다는 것이다. 연구자들은 '교사가 이 시기를 어떤 관점에서 가르칠 것인가?', '이 시기를 인종적·민족적·문화적 다양성이라는 관점에서 가르칠 수 있는가?'라는 문제는 교사의 시각과 역량에 달려 있다고 본다(Alexander and Weekes-Bernard, 2017; Harnett, 2014).

넷째, 2014 교육과정은 세계사를 확대했다. 보수당 정부는 2013년 2월 초안에 대한 학계와 교육계의 여론을 수렴한 후 9월 수정하면서 세계사의 학습 주제를 대폭 확대했다. 그리하여 2014 교육과정은 '지구사'적 시각을 표방하면서 주요 단계 1과 2에서 세계사 내용을 확대해 종래 가르치던 내용 이외에 중국의 상 문명, 초기 이슬람 문명 등도 첨가했다. 연구자들은 주요 단계 1에서 로자 파크스, 메리 시콜, 주요 단계 2에서 베닌, 주요 단계 3에서 대서양 노예무역과 그 영향을 다루도록 한 것을 매우 고무적이라고 평가한다(Bracy, Jackson and Gove-Humphries, 2017). 그러나 그것이 비법령적 예에 불과하다는 점에는 아쉬움을 드러낸다. 지구사를 표방했다고 했는데, 여기서 지구사는 지역이나 문명, 문화권 단위를 넘어서는 역사적 사건이나 현상을 포함하는 것으로 보인다. 비유럽 문명, 특히 이슬람 문명이나 중국 문명, 교류사 확대 추세를 읽을 수 있다.

다섯 째, 2014 교육과정은 연대기적 서사와 역사적 사고 기술의 절충을 추구했다. 고브는 종래 역사교육이 너무 학습 활동만을 강조했다고 비판하면서 연대기적 서사와 사실을 가르쳐야 한다고 주장했다. 수지 메슈어(Susie Mesure)도 사고 기술 중심의 역사, 특히 과도한 감정이입에 대해 비판했다(Mesure, 2010). 이에 대한 반박도 컸다. 에번스는 당시 교육과정에 이미 많은 왕과 여왕, 그리고 사실적 내용이 포함되어 있다는 점을 지적하고, 왜 고브 및 그와 같은 진영의 사람들이 사실과 이름들이 중요하게 다루어지지 않았다고 주장하는지 이해할 수 없다고 비판하면서 2008 교육과정을 옹호했다(Evans, 2011). 특히 역사적 사고 기술을 지식과 함께 가르쳐져야 한다고 주장했다. 결국 보수당 정부는 의견을 수렴한 후 최종본을 수정하면서 역사적 사실과 사고 기술을 함께 가르칠 수 있게 했다.

에필로그

역사적 사고를 강조했던 영국의 역사교육은 2014 교육과정에서 연대기적 서사를 강화하는 방향으로 전환을 추구한다. 그러나 영국은 여전히 역사적 설명이 어떻게 만들어지는지, 왜 서로 다른 역사적 해석이 나오고 타당한 역사 해석을 어떻게 평가할 수 있는지에 관해 학생들이 설명하도록 역사를 가르친다. 역사적 사고를 가르치는 문화가 여전히 영국 교육과정에 깔려 있는 것이다. 한국은 역사적 사실의 기억을 강조해 왔다. 그러나 우리가 역사적 사실이라고 하는 것은 대부분 역사가들의 해석, 설명, 주장이다. 역사적 해석의 타당성을 분석하는 방법을 모른 채 그 해석만을 기억하게 하는 역사교육은 과거를 신성화해 미래의 생성을 불가능하게 한다.

역사를 아는 것과 역사를 구성하는 것, 두 가지를 모두 가르치기 위한 역사 교육과정 틀을 만들려고 할 때 영국의 사례는 참고가 될 만하다. 다만 영국 역사교육계에서 활발하게 논의되고 있는 역사와 윤리 문제를 함께 검토해 영국의 또 다른 고민을 이해해야 한다. 한국도 고민하고 있는 학습량 축소, 학습의 계열화, 평가 등에 대해서도 영국의 사례를 참고할 만하다.

지구화와 이주의 증가라는 세계 변화 속에서 영국 연구자들이 자국사와 세계사의 범위와 그것을 가르치는 시각에 대해 벌였던 논쟁도 한국의 역사교육 방향을 고민하면서 살펴볼 필요가 있다.

참고문헌

강선주. 2017.「영국의 역사 교육과정의 쟁점: 2014 교육과정을 중심으로」. ≪역사교육논집≫, 제65권.

Alexander, Clarie and Debbie Weekes-Bernard. 2017. "History Lessons: Inequality, Diversity and the National Curriculum." *Race Ethnicity and Education*, Vol. 20, No. 4.

Association of School and College Leaders. 2015. "Progression and Assessment in History."

Boffey, Daniel. 2013.2.16. "Historians attack Michael Gove over 'Narrow' Curriculum." *The Guardian*.

Booth, Martin. 1993. "Students' Historical Thinking and the National History Curriculum in England." *Theory and Research in Social Education*, Vol. 21, No. 2.

Bracy, Paul, Darisu Jackson and Alison Gove-Humphries. 2017. "Diversity and History Eduation" in Ian Davies(ed.). *Debates in History Teaching(Second Edition)*. Routledge.

Byrom, Jamie. 2015. "Progression in History under the 2014 National Curriculum: A Guide for Schools." Historical Association.

Cooper, Hilary. 2014. "How Can We Plan for Progression in Primary School History?" *Revista de Estudios Sociales*, No. 52.

Cruse, Ian. 2011. "Debate on 20 October: Teaching of History in Schools." House of Lords Library.

Dearing, Ron. 1994. *The National Curriculum and its Assessment: Final Report*. London: School Curriculum and Assessment Authority.

DfE(Department for Education). 2013. "National Curriculum in England: History Programmes of Study."

_____. 2014a. "National Curriculum in England: Key Stages 3 and 4 Framework

Document."

_____. 2014b. "History GCSE Subject Content."

DfEE(Department for Education and Employment). 1999. "The National Curriculum: Handbook for Primary Teachers in England, Key Stages 1 and 2."

Evans, Richard. 2011. "The Wonderfulness of Us(The Tory Interpretation of History)." *London Review of Books*, Vol. 33, No. 6.

Ferguson, Niall. 2010.4.10. "Too Much Hitler and the Henrys." *Financial Times*.

Full Fact. 2017. "Academies and maintained schools: what do we know?" https://fullfact.org/education/academies-and-maintained-schools-what-do-we-know/ (검색일: 2017.10.6).

GOV.UK. 2010. "The Secretary of State for Education, Michael Gove, Addresses the National College's Annual Conference in Birmingham(25 November 2010)." https://www.gov.uk/government/speeches/michael-gove-to-the-national-college-annual-conference-birmingham(검색일: 2017.10.5).

Harnett, Penelope. 2014. "The History Curriculum in Primary Schools in England: Opportunities and Challenges." *The Arab World in History Textbooks and Curricula*. Slovenian National Commission for UNESCO.

Harris, Richard. 2017. "British Values, Citizenship and the Teaching of History." in Ian Davies(ed.). *Debates in History Teaching Second Edition*. Routledge.

Harris, Richard and Terry Haydn. 2009. "30% is Not Bad Considering…." *Teaching History*, Vol. 134.

Hawkey, Kate. 2015. "Whose History is This Anyway? Social Justice and History Curriculum." *Education, Citizenship and Social Justice*, Vol. 10, No. 3.

Historical Association. 2011. "History in Secondary Schools 2011(Survey)."

HMI. 1988. *History from 5 to 16. Curriculum Matters No. 11*. London: Her Majesty's Stationery Office.

Lee, Peter and Denis Shemilt. 2007. "New Alchemy or Fatal Attraction? History and Citizenship." *Teaching History*, Vol. 129.

Maddison, Michael. 2009. "GCSE History: A Millstone or an Opportunity?" HA

Conference: History in Schools Present and Future.

_____. 2014. "The National Curriculum for History from September 2014: the view from Ofsted." *Primary History*, Vol. 66.

Mansell, Marwick. 2013.6.21. "Michael Gove Redrafts New History Curriculum after Outcry." *The Guardian*.

Mesure, Susie. 2010.8.29. "Never has so little history been known by so Few." *The Independent*.

Ofsted. 2011. "History for All."

Phillips, Robert. 1998. *History Teaching, Nationhood and the State: A Study in Educational Politics*. Cassell.

Roberts, Nerys. 2017. "The School Curriculum in England." House of Commons Library.

Sheldon, Nichola. 2011. "The National Curriculum and the Changing Face of School History 1988~2010." http//www.history.ac.uk/history-in-education/project-papers/school-history.html(검색일: 2017.10.7).

2장

역사 지식과 탐구 기술: 호주의 절충

/

방지원

현재 호주의 교육 목표는 성공적인 학습자, 자신감 있고 창조적인 개인이자 참여적이고 지적인 시민을 기르는 것이다. 전통적으로 주 단위에서 교육을 관할해왔던 호주는 2008년 이후 국가 수준 교육과정의 개발을 본격화해 적용하기 시작했다. 국가 수준의 역사 교육과정 논의가 진행되던 10여 년 동안 호주에서는 '역사 전쟁'이라 명명할 수 있을 만한 갈등이 있었으며 지금까지도 그 여파가 계속되고 있다. 호주의 국가 수준 교육과정은 교과 영역과 일반 역량, 범교과 우선 사항이 서로 교차하도록 설계되었다. 디지털 교육과정 형태로 제공되는 국가 수준 교육과정은 주 정부의 여건에 따라 적용하도록 하고, 자유 발행제 교과서 제도를 운영하며, 교육과정을 교수학습으로 구체화하는 과정에서 학교와 교사의 자율성을 존중한다. 호주의 역사교육은 유치원 단계에서 시작되어, 초등학교에서는 지리, 일반사회 영역과 통합적으로 운영되고, 7~10학년에서 독립 과목으로 되어 있다. 역사 교육과정은 역사 내용을 대상으로 하는 '역사 지식과 이해', '역사 탐구와 기술'이라는 두 개의 스트랜드(strand)를 중심으로 조직된다. 두 개의 스트랜드가 학생 활동 중심의 역사 수업에서 자연스럽게 통합되도록 했다.

1. 호주의 교육제도와 국가 수준 교육과정 도입

호주는 여섯 개 주와 두 개의 특별구로 이루어진 영연방 국가이다.[1] 호주의 교육은 전통적으로 주 정부에서 관장해왔다. 교사 교육에서 교육과정 운영까지, 학교교육에 관한 전반적인 관할권은 주 정부에 있다. 호주의 학교는 공립학교, 사립학교, 종교계 학교로 구성된다. 유치원부터 10학년까지 의무교육 기간(F-10)에 제공되는 각 주의 교육과정은 국가 수준에서 합의한 기본 틀에 토대를 둔다. 모든 주가 취학 전 1년과 이후 10년까지를 의무교육 기간으로 지정하고 있으며, 이 기간 동안의 교육 체제는 취학 전의 준비 학교(preschool, preparatory), 초등학교(primary school), 전기 중등학교(junior secondary school)로 구성된다. 각 단계를 시작하는 연령이나 단계별 수학 기간이 주별로 차이가 있다.[2] 의무교육 기간을 마친 학생들은 각자 진로에 따라 후기 중등학교(senior secondary school, 11~12학년)에 진학하거나 직업교육 과정을 밟게 된다. 대학 진학을 위한 11~12학년 과정에서 선택 이수한 과목의 내신 성적과 대학 입학 자격시험 성적을 종합해 대학 입학을 위한 개인별 점수 및 순위(Australian Tertiary Admission Rank: ATAR)를 산정하고, 각 대학에서는 이 자료와 자체적인 기준에 따라 학생을 선발한다. 자격시험 등에 관한 세부 규정이나 시행 방식은 주에 따라 조금씩 차이가 난다.

---

1 호주는 뉴사우스웨일스, 빅토리아, 퀸즐랜드, 사우스오스트레일리아, 웨스턴오스트레일리아, 태즈메이니아 등 여섯 개의 주(state)와 노던, 호주 수도 특별구(Australian Capital Territory: ACT) 등 두 개의 특별구(territory)로 구성되어 있다.

2 뉴사우스웨일스 등 네 개 주에서는 초등학교가 1~6학년, 중등학교가 7~10학년이고, 퀸즐랜드 등 네 개 주에서는 초등학교가 1~7학년, 중등학교가 8~10학년이다.

호주에는 연방 정부나 주 정부가 승인하는 교과서란 존재하지 않는다. 한국 기준으로 보면 '자유 발행제'이며, 다양한 교수 자료를 사용하는 풍토를 배경으로 교사들이 교과서를 집필한다. 집필 과정에서 정치적 영향이나 정부의 간섭을 받지 않고, 교과서의 평가와 선택, 구입과 관련된 모든 결정을 학교와 교사가 한다. 또한 교과서 이외에 교사들이 자체 제작한 다양한 학습 자료를 폭넓게 활용하는 것으로 알려져 있다.[3] 교육과정 운영에서 학교와 교사의 자율성 및 전문성을 폭넓게 인정한다는 의미이다. 최근 보수 정부의 역사 교과서 국정제 전환 정책에 따른 극심한 혼란과 갈등을 겪은 우리의 입장에서 향후 교과서와 교육과정 정책 방향을 수립할 때 주목할 만하다.

호주에 국가 수준 교육과정이 도입된 것은 최근의 일이다. 전통적으로 호주의 학교교육 및 교육과정 운영은 각 주의 책임이었으며, 교육과정의 개정 방식 또한 주 수준에서 결정해왔다. 그러던 호주에서 2011년 9월부터 의무교육 기간을 대상으로 한 국가 교육과정이 공식화되어, 각 주의 여건에 따라 국가 교육과정을 자율적·단계적으로 적용하기 시작했다. 호주의 국가 교육과정은 1989년 호바트 선언(Hobart Declaration) 이후 20여 년에 걸쳐 장기적으로 진행되었다.[4] 오랫동안 주별 교육과정

3 호주의 경우, 교과서 구입 자금을 개인과 학교 차원에서 해결해야 하기 때문에 교육 기회나 질의 불평등 문제가 발생했다고 한다. 교과서와 교수 학습 자료 구비 시스템은 가난한 학교와 부자 학교의 차이를 극명하게 보여준다는 것이다. 이 때문에 교사들이 제작한 교수 학습 자료를 복사해 사용하는 경우가 많다고 한다(김덕근, 2012).

4 1989년 호바트 선언을 기점으로 학교교육에 대한 국가 수준의 협력 체제가 구축되었다. 호바트에서 열린 호주교육위원회(AEC) 모임에서 연방 정부와 주 정부는 호주의 학교교육을 위한 국가 수준의 공통 목표와 여덟 개(영어, 수학, 과학, 사회 및 환경, 기술, 보건과 체육, 외국어, 예술)의 핵심 학습 영역(Key Learning Area: KLA)에 합의했다. 1999년의 애들레이드 선언 이

표 2-1 **호주 국가 교육과정 개발 일정**

학습 영역		개발 단계	개발 연도	비고
영어		1	2008~2010	2011년부터 시행
수학				
과학				
인문학과 사회과학	역사			
	지리	2	2010~2012	
	경제·경영·시민성	3	2011~2013	
예술		2	2010~2012	
언어				
보건과 체육		3	2011~2013	
정보통신기술 및 디자인과 공학				

자료: ACARA(2009).

체제를 유지해왔다는 점을 감안하면, 국가 교육과정의 도입은 호주 교육에 있어서 혁명적이라 할 만한 변화였다.

국가 교육과정 개발이 전면화·본격화된 것은 2008년 멜버른 선언 이후였다. 12월 교육부 장관 협의회(MCEETYA, 각 주의 교육부 장관들과 연

후 개최된 교육부 장관 협의회의 주도로 교육과정 개발에 관한 국가 차원의 협력이 가시적으로 드러나기 시작했다. 2003년부터 영어, 수학, 과학, 시민성, 정보통신기술(ICT) 등에 대한 국가 수준의 '학습 개요' 개발과 시행이 추진되었다. 2007년 4월 개최된 교육부 장관 협의회에서 영어, 수학, 과학에 대해 국가적으로 일관된 핵심 내용과 성취 기준을 개발하는 데 합의했다. 2007년 선거에서 승리한 노동당의 케빈 러드(Kevin Rudd) 총리는 선거공약으로 2010년까지 영어, 수학, 과학, 역사를 위한 국가 기준 설정과 이를 책임질 국가 교육과정 위원회의 설립을 제안했는데, 집권 이후 '교육혁명'을 선언하고 기왕의 제안을 정책으로 추진하기 시작했다. 2008년 1월 국가 교육과정 개발을 위한 연방 차원의 독립적인 기구인 '국가 교육과정 위원회(National Curriculum Board: NCB)'가 설립되어 교육과정 개발을 이끌었다. 2008년 8월부터는 국가 교육과정 위원회의 주도로 영어, 수학, 과학, 역사의 교육과정 개발 작업에 착수했다.

방 정부 장관들의 협의체)가 멜버른에서 만나 세계적 변화에 따른 요구를 중심으로 호주 청소년들을 위한 교육 목표를 선언하고 이를 달성하기 위한 국가 교육과정을 개발하기로 결의했다. 멜버른 선언에서는 호주의 거시적 교육 목표를 두 가지로 제안했다. 하나는 호주 학교가 평등과 수월성 모두를 지향해야 한다는 점이다. 다른 하나는 호주 학생들이 성공적인 학습자이자, 자신감 있고 창조적인 개인이며, 참여적(active)이고 지적인(informed) 시민으로서의 성장을 지향해야 한다는 것이다. 협의회에서는 국가 수준에서 개발할 공통의 학습 영역을 설정했는데, 영어, 수학, 과학(물리, 화학, 생물 포함), 인문학과 사회과학(역사, 지리, 경제, 경영, 시민성 포함), 예술(공연예술, 시각예술), 언어(특히 아시아권 언어), 건강과 체육, 정보통신기술 및 디자인과 공학 등 여덟 개 영역이었다.

멜버른 선언 이전에는 국가 수준의 교육과정 개발을 학습 영역별로 개별 진행하다가, 선언 이후 여러 학습 영역에 걸친 공통의 교육과정 개발의 틀, 총론에 해당하는 것을 만들기 위한 전담 기구가 설치되었다. 2009년 6월 국가 교육과정 개발 및 평가를 전담하는 연방 차원의 법적인 독립 기구로서 '호주 교육과정 평가원(Australian Curriculum, Assessment and Reporting Authority: 이하 ACARA)'이 설립되어, 국가 교육과정의 기본 방향 수립, 시안 작성, 의견 수렴 및 확정, 시행 지원 등과 같은 모든 개발 과정을 주관했다. 학습 영역별 교육과정이 일시에 개발된 것은 아니며 적용 시기도 달랐다. 역사 교육과정의 경우도 2011년 9월 학기부터 시행할 수 있도록 하되, 각 주와 개별 학교의 여건에 따라 적용 시기를 달리할 수 있었다. 2012년 퀸즐랜드를 시작으로 점차 국가 역사 교육과정을 적용하는 지역이 늘었다.

2. '역사 전쟁'과 국가 수준 역사 교육과정의 등장

호주에서 역사교육은 패러다임의 변화를 수차례 겪었다. 1960년대까지는 대체로 표준적 교과서를 바탕으로 교사 중심의 시험 대비식 교육을 했지만, 1970~1990년대에는 국제적인, 특히 영국의 영향으로 역사적 사고 중심의 교수법을 탐색하게 되었다. 영국에서 시작된 '신역사교육 운동(new history movement)'의 영향으로 1차 사료를 활용한 '추적 활동(detective work)' 등의 개념이 도입되었으며, 역사학계의 변화에 따라 사회사를 비롯해 새로운 학문적 성과들이 역사교육 내용의 확장으로 연결되었다. 그와 동시에 미국식 사회과(social studies)도 도입되었다(Burley, 2012).

1980년대 접어들어 경제 및 사회 관련 교육과정 개발에 국가 조정을 도입할 필요가 있다는 인식이 일어났다. 이러한 움직임은 1989년 호바트 선언으로 이어졌으며, 교육부 장관 협의회 주도로 '사회환경과(Studies of Society and Environment: SOSE)' 체제가 형성, 정착되었다. 사회환경과는 호주 교육에서 여덟 개의 핵심 학습 영역 중 하나가 되었으며, 점차 유치원부터 10학년까지, 학교 시간표상의 과목으로서 역사와 지리, 경제 관련 과목을 대체하게 되었다. 통합적이고 개념적인 접근을 추구하는 사회환경과는 1991년부터 2009년까지 뉴사우스웨일스를 제외한 호주 전역의 전기 중등학교에 적용되었다. 후기 중등학교 과정에는 역사를 포함해 40여 개의 사회과학(social science) 선택과목이 있었다(Burley, 2012).

호주에서 독립된 역사 과목은 1970년대 이후로는 대부분의 주에서 11~12학년에서만 개설되었다. 사회환경과 체제가 자리를 잡은 1990년대 이후 후기 중등학교 수준에서 역사를 배우는 학생 수가 현격하게 감소했다. 여기에 사회환경과의 역사 내용 수준과 교사들의 전문성 부족 등이 비판받으면서 호주 역사(국가사)를 교육과정에 포함시키는 문제를 두고 사회적인 논쟁이 벌어졌다. 특히 11~12학년에서 역사를 선택하는 학생의 수가 줄어든 것과 관련해 의회와 언론은 역사의 대중성을 부각시키고 박물관, 역사적인 기념, 역사 교과서, 학교 역사에서 국가적 과거를 표현하는 것을 놓고 논쟁을 벌였다. 이런 가운데 2000년대 이후로는 국가 주도의 연방 역사 프로젝트(commonwealth history project)가 추진되었으며, 호주 교육에서 역사교육의 지위를 강화하고 지평을 확장하려는 시도가 본격화되었다(Brennan, 2011).

호주의 국가 수준 역사 교육과정은 1996~2007년의 존 하워드(John Howard) 연합 정부와 2008~2013년의 러드 노동당 정부를 거치며 탄생했다. 이 시기 동안에는 호주판 '역사 전쟁'이 치열하게 전개되었으며, 역사 교육과정은 이 와중에 개발되었다. 하워드 총리는 각종 사회적 긴장이라는 해결 과제에 대처하는 방법으로 호주의 역사와 호주에서의 삶이 제공하는 혜택들에 대해 인식하도록 하는 역사 교육과정 개발에 착수했다(Maadad and Rodwell, 2016). 그는 2006년 호주인의 날에 "역사교육을 뿌리부터 가지까지 개혁하겠다"라고 공언한 뒤 국가의 기념비적 역사를 가르쳐야 한다는 대중적 요구와 손잡고, 정부 주도로 '호주 역사 교수 안내: 9~10학년(Guide to Teaching Australian History in Years 9~10)'(DEST, 2007.10.1)을 발표했다(Brennan, 2011). 하워드 총리는 역사교육을 통해 젊은 호주인들에게 '호주라는 나라에 대한 애국심'을 길러주어야 한다고 주장했다. 그는 전문 역사 교육자와 역사 교사들을 배제하고, 교육 내용을 정하기 위한 별도의 위원회를 구성했다. 이 위원회에서 내린 결론은 호주 역사의 주요 사건들 77개와 수백 개의 전기문을 배우도록 하는 것이었다. 발표 직후 호주 전역에서 즉각적이고 거센 비판이 일어났다. 새로운 역사 과목이 좀 더 유연하고 내용 중심적 경향이 완화된(less content-oriented) 교육과정과 열린 질문의 탐구를 추구해야 한다는 그동안의 제안들이 완전히 무시되었다는 것, 역사는 단순히 어떤 일이 일어났다는 것을 아는 데 그치는 것이 아니라 학생들 스스로 '탐구하는 것'이며 여러 해석이 가능해야 한다는 흐름에 역행한다는 것, 역사교육을 정치, 특히 선거에 이용하려 했다는 것에 관한 비판이 주를 이루었다(Burley, 2012).

2007년 후반기에 집권한 러드 총리 정부는 하워드 정부가 시작한 과업을 바탕으로 국가 역사 교육과정을 발표했다. 전임자의 연대기적이고 내용 중심적이며 지시적인 교육 지침을 폐기했지만, 여전히 호주라는 나라에 초점을 두고, 태평양과 아시아 등의 역사에서 호주의 역할을 다루는 데까지 확장한 교육과정을 만들었다. 이른바 '좌파'로 알려진 스튜어트 매킨타이어(Stuart Macintyre) 교수가 교육과정의 틀 구성에서 영향력 있는 위치에 있었던 자문회의(critical friends)의 의장으로 지명된 것에 대해 '역사교육이 좌파에 납치당했다'는 식의 반발이 일기도 했다. 노동당 2기 줄리아 길라드(Julia Gillard) 총리 정부는 다양한 해석과 자료 탐구에 기초한 역사 학습을 지원했다. 하지만 ACARA가 교육과정을 공개한 이후, 새 교육과정 또한 내용이 여전히 많은 데다, 어려운 내용을 지시적으로 제시한다는 비판이 제기되었다(Burley, 2012).

결과적으로 ACARA의 국가 역사 교육과정에서 '역사' 과목의 위상은 이전에 비해 크게 강화되었다. 사회환경과 체제를 적용했던 과거와 다르게, ACARA의 국가 수준 교육과정에서 역사는 유치원부터 10학년까지 독립된 학습 요소(초등학교)와 독립 과목(전기 중등학교)의 위상을 차지했다. 특히 7~10학년에 역사가 독립된 과목으로 등장한 것은 큰 변화였다.

치열하게 전개된 역사 전쟁에 개입된 정치적 동기들은 국가 수준 역사 교육과정에 영향을 주었다. 바로 이 정치적 동기들에 대한 의문이 대중적으로 제기되고 다시 논쟁으로 번지기도 했다. 국가 수준 역사 교육과정은, 여러 면에서 호주의 과거에 대한 해석을 둘러싼 좌우파의 격렬한 싸움에서 중도적 입장이 승리한 상황을 반영한다는 평가를 받기도 한다(Maadad and Rodwell, 2016). 간단히 말하자면, 좌우파 두 파벌은 서로를 '백색 도료'와 '검은 완장'이라고 부르며 비난했다. 한쪽은 서구 민주주의와 문명의 승리를 기념하는 데 치중하고, 다른 한쪽은 그 문제점을 강조했는데, 특히 호주 원주민과 유럽 출신 이민자들 간의 관계를 역사적으로 파악하는 관점의 차이로 충돌했다. 이는 학교 역사교육을 둘러싸고 벌어지는 신보수주의적 역사 해석과 자유주의적 역사 해석 사이의 고전적인 역사 전쟁 시나리오이기도 했다.

정책 관료들 간의 상호 비난과 분쟁도 반복되었다. 한 가지 예로 2010년 남호주 자유당(South Australian Liberal)의 크리스토퍼 파인(Christopher Pyne) 교육 대변인은 "새로운 국가 수준의 교육과정이 토착민의 역사와 문화를 과도하게 강조하는 재앙을 가져왔으며, 이는 상당히 불균형하다"라면서 "(교육과정이) 우리의 영국적 전통과 영국 유산의 대부분을 지우고 있다"라고 비난했다(Hudson and Larkin, 2010). 그는 2013년 선거 승리를 앞두고는 교육과정이 '앤잭의 날(Anzac day)'[5]과 '조화의 날, 화해의 날

5 앤잭은 당시 작전에 참가한 호주·뉴질랜드 연합군(Australian and New Zealand Army Corps)의 약자로, 앤잭의 날은 이들이 1915년 4월 25일 오스만튀르크(지금의 터키) 갈리폴리 상륙작전을 수행한 것을 기리는 날이다. 앤잭의 날 초기에는 제1차 세계대전에 참전해 싸운

(Harmony Day and Reconciliation Day)'을 함께 열거하는 것을 비판했고, 호주인의 성격과 호주의 역사에 관한 이해에서 '앤잭의 날'이 중심이 되어야 한다고 재차 강조했다. 2014년 이후 노동당이 실각하고 자유당이 집권 정당이 되었다. 국가 수준 교육과정에서 역사 과목이 원칙적으로 7~10학년 필수과목이 된 지 얼마 되지 않은 시점에, ACARA 교육과정과 정치적 권력 사이에 괴리가 생긴 것이다. 이러한 정부 성격의 변화가 역사 교육과정의 변화로 이어질 가능성이 있다고 보기도 한다(Maadad and Rodwell, 2016).

한편 '우파'에 의해 공격당하는 호주의 국가 수준 역사 교육과정의 보수성에 대한 비판 의견 또한 만만치 않은 듯하다. 모든 지역, 모든 학교 학생들에게 일률적으로 적용되어야만 하는, 지시적 규범으로 제시되는 국가 교육과정 때문에 교사나 학생들의 교육과정 결정권을 심대하게 훼손할 수밖에 없으며, 교육과정 설계의 바탕에 신자유주의적인 가치가 강한 영향력을 끼쳤다는 비판(Ditchburn, 2015)이나 학습 내용 선정 및 탐구 활동 구성의 학문적 전제들이 도시와 중산층 학생들에게 유리하다는 비판도 제기되었다(Taylor and Collins, 2012) 근본적으로 국가가 주도하는 역사 교육과정이 정치적 이해관계를 고려해 애국심을 길러주려는 혐의로부터 자유로울 수 없다는 점에 주목하기도 한다(Bruce, 2009).

용사를 기렸지만 현재는 제2차 세계대전과 베트남전쟁, 한국전쟁에 참전했던 용사들을 기리는 날로 확대되었다. 호주와 뉴질랜드 양국 정부는 매년 4월 25일을 공휴일로 지정하고 각종 추모 행사를 열고 있다.

3. 국가 수준 교육과정 구성 틀: 교과, 일반 역량, 범교과 우선 사항

호주의 '국가 역사 교육과정'은 실제로 어떻게 구성되어 있는가? 이를 파악하려면 먼저 국가 교육과정의 기본 얼개를 살펴보아야 한다. 호주의 국가 교육과정은 책자 형태로도 발행되지만, 기본적으로는 ACARA 웹사이트로 운영되는 디지털 교육과정이다.

호주 국가 교육과정의 기본 골격은 유치원부터 10학년까지이다. 기본적인 교수 학습은 여덟 개로 구성된 교과 중심의 '학습 영역(learning area)'으로 진행된다. 그러나 '학습 영역' 외에 일반 능력(general capabilities)'과 '범교과 우선 사항(cross-curriculum priorities)'을 별도로 설정했다. 이 세 개 영역의 유기적 결합이 호주 국가 교육과정의 기본 성격인 동시에 핵심적인 특징이다.

- 학습 영역: 주요 학문을 기반에 둔 지식과 이해를 발달시키기 위해 설계한 것이다. 여덟 개의 '학습 영역'은 각각 체계를 갖춘 별도의 교육과정을 제공하며, 이는 한국의 교육과정 각론에 해당한다. 별도 영역별 교육과정을 제공하면서, 학습의 질을 높이고 학습 효과를 확장시키기 위해 간학문적 학습을 강조한다.
- 일반 능력: 리터러시, 수리력, 정보통신 능력 등 복잡하고 수많은 정보로 가득한 21세기의 글로벌 세계에서 평생 학습자로서 자신감 있게 살아가는 데 필수적인 일반적으로 중요한 능력 일곱 가지를 규명한 것이다. 미래 학생들에게 필요한 모든 학습이 학문에 기반을 둔 영역만으로는 조직되기 어렵다고 보고, 학문에 기반을 둔 교과 영역을 가로질러 개

그림 2-1 호주 국가 교육과정의 세 영역

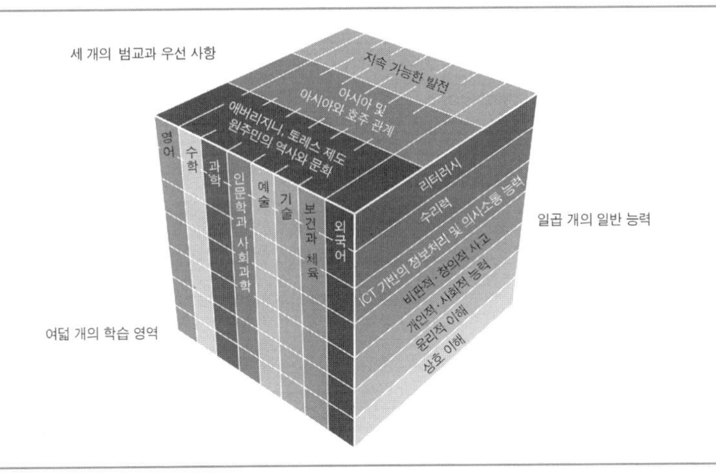

출처: ACARA(2017).

발되어야 할 기술, 행동, 성향 등을 범주화한 것이다. 일반 능력은 교사가 여덟 개 학습 영역의 수업을 계획할 때 충분히 고려하도록 학습 영역별 교육과정(각론)에 명시적으로 반영되어 있다.

- 범교과 우선 사항: 호주 학생들이 삶에서 구체적으로 필요하거나 새롭게 직면하게 되는 쟁점에 대한 것이다. 이는 능력이 아니라 관점에 가까운 것인데, 애버리지니, 토레스 제도 원주민의 역사와 문화, 아시아 및 아시아와 호주의 관계, 지속 가능한 발전 등이다. 이들도 일반 능력과 마찬가지로 여덟 개 학습 영역을 통해 다루도록 되어 있다.

〈표 2-2〉는 호주 국가 교육과정에서 학습 영역과 일반 능력, 범교과 우선 사항이 구체적으로 어떻게 구성되어 있는지 살펴보기 위한 것이다. 일반 능력 앞에 표시된 아이콘은 여덟 개의 학습 영역별 교육과정에서

표 2-2 **호주 교육과정에서 학습 영역, 일반 능력, 범교과 우선 사항**

학습 영역(learning areas)	과목(subjects)	
영어	영어	
수학	수학	
과학	과학	
인문학과 사회과학	역사, 지리, 경제와 경영, 공민과 시민교육	
예술	연극, 무용, 미디어, 미술, 음악, 시각예술	
기술	디자인과 기술, 디지털 기술	
보건과 체육	보건과 체육	
외국어	중국어, 이탈리아어, 인도네시아어, 프랑스어, 독일어, 일본어, 한국어, 그리스어, 스페인어, 베트남어	
일반 능력(general capabilities)	**조직 요소(organizing elements)**	
리터러시	· 보고, 듣고, 읽으며 텍스트 파악하기 · 말하거나 쓰면서 텍스트 만들어내기	· 텍스트 지식 · 문법 지식 · 어휘 지식 · 시각적 지식
수리력	· 측량하기 · 정수를 이용해 측정하고 계산하기 · 관계와 패턴을 이용해 기록하기 · 소수, 십진수, 백분율, 비례 이용하기 · 공간 추론 이용하기 · 통계 정보 해석하기	
ICT 기반의 정보처리 및 의사소통 능력	· ICT를 이용할 때 사회적이고 윤리적인 계획안 세우고 실천하기 · ICT를 이용해 조사하기 · ICT를 이용해 창의적인 작업하기 · ICT를 이용해 의사소통하기 · ICT를 조작하고 관리하기	
비판적·창의적 사고	· 아이디어와 정보를 조직하고, 탐험하고, 확인하고, 탐구하기 · 아이디어, 가능성, 행동들 생산하기 · 사고와 사고의 과정 성찰하기 · 추론과 절차를 평가하고 종합하고 분석하기	

개인적·사회적 능력	· 자기 인식 · 자기 관리 · 사회적 인식 · 사회적 관리
윤리적 이해	· 윤리적 개념과 이슈 이해하기 · 의사 결정 및 행동 추론하기 · 가치, 권리, 책임 탐색하기
상호 이해	· 문화를 이해하고 존중하기 · 타인과 소통하고 공감하기 · 상호문화적 경험을 반영하고 책임감 갖기
범교과 우선 사항(cross-curriculum priorities)	조직 아이디어(organizing ideas)
애버리지니, 토레스 제도 원주민의 역사와 문화	국가·장소, 문화, 사람들
아시아 및 아시아와 호주의 관계	아시아, 아시아의 다양성, 아시아인의 성취와 기여, 아시아와 호주의 관계
지속 가능한 발전	시스템, 세계적 관점, 미래

자료: ACARA(2017).

학습 내용을 진술할 때 함께 표시된다. 교사들이 국가 수준 교육과정을 기반으로 학교와 교사 수준의 교육과정을 만들고, 그에 따른 수업 계획을 세울 때, 아이콘으로 제시된 일반 능력을 함께 고려하도록 한 것이다. 가령 9학년 역사 과목을 담당하는 교사가 국가 수준 역사 교육과정에서 '산업혁명으로 이어진 기술혁신과 영국의 산업화에 영향을 미친 여러 조건들'이라는 심화 과제를 선택하려고 하면, 해당 내용에 함께 표시된 '일반 능력' 세 종류(, ,)도 수업 계획에 반영하도록 하는 식이다. 즉 일반 능력 중 비판적·창의적 사고, 상호 이해, 개인적·사회적 능력을 함께 고려해 심화 과제의 학습을 진행하라는 요청인 것이다.

범교과 우선 사항도 마찬가지다. 역사 학습 내용에 범교과 우선 사항

아이콘이 표시되어 있으면, 그에 해당하는 범교과 우선 사항의 관점을 반영해 학습 내용을 조정하고, 계획을 세우고, 적용해야 한다. 예를 들어 역사에는 지속 가능한 발전(✤)이라는 범교과 우선 사항이 등장할 때가 있다. 역사의 지속성과 변화에 영향을 미치는 요소를 파악하고 이해하기 위한 학습 활동을 계획할 때 지속 가능한 발전이라는 관점도 반영하게끔 한 것이다. 시간의 흐름과 변화 속에서 환경은 개인과 공동체의 환경 보전을 위한 노력, 농업의 등장과 정착 생활의 시작, 산업혁명과 인구 증가, 천연자원의 낭비와 환경 운동의 등장 등에 영향을 받는다는 사실을 이해하고 지속 가능성에 대한 역사적 관점을 갖도록 유도한다.

정리하자면, 호주의 국가 교육과정은 전통적으로 다뤄왔던 학문에 토대를 둔 '학습 영역' 이외에 '일반 능력'과 '범교과 우선 사항'을 교육과정의 독립적인 요소로 범주화했다. 학생들에게 필요한 모든 학습이 학교 교육과정에서 전통적으로 구분해온 학습 영역에 포함될 수 없다는 인식에서 출발한 것으로 학교 교육과정의 범위를 시대 변화와 사회적 요구에 맞게 적응시키려는 노력으로 이해할 수 있다. 새로 도입된 '일반 능력'과 '범교과 우선 사항'은 별도의 학습 내용이 있는 것이 아니라 '학습 영역' 중 관련 내용이나 주제를 통해 반영된다. 일상적인 학교 수업은 '학습 영역', 즉 교과목을 중심으로 전개되지만, '일반 능력'과 '범교과 우선 사항'을 국가 교육과정 차원에서 명시적으로 부각시킴으로써 민주시민교육이나 환경교육 등 특정 교과에 한정할 수 없는 교육 목표를 강조하고, 그러한 일반적 교육 목표와 교과 사이의 연계성을 강화하려는 것이다.

4. 역사 교육과정의 구성: 역사 내용과 탐구 기능의 결합

(1) 학년별 역사 과목 편제

호주의 국가 수준 교육과정에서 '역사'는 어떻게 편제되어 있을까? 호주 교육과정의 학습 영역은 영어, 수학, 과학, 인문학과 사회과학, 예술, 기술, 건강과 체육, 외국어 등 여덟 개이다. '역사'는 이 중 '인문학과 사회과학(Humanities and Social Sciences: HASS)'에 속한다. '인문학과 사회과학'에는 역사(history) 외에 지리(geography), 공민과 시민교육(civics and citizenship), 경제와 경영(economics and business)이 있다. 유치원부터 6~7학년까지는 '인문학과 사회과학'에 속한 네 개 영역의 내용을 통합적으로 구성하는데, 역사와 지리는 유치원부터 6~7학년까지 한 해도 거르지 않고 배우도록 한다. 3학년 이후부터는 '공민과 시민교육'이, 5학년부터는 '경제와 경영' 내용이 추가된다.

우리의 중학교와 고등학교 1학년 정도에 해당하는 7~10학년의 전기 중등학교에서는 전 기간에 걸쳐 '인문학과 사회과학'의 네 영역을 독립

표 2-3 **호주의 '인문학과 사회과학'(F-10학년) 편제**

<table>
<tr><th>과목</th><th>유치원~2학년</th><th>3~4학년</th><th>5~6(7)학년</th><th>7~10학년</th></tr>
<tr><td>역사</td><td rowspan="2">인문학과 사회과학</td><td rowspan="3">인문학과 사회과학</td><td rowspan="4">인문학과 사회과학</td><td>역사</td></tr>
<tr><td>지리</td><td>지리</td></tr>
<tr><td>공민과 시민교육</td><td>-</td><td>공민과 시민교육</td></tr>
<tr><td>경제와 경영</td><td>-</td><td>-</td><td>경제와 경영</td></tr>
</table>

자료: ACARA(2017).

표 2-4 **후기 중등 교육과정**

후기 중등 과정	
영어 - 필수 영어 - 2차 언어 또는 방언으로서의 영어 - 영어 - 문학	과학 - 생물학 - 화학 - 지구과학과 환경과학 - 물리학
수학 - 필수 수학 - 일반 수학 - 수학적 방법론 - 전문가 수학	인문학과 사회과학 - 고대사 - 근대사 - 지리

자료: ACARA(2017).

된 과목으로 학습한다.

ACARA의 국가 수준 교육과정에는 후기 중등 과정인 11학년과 12학년에 '영어', '수학', '과학', '인문학과 사회과학'의 네 개 영역이 편성되어 있다. 각 영역에는 여러 개의 과목들이 있는데, '인문학과 사회과학'에는 '고대사', '근대사', '지리'가 있다. 희망하는 진로와 대학 진학을 고려해서 선택과목을 이수하게 되며(영어만 필수) 해당 과목에서 획득한 내신 점수는 대학 진학에 영향을 준다.

(2) 역사 교육과정의 도입부: 성격, 목적, 구조

호주 교육과정의 문서 체제는 한국 교육과정과 다르다. 무엇보다 디지털 교육과정을 제시해 교사들이 일상적으로 접근하기 쉽도록 함으로써, 교과서가 아닌 교육과정 중심의 교육 활동을 실질적으로 지원하는 데 중점을 둔다(김덕근, 2012).

한국 교육과정의 각론에 해당하는 여덟 개 학습 영역별 교육과정은 크게 도입부와 학년별 교육과정으로 구성되어 있다.

'인문학과 사회과학'에 속한 7~10학년 역사 교육과정 도입부는 '역사가 어떻게 작동하는지에 대한 이해(Understand how History works)'

그림 2-2 ACARA의 '인문학과 사회과학' 초기화면

자료: ACARA(2017).

라는 표제 아래 '성격(rationale)'과 '목표(aims)', '조직(structure)', '용어 해설(glossary)'로 구성된다.

'성격'에서는 역사 과목의 설정 근거를 "학생들의 호기심과 상상력을 발전시키는 과거에 대한 학문적 탐구 과정으로, 역사에 관한 지식은 자신과 다른 사람들을 이해하는 기본"이라고 밝혔다. 주목할 부분은 역사 탐구의 교육적 가치에 관한 설명이다. "학문으로서의 역사는 인간 경험을 이해하는 특유의 방법과 절차를 가지며, 과거가 남긴 증거를 기반으로 삼는다. 역사 탐구는 본질적으로 해석적이고 토론을 촉진하며, 현재와 미래의 도전을 포함한 인간의 가치관에 대해 생각하도록 장려한다"라고 했다(ACARA, 2017). 역사 과목의 효용성을 공동체의 역사적 내력에 대한 이해나 국가 정체성의 형성이 아닌 인간 경험에 대한 이해와 토론, 가치관의 탐구에서 찾았다. 이어서 7~10학년 역사 학습 내용의 구

성 방향과 원리를 다음과 같이 밝혔다.

> 7~10학년 교육과정은 호주 역사의 세계사적 맥락을 중시하는 접근 방식을 취한다. 이러한 접근이 학생들이 살고 있는 세계(지역 및 세계)를 이해하는 도구가 된다. 세계사에 대한 이해는 호주 역사에 대한 학생들의 인식을 향상시킨다. 이를 통해 원주민과 토러스 해협의 섬 주민의 과거와 현재 경험, 그들의 정체성, 문화의 지속적인 가치를 이해할 수 있다. 세계사적 접근은 학생들로 하여금 호주의 사회적·경제적·정치적 발전, 아시아 태평양 지역에서의 입지, 글로벌한 상호 관계 측면에서 호주의 독특한 경험을 이해하도록 돕는다. 이러한 지식과 이해는 다원적인 호주 사회에서 개인과 집단의 창조적인 미래를 향해, 교양 있고 적극적인 시민으로서 참여적인 삶을 살아가는 데 반드시 필요하다(ACARA, 2017).

호주의 역사교육 목표는 다음과 같으며, 이는 학생들이 네 가지 방향으로 발전할 수 있도록 보장한다(ACARA, 2017).

- 평생 학습하고 일하는 가운데 역사 학습에 대해 흥미를 느끼고 즐기기(교양 있고 능동적인 시민이 되고자 하는 의지와 능력도 포함)
- 호주 사회를 포함해, 인간 사회의 과거 및 그러한 사회들을 형성해온 다양한 요인에 관한 지식과 이해 증진하기
- 증거, 연속성과 변화, 원인 및 결과, 중요성, 관점, 공감 및 논쟁성 등 역사적 개념 이해하고 사용하기
- 자료를 분석하고 활용하는 기술과 설명하고 의사소통하는 기술 등 역사 탐구를 수행하는 능력 기르기

이를 위해 호주 교육과정은 역사교육의 내용과 학습 경험을 구성하는 두 개의 스트랜드(strand)로 '역사 지식과 이해(historical knowledge and understanding)', '역사 탐구와 기술(historical inquiry and skills)'을 제시한다.

첫 번째 스트랜드인 '역사 지식과 이해'에는 개인, 지방, 주(특별구), 국가, 그리고 세계의 역사가 포함되는데, 인간 공동체 초기부터 오늘날까지 세계사를 구성해온 다양한 사회, 사건, 운동, 발전에 대해 다루는 것을 뜻한다. 교육과정에서는 역사를 특징짓는 일곱 가지 핵심 개념(key concept)을 활용해 학생들이 역사적으로 사고하도록 함으로써, 역사 이해를 촉진할 것을 제안한다. 일곱 가지 핵심 개념은 ① 증거(evidence), ② 연속성과 변화(continuity and change), ③ 원인과 결과(cause and effect), ④ 중요성(significance), ⑤ 관점들(perspectives), ⑥ 감정이입(empathy), ⑦ 논쟁성(contestability)이다. 교육과정에서는 일곱 가지 개념에 대해 상세한 설명을 제시한다(88쪽 〈자료 2-1〉 참고).

두 번째 스트랜드인 '역사 탐구와 기술'은 역사 탐구 과정에 사용되는 기술에 익숙해지도록 하는 것이다. 연대기, 용어 및 개념, 역사적 질문의 제기 및 연구, 자료의 분석과 활용, 관점과 해석, 설명과 의사소통이 학생들이 익혀야 할 기술이다. 이 스트랜드에 속한 기술들은 교사들이 수업에 활용할 수 있도록 각각 2년 단위로 심화되어 제시된다. 그렇다면 두 스트랜드는 어떻게 상호 연결되는 것일까? 교육과정에서는 다음과 같이 설명한다.

> 두 스트랜드는 교수 학습 프로그램을 개발할 때 통합된다. 역사 지식과 이해 스트랜드는 역사 탐구 및 기술 스트랜드의 특정 기술을 익힐 수 있는 맥락을 제공한다. 7학년부터 10학년까지 탐구 기술은 해마다 점점 더

복잡한 개념들에 적용된다(ACARA, 2017).

호주에서 교수 학습 프로그램을 개발하는 주체는 역사 교사이다. 교사들은 두 개의 스트랜드를 종합해 교수 학습 프로그램, 즉 학교나 교사 수준의 교육과정을 계획하고 실행해야 하는데, 이때 앞서 언급했던 일반 능력이나 범교과 우선 사항도 함께 고려하라는 것이 교육과정상의 요구이다. 다음 진술을 통해 호주의 현직 초등 교사가 핵심 개념을 중심으로 두 개의 스트랜드를 종합해 교육과정을 이해하는 방식을 엿볼 수 있다.

> … (빅 아이디어는) 주요 개념들, 원칙들, 이론들, 그리고 과정들로 구성되며, 교육과정, 교육과 평가 활동에 초점을 맞추는 역할을 한다. … 빅 아이디어는 이해를 구성하기 위한 기초 재료이다. 그들은 한 학생이 조각난 지식과 흩어진 점들(dots)을 연결할 수 있도록 해주는 유의미한 패턴이라고도 할 수 있다. 그런 의미에서 '빅 아이디어'는 학습 계획에서 '린치핀 아이디어(linchpin idea)'이다. 린치핀은 바퀴를 차축에 고정시키는 핀이다. 린치핀 아이디어 없이 학생들은 '아무 데도 갈 수 없으므로', 역사 이해에 필수적이다. 이 개념들은 특정한 역사적 맥락에 따라 활용됨으로써 과거를 풍부하게 이해하도록 하고, 역사 탐구 활동에 초점을 부여하게 된다. '역사 탐구 및 기술'이라는 스트랜드는 역사 탐구 과정에서 활용되는 기술들을 증진시킨다. 연대기, 각종 용어와 개념들, 역사적 질문과 질문을 해결하기 위한 활동, 분석과 자료의 활용, 관점과 해석, 설명과 의사소통이 그런 기술들이다. 이 스트랜드 중에서도 역사 해석과 증거의 활용이 더욱 강조되고 있다(Whiteley, 2012, 강조는 필자).

(3) 역사 교육과정의 학년별 내용 제시: 9학년 사례

표 2-5 7~10학년 역사 교육과정

도입부
· 성격 · 목표 · 조직 방식 · 용어 해설
9학년 교육과정
· 9학년 개요 - 개요 **- 핵심 탐구 질문** **· 9학년 학습 내용 개요** - 역사 지식과 이해 (학습 범위) 개요 심화 학습 - 역사적 기술들 · 성취 기준 · 학생 활동 사례

자료: ACARA(2017).

역사 교육과정에서는 도입부에 이어 학년별 내용이 제시된다. 이 중 9학년 부분의 구성을 살펴보도록 하겠다. 다른 학년도 구성 방식은 동일하다.

9학년 교육과정은 '9학년 개요(Year 9 Level Description)'로 시작된다. 매우 간략한 학습 범위 설명에 이어 9학년에서 다룰 '핵심 탐구 질문(key inquiry questions)'이 제시된다. '핵심 탐구 질문'은 호주 역사 교육과정에서 두 개의 스트랜드를 결합하는 중요한 위치에 있다. 이에 대해 교육과정은 "7학년부터 10학년까지 매년, 학생의 역사 지식과 이해, 역사 탐구기술의 진전을 위한 기본 틀로 핵심 탐구 질문을 제공한다"라고 설명한다. 다음은 '9학년 개요'이다.

개요

• 근대 세계의 형성(The making of the modern world)

9학년 커리큘럼은 1750년에서 1918년까지 근대사회를 형성해온 역사에 대한 학습을 제공한다. 이 시기는 산업화 시대이자, 사람들이 살고, 일하고, 생각하는 방식에 급속한 변화가 일어난 때였다. 또한 민족주의와 제국주의 시대였으며, (이 시기) 호주의 식민지화는 유럽 세력 확장의 일부였다. 이 기간은 1914~1918년 제1차 세계대전, 즉 '그 이전의 모든 전쟁을 끝장냈던 전쟁'에서 절정을 이루었다.

이 학습 내용은 증거, 연속성과 변화, 원인과 결과, 관점, 감정이입, 중요성 및 논쟁성을 비롯한 핵심 개념을 통해 역사적 이해를 개발할 수 있는 기회를 제공한다. 이러한 개념들은 과거에 대한 이해를 돕고 역사적인 질문에 초점을 맞추기 위해 특정 역사적 맥락에서 탐구할 수 있다. 9학년의 역사 내용은 역사적 지식과 이해력, 역사적 기술이라는 두 스트랜드를 포함한다. 두 스트랜드는 상호 연관되며 통합된 방법으로, 그리고 특정 지역 상황에 적합한 방식으로 가르치도록 개발되었다. 가르치는 순서와 세부 사항은 학습 계획을 세우는 교사의 결정에 따른다.

핵심 탐구 질문

- 1750~1918년 사람들의 활동에서 달라진 점은 무엇인가?
- 새로운 아이디어와 기술의 진보는 이 시기 동안에 일어난 변화들에 어떻게 기여했는가?
- 이 시기에 제국주의는 어디서 기원했고, 어떻게 진전되었는가? 그 장기적 영향과 중요성은 무엇인가?
- 제1차 세계대전은 왜 중요한가?

이어지는 '9학년 학습 내용 개요'는 두 스트랜드를 중심으로 제시된다. 그중 '역사 지식과 이해' 스트랜드는 두 부분으로 되어 있는데, 하나는 '근대 세계 형성에 대한 개관'이고 다른 하나는 '심화 학습'이다. 주목할 부분은 '심화 학습'이다. 9학년의 심화 학습에는 '더 나은 세상으로 변화했는가?', '호주와 아시아', '제1차 세계대전'이라는 세 개의 대주제가 있고, 각각의 대주제 아래 1~3개의 소주제, 소주제 아래 3~4개 내외의 과제가 제시되어 있다. 교육과정에 따르면, 각 대주제에 속한 소주제 중 하나를 선택해 과제를 활용한 탐구 활동을 할 수 있다. 〈표 2-6〉에서 볼 수 있듯이, 소주제별로 여러 개의 과제가 주어진다. 다음은 대주제와 소주제 구성의 사례이다.

대주제: 더 나은 세상으로 변화했는가?

소주제: 산업혁명(1750~1914)

혁신적 사상과 운동들

사람들의 이주(1750~1901)

이러한 구성에 관해 교육과정은 다음과 같이 설명한다.

> 7~10학년에서는 '역사 지식과 이해'에 매년 학습 내용 개요와 심화 학습이 제시된다. 각 학년의 심화 학습은 세 가지 대주제로 제공되며, 대주제마다 특정 사회나 사건, 운동과 발전에 초점을 둔 선택지(소주제)가 몇 개씩 제시된다. … (심화 학습의) 대주제와 선택지들은 각 학년에서 배우는 역사 시기의 특정 국면을 깊이 연구할 수 있도록 고안되었다(ACARA, 2017).

짐작하건대 9학년을 담당하는 역사 교사들은 9학년 개요에서 제시된 핵심 탐구 질문 네 가지를 고려하면서 1750년부터 1918년까지의 세계사적 흐름을 대략적으로 다루는 교수 학습 프로그램(학교, 교사 수준 교육과정)을 구성할 것이다. 이 시기를 이해하기 위한 역사적 맥락을 파악하

표 2-6 **9학년 역사 학습 내용(역사 지식과 이해 스트랜드)**

역사 지식과 이해

근대 세계의 형성에 대한 개관(overview of the making of the modern world)

다음 내용은 이 시기를 개관하는 수업의 일부가 되며, 심화된 수업을 위한 것은 아니다. 개관 내용은 학생들이 광범위한 역사적 변화 패턴을 이해할 수 있도록 돕는 연대기의 일부로 해당 기간(1750~1918)의 중요 모습들을 인식하도록 한다. 이렇게 함으로써 심화 학습을 위해 필요한 맥락을 제공하고, 교수 및 학습 프로그램의 다양한 부분을 구축할 수 있다. 다음 내용은 학생들에게 이 역사적 시기를 안내한다.
심화 학습과의 연결 고리를 만들고, 이 시기에 대한 검토를 통해 역사 이해를 통합한다.
근대 세계의 형성을 개관하기 위한 요점은 다음과 같다.

- 산업혁명의 성격과 중요성, 그리고 그것이 호주를 포함해 생활과 노동의 조건에 어떻게 영향을 끼쳤는지(ACOKFH016 - Scootle)
- 이 시기 동안의 인구 이동(노예, 죄수, 정착민)의 정도와 성격은 어떠했는지(ACOKFH015 - Scootle)
- 유럽 제국의 팽창, 아시아 지역을 포함한 다른 지역들의 다양한 대응은 어떠했는지(ACOKFH017 - Scootle)
- 이 시기의 중요한 경제적·사회적·정치적 사상의 출현과 본질, 민족주의(ACOKFH019 - Scootle)

심화 학습(depth studies)

제1차 세계대전(1914 ~ 1918)*

제1차 세계대전의 주요 국면과 이 전쟁을 호주가 어떻게 겪었는지를 조사. 제1차 세계대전이 세계사와 호주 역사에서 어떤 의미와 중요성을 지니고 있는지 포함.

제1차 세계대전(1914 ~ 1918)**

제1차 세계대전 발발의 원인, 사람들이 전쟁에 참전해 싸운 이유에 대한 개관(ACDSEH021 - Scootle)

Elaborations +

갈리폴리 전투를 포함해 제1차 세계대전 중 호주군이 참전한 곳과 그 전쟁의 성격 탐구(ACDSEH095 - Scootle)

Elaborations +

제1차 세계대전의 영향, 특히 여성 역할의 변화 등 호주에서 일어난 변화 탐구(ACDSEH096 - Scootle)

Elaborations +

전설적인 앤잭의 본질과 중요성에 관해 토론하기를 포함하여 제1차 세계대전을 기억(기념)하기(ACDSEH097-Scootle)

Elaborations +

주: *는 대주제, **는 소주제이다.
자료: ACARA(2017).

고 학생들이 이 시기의 역사상을 '크게 그려볼 수 있도록 하는' 수업이 될 것이다. 과거 특정 시기에 대한 역사적 '풍경화'나 '조감도'를 그리는 활동이라고 할 수도 있을 것이다. 이어서 심화 학습의 조사 과제들 가운데 일부를 선택하고, 선택한 조사 과제를 중심으로 탐구 활동을 실시하게 될 것이다. '풍경화'나 '조감도'의 일부분을 택해 학생과 교사가 함께 '세밀화'를 그려 넣는 활동인 셈이다.

예를 들어, 9학년의 핵심 탐구 질문에는 '제국주의의 기원, 발전, 중요성 및 장기적 영향은 어떠했는가?'가 있다. 이 질문은 '근대 세계 형성에 대한 개관'의 요점 중 유럽의 팽창 및 아시아 지역의 다양한 대응과 연관시켜 수업 중에 다루어질 것으로 예상된다. 심화 학습을 위한 세 가지 대주제와 그에 속한 조사 과제를 수행하면서 제국주의의 기원이나 발전, 중요성, 장기적 영향과 관련된 관점을 견지할 수도 있다. 제국주의는 세계사적 전개와 호주의 역사 경험을 연결하는 주요 고리가 될 것이다. 유럽의 제국주의적 팽창과 호주의 역사, 근대적인 국가로서 호주의 건설, 호주로의 인구 이동, 제1차 세계대전에 호주의 참전 등 세계사와 호주의 역사를 연결하는 사건이나 사실 등을 '클로즈업'해서(예를 들어,

앤잭의 날) 다룰 가능성이 높다.

9학년에서 '역사 지식과 이해' 스트랜드가 제시하는 과제를 학생들이 수행하려면 두 번째 스트랜드인 '역사 탐구와 기술'이 필요하다. 이 스트랜드에는 ① 연대기, 용어와 개념들, ② 역사적 질문과 탐색, ③ 분석 및 자료의 활용, ④ 관점과 해석, ⑤ 설명과 의사소통 기술이 속해 있다. 역사 교사는 학생들이 다섯 가지 기술을 활용해 '역사 지식과 이해' 스트랜드에서 제시한 과제를 수행하도록 교수 학습 프로그램과 활동을 계획하게 될 것이다.

흥미로운 것은 두 개 스트랜드를 구체화한 내용마다 고유 번호가 매겨져 있고 그 옆에 '스쿠틀(scootle)'과 '상세화(elaboretion)' 아이콘이 제시된 점이다. '상세화'는 해당 항목에서 활용할 수 있는 예시나 추가적인 설명이다. 고유 번호를 클릭하면 스쿠들이라는 별도 사이트(scootle.edu.au)로 바로 연결된다. 이 사이트에서는 해당 내용을 수업할 때 필요한 교수 학습 자료의 열람과 다운로드가 가능하다. 이 자료들은 교사 인증을 통해서만 활용할 수 있다. 이 스쿠틀 사이트는 자료 플랫폼이다. 이미지, 오디오, 비디오 등 학습 자료와 교사를 위한 사료, 평가용 자료 등으로 분류된 목록을 제시하고, 선택한 목록의 실제 내용을 확인하거나 활용할 수 있는 또 다른 사이트로 연결되도록 해놓았다.

호주는 국가 교육과정의 실천에서 다양한 교수 학습 자료의 제공에 관심을 기울인다. 특히 교수 학습 자료와 관련해서는 ESA(Educational Service Australia)라는 기관이 국가 교육과정 적용을 지원한다. 기존에는 주 차원에서 운영하던 자료 지원 서비스를 여러 주에서 공유해 공동으로 운영하는 방식으로 확대된 것이다. 이 사이트는 ACARA가 제공하는 국가 교육과정 문서와 긴밀하게 연동되어 있어, 교사들이 국가 교육과

표 2-7 9학년 역사 학습 내용(역사 탐구와 기술 스트랜드)

역사적 기술(history skills)

연대기, 용어와 개념

연대기적 계열을 활용해 다양한 장소와 시기에 벌어진 발전들과 사건들 사이의 관계 증명하기 (ACHHS164 - Scootle)

Click ← Elaborations +

- 호주 역사의 맥락 속에서 '정착', '침입', '식민화' 등 역사 용어의 적용에 대해 토론하기
- '제국주의', '국가주의', '혁신', '증거'와 같은 개념들 정의하고 사용하기

역사적 용어와 개념의 사용(ACHHS165 - Scootle)

Elaborations +

역사적 질문과 탐색

역사 탐구를 구성하기 위해 과거에 대한 다양한 종류의 질문을 발견하고 선택하기(ACHHS166 - Scootle)

Elaborations +

이러한 질문을 평가하고 확장하기(ACHHS167 - Scootle)

Elaborations +

ICT를 비롯한 다양한 방법을 활용해 적절한 정보원 위치 확인하기(ACHHS168 - Scootle)

Elaborations +

사료의 분석과 활용

1차 사료와 2차 사료가 어떻게 만들어졌는지, 역사적 맥락과 의도는 무엇인지 확인하기(ACHHS169 - Scootle)

Elaborations +

역사적 논쟁의 증거로 활용할 수 있는 자료로부터 정보를 추려내는 작업을 진행하고 종합하기 (ACHHS170 - Scootle)

Elaborations +

1차 사료와 2차 사료의 유용성과 신뢰성 평가하기(ACHHS171 - Scootle)

Elaborations +

관점과 해석

과거인들의 관점 분석하고 확인하기(ACHHS172 - Scootle)

Elaborations +

다양한 역사적 해석(학생 자신의 것을 포함해)을 분석하고 확인하기(ACHHS173 - Scootle)

Elaborations +

설명과 의사소통

다양한 범위의 사료로부터 추출된 증거를 활용해 묘사하고 토의하고, 텍스트 쓰기(ACHHS174 - Scootle)

Elaborations +

디지털 기술과 다양한 의사소통 형태(구두, 그래픽, 글로 쓴)를 선택해 활용하기(ACHHS175 - Scootle)

Elaborations +

자료: ACARA(2017).

정을 보며 수업을 계획하다가 바로 이동해 자료를 검색하고 활용할 수 있도록 지원한다.

그러나 국가 교육과정과 연결되어 제공되는 교수 학습 자료의 경우, 의무적으로 가르쳐야 하는 내용으로 간주되지 않는다. 제공되는 자료를 활용할 것인지의 여부는 전적으로 단위 학교와 교사의 결정에 달려 있다. 국가는 교육과정에 대한 이해와 실천을 지원하기 위해 비디오 자료, 수업 자료, 수많은 정보와 예시 등을 교육과정 문서와 모두 연동되도록 제공해 교사들이 다양한 정보들을 '자동으로' 접하도록 지원하기 위해 노력하고 있지만, 이러한 정보나 자료를 사용하는 것은 학교와 교사에게 위임된 권한에 따른다는 것이다(김덕근, 2012).

5. 역사적 탐구 기술을 통한 학습 경험의 계열화

9학년의 학습 내용 개요에 이어 성취 기준(achievement standard)이 등장한다. 호주 교육과정에서 성취 기준은 학년별 교육과정의 말미에 제시된다. 한 학년 동안 교과를 배운 결과를 토대로 학생들이 일반적으로 보여주어야 할 학습의 질에 대한 기대 정도, 즉 지식의 범위, 이해의 깊이, 기능의 숙련 정도를 두 개의 스트랜드 각각에 대해 간략히 진술한 것이다. 다음은 호주 역사 교육과정 9학년의 성취 기준이다.

> 9학년 말까지, 학생들은 주요 사건, 개인과 집단의 행동을 참고해 시간의 흐름에 따른 변화와 연속성의 패턴을 설명한다. 사건 및 각종 발전의 원인과 결과를 분석하고 그 중요성을 판단한다. 과거인들의 동기와 그에 따른 행동을 설명하고, 단기 및 장기간에 걸친 변화와 발전의 중요성을 설명한다. 과거에 대한 다른 해석을 설명해낼 수 있다.
>
> 학생들은 역사적 사건이 일어난 시기나 지속 기간 등을 고려하면서 사건들과 역사적 발전들을 순서대로 배열한다. 역사적 탐구를 위해 다양한 질문을 개발한다. 1차 및 2차 사료에서 나온 정보를 해석, 처리, 분석 및 정리하고 이를 조사 질문에 대한 답변으로 사용한다. 여러 견해를 비교하기 위해 출처를 조사한다. 정보원을 평가할 때, 정보의 출처와 목적을 분석하고, 유용성에 대한 결론을 도출한다. 과거에 대한 자신의 해석을 발전시킨다. 학생들은 역사 해석을 통합해 텍스트, 특히 설명과 토론을 전개한다. 텍스트를 개발하고 결론을 제시하고 발표할 때, 역사 용어와 개념, 출처에서 밝혀진 증거를 사용하며, 자료들을 참조한다(강조는 필자).

그런데 9학년과 7학년의 성취 기준을 비교해보면, 두 개의 스트랜드 수준이 심화되고 있다는 것을 알 수 있다.

> 7학년 말까지 학생들은 시간의 흐름에 따른 변화와 연속성에 대한 이유를 제시한다. 사회, 개인 및 그룹에 미친 변화의 영향을 설명한다. 당시 살았던 여러 사람들의 관점에서 사건과 발전을 묘사한다. 집단의 역할과 사회에서 특정 개인의 중요성에 대해 설명한다. 과거의 사건이 다양한 방식으로 해석된다는 것을 확인한다.
>
> 학생들은 날짜와 시간을 표현하기 위한 규칙을 사용해 연대기적 틀 안에서 사건과 발전을 순서화한다. 역사 연구를 위한 질문을 개발한다. 다양한 범위의 자료를 식별하고 선택하며 정보를 찾아 비교하고 사용해 질문에 대한 답을 얻는다. 관점을 설명하기 위해 자료를 조사한다. 사료를 해석할 때 그 의도와 목적을 확인한다. 텍스트, 특히 설명과 묘사를 만들어낸다. 텍스트를 개발하고 결과를 조직하고 발표할 때, 역사적인 용어와 개념을 사용하고, 관련 출처를 종합한다.(강조는 필자)

그렇다면 7~10학년의 호주 역사 교육과정은 어떻게 계열화되어 있을까? 〈표 2-8〉은 유치원부터 10학년까지 '역사 지식과 이해' 스트랜드가 어떻게 구성되어 있는지를 정리한 것이다. 초등 단계의 역사 내러티브는 '나'에서 출발해 과거와 현재, 미래를 연결하고, 지역사회 장소성을 고려하면서 다양한 공동체를 탐색하도록 단계적으로 확장된다. 5~6학년에서 호주 역사의 기본적인 사항들을 다른 영역과의 통합적 접근 속에서 다루도록 되어 있다. 7학년 이후 본격적으로 배우는 역사 과목은 '세계사 속의 호주 역사'로, 시계열적으로 구성되어 있다.

표 2-8 **호주 역사 교육과정의 역사 지식과 이해 스트랜드의 계열**

<table>
<tr><th colspan="3">구분</th><th colspan="2">역사 지식과 이해(역사 내용 범위)</th></tr>
<tr><td rowspan="13">의무교육과정</td><td rowspan="9">초등 인문학과 사회과학</td><td>학년</td><td colspan="2"></td></tr>
<tr><td>F</td><td colspan="2">나의 세계
개인 및 가족의 역사, 가족이 거주하고 속한 장소 등 학생 개인의 세계에 대한 이해</td></tr>
<tr><td>1</td><td colspan="2">나의 세계는 과거와 어떻게 다르며, 앞으로 어떻게 달라질 수 있을까
자신의 세계에서 가까운 과거, 현재, 가까운 미래에 대한 탐색</td></tr>
<tr><td>2</td><td colspan="2">사람과 장소에서 찾는 우리의 과거와 현재
개인과 공동체, 그리고 학생들이 알고 있는 근거리 및 원거리, 과거와 현재, 사람과 장소의 관계를 탐구</td></tr>
<tr><td>3</td><td colspan="2">다양한 커뮤니티와 장소 및 사람들의 기여
지역사회 사람들, 장소의 다양성, 지역사회 발전 방법을 탐구</td></tr>
<tr><td>4</td><td colspan="2">과거와 현재에 있어 사람과 장소, 그리고 환경은 어떻게 상호작용했나
시간과 공간에 따른 사람, 장소 및 환경 간의 상호작용과 이러한 상호작용의 효과에 중점</td></tr>
<tr><td>5</td><td colspan="2">호주인의 공동체: 과거, 현재, 가능한 미래들
1800년대 식민지 호주와 호주 개발의 사회적·경제적·정치적·환경적 원인과 영향, 인간과 환경 간의 관계에 초점</td></tr>
<tr><td>6</td><td colspan="2">과거와 현재의 호주와 다양한 세계와의 연결
1900년 이후의 호주, 다양하고 상호 연결된 세계에서 호주의 사회적·경제적·정치적 발전에 중점</td></tr>
<tr><td>7</td><td colspan="2">지속 가능한 과거들, 현재와 미래
세부 분야별 지식, 이해 및 기술을 심화시켜 하위 분야의 통합 기회를 제공</td></tr>
<tr><td rowspan="4">중등 역사</td><td>7</td><td colspan="2">고대의 세계
최초의 인간 공동체가 시작된 때부터 고대의 끝 시기까지의 역사 학습을 제공〔대략 60000 BC(BCE)~c.650 AD(CE)〕</td></tr>
<tr><td>8</td><td colspan="2">고대에서 근대 세계로
고대 끝부터 근대 시작까지의 역사 학습을 제공〔c.650~1750 AD(CE)〕</td></tr>
<tr><td>9</td><td colspan="2">근대 세계의 형성
1750년에서 1918년까지 현대사회에 이르는 시기의 역사 학습을 제공</td></tr>
<tr><td>10</td><td colspan="2">근대 세계와 호주
1918년부터 현재에 이르기까지 현대 세계와 호주의 역사에 대한 학습을 제공</td></tr>
<tr><td colspan="2" rowspan="2">후기 중등 선택 교육과정</td><td>11</td><td rowspan="2">고대사
다양한 형태의 유적과 사료를 분석하고 해석해 초기 문명의 삶을 연구함(Unit 1~4)</td><td rowspan="2">근(현)대사
학생들이 살고 있는 현재의 세계를 형성한 힘(요인)들을 이해함으로써 폭넓고 깊이 있게 세계를 이해하도록 함(Unit 1~4)</td></tr>
<tr><td>12</td></tr>
</table>

자료: ACARA(2017).

전체적인 내용 개요나 심화 학습 주제의 설정 부분에서 짐작할 수 있듯이, 각 학년에서 배우는 학습 내용상에 시간의 흐름에 기초한 내러티브는 존재하지만, 이 내러티브 자체를 습득하는 것이 호주 역사교육에서는 그다지 중요하지 않아 보인다. 특정한 사건이나 인물을 도드라지게 강조하는 경우도 크게 눈에 띄지 않는다. 교육과정이 제시하는 내러티브는 역사 지식 자체로 의미가 있다기보다는 학생들의 탐구를 위한 정보와 맥락을 제공하는 학습 소재 쪽에 가깝다고 할 수 있다.

호주 역사 교육과정은 '역사 탐구와 기술'이라는 스트랜드를 2년을 단위로 심화함으로써 학생의 역사 학습 경험을 계열화한다. 〈표 2-9〉의 7~10학년에서 ① 연대기, 용어와 개념들, ② 역사적 질문과 탐색, ③ 자료의 분석 및 활용, ④ 관점과 해석, ⑤ 설명과 의사소통이 2단계로 계열화된 방식을 확인할 수 있다.

교사들은 시계열적으로 구성된 '역사 지식과 이해' 스트랜드, 탐구 기능의 심화로 계열화된 '역사 탐구와 기술' 스트랜드를 기반으로 교육과정을 개발하고, 이를 수업 활동으로 구체화할 것이다.

수업을 통해 학생들이 생산해낸 결과물은 평가의 대상이 된다. ACARA는 실제 역사 수업에서 생산된 학생 활동의 다양한 사례들을 활용해 수업의 사례와 평가 기준을 제시한다. '활동 사례(work samples)'는 평균(satisfactory), 평균 이상(above satisfactory), 평균 이하(below satisfactory)의 세 등급으로 학생들이 실제 수행한 학습 결과물을 제공한다. 현장에서 교사들이 평가를 계획하고 실행할 때 일종의 참조, 준거가 되는 자료를 풍부하게 제공하려는 의도로 볼 수 있다.

표 2-9 **호주 역사 교육과정 7~10학년 역사 탐구와 기술 스트랜드의 계열**

하위 스트랜드	7학년	8학년	9학년	10학년
연대기, 용어와 개념들	· 역사적 사건, 발전, 시기들을 순서대로 계열화하기(ACHHS205 & ACHHS148) · 역사적 용어와 개념의 사용(ACHHS206 & ACHHS149)		· 다양한 시기와 장소에서 일어난 사건과 발전들의 연관성을 증명하는데 연대기적 계열 이용하기 (ACHHS164 & ACHHS182) · 역사적 용어와 개념의 사용(ACHHS165 & ACHHS183)	
역사적 질문과 탐색	· 역사 탐구를 위해 과거에 관한 일련의 질문 식별하기 (ACHHS207 & ACHHS150) · ICT나 기타 방법을 활용해 적절한 자료의 위치 확인하기(ACHHS151)		· 역사적 탐구를 위해 과거에 관한 다양한 종류의 질문 선택하고 확인하기(ACHHS166 & ACHHS184) · 질문 확장하고 평가하기(ACHHS167 & ACHHS185) · ICT나 기타 방법을 활용해 적절한 자료의 위치 확인하기(ACHHS186)	
자료의 분석 및 활용	· 1차와 2차 사료의 기원과 목적 확인하기(ACHHS209 & ACHHS152) · 증거로 사용하기 위해 다양한 사료로부터 추출된 정보를 분류하고 비교하고 선택하기(ACHHS210 & ACHHS153) · 사료의 유용성에 대한 결론 이끌어내기 (ACHHS211 & ACHHS154)		· 1차와 2차 사료의 기원과 목적, 맥락 확인하기(ACHHS169 & ACHHS187) · 역사 논쟁에서 증거로 사용하기 위해 다양한 사료로부터 추출된 정보를 다루는 일련의 과정을 진행하고 종합하기(ACHHS170 & ACHHS188) · 1차 사료와 2차 사료의 유용성과 신뢰성 평가하기(ACHHS171 & ACHHS189)	
관점과 해석	· 1차와 2차 사료에서 관점이나 태도, 가치의 차이 묘사하기(ACHHS212 & ACHHS155)		· 과거 사람들의 관점을 확인하고 분석하기(ACHHS172 & ACHHS190) · (학생 자신의 것을 포함해) 다양한 역사 해석 확인하고 분석하기(ACHHS173 & ACHHS191)	
설명과 의사소통	· 텍스트 개발하기, 특히 스스로가 인식한 다양한 사료로부터 끌어낸 증거를 활용해 기술하거나 설명하기(ACHHS213 & ACHHS156) · 디지털 기술과 여러 가지 의사소통 양식(구두, 그래픽, 글쓰기) 이용하기(ACHHS214 & ACHHS157)		· 텍스트 개발하기, 인용된 다양한 사료로부터 추출된 증거를 활용해 묘사하거나 토의하기(ACHHS174 & ACHHS192) · 디지털 기술과 여러 가지 의사소통 양식(구두, 그래픽, 글쓰기)을 선택하고 이용하기(ACHHS175 & ACHHS193)	

자료: ACARA(2017).

6. 호주의 새로운 실험, 국가 수준 교육과정

ACARA가 주도하는 국가 교육과정의 일부로서 역사 교육과정은 호주의 역사교육 연구자들과 역사 교사들에게 새로운 기획이자 시도일 것이다. 따라서 역사 교육과정으로서 그 자체의 완성도에 대한 비판, 지시적이고 획일적인 국가 기준의 적용이 가져올 수 있는 교사와 학생의 자율성 침해와 학교 현장에서 교사에 의한 실행 가능성 문제(Ditchburn, 2015), 국가 교육과정이 의도하는 시민성과 애국심의 문제 등 여러 쟁점들이 제기되고 있다(Bruce, 2009).

국가 교육과정의 성공적 정착을 위한 조건으로 교육 목표의 명확한 설정과 내용 선정 기준의 제시 등이 필수적이나, 호주의 현재 교육과정이 이 기준에 미치지 못한다는 비판, 중앙의 관점에서 '국가'의 이야기를 거의 일방적으로 들려주는 가운데 지방의 역사적 경험은 이전부터 더 많이 소외될 수 있다는 우려의 목소리도 나오고 있다(Gilbert, 2011).

에필로그

해방 이후 우리의 국가 수준 역사 교육과정은 역사 내용 중심의 지시적이고 규범적인 문서로 제공되어왔다. 국정제와 검정제로 발행된 역사 교과서를 공급해왔기 때문에 교과서에 의존한 수업이 일상화되었고, 학교나 교사 수준의 교육과정 자율성의 범위가 매우 좁았다. 제6차 교육과정 시기 이후 지역과 학교 수준의 교육과정 자율성을 부여한다는 정책 방향을 취해왔으나, '강요된 자율성'이라는 비판을 받을 정도로 형식적인 선에 그치고 있다. 호주의 역사 교육과정 사례는 국가 수준 교육과정과 학교와 교사의 교육과정 자율성이 어떻게 공존하고 협력할 수 있는지를 논의해나가는 데 유용한 자료와 시사점을 제공한다. 또한 역사 내용 지식 중심의 교육과정에서 벗어날 수 있는 상상력을 자극하고, 교사의 자율적 교육과정으로 계획된 학습 활동, 학습 경험 속에서 역사 내용과 역사 탐구가 결합하도록 하는 데 국가 교육과정이 어떤 역할을 할 수 있을지에 대해서도 다양한 논점들을 제기한다.

자료 2-1 **호주 역사교육에서 '역사 이해'를 촉진하는 일곱 가지 개념**

- **증거**: 역사적 서사를 구성하고 가설을 뒷받침하며 결론을 입증하거나 반증하는 데 도움이 되는 것으로, 역사적 자료로부터 도출한다. 역사적 자료는 '스스로 말하지' 않는다. 정보를 제공할 수 있지만, 진실을 캐기 위한 적절한 질문이 있을 때 증거를 생산해낸다. 예를 들어, 고대 그림에서 역사적 인물의 상대적 크기는 사회구조를 조사하는 단서를 제공할 수 있다. 역사적 자료로부터 증거를 찾아내기 위해서, 단순하게 출발해 점차 정교해지는 여러 가지 절차를 활용할 수 있다. 여기에는 명백한 정보의 이해, 묵시적인 의미의 해석, 패턴과 주제의 분석, 자료의 유용성 평가, 질문에 대한 답을 도울 수 있는지에 대한 판단 등이 포함된다. 평가에는 자료의 문제적 측면, 특히 진위성, 정확성 및 대표성을 조사하는 것까지 포함되며, '확증'도 여기에 해당될 수 있다. 다른 자료가 그것을 보완하고 뒷받침하는 증거를 제공하는지 여부도 결정한다.

- **연속성과 변화**: 역사의 핵심 개념일 뿐 아니라 학생들로 하여금 역사를 사건들의 연쇄로 보는 단순한 이해에서 변화와 연속성에 대한 강력하고 복잡한 이해로 옮겨가도록 하는 도전이기도 하다. 변화는 앞뒤로 연결되어 서로 다른 속도로 동시에 일어나고, 연속성은 일정 기간 동일하게 유지되는 과거의 양상이다. 변화와 연속성의 요소는 물질적이며 비물질적인 세계에 동시에 존재한다. 복잡한 변화와 연속성이 뒤섞인 양상은 역사에서 늘 나타난다. 개인, 가족 및 공동체의 삶에서 예를 찾아보면, 장소의 외관, 기관의 구조와 목적, 문화적·예술적 실천을 뒷받침하는 신념과 가치, 기술의 구성, 접근성 및 사용 등이다.

- **원인과 결과**: 역사에서 가장 중요한 질문 '왜?'를 가능하게 하는 개념이다. 단기 및 장기간에 걸친 사건과 변화의 연쇄를 파악하기 위해 역사가들이 사용한다. 한 사건에는 여러 원인과 결과가 있을 수 있고, 다양하고 즉각적이거나 오래 지속될 수 있다는 것을 나타낸다. 원인은 동기가 있다는 것을 암시하며, 사건의 전개 과정에서 중요한 행위자가 왜 그렇게 행동했는지에 대한 의문을 제기한다. 행위 동기를 확립하는 데 있어 과거인의 사고를 재현하는 도전적이고 어려운 과정과 잠정적인 설명이 포함된다. 원인과 결과의 개념을 이해하기 위한 학생들의 과제는 복잡하다. 역사적 사건이 무작위로 일어난다는 초기의 생각에서 역사의 문맥적 요인과 인과적 요인에 대한 연구를 거쳐야만 여러 원인의 복잡한 상호 관계에 대한 궁극적인 이해가 가능하다.

• **중요성**: 모든 것을 기억하는 방식의 역사는 매우 흔하다. 역사 연구에서 무엇을 조사하고 기억해야 할지를 선택할 때, 다음 질문을 고려해 과거의 특정 국면의 중요성을 검토함으로써 도움을 받을 수 있다. 과거 사람들은 사건의 중요성을 어떻게 보았는가? 사건의 결과는 얼마나 중요한가? 사건은 언제, 어느 정도의 기간 동안 전개되었는가? 현대 세계와 얼마나 관련이 있나? 최근 수십 년 동안 역사가들은 새로운 영역을 탐구하거나 전통 분야에 새로운 시각을 제기했다. 인종, 종교, 성별 또는 계급에서 상대적으로 힘이 약한 사람들, 억압받는 사람들, 소외된 사람들, 그리고 '보통' 공동체의 '평범한' 사람들의 역사가 점차 늘고 있다. 학생들은 특정 사건이 '역사적으로 의미가 있는지'에 대한 토론을 통해 역사적인 탐구에 참여할 수 있다.

• **관점**: 누군가가 주변에서 일어나는 사건을 보고 이해하는 위치를 뜻한다. 역사를 공부할 때 두 가지 유형의 관점이 중요하다. 첫째, 과거 사람들의 관점으로, 사회생활, 문화적·지적·정서적 맥락의 관점이 과거인들의 삶과 행동을 형성했기 때문에 중요하다. 학생들은 예기치 못한 생각과 태도를 가진 과거 사람들을 만날 것이다. 학생들은 그 '낯선' 아이디어에 대해 깊이 생각할 수 있게 되며, 비교와 대비의 방식으로 과거 특정 사회의 사람들이 항상 같은 시각을 가진 것은 아님을 이해한다. 오늘날과 마찬가지로 과거 사람들 사이에 가치, 태도 및 관행에 큰 차이가 있을 수 있으며, 그것이 불안정, 갈등 및 격변을 가져왔다. 관점의 역사적 차이와 그에 따른 갈등을 연구하면 학생들이 자신의 세계에서 갈등의 뿌리를 이해하고 이를 해결할 수 있는 이정표를 찾을 수 있다. 또한 특정 사안에 대한 견해는 깊이 각인된 가치와 태도보다 단순한 사적 관심의 영향을 받을 수 있다는 것을 기억하게 된다. 둘째, 과거에 대한 전망이다. 사람들, 특히 역사가들은 과거의 사건, 원인 및 결과에 대해 현저하게 다른 의견을 가질 수 있다. 이러한 차이에 관한 다양한 이유가 있다. 예를 들어, 어떤 역사적 자료를 연구했는지, 어떻게 그 자료를 해석했는지, 역사가의 배경, 지식, 전문 기술 및 가치 등이 그 이유가 된다.

• **감정이입**: 과거인의 생각에 관여하는 것을 지칭할 때 사용하는 용어이다. 과거의 생각과 느낌을 다시 형성하는 것은 과거에 대한 설명을 구성하는 것보다 더 큰 도전이다. 특정 개인이나 그룹의 관점에서 그들이 직면한 상황에 대한 인식, 행동의 동기, 가치 및 태도 등을 이해해야 한다. 감정이입은 학생들로 하여금 과거의 사람들을 이해할 수 없는 대상으로 보는

일반적인 경향을 극복하도록 한다. 교사가 특정 역사적 장면을 설정하고 학생들에게 '기억에 남는 에피소드를 설명하고 생각과 느낌을 표현하도록 요구할 때' 학생들의 감정이입은 촉진된다. 이는 상상력이 풍부한 활동이지만 창조적인 허구와 달리 근거로 뒷받침되는 상상력에 의존한다. 감정이입의 목표는 설명된 활동, 말 한마디, 표현된 태도 및 함축된 의미에서 설득력 있게, 상황에 충실한 방식으로 반응하는 것이다. 적절히 사용될 경우, 감정이입은 현재와 과거에 있어서는 '차이'에 대한 깊은 이해, 현재에 있어서는 관용과 수용의 태도를 촉진한다.

• 논쟁성: 역사의 피할 수 없는 특징이며, 분야의 본질적 특성에서 비롯된 것이다. 역사는 더 이상 존재하지 않는 대상에 대한 연구와 묘사이다. 과거를 재구성하는 것은 지금까지 남아 있는 과거의 파편들(그 자체로 문제가 될 수 있는)에 달려 있으며, 훈련된 상상력에 의한 해석 과정을 수반한다. 역사가들의 판단, 경합 가능성은 과거에 대한 특정 해석이 논쟁의 여지가 있을 때 발생한다. 논쟁성은 역사에 특유의 힘과 가치를 부여한다. 예를 들어 증거 부족 때문이나 상이한 관점이 초래한 결과로 종종 다루기 어려운 논쟁이 벌어질 수 있다. 몇몇 학생들은 '진리'를 생산해내지 못하는 역사 과목의 가치에 대해 의문을 제기할 수도 있다. 그러나 논쟁성은 역사 특유의 힘과 가치를 부여한다. 인생도 마찬가지겠지만 역사에서 확실성이란 도달 가능성이 불투명하지만 그럼에도 추구할 만한 가치가 있다.

자료: ACARA(2017).

참고문헌

가은아 외. 2017. 「호주와 영국의 국가 교육과정 적용 지원 사례 분석」. ≪비교교육연구≫, 제27권, 제3호.

김덕근. 2012. 「교과서 정책 국제 비교 연구」. ≪교육행정학연구≫, 제10권, 제1호.

백남진·온정덕. 2015. 「호주 국가 교육과정에서의 역량 제시 방식 탐구」. ≪교육과정연구≫, 제33권, 제2호.

소경희·장주경·이선영. 2011. 「호주 국가 교육과정의 개발 과정 및 주요 특징」. ≪비교교육연구≫, 제21권, 제2호.

ACARA. 2009. "Shape of the Australian Curriculum: History." Canberra: Commonwealth of Australia.

_____. 2010. "Shape of the Australian curriculum, Version 2.0." Canberra: Commonwealth of Australia.

ACARA, https://www.australiancurriculum.edu.au(검색일: 2017.5.1).

Brennan, Marie. 2011. "National curriculum: A political-educational tangle." *Australian Journal of Education*, Vol. 55, No. 53.

Bruce, Haynes. 2009. "History Teaching for Patriotic Citizenship in Australia." *Educational Philosophy and Theory*, Vol. 41, No. 4.

Burley, Stephanie. 2012. "Pedagogy, Politics, and the Profession: a practical perusal of past, present and future developments in teaching history in Australian schools." *Teaching History*, No. 147.

Ditchburn, Geraldine. 2015. "The Australian Curriculum: History-the challenges of a thin curriculum?" *Discourse: Studies in the Cultural Politics of Education*, Vol. 36, No. 1.

Gilbert, Rob. 2011. "Can history succeed at school? Problems of Knowledge in the Australian history curriculum." *Australian Journal of Education*, Vol. 55, No. 3.

Hudson, Philip and Steve Larkin. 2010.3.1. "Christopher Pyne slams 'black armband' national education curriculum." *Herald Sun*.

Maadad, Nina and Grant Rodwell. 2016. "Whose history and who is denied? Politics and the History Curriculum in Lebanon and Australia." *The International Education Journal: Comparative Perspectives*, Vol. 15, No. 4.

Taylor, Tony and Sue Collins. 2012. "The politics are personal: The Australian vs the Australian curriculum in history." *The Curriculum Journal*, Vol. 23, No. 4.

Whiteley, Maree. 2012. "Big Ideas: A Close Look at the Australian History Curriculum From a Primary Teacher's Perspective." *Agora*, Vol. 47, No. 1.

3장

역사 기준: 미국의 다양성 속 공통성 지향*

/

이미미

미국은 주(州)별로 한국의 교육과정에 해당하는 기준을 제정해 적용하고 있어 주별 교육과정이 다양한 양상을 보인다. 최근의 국가 수준 교육개혁 움직임인 '공통 핵심 기준'이나 주별 사회과 교육과정을 작성하는 데 도움을 주기 위한 'C3틀'의 수용에서도 이러한 다양성은 유지되고 있다. 이 글에서는 여러 측면에서 대비되는 캘리포니아주와 텍사스주의 역사 교육과정을 분석해 다양한 미국 역사 교육과정이 일면을 살펴보았다. 두 주의 교육과정은 학년별 내용 조직에서 상당한 유사성을 보이고 있었으나, 교육과정 구성 체제, 사회과 중심인지의 여부, 자국사 교육에 대한 관점 등에서 차이를 보였다. 이렇듯 미국의 다양한 역사 교육과정이 기준 기반의 교육개혁 흐름 속에서 더욱더 공통성을 띠는 방향으로 나아가게 될지 지켜볼 필요가 있다.

* 이 글은 이미미(2013a), 이미미(2013b), 이미미(2014)의 내용을 수정 및 보완한 것이다.

1. 미국 역사 교육과정의 동향

미국에는 국가 수준의 역사 교육과정이 없으며, 한국의 교육과정에 해당하는 기준(standard)[1]을 주별로 제정해 적용하고 있다. 그러나 주별로 개발하고 시행되는 성취 기준은 내용의 상세한 정도나 역사 수업에 미치는 영향력에서 큰 다양성을 보인다. 예를 들어 아이오와주는 고등학교 역사에 총 33개의 기준을 제시하는데, 기준 모두를 매우 포괄적으로 서술하며, 학생들이 학습해야 하는 구체적인 역사 사건은 제시하지 않고 있다. 예를 들어 고등학교 역사 기준 중 정치에 해당하는 세 개의 기준은 "정부의 목적을 이해하고, 정부가 권력을 어떻게 얻고, 사용하고, 정당화하는지를 이해한다. 역사적으로 존재했던 서로 다른 정치체제를 이해한다. 오늘날 복잡하게 상호 연결된 세계를 특징짓는 조약, 동맹, 국제기구의 목적과 영향을 역사적 시각에서 이해한다"이다(Iowa Department of Education, 2010: 28). 기준에 특정 정부 체제나 조약의 명칭을 제시하고 있지는 않다. 이에 반해 2014년도에 기존 성취 기준을 개정한 뉴욕주는 아이오와주보다 상세한 내용을 성취 기준에 담고 있다. 학생들이 학습해야 하는 구체적인 역사 사실을 명시하고 있기 때문이다. 성취 기준은 연대기순으로 제시되고, 세 가지 수준으로 구분되는데, 성취 기준 중 가장 하위 수준에 학생들이 학습해야 할 내용 요소를 열거한다. 예를 들어 미국 헌법과 연방 정부에 관해서는 "학생들은 헌법으로 이루어진 연방 정부의 구조, 권력, 기능을 분석한다. 이때 핵심적인 헌법 원칙인 연

1 표준이라고 번역되기도 한다.

방 정부와 주 정부 간의 권력 분리, 연방 수준에서의 권력 분립, 견제와 균형, 국민주권, 그리고 사법권 독립을 내용으로 포함하도록 한다"라고 서술한다(The State Education Department and The University of the State of New York, 2015: 35). 이렇듯 주별 교육과정의 체제와 내용은 각양각색이지만, 여러 주가 공유하는 공통점 역시 존재한다. 한 예로 통사로서의 미국사는 대개 초등학교 5학년 사회과에서 처음으로 교수 학습하며, 중·고등학교의 미국사와 세계사는 분리된 과목으로 존재한다. 평가 측면에서 살펴보자면, 어떤 주든지 간에 1990년대 이후 강조되고 있는 주별 성취도 평가에서 역사 비중은 높지 않다.

미국에서도 국가 수준의 교육과정을 향한 움직임은 있었다. 그렇지만 1990년대 국가 수준의 역사 교육과정 기준을 제정하려던 움직임은 사실상 실패로 끝났고(Ravitch, 2010), 1990년대 미국사와 세계사 기준을 둘러싸고 제기되었던 치열한 논쟁(윤세철, 1997; 김한종, 1999; 배한극, 1999; 정경희, 2004; 이지원, 2006; Nash, Crabtree and Dunn, 1997)으로 이후 국가 수준의 기준에 대한 논의는 활발하게 전개되지 못했다. 그 당시 미국사와 세계사 기준의 개발은 완료되었으나, 현재까지 이 기준을 공식적으로 채택한 주는 없다. 국가의 역사 기준 논쟁 이후, 각 주는 주별로 역사 기준을 만들었고, 교사는 주별 역사 기준을 기초로 수업을 계획, 수행, 평가하고 있다. 1990년대는 기준 기반 개혁(standards-based reform)과 함께 학생의 성취와 평가 논의가 미국 교육개혁의 대세를 이루던 시기였다(Barton and Levstik, 2004). '학생 성취에 대한 책임을 누구에게, 어떻게 물을 것인가?'라는 논제가 주도하던 교육개혁 담론을 배경으로 최근에는 새로운 형식의 교육과정(적어도 미국에서는 새로운 형태의 교육과정인 국가 수준의 교육과정)이 등장했고, 이러한 새로운 움직임이 미국 교육에 과연 어떤 변화를 가져올 것인지에 대한 결론은 아직 도출되지 않았다.

2010년 미국은 영어와 수학의 '공통 핵심 기준(Common Core State Standards)'을 발표했다. 이는 주지사협의회 현장 개선 센터와 각 주 교육 대표자 협의회가 주도해 작성한 영어와 수학 교육과정으로, 2017년 8월 기준으로 영어는 42개 주와 워싱턴 D.C., 수학은 43개 주와 워싱턴 D.C.에서 채택, 실행되고 있다.[2] 영어 교육과정은 영어 성취 기준뿐 아니라 역사·사회과 리터러시 읽기와 쓰기 기준을 함께 제시한다. 따라서 영어 교육과정을 실행하고 있는 42개 주와 워싱턴 D.C.의 역사 교수 학습은 해당 주의 역사 기준과 '영어 공통 핵심 기준'에 포함된 역사·사회과 리터러시 읽기와 쓰기 기준 역시 반영해야 한다. 이 기준은 각각 10개로 6~8학년, 9~10학년, 11~12학년 등 세 수준으로 나누어 제시한다. 〈표 3-1〉은 '영어 공통 핵심 기준'에 제시된 총 20개의 역사·사회 리터러시 읽기와 쓰기 기준 중 여섯 번째 읽기 기준이다.

국가 수준의 사회과 내용 기준은 개발된 바 없지만, 주별 사회과 내용 기준을 개발, 실행하는 데 안내하는 역할을 하는 '사회과 주별 기준 작성을 위한 대학, 직장, 시민 생활 틀(College, Career, Civic Life Framework for Social Studies State Standards: 이하 C3틀)'은 2013년 발표되었다. 'C3틀'은 사회과 기준 개발에 도움을 주는 다양한 내용을 담고 있지만, 내용 기준 또는 교수 학습 내용을 제시하지는 않는다(National Council for the Social Studies, 2013). 가르칠 내용을 선정하고 조직하는 주체는 주이기

---

2 미네소타(수학만 채택 및 실행), 인디애나, 버지니아, 네브래스카, 사우스캐롤라이나, 오클라호마, 텍사스, 알래스카 주는 공통 핵심 기준을 실행하고 있지 않다.

표 3-1 역사·사회과 리터러시 읽기 기준 #6

6~8학년	저자의 관점이나 목적을 드러내는 부분 파악하기(의미 중첩이 있는 용어, 특정 사실이 포함되었거나 누락시킨 경우를 예로 들 수 있음)
9~10학년	동일하거나 비슷한 주제를 두 명 또는 두 명 이상의 저자가 어떻게 다루었는지 관점 비교하기. 저자가 각각 서술에서 어떤 구체적 사실을 포함시켰는지, 그리고 어떤 구체적 사실을 강조했는지도 살펴보기
11~12학년	저자의 주장이나 논증 과정, 그리고 논거를 평가함으로써 동일한 역사적 사건이나 문제에 대한 저자의 다른 관점 평가하기

자료: National Governors Association Center for Best Practices and Council of Chief State School Officers(2010: 61).

때문이다. 'C3틀'은 이러한 과정에 도움을 주기 위해 개발되었다. 'C3틀'의 채택 및 실행은 영어와 수학 공통 핵심 기준과 마찬가지로 주별로 결정하며, 강제 조항은 없다.

내용 기준을 제시하지 않은 'C3틀'은 탐구(inquiry)를 강조한다. 이때의 탐구는 사회과 내의 모든 학문 영역에 동일하게 적용할 수 있는 사회과의 일반적인 탐구뿐 아니라 학문 영역에 관한 고유한 탐구 역시 포함한다. 'C3틀'은 탐구를 중심으로 네 가지 국면(dimension)을 설정하고, 이를 기본 구조로 한다. 탐구의 네 국면은 ① 질문을 발전시키고 탐구를 계획하는 것, ② 학문 영역의 개념과 도구를 적용하는 것, ③ 자료를 평가하고 증거를 사용하는 것, ④ 결과를 소통하고 충분한 정보를 바탕으로 행동을 취하는 것이다(National Council for the Social Studies, 2013: 12). 이와 같은 네 국면은 사회과의 모든 과목에 적용될 수 있는 일반적 탐구 과정으로 생각될 여지가 있다. 그러나 'C3틀'은 두 번째 국면에서 학문 영역별 개념과 도구를 강조한다. "학문 영역의 아이디어(개념과 도구)는 학생들이 탐구를 할 때 사용하는 렌즈와 같다"라고 하며, "이러한 렌즈를 일관적이고 통일성 있게 매 학년 적용하면 더욱 깊고 지속적인 이해"를 갖출 수 있다고 설명한다(National Council for the Social Studies, 2013: 29). 그렇다면 여기서 말하는 학문 영역의 '렌즈'는 정확히 무엇을 의미하는가? 'C3틀'은 공민, 경제, 지리, 역사를 사회과의 주요 과목으로 꼽으며, 이 네 과목의 통합을 강조하기보다는 네 학문 영역이 각각 "지식을 확인하는 방식뿐 아니라 독특한 사고방식과 지식을 조직하는 방식"을 갖추고 있다고 명시했다(National Council for the Social Studies, 2013: 29). 역사에서의 렌즈 역할은 역사적 사고(historical thinking)가 담당한다고 보았다.

나아가 'C3틀'은 최근 연구 성과를 망라해 초·중·고등학교에서 교수 학습해야 할 역사적 사고를 영역별·수준별로 정리했다. 역사적 사고의 영역은 ① 변화·연속성·맥락, ② 관점, ③ 역사적 사료와 증거, ④ 인과 개념과 주장(argument) 등 네 가지로 나누어 제시했다. 역사적 사고의 종류는 총 17개이고, 네 가지 수준(2학년 말, 5학년 말, 8학년 말, 12학년 말)으로 나누어 제시한다. 〈표 3-2〉는 'C3틀'이 제시한 영역별·수준별 역사적 사고이다.

이러한 상황에서 '영어 공통 핵심 기준'과 'C3틀'을 모두 채택한 주의 경우, 역사 교육과정 개발과 실행은 양자의 영향을 받을 수밖에 없다. 반면 '영어 공통 핵심 기준'과 'C3틀'을 모두 채택하지 않은 주는 양자에서 제시한 역사·사회과 리터러시 읽기와 쓰기 기준이나 'C3틀'의 역사적 사고에 얽매이지 않고, 역사 교육과정 개발과 실행이 가능하다. 이 장에서는 '영어 공통 핵심 기준' 및 'C3틀'을 모두 채택한 캘리포니아주와 '영어 공통 핵심 기준' 및 'C3틀' 모두 채택하지 않은 텍사스주 역사 교육과정 기준을 살펴보았다. 캘리포니아주와 텍사스주는 미국에서 인구수로 각각 1위와 2위에 해당하며, 정치 지향 측면에서도 진보와 보수로 대비

표 3-2 'C3틀'에 제시된 역사적 사고

	2학년 말	5학년 말	8학년 말	12학년 말
			변화, 연속성, 맥락	
1	여러 사건을 연대기순으로 연결한다.	서로 관련된 사건을 연대기순으로 연결하고, 동일한 시기에 일어났던 발달들(developments)을 비교하기 위해 이를 활용한다.	폭넓은 역사적 맥락 속에서 사건과 발달 간의 연결을 분석한다.	폭넓은 역사적 맥락뿐 아니라 특정 시·공간 속의 고유한 상황에 따른 역사적 사건과 발달을 평가한다.
2	과거의 삶과 오늘날의 삶을 비교한다.	특정 역사적 시기의 삶을 오늘날의 삶과 비교한다.	일련의 역사적 사건과 발달을 변화 또는 연속성의 사례로 분류한다.	역사적 시대의 변화와 연속성을 분석한다.
3	중요한 역사적 변화를 가져온 개인이나 집단에 관해 질문한다.	중요한 역사적 변화나 연속성을 가져온 개인 및 집단에 관해 질문한다.	개인이나 집단에 관한 질문을 활용해 이 사람(들)이나 이 사람(들)이 가져온 발달이 왜 역사적으로 중요하다고 평가받는지 분석한다.	개인이나 집단에 관한 질문을 활용해 이 사람(들)의 업적에 대한 평가가 시간이 지남에 따라 어떻게 변화하는지, 역사적 맥락에 따라 어떻게 형성되는지 면밀히 살핀다.
			관점	
4	과거 사람들의 관점을 현재 사람들의 관점과 비교한다.	동일한 역사적 시기에 살았던 사람(들)이 왜 다른 관점을 가졌는지 설명한다.	서로 다른 역사적 시기에 살았던 사람(들)의 관점에 영향을 주었던 다양한 요인을 분석한다.	서로 다른 역사적 시기에 살았던 사람(들)의 관점에 영향을 준 복잡하고 상호작용적인 요인을 분석한다.
5	3~5학년부터 시작한다.	역사적 맥락과 당시 사람들의 관점 간의 관계를 설명한다.	사람들의 관점이 시간의 흐름에 따라 왜, 그리고 어떻게 변하는지 설명한다.	역사적 맥락이 사람들의 관점을 어떻게 형성했는지, 그리고 지금도 어떻게 형성하고 있는지를 분석한다.

6	동일한 역사적 사건에 대한 서로 다른 서술을 비교한다.	사람들의 관점이 이들이 작성한 역사적 사료에 어떤 영향을 주었는지를 설명한다.	역사적 사료에 어떤 정보가 포함되는지가 사람들의 관점에 미치는 영향을 분석한다.	역사를 서술하는 사람의 관점이 역사 서술에 미친 영향을 분석한다.
7	9~12학년에서 시작한다.	9~12학년에서 시작한다.	9~12학년에서 시작한다.	현재 사람들의 관점이 과거의 해석을 어떻게 형성하는지를 설명한다.
8	9~12학년에서 시작한다.	9~12학년에서 시작한다.	9~12학년에서 시작한다.	현존하는 역사적 사료가 당대 사람들의 관점을 어느 정도 반영하는지에 따라 과거에 대한 현재의 서술에 한계가 있다는 것을 분석한다.
		역사적 사료와 증거		
9	여러 다른 종류의 역사적 사료를 구분한다.	여러 다른 종류의 역사적 사료가 과거를 설명하는 데 어떻게 사용되는지를 요약한다.	2차적 해석에 사용되는 역사적 사료의 종류를 구분한다.	역사적 사료와 역사적 사료를 활용해 만든 2차적 해석 간의 관계를 분석한다.
10	과거를 연구하는 데 역사적 사료를 어떻게 사용하는지 설명한다.	과거와 관련해 서로 다른 역사적 사료에 나타난 내용을 비교한다.	다른 종류의 역사적 사료에서 수집한 증거에 기초해 역사 기록의 한계를 짚어낸다.	다양한 종류의 역사적 증거와 서로 다른 2차적 해석의 한계를 짚어낸다.
11	역사적 사료에 있는 정보를 활용해 사료의 작성자, 작성 일시, 작성 장소를 파악한다.	역사적 사료에 있는 정보를 활용해 사료의 예상 청중과 사료의 작성 목적을 추론한다.	역사적 사료에 나타난 정보가 충분하지 않은 경우, 다른 역사적 사료를 활용해 사료의 작성자, 작성 일시, 작성 장소, 예상 청중, 작성 목적을 추론한다.	특정 역사 탐구에 역사적 사료가 어느 정도 유용한지를 사료의 작성자, 작성 일시, 작성 장소, 예상 청중, 작성 목적에 기초해 비판적으로 분석한다.

12	특정 역사적 사건이나 발달과 관련해 특정 역사적 사료에 대해 질문한다.	특정 역사적 사건이나 발달과의 관계와 관련해 여러 역사적 사료에 관해 질문한다.	여러 역사적 사료에 관한 질문을 활용해 추가로 탐구할 주제나 사료를 파악한다.	여러 역사적 사료에 관한 질문을 활용해 추가적 탐구를 진행하거나 추가 사료를 조사한다.
13	3~5학년에서 시작한다.	역사적 사료의 작성자, 작성 일시, 작성 장소, 예상 청중, 작성 목적과 같은 정보를 활용해 특정 주제에 관한 연구를 하는 데 해당 역사적 사료가 어느 정도 유용한지를 판단한다.	역사적 사료의 작성자, 작성 일시, 작성 장소, 예상 청중, 작성 목적과 같은 정보에 기초해 관련성과 유용성을 평가한다.	2차적 해석에 활용된 역사적 사료가 적절하게 활용되었는지를 비판적으로 분석한다.
인과관계와 주장				
14	과거 사건과 발달이 일어나게 된 이유를 생각해본다.	사건과 발달을 가능하게 만들었던 그럴듯한 원인과 결과를 설명한다.	과거 사건과 발달에 대한 여러 원인과 결과를 설명한다.	과거 사건과 발달의 여러 복잡한 원인과 결과를 분석한다.
15	6학년에서 시작한다.	6학년에서 시작한다.	과거 사건과 발달의 다양한 원인과 관련해 상대적 영향을 평가한다.	역사적 주장을 하는 데 있어서 장기적인 원인과 사건을 촉발하는 사건을 구별한다.
16	역사적 사건이나 발달을 설명하는 데 더 그럴듯한 이유를 선정한다.	증거를 활용해 과거에 대한 주장을 구성한다.	적절한 증거를 과거에 대한 일관성 있는 주장으로 조직한다.	관련 있는 여러 역사적 사료나 해석에서 나온 증거를 과거에 대한 합리적 주장으로 구성한다.
17	3~5학년에서 시작한다.	역사 저작물에 나타난 주요 주장을 요약한다.	관련된 주제에 관해 여러 다른 미디어에 나타난 역사 저작물의 주요 주장을 비교한다.	관련된 주제에 관해 여러 다른 미디어에 나타난 역사 저작물을 역사적 정확성 측면에서 비판적으로 분석한다.

자료: National Council for the Social Studies(2013).

된다. 2절에서는 이처럼 여러 측면에서 대비되는 두 주의 역사 교육과정을 분석했다.

2. 학년별 내용 체계

(1) 캘리포니아

캘리포니아는 1998년 캘리포니아 역사·사회과학 내용 기준을 채택했고, 이 기준을 아직까지 수정 없이 사용하고 있다. 캘리포니아 역사·사회과학 내용 기준은 우리의 성취 기준에 해당한다. 한국의 교육과정에도 성취 기준 이외에 다른 요소가 포함되어 있듯이 '캘리포니아 역사·사회과학 틀(California History-Social Science Framework)'에도 내용 기준 이외의 부분이 포함되어 있는데, 내용 기준을 제외한 부분은 전면 개정되어 2016년 7월 14일에 새로이 고시되었으며, '영어 공통 핵심 기준'과 'C3틀'을 반영하고 있다. 새 교육과정은 2008년부터 개발에 착수해 오랜 기간 여러 단계의 여론 수렴 과정을 거쳤고, 곧 적용에 들어갈 것이기에 여기에서는 1998년 내용 기준과 함께 2016년 교육과정을 살펴보겠다.[3] 캘리포니아에서는 우리의 사회과에 해당하는 역사·사회과학을 유치원(kindergarten)부터 12학년까지 교수 학습한다. '캘리포니아 역사·사회

3 캘리포니아 교육과정 개정은 대개 7년 주기로 이루어져 2008년에 교육과정 개정에 착수했다. 하지만 이후 캘리포니아가 재정 위기에 빠지면서 고시가 미뤄지다가 2016년에 발표되었다.

표 3-3 캘리포니아 역사·사회과학 학년별 내용 조직

학년	내용	비고
유치원	공부와 일(working): 옛날과 지금	
1	시·공간 속의 어린이	
2	변화를 일구어내는 사람들	
3	연속성과 변화	
4	캘리포니아: 변화하는 주	
5	미국사와 미국지리: 새로운 국가의 형성	
6	세계사와 세계지리: 고대 문명	
7	세계사와 세계지리: 중세와 초기 근대	
8	미국사와 미국지리: 성장과 갈등	
9		역사·사회과학 필수과목 없음. 선택과목만 있음
10	세계사, 세계문화, 그리고 세계지리: 근대	
11	미국사와 미국지리: 현대 미국사의 연속성과 변화	
12	미국 민주주의의 원칙(1학기)	
12	경제의 원칙(1학기)	

자료: California Department of Education(2017a).

과학 틀'에 제시된 학년별 내용 조직은 〈표 3-3〉과 같다.

유치원부터 4학년까지도 역사를 교수 학습하지만, 통사로서 역사 교수 학습은 5학년 미국사부터 시작한다. 5학년, 8학년, 11학년 미국사와 6학년, 7학년, 10학년 세계사는 필수과목으로 교수 학습한다. 학년별로 반복되는 내용이 약간은 있으나, 시대를 나누어 조직함으로써 시대를 반복해 학습하지는 않는다. 미국사의 경우, 5학년에서는 미국의 헌법 제정까지, 8학년은 5학년에 다룬 내용 이후부터 산업혁명과 도시화, 남유럽과 동유럽으로부터의 이민자 유입까지, 그리고 11학년에서는 8학년에서 다룬 내용 이후부터 현재의 미국까지를 학습한다.

(2) 텍사스

텍사스 사회과 교육과정의 공식 명칭은 '텍사스 사회과 핵심 지식과 기술(Texas Essential Knowledge and Skills for Social Studies)'이며, 2010년에 채택되어 2011년 9월 학기부터 적용, 실행되고 있다. 텍사스 교육과정은 10년을 주기로 개정하는데, 개정 시기를 맞아 텍사스주 교육위원회(State Board of Education)는 편향된 교육 내용을 바로잡아야 한다며 새로운 기준을 제시했다. 새로운 사회과 교육과정은 역사학계나 사회과의 최근 연구 성과보다는 역사적 관점이나 종교 등에 관한 보수적 시각을 드러냈고, 전국적인 논란을 야기한 바 있다. 텍사스주 교육위원회는 수정된 교육과정을 정치적 당파에 따른 9 대 5 표결로 채택했다(Blanchette, 2010).

텍사스의 사회과는 유치원부터 8학년까지 학년별로 교수 학습 내용을 제시하고 있고, 고등학교부터는 과목별로 교수 학습 내용을 제시한다. 고등학교에서 어떤 과목을 어떤 학년에 편성하는지는 교육과정에서 규정하고 있지 않다. '텍사스 사회과 핵심 지식과 기술'에 제시된 학년별 내용 조직은 〈표 3-4〉와 같다.

지나치게 보수적인 내용으로 전국적인 논란을 불러왔던 텍사스 교육과정의 전통적인 면모는 〈표 3-4〉에서도 쉽게 확인할 수 있다. 초등학교 5학년 미국사의 시작은 유럽인이 텍사스에 도착한 1565년부터이다. 캘리포니아의 5학년 미국사가 콜럼버스 이전의 역사를 다루고 있는 것

표 3-4 **텍사스주 사회과 학년별 내용 조직**

학년	내용	비고
유치원	학생 자신, 가정, 가족, 그리고 학생이 속한 반을 학습하고, 사회에서 책임감 있는 시민이 되기 위한 기초를 다짐	
1	학생과 학생이 속한 반, 학교, 공동체와의 관계를 학습하고, 사회에서 책임감 있는 시민으로서의 기초를 다짐	
2	지역공동체를 학습함. 공동체 역사나 주 또는 국가사에서 중요한 지역의 개인이나 사건을 학습함. 시간과 연대기 개념을 학습하기 시작함	
3	다양한 개인이 학생들이 살고 있는 공동체나 세계를 어떻게 변화시켰는지를 학습함. 다른 사람에게 감명을 줄 수 있는 영웅이 과거와 현재의 공동체에 어떤 영향을 미쳤는지를 학습함	
4	텍사스의 시작부터 현재까지의 역사를 학습함. 북아메리카에 미친 영향이라는 맥락 속에서 학습함	
5	1565년부터 현재까지의 미국사 통사를 학습함	
6	현재 세계의 사람, 장소, 사회를 학습함. 유럽, 러시아, 유라시아 공화국, 북아메리카, 중앙아메리카, 카리브해, 남아메리카, 서남아시아와 북아프리카, 사하라 이남 아프리카, 남아시아, 동아시아, 동남아시아, 호주, 태평양 지역을 포함함	
7	초기부터 현재까지의 텍사스 역사를 학습함. 4학년 때보다 깊이와 폭을 더함	
8	초기 식민지기부터 재건기까지의 미국사를 학습함	
고등학교	1877년 이후 미국사. 8학년에 이어서 학습함(1년)	
	세계사(1년)를 학습함	
	세계지리(1년)를 학습함	
	정부(1학기)에 관해 학습함	
	심리학(1학기)을 학습함	선택과목
	사회학(1학기)을 학습함	선택과목
	사회과의 특별 주제(1학기)를 학습함	선택과목
	사회과 연구 방법(1학기)을 학습함	선택과목

(고등학교)	기타 사회과 과목을 학습함 사회과 심화 연구(1학기 또는 1년) 대학과목선이수제(Advanced Placement: 이하 AP) 미국사(1년) AP 유럽사(1년) AP 세계사(1년) AP 인문지리(1학기 또는 1년) AP 미국 정부와 정치(1학기) AP 정부와 정치 비교(1학기) AP 심리학(1학기) 국제 학위(International Baccalaureate: 이하 IB) 역사 표준 수준(1년) IB 역사: 아프리카 고등 수준(2년) IB 역사: 아메리카 고등 수준(2년) IB 동아시아와 동남아시아 고등 수준(2년) IB 역사:유럽 고등 수준(2년) IB 지리 표준 수준(1년) IB 지리 고등 수준(2년) IB 심리학 표준 수준(1년) IB심리학 고등 수준(2년) 사회과로 인정될 수 있는 기타 과목(문화 및 언어 관련 주제) 대학에서 수강한 과목	텍사스주의 모든 고등학교에서 여기에 열거된 기타 사회과 과목을 모두 제공하는 것은 아님

자료: Texas Department of Education(2011a), Texas Department of Education(2011b), Texas Department of Education (2011c).

과 대비되는 부분이다. 캘리포니아 교육과정은 5학년 내용 개관에서 "가능하다면 최대한 다양한 여성, 남성, 아이들의 눈을 통해 과거를 탐구하도록 한다"라고 명시하고 있는데(California Department of Education, 2017a: 125), 이와 같은 다양성에 관한 명시적인 고려는 텍사스 교육과정에서 찾아보기 어렵다. 텍사스 교육과정은 전통을 강조하는데, 예를 들어 고등학교 세계사 교육과정은 "학생들이 세계사의 전통적인 주요 사건을 이해한다"라고 명시한다(Texas Department of Education, 2011c: 12).

3. 교육과정 문서 구성 체제

(1) 캘리포니아

캘리포니아 역사 교육과정의 공식 명칭은 '캘리포니아 역사·사회과학 틀'로서 총 985쪽에 이르는 방대한 분량의 문서이다. 성취 기준은 1998년 내용 기준을 그대로 사용하고 있지만, 내용 개관, 교수 학습 평가 방법, 교수 학습 평가에서의 유의 사항 등은 주기적으로 개정된 바 있으며, 가장 최근 개정은 2016년에 이루어졌다. '캘리포니아 역사·사회과학 틀'은 "교사가 역사 및 사회과학 과목에서 일관성 있는 교육 내용을 설계하고, 수행하고, 유지하면서 내용을 가르치고, 탐구 활동에 기반을 둔 비판적 사고를 양성하며, 읽기와 쓰기 능력을 향상시키고, 적극적이고 풍부한 지식을 갖춘 시민을 양성하는 과정을 돕기 위해 작성되었다(California Department of Education, 2017a: 1)". 구성 체제는 내용 개관과 교수 학습 평가 방법 및 유의 사항을 학년군별 및 학년별로 제시한 뒤 성취 기준은 부록으로 제시하는 방식을 취했다.

캘리포니아 교육과정은 내용 개관, 교수 학습 평가 방법 및 유의 사항과 성취 기준 외에 역사·사회과학 수업과 관련된 다양한 내용도 포함한다. 학년별 내용 개관에는 해당 학년 또는 과목에서 가르칠 내용과 관련된 수업·평가 아이디어를 담고 있고(〈표 3-5〉 기호 1), 성취도 평가에 관한 정보라든지(기호 2), 일반적인 교수 학습 전략(기호 4), 교과서를 포함한 교재 심의 기준(기호 6) 등을 '캘리포니아 역사·사회과학 틀'에 포함하고 있다. 또한 부록에는 역사·사회과학을 가르치고 배울 때 등장하는 다양한 이슈에 관한 연구 성과를 사례와 함께 정리해놓았다(기호 7, 9~14).

표 3-5 **'캘리포니아 역사·사회과학 틀' 구성 요소**

기호	내용	쪽수
1	학년별 내용 개관, 교수 학습 평가 방법 및 유의 사항	1~648
2	역사·사회과학 숙달 정도 평가	649~685
3	접근성과 공정성	686~734
4	교수 학습 전략	735~811
5	전문가로서의 학습	812~825
6	교수 학습 자료 심의 기준: 유치원~11학년	826~844
7	부록 A 역사, 지리 수업에서의 문제, 질문, 그리고 주제	845~897
8	부록 B 역사·사회과학 내용 기준	898
9	부록 C 당대 세계 가르치기	899~918
10	부록 D 민주주의를 위한 교육: 역사·사회과학 교육과정안의 시민교육(civic education)	919~929
11	부록 E 종교와 역사·사회과학 교육	930~938
12	부록 F 캘리포니아 교육과 환경문제 관련 움직임	939~974
13	부록 G 지식인의 역량	975~977
14	부록 H 시민적 참여의 실천: '역사·사회과학 틀' 내의 참여 학습(service learning)	978~985

주: '역사·사회과학 내용 기준'은 61쪽 분량의 별도 문서로 존재한다. 최종 편집본에서는 부록 B에 편재될 예정이다.
자료: California Department of Education(2017a).

학생들이 경험하고 있는 당대에 어떻게 접근해야 하는지, 역사를 가르칠 때 민주주의를 위한 교육은 어떻게 이루어지는지, 종교나 환경 문제를 교수 학습할 때 교사에게 유용한다고 생각하는 정보 등을 담고 있다. 지식인(literate individuals)의 역량에서는(기호 13) 교육의 최종 결과물인 지식인에 관해 "지식인은 독립적이며, 충분한 내용 지식을 갖추었고, 다양한 사람들, 과제, 목적, 학문 분야에 적절하게 응대하는 사람이다. 지식인은 이해와 비판을 모두 수행할 수 있으며, 증거를 중요시한다. 테크놀로지와 디지털 미디어를 전략적으로 잘 활용할 수 있다. 또한 다른 관점과 문화를 이해"한다고 설명하고 있다(California Department of Education, 2017a: 975~977).

성취 기준은 상위와 하위, 두 단계의 성취 기준으로 구성되며,[4] 상위 성취 기준 아래에 구체적인 하위 성취 기준을 제시하는 방식을 취한다. 10학년 세계사의 경우, 상위 성취 기준은 총 11개, 하위 성취 기준은 총 48개가 있다. 다음은 제국주의를 다루고 있는 10학년 세계사의 네 번째 상위 성취 기준과 이와 관련된 네 개의 하위 성취 기준이다(California Department of Education, 2000: 43 ~ 44).

10-4. 학생들은 신제국주의(new imperialism) 시대의 세계적 변화 속에 나타난 패턴을 분석한다. 아프리카, 동남아시아, 중국, 인도, 라틴아메리카, 필리핀 중 최소 두 곳을 분석한다.

1. 학생들은 산업화된 경제의 성장과 제국주의 및 식민주의 간의 관계를 설명한다(예를 들어 국가의 안전과 전략적 이점, 국가 헤게모니를 확보하려는 노력 속에서 등장한 도덕적 문제, 사회진화론, 선교, 땅과 원자재, 그리고 테크놀로지와 같은 물질적 문제).
2. 영국, 프랑스, 독일, 이탈리아, 일본, 네덜란드, 러시아, 스페인, 포르투갈, 미국이 어디에 식민지를 건설했는지를 토론한다.

4 상위 및 하위 성취 기준이라는 용어는 필자가 캘리포니아 역사·사회과학 내용 기준의 구성을 설명하기 위해 사용한 용어이다.

3. 식민지 지배자와 피지배자의 관점에서 제국주의를 설명하고, 식민 지배를 받은 사람들의 다양한 단기적·장기적 반응을 설명한다.
4. 식민지에서의 독립 투쟁을 설명한다. 중국의 쑨원과 같은 지도자의 역할과 이데올로기 및 종교의 역할을 설명한다.

(2) 텍사스

텍사스주 교육과정은 초등학교 및 중학교는 학년별로, 고등학교는 과목별로 구성되어 있다. 초등학교와 중학교에서는 학년별 개요(introduction)를 제시한 후, 우리의 성취 기준에 해당하는 핵심 지식과 기술(essential knowledge and skills)을 열거한다. 핵심 지식과 기술은 사회과의 여덟 개 스트랜드(strands)로 나누어 제시하고 있는데, 이 여덟 개 스트랜드는 ① 역사, ② 지리, ③ 경제, ④ 정부, ⑤ 시민성, ⑥ 문화, ⑦ 과학·테크놀로지·사회, ⑧ 사회과 기술로, 각 스트랜드별로 한 개 이상의 기준을 제시하고 있다. 고등학교의 경우 학년별이 아닌 과목별 개요와 함께 핵심 지식과 기술을 제시한다. 각 과목을 몇 학년 때 가르치는지는 교육과정에 명시하지 않고 있다. 그렇지만 모든 과목의 핵심 지식과 기술은 초등학교나 중학교와 마찬가지로 여덟 개 스트랜드로 구조화되어 있다. 역사나 지리, 시민성을 따로따로 분리해 교수 학습하는 것이 아니라, 포괄해 통합적으로 교수 학습한다는 차원에서의 '사회과' 개념을 교육과정에서 구현하고 있는 것이다. 1990년대 국가 표준 작성 움직임 속에서 개발되었던 역사 기준은 단일 과목 기준으로 미국사 기준과 세계사 기준이 작성되었지만 당시 미국사회과학회(National Council for the Social Studies) 주도로 개발된 사회과 기준서는 통합적인 사회과를 강조하며, 모든 학년에서 열 가지 주제를 가르쳐야 한다고 명시한 바 있다. 1994년 기준서의 열 가지 주제는 ① 문화, ② 시간·연속성·변화,[5] ③ 사람·장소·환경,[6] ④ 개인의 발달과 정체성,[7] ⑤ 개인·집단·제도, ⑥ 권력·권위·통치,[8] ⑦ 생산·분배·소비,[9] ⑧ 과학·테크롤로지·사회, ⑨ 세계적 연결, ⑩ 시민적 이상과 실천이었고(National Council for the Social Studies, 1994) 텍사스의 여덟 개 스트랜드와 많은 유사성을 보인다.

유치원부터 8학년까지 학년별 개요와 고등학교 각 과목 개요는 주요 내용과 유의 사항을 포함해 약 한 페이지 분량으로 되어 있다. 다음 네 가지 항목은 모든 학년과 과목에 반복적으로 등장한다(Texas Department of Education, 2011a; Texas Department of Education, 2011b; Texas Department of Education, 2011c).

- 학생들은 미국에서의 자유기업 체제(free enterprise system) 역할을 확인하고, 이와 같은 체제를 자본주의 또는 자유 시장 체제라 부른다는 것을 이해해야 한다.
- 학생들은 헌법에 입각한 공화국(constitutional republic)에서 국민의 동의에 의해, 명시적인 기간에 한해 대표성이 부여되며, 헌법 준수가 의무임을 이해해야 한다.

---

5 역사에 해당한다.
6 지리에 해당한다.
7 사회에 해당한다.
8 정치에 해당한다.
9 경제에 해당한다.

- 학생들은 자유 주간 축제(celebrate freedom week)를 포함한 축제와 국경일을 학습한다.
- 학생들은 건국 관련 문서에 포함된 이상을 개인이나 정부가 어떻게 실현했는지, 아니면 어떻게 실현하지 못했는지를 확인하고 토론한다.

'자유기업 체제'나 '헌법에 입각한 공화국' 항목은 상당한 논쟁을 야기했으나 약간의 수정을 거쳐 최종 교육과정에는 위에 제시된 대로 반영되었다. '자유 주간 축제'는 현재 미국의 다섯 개 주에서 실시하고 있는 공휴일로, 아칸소, 플로리다, 캔자스, 오클라호마, 텍사스가 이 다섯 개 주에 해당한다. '자유 주간 축제'는 고등학교 미국사 성취 기준 1번에서도 언급된다. "학생들은 자유 주간 축제 프로그램에 포함된 원칙을 이해한다"고 성취 기준을 제시하고, 독립선언서, 미국 헌법, 수정 헌법, 벤저민 러시(Benjamin Rush), 존 행콕(John Hancock), 존 제이(John Jay), 존 위더스푼(John Witherspoon), 피터 뮬런버그(Peter Muhlenberg), 찰스 캐럴(Charles Carroll), 조너선 트럼불(Jonathan Trumbull Sr.)을 세부 기준에 포함한다. 독립선언서의 첫 세 문단의 내용을 알아야 한다고도 명시하고 있다(Texas Department of Education, 2011c: 2). 자유기업 체제나 자유 주간 축제의 강조는 텍사스 교육과정의 보수적 지향성을 잘 드러낸다.

한국의 성취 기준에 해당하는 텍사스주의 '핵심 지식과 기술'은 포괄적인 지식과 기술 아래 세부적인 지식과 기술이라는 2단계 구성을 취한다. 포괄적인 지식과 기술은 숫자로 일련번호를 매기고, 그 아래의 세부적인 지식과 기술은 알파벳으로 표기한다. 고등학교 미국사 과목에는 총 32개의 포괄적인 지식과 기술이 있으며, 역사 11개, 지리 3개, 경제 4개, 정부 3개, 시민성 3개, 문화 2개, 과학·테크놀로지·사회 2개, 사회과 기술 4개로 나뉘어 있다. 포괄적인 지식과 기술에 속한 세부적인 지식과 기술은 각 2~9개로, 총 129개가 있다. 고등학교 세계사 과목에는 총 31개의 포괄적인 지식과 기술이 있고, 역사 14개, 지리 2개, 경제 2개, 정부 2개, 시민성 2개, 문화 4개, 과학·테크놀로지·사회 2개, 사회과 기술 3개로 구성된다. 세부적인 지식과 기술은 2~11개로, 합계는 123개다.

다음은 제국주의 관련 예시이다. 제국주의 관련 내용은 고등학교 세계사 과목에서 다룬다. 제국주의는 한 개의 포괄적인 지식과 기술(8번), 다섯 개의 세부적인 지식과 기술에서 언급된다. 다음은 1750년에서 1910년에 이르는 유럽 제국주의를 다루고 있는 '8번 포괄적인 지식과 기술'과 여기에 속해 있는 다섯 개의 세부적인 지식과 기술이다(Texas Department of Education, 2011: 14).

(8) 역사: 학생들은 산업혁명의 원인과 세계적인 영향력을 이해하고 1750년부터 1914년에 이르는 유럽 제국주의를 이해한다. 학생들은

(A) 17세기와 18세기 유럽에 나타난 과학적 발전이 어떻게 산업혁명으로 이어졌는지를 설명한다.

(B) 산업혁명이 유럽의 정치, 경제, 사회적 변화에 어떻게 영향을 미쳤는지를 설명한다.

(C) 유럽 제국주의에 영향을 주었던 주요 정치적·경제적·사회적 요인을 파악한다.

(D) 유럽 제국주의의 주요 특징과 영향을 설명한다.

(E) 산업혁명에서 자유기업 체제의 영향을 설명한다.

포괄적 지식과 기술은 역사 영역에 속하는 것으로, 산업혁명과 제국

주의를 주요 내용으로 한다. 제국주의 관련 내용은 유럽 제국주의에 한정되어 있어, 미국의 제국주의 움직임이나 미국 식민지에 대한 언급은 없다. 또한 유럽 제국주의의 원인, 특징, 영향을 파악한다고 서술해 구체적인 내용을 담고 있지 않다.

4. 교과서 발행 체제

(1) 캘리포니아

캘리포니아는 유치원부터 8학년까지 교과서 인정제를 사용하고 있다. 그러나 고등학교에 해당하는 9학년부터 12학년 교과서에는 인정제를 실시하지 않는다. 2016년 고시된 교육과정은 아직 교수 학습 현장에 적용되지 않았으나, 교과서 인정은 2017년 8월 현재 진행되고 있다. 캘리포니아주 교육부 인정 심사를 통과하지 못한 교과서도 교재로 사용할 수는 있으나, 캘리포니아 내용 기준을 담고 있어야 하고 심사 위원회에는 반드시 해당 교과 교사가 다수를 이루어야 한다(California Department of Education, 2017b). 다음 교육과정 개정은 2023년으로 예정되어 있고, 교과서 인정은 2024년으로 예정되어 있다.

(2) 텍사스

캘리포니아와 마찬가지로 텍사스도 '텍사스 사회과 핵심 지식과 기술'에 근거한 교과서 인정제를 실시하고 있다. 인구수가 많은 텍사스주의 교과서 인정 결과는 텍사스주에 한정되지 않곤 한다. 교과서 출판사들은 텍사스주를 위해 개발한 교과서를 교과서 인정제를 도입하지 않은 다른 소형 주에 판매하거나 다른 주를 위한 교과서를 만든다. 그러나 기존에 개발된 내용을 사용하기 때문에 텍사스주 교과서 인정 결과는 미국의 교과서 시장에 영향을 미치게 된다(Jervis, 2014). 2010년 채택된 '텍사스 사회과 핵심 지식과 기술'은 이러한 측면에서 미국 전역에 걸친 논쟁의 초점이 되기도 했다.

5. 역사적 사고력

(1) 캘리포니아

역사적 사고력과 관련해서는 ① 1998년 채택한 캘리포니아 역사·사회과학 기준에 포함된 역사적·사회과학적 분석 기술, ② '영어 공통 핵심 기준'에 기초한 역사·사회과 리터러시 읽기 및 쓰기 기준, '영어 공통 핵심 기준'에 기초한 캘리포니아 영어 교육과정의 역사·사회과 리터러시 읽기 및 쓰기 기준, 그리고 ③ 'C3틀'의 역사적 사고를 모두 참고한다. 역사를 교수 학습함에 있어 역사적 사고력을 어떻게 향상할 것인지는 구체적인 사례(예를 들어 어떤 단행본을 어떤 질문과 함께 수업에서 사용할 수 있는지 등)와 함께 교육과정 문서 곳곳에 제시되어 있다. 가장 구체적인 예시는 학년별 내용 개관, 교수 학습 평가 방법, 유의 사항에서 찾아볼 수 있다.

(2) 텍사스

사회과 기술은 역사, 정부, 시민성 등 여덟 가지 영역 중 하나로, 모든 학년 또는 모든 과목에 한 영역으로 제시되어 있다. 사회과 기술에 관한 별도의 장은 없으며, 별도의 설명을 첨부하지도 않았다. 다음에 나오는 29번 포괄적 지식과 기술은 8학년 미국사 사회과 기술에 제시된 세 가지 포괄적 지식과 기술 중 한 사례이다. 역사 교수 학습에 고유한 기술이라고 보기는 어렵고, 다른 과목에도 쉽게 적용이 가능한 기술이라는 것을 알 수 있다. 제시된 사회과 포괄적 지식과 기술은 고등학교 미국사나 고등학교 세계사 과목에도 29번 포괄적 지식과 기술로 제시되어 있다. 단 세부적 지식과 기술에서는 차이를 보인다.

(29) 사회과 기술: 학생들은 기존에 확립된 연구 방법을 통해 디지털 테크놀로지를 포함한 다양하고 타당한 자료로부터 얻은 정보를 비판적 사고 능력을 활용해 조직하고 사용한다.

(A) 학생들은 컴퓨터 소프트웨어, 데이터베이스, 뉴스 미디어, 전기, 인터뷰, 유물과 같은 타당한 1차 사료나 2차 사료를 구분하고, 찾고, 활용한다.

(B) 순서대로 배열하고, 분류하고, 인과관계를 파악하고, 비교하고, 대조하고, 주요 논점을 찾고, 요약하고, 일반화와 예측을 하고, 추론과 결론을 내리면서 정보를 분석한다.

(C) 개요, 보고서, 데이터베이스, 그래프와 차트, 연표, 지도를 아우르는 시각 자료의 정보를 조직하고 해석한다.

(D) 한 사건을 둘러싸고 있는 역사적 맥락의 관점을 파악하고 사건의 참

여자에게 영향을 준 것이 무엇이었는지를 파악한다.

(E) 사회과의 이슈나 사건에 관한 관점을 지지한다.

(F) 글이나 구술, 시각 자료에 나타난 편견을 파악한다.

(G) 용어, 다른 자료와의 검증, 작성자에 대한 정보에 기초해 사료의 타당성을 평가한다.

(H) 지도와 그래프 같은 사회과 정보를 해석하기 위해 적절한 수학적 기술을 사용한다.

(I) 미국의 다양한 양상을 표상하는 지도, 그래프, 차트, 모델, 데이터베이스를 만든다.

(J) 지도, 그래프, 차트, 모델, 데이터베이스에 나타난 지리적 특성과 패턴에 관해 질문하고 답한다.

6. 하나의 국가, 다양한 역사 교육과정

캘리포니아와 텍사스의 교육과정은 여러 공통점과 차이점이 있다. 두드러진 공통점은 중·고등학교 내용 조직 면에서 통사를 반복하는 대신 시대를 나누어 구성하고 있다는 점이다. 캘리포니아는 미국사를 세 개의 시대로(5학년은 미국 헌법 제정까지, 8학년은 산업혁명, 도시화, 남유럽과 동유럽 이민자의 유입까지, 11학년은 현재까지), 텍사스는 미국사를 두 개의 시대(8학년은 1877년 이전, 고등학교는 1877년 이후)로 나누어 반복 학습을 피하고 있다. 캘리포니아와 텍사스를 제외한 다른 주도 캘리포니아와 유사한 세 개의 시대 조직을 사용하거나, 텍사스와 같이 초등학교 통사, 중·고등학교에서는 두 개의 시대 조직을 사용한다. 미국 내에서 증가 추세에 있다고 평가되는 세 개의 시대 조직은(Stern and Stern, 2011) 나이가 어린 학생에게도 지적으로 정직한 형태로 역사를 가르칠 수 있다는 실증적 연구 결과에 바탕을 두고, 학문 영역으로서의 역사를 깊이 있게 가르치고자 하는 목표에서 나온 접근이다. 또한 역사를 배운다는 것은 한 시대를, 또는 한 사건을 정치, 경제, 사회, 문화 등 다방면에서 함께 살펴 이해야 한다고 생각해(National Center for History in the Schools, 1996a: 5~6; National Center for History in the Schools, 1996b: 5~6), 내용을 분야별로 나누기보다는 시대를 중심으로 나눈다. 사료를 분석하고 스스로 역사 서술을 구성해보는 등 '역사하기'로 역사를 교수 학습하기 위해서는 많은 시간이 필요하다는 점도 고려한 조직이다. 이와 같은 세 개의 시대 조직법은 고등학교에서 근현대사에 집중함으로써 암묵적으로 근현대사에 방점을 둔다.

캘리포니아주와 텍사스주 교육과정은 고등학교에서 세계사 1년 필수 이수를 규정하고 있다는 공통점도 있다. 중·고등학교 과정에서 2년간의 미국사 교수 학습과 최소 1년간의 세계사 교수 학습은 다른 많은 주에서도 흔히 찾아볼 수 있다. 미국의 1년 수업 주수 평균은 36주이며, 5시수이기에, 중·고등학교 미국사 필수 2년은 360차시 수업에 해당한다. 우리의 수업 주수 34주, 2시수로 계산할 때, 이는 5.2년에 해당한다. 여기에 세계사 수업 시수를 더하면 학생들이 고등학교 졸업 이전 이수하는 역사 시수는 더욱 증가한다. 한국에 비해 현격히 많은 시수의 역사를 중·고등학교에서 교수 학습하고 있다는 사실에 주목할 필요가 있을 것이다.

캘리포니아와 텍사스의 역사 교육과정에는 차이점도 많다. 첫째, 국가 수준의 교육과정 개혁 움직임인 '영어 공통 핵심 기준'이나 'C3틀'의 채택 여부에서 이를 쉽게 확인할 수 있다. 캘리포니아의 경우, 국가 수준의 교육과정 개혁 움직임인 '공통 핵심 기준'이나 'C3틀'을 수용했으나, 텍사스는 수용하지 않았다. 둘째, 교육과정이 사회과 중심인지, 아니면 역사 중심인지에서도 차이가 나타난다. 텍사스는 사회과 중심 교육과정으로 모든 학년 또는 모든 과목의 성취 기준이 여덟 개 스트랜드에 따라 조직되어 있다. 반면 캘리포니아는 역사 중심 교육과정을 운영하고 있다. 셋째, 내용상의 차이가 있다. 텍사스주의 개정 교육과정은 미국 다른 주의 교육과정에 비해 보수적이며, 이는 전국적인 논란을 일으킨 바 있다. 마지막으로 교육과정 문서의 구성 체제와 활용에서의 차이다. 개정된 캘리포니아 교육과정은 이 점에서 특징을 지닌다. 우선 1000여 쪽에 이르는 캘리포니아 교육과정은 다른 어떤 주와 비교하더라도 방대하다. 이는 텍사스주나 다른 주 교육과정에는 포함되지 않은 많은 내용이 '캘리포니아 역사·사회과학 틀'에 포함되어 있기 때문이다. 이는 교사가 성취 기준을 효율적이며 성공적으로 활용하는 데 필요하다고 판단한 여러 내용을 교육과정의 역할에 대한 경험과 숙고에 기초해 포함시킨 결과이다. 특히 각 학년별 내용 개관과 교수 학습 방법, 평가 방법을 내러티브 형식으로 풀어쓴 부분에 주목할 필요가 있다. 교사가 성취 기준에 기초한 수업을 계획하고 실행하기 위해서는 성취 기준 외에 필요한 부분이 많은데, 이와 같은 내용을 내러티브에 포함하고 있다. 예를 들어 해당 학년의 전체 밑그림은 어떠한지, 학습자에게 어떤 질문을 하면 효과적인지 등을 담고 있다. 미국의 경우, 백워드 설계(backward design)라는 교육과정 이론이 교사 양성 과정과 현장에 보편화되어 있는데, 이러한 백워드 설계에 기초해 빅 아이디어(big idea)와 핵심 질문(essential question) 또한 다수 제시하고 있다. 8학년 미국사의 경우, '미국인은 누구를 말하는가?', '우리나라를 건국한 사람들에게 자유란 무엇을 의미했으며, 시간이 흐름에 따라 자유의 의미는 어떻게 변화했나?' 등의 핵심 질문을 중심으로 내러티브를 풀어내고 있다. 내러티브에서는 교수 학습 자료라든지 교수 학습상의 유의점 등도 포함하고 있다. 예를 들어 성취 기준에는 언급되어 있지 않지만 제2차 세계대전 관련 부분에 위안부 내용을 포함하고 있다. 대부분의 미국 역사 교사는 위안부에 대한 기초 지식이 없을 수 있기 때문에 위안부가 무엇인지부터 소개한다.

> '위안부(comfort women)'는 일본군에 의해 일본군 점령지에서 성적 노동을 강요당했던 여성을 미화한 용어이다. 제도화된 성 노예화(sexual slavery)의 사례로 위안부를 활용할 수 있다. 얼마나 많은 여성이 여기에 해당하는지에 대해서는 여러 설이 있다. 그렇지만 대부분 수만 명의 여성이 일본군에 의해 성적 강요를 당했다고 보고 있다. 2015년 12월 28일, 일본과 대한민국 정부는 위안부 문제에 대한 합의에 이르렀다. 합의문은 일본 외무성 홈페이지(http://www.mofa.go.jp/a_o/na/kr/page4e_000364.html)에 나와 있다(California Department of Education, 2017a: 477).

'캘리포니아 역사·사회과학 틀'은 나아가 교사들이 마주하게 되는 여러 현실적인 문제들, 예를 들어 논쟁적이거나 아직 결론이 내려지지 않은 당대 문제를 수업에서 어떻게 다루어야 하는지, 종교나 환경 문제는 어떻게 접근하는 것이 좋은지, 민주주의를 위한 교육은 어떤 것인지, 학생의 시민적 참여를 증진하기 위한 방법으로는 무엇이 있는지 등을 부록으로 싣는다. 이러한 요소는 다른 주의 역사 교육과정에서는 찾아보기 쉽지 않은 부분으로 캘리포니아의 새로운 시도라 평가할 수 있다.

에필로그

캘리포니아와 텍사스는 비록 한 국가에 속해 있지만, 역사 교육과정 측면에서는 공통점보다 차이점을 많이 보이며, 미국에 존재하는 교육과정상의 다양성을 잘 드러낸다. '공통 핵심 기준'이나 'C3틀'과 같은 새로운 시도가 전개되고 있지만, 중앙집중적으로 운영되는 국가 교육과정에 익숙한 우리의 관점에서 볼 때, 미국의 역사 교육과정은 주마다 내용과 체제에서 큰 다양성을 보인다. 그렇지만 최근 미국 교육개혁이 다양성 속에서 공통분모를 늘려가고자 하는 방향으로 흘러가고 있다는 점은 주목할 만하다. 비록 국가 교육과정은 아니지만, '공통 핵심 기준'이나 'C3틀'은 이와 같은 흐름 속에서 이루어진 개혁이다. 이러한 개혁이 앞으로 사회과 내용 기준 선정과 수행에 어떤 영향을 미칠지에 주목할 필요가 있다. 또한 '캘리포니아가 역사·사회과학 틀' 개정을 통해 시도한 교사의 활용에 초점을 맞춘 교육과정의 적용과 실행 역시 역사 교수 학습에 어떤 영향을 미치는지 지켜볼 필요가 있겠다.

참고문헌

김한종. 1999. 「미국, 영국, 일본의 역사 교육과정 동향」. ≪역사교육≫, 제71권, 185~234쪽.

배한극. 1999. 「미국역사교육의 새로운 동향: 〈미국사를 위한 국가 표준〉의 성립과 그 의미」. ≪역사교육논집≫, 제23~24권, 597~626쪽.

윤세철. 1997. 「다시 일어선 역사: 최근 미국 역사교육 강화와 관련하여」. ≪역사교육≫, 제62권, 1~35쪽.

이미미. 2013a. 「미국에서의 자국사 교육 학년별 내용조직 분석: 캘리포니아, 미시간, 아이오와주 사례 연구」. ≪역사교육≫, 제126권, 1~40쪽.

_____. 2013b. 「미국 공통 핵심 기준 개혁 담론 속 역사 과목의 동향 분석」. ≪사회과교육≫, 제52권, 제2호, 91~105쪽.

_____. 2014. 「호주와 미국의 역사 교육과정에 나타난 핵심 역량 분석」. ≪비교교육연구≫, 제24권, 제1호, 155~180쪽.

이지원. 2006. 「미국의 자국사 교육」. ≪역사교육≫, 제100권, 103~130쪽.

정경희. 2004. 「미국 역사표준서 논쟁 연구」. ≪역사교육≫, 제89권, 35~64쪽.

Barton, Keith and Linda Levstik. 2004. *Teaching History for the Common Good*. New York: Routledge.

Blanchette, Sue. 2010. "Education or Indoctrination? The Development of Social Studies Standards in Texas." *Social Education*, Vol. 74, No. 4, pp. 199~205.

California Department of Education. 2000. *History-Social Science Content Standards for California Public Schools: Kindergarten Through Grade Twelve*. Sacramento, CA: California Department of Education.

_____. 2017a. "2016 History-Social Science Framework." https://www.cde.ca.gov/ci/hs/cf/sbedrafthssfw.asp(검색일: 2017.5.29).

_____. 2017b. "Instructional Materials Implementation." https://www.cde.ca.gov/ci/rl/im/implementofimsnotadopt.asp(검색일: 2017.10.19).

Iowa Department of Education. 2010. "Iowa Core K-12 Social Studies." Des Moines,

IA: Iowa Department of Education.

Jervis, Rick. 2014.11.17. "Controversial Texas Textbooks Headed to Classrooms." *USA Today*.

Nash, Gary, Charlotte Crabtree and Ross Dunn. 1997. *History on Trial: Culture Wars and the Teaching of the Past*. New York: Alfred A. Knopf.

National Center for History in the Schools. 1996a. *National Standards for United States History: Exploring the American Experience, Grades 5-12*. Los Angeles, CA: National Center for History in the Schools.

_____. 1996b. *National Standards for World History: Exploring the Paths to the Present, Grades 5-12*. Los Angeles, CA: National Center for History in the Schools.

National Council for the Social Studies. 1994. "Expectations of Excellence: Curriculum Standards for Social Studies."

_____. 2013. "The College, Career, and Civic Life(C3) Framework for Social Studies State Standards: State guidance for enhancing the rigor of K-12 civics, economics, geography, and history."

National Governors Association Center for Best Practices and Council of Chief State School Officers. 2010. "Common Core State Standards: English Language Arts."

Ravitch, Diane. 2010. *The Death and Life of the Great American School System: How Testing and Choice are Undermining Education*. New York, NY: Basic Books.

Stern, Sheldon and Jeremy Stern. "The State of State U.S. History Standards 2011." Washington D.C.: Thomas B. Fordham Institute.

Texas Department of Education. 2011a. "Texas Essential Knowledge and Skills for Social Studies, Subchapter A. Elementary." http://ritter.tea.state.tx.us/rules/tac/chapter113/ch113a.html(검색일: 2013.4.3).

_____. 2011b. "Texas Essential Knowledge and Skills for Social Studies, Subchapter B. Middle School." http://ritter.tea.state.tx.us/rules/tac/chapter113/ch113b.

html(검색일: 2013.4.3).

______. 2011c. "Texas Essential Knowledge and Skills for Social Studies, Subchapter C. High School." http://ritter.tea.state.tx.us/rules/tac/chapter113/ch113c.html(검색일: 2013.4.3).

The State Education Department and The University of the State of New York. 2015. "New York State Grades 9-12 Social Studies Framework." https://www.engageny.org/resource/new-york-state-k-12-social-studies-framework(검색일: 2017.7.17).

제2부

서로 다른 의미의 '비판적 사고'

4장

역사적 능력: 프랑스의 이상과 현실의 괴리*

/

홍용진

프랑스는 유럽 국가 중 역사에 가장 큰 관심을 보이는 나라로 초등학교 4~5학년부터 중·고등학교에 이르기까지 총 9년 동안 전 계열, 전 학년에서 역사·지리 과목 수업을 진행하고 있다. 특히 역사·지리는 사회과 관련 과목들을 대체하고 있어 다른 교과목과의 관계에서도 많은 비중을 차지한다. 초등학교에서는 프랑스사를 중심으로 한 정체성 형성에 초점을 맞추고 있다면 중학교에서는 선사시대부터 현대사까지의 통사를 유럽사를 중심으로 가르친다. 고등학교에서는 중학교에서 배운 내용을 주제별로 정리한 다음 20세기 역사를 집중적으로 배우면서 현대사회의 다양한 문제들을 다룬다. 이 중 2015년에 새롭게 개정된 중학교 역사 교과과정은 최근에 전개되고 있는 '민족 서사' 논쟁과 밀접한 관련을 맺는다. 자국사를 탈피해 교류사에 초점을 두었던 2008년 교육과정에 대한 비판에 따라 2015년 교육과정은 다시 자국사 중심의 역사 서술로 돌아갔기 때문이다. 다른 한편 프랑스의 역사 교육과정은 유럽연합에서 권고한 '핵심 역량' 체계를 수용해 초등학교와 중학교 역사 교과에 반영하고 있다. 또한 학생들이 역사적 현상들을 다양한 맥락에 따라 비판적으로 이해하는 것을 넘어 다양한 자료들을 수집, 선별한 후 적절한 방법론을 적용해 전문적인 역사 서술을 할 수 있는 능력을 키우는 것을 궁극적인 목적으로 한다. 하지만 현재 만연한 공교육의 위기는 이러한 이상적인 역사교육에 큰 장애물이 되고 있다.

* 이 글은 홍용진(2017)의 내용을 수정 및 보완한 것이다.

1. 프랑스의 학교 및 학년 체제

프랑스의 교육과정은 한국과 마찬가지로 통상 유치원, 초등학교, 중학교, 고등학교의 과정을 거친다. 프랑스에서는 원칙적으로 유치원부터 고등학교까지의 모든 교육을 국가가 책임진다. 만 3세부터 5세까지의 아이들은 유치원(École maternelle)을 다닌다. 이후 만 6세부터 만 10세까지 5년 동안 초등학교 과정이 이어진다. 1학년을 '준비 과정(Cours Préparatoire)'으로, 2~3학년을 '기초 과정(Cours Élémentaire) 1, 2'로, 4~5학년을 '중급 과정(cours moyen) 1, 2'로 구분한다. 만 11세에서 시작하는 중학교 4년 과정과 만 15세에서 시작하는 고등학교 3년 과정은 하나로 이어진다. 즉 최저 학년인 '6학년(6ème)'으로 시작해 고등학교 2년 과정까지를 '1학년(1ère)'이라고 부르고 마지막 고등학교 3년 과정은 '최종 학년(terminale)'이라 칭한다. 초등학교 5년, 중학교 4년 과정이라는 점을 제외하면 초·중·고 과정은 총 12년으로 한국과 동일하다. 12년 중 프랑스에서는 유치원과 초등학교 8년을 '초등(1차) 교육(enseignement primaire)', 중학교와 고등학교 7년을 '중등(2차) 교육(enseignement secondaire)'이라 칭한다(〈표 4-1〉).

총 15년의 교육과정 중 유치원에서 중학교까지인 12년 동안의 교육과정은 3년을 한 '시클(cycle)'로 하는 네 개의 종합적인 학습 과정으로 구분된다.[1] 문제는 이러한 주기와 학년이 꼭 일치하는 것은 아니라는 사실이다. 유치원은 3년 과정이기 때문에 시클 1의 초기 습득 과정과 초등

---

1 이러한 학습 과정은 유치원과 초등학교만을 대상으로 해 1989년에 처음 규정되었다. 그러나 2013년에 개정안이 새롭게 발표되면서 중학교까지 확대되었다.

표 4-1 **프랑스 교육과정**

나이	학교	학년명	한국	학습 과정	
3	유치원	하급(PS)	-	시클 1 초기 습득 과정	초등교육
4		중급(MS)	-		
5		상급(GS)	-		
6	초등학교	준비(CP)	초 1	시클 2 기초 습득 과정	
7		기초(CE) 1	초 2		
8		기초(CE) 2	초 3		
9		중급(CM) 1	초 4	시클 3 강화 과정	
10		중급(CM) 2	초 5		
11	중학교	6학년(6ème)	초 6		중등교육
12		5학년(5ème)	중 1	시클 4 심화 과정	
13		4학년(4ème)	중 2		
14		3학년(3ème)	중 3		
15	고등학교	2학년(2nde)	고 1	-	
16		1학년(1ère)	고 2		
17		최종(TL)	고 3		

학교 첫 3년(준비, 기초 1~2)은 시클 2의 기초 습득 과정과 짝을 이룬다. 하지만 시클 3의 강화 과정은 초등학교 마지막 2년(중급 1~2)과 중학교 첫 1년(6학년)의 학습 내용을 포함하며, 마지막 시클 4의 심화 과정은 중학교 5~3학년의 학습 내용을 포함한다. 그리고 고등학교에는 각 과목들의 학습 과정이 있긴 하지만 이와 같이 종합적으로 설계, 규정된 학습 과정이 존재하지는 않는다. 〈표 4-1〉에 나타난 교육 및 학습 과정에서 학생들은 초등학교 중급반 1~2부터 고등학교 최종 학년까지(한국식으로 초등학교 4학년부터 고등학교 3학년까지) 9년 동안 역사 수업을 받는다.

프랑스에서 역사 과목은 항상 지리 과목과 함께 구성되어 있다. 교과서 또한 두 과목이 한 권으로 구성되어 있으며, 교사도 한 명이 담당한다. 현대 학문 분과 체제에서 역사학과 지리학은 별개의 과목으로 보이지만 헤로도토스의 사례에서 보듯 그 연원을 함께하고 있다는 점에서, 또 시간과 공간의 상호성의 차원에서 두 과목은 매우 긴밀한 관계를 맺는다. 게다가 역사·지리 교과서에는 도덕·공민(enseignement moral et civique) 과목 교과 내용이 함께 구성되는 경우도 있다. 프랑스에서 역사·지리 과목은 교육과정 전체를 놓고 보았을 때 한국에 비해 굉장히 많은 중요성을 부여받는다. 중학교에서 고등학교까지 모든 학년, 모든 계열에 역사·지리 과목이 편성되어 있기 때문이다.[2] 일반고등학교[3]에서는 학생들의 학업 성향에 따라 인문(L), 사회경제(ES), 과학(S)이라는 세 계열로 구분하고 있으며, 공통과목인 도덕·공민, 체육, 언어를 제외하면 각 계열별로 특화된 과목들을 수업한다. 이때 다른 어떤 과목보다도 역사·지리 과목은 전 계열에서 수업한다(교과 내용은 계열별로 내용과 난이도에 차이를 두고 있다). 한국의 고등학교 3학년에 해당하는 최종 학년 공통과목에서는 프랑스어가, 전 학년 인문(L)계에서는 수학이 빠진다는 점에서 봤을 때 역사·지리 과목 수업을 얼마나 중요하게 생각하고 있는지 알 수 있다.

---

2 현재 프랑스의 교과목 편제는 프랑스 교육부에서 운영하는 '에뒤스콜(éduscol)' 홈페이지 내 '교육 내용 및 실천(contenu et pratique d'enseignement)' 탭에서 확인할 수 있다.

3 프랑스의 고등학교는 크게 세 가지(일반, 기술, 직업)로 구분된다. 위에서 언급하고 있는 일반고등학교 외에 기술 고등학교는 공학, 실용 미술 및 디자인, 농학, 경영, 예술, 보건 등 실용 학문 분야에서 대학교로 진학할 학생들을, 직업고등학교는 바로 직업을 갖거나 취직할 학생들을 교육한다.

이와 함께 주목해야 할 점은 바로 역사·지리 이외에 한국의 사회과에 상응하는 과목들이 프랑스에는 거의 존재하지 않는다는 사실이다. 사회경제(ES) 계열을 제외한 다른 계열에서는 '사회', '정치', '경제', '사회·문화', '법과 사회'와 같은 교과목들을 찾아볼 수 없다. 이는 달리 말해 프랑스에서는 '역사·지리' 과목이 이들 과목의 내용을 대신한다는 것을 의미한다. 뒤에서 살펴보겠지만 고등학교에서 역사·지리 교과 내용은 주로 현대사를 중심으로 서술되고 있으며 이는 현재 프랑스의 다양한 제도를 역사적으로 이해할 수 있게 해준다.

이상과 같이 프랑스에서 역사·지리 과목은 좁은 의미의 역사나 지리적 지식의 습득을 넘어서서 현대 프랑스를 비롯해 세계의 다양한 문제와 현상들을 이해할 수 있게 하는 폭넓은 교육적 역할을 담당하고 있다.

2. 역사 교육과정 체제

이미 언급한 바대로 프랑스의 교과 내용은 '시클'을 기준으로 구성되어 있다. 그리고 고등학교의 경우에는 이러한 학습 주기와 별도로 학년 및 계열에 따라 다양한 교과 내용들로 구성된다. 다시 말해 시클 3과 시클 4 교과 내용은 한 번에 종합적으로 정리되어 개정된 반면, 고등학교의 교과 내용은 학년, 계열, 과목에 따라 서로 다른 시기에 개정된 상황이다. 그렇기 때문에 최근에 사회적으로 큰 파장을 일으켰던 '민족 서사' 관련 논쟁(이용재, 2016)은 무엇보다도 2015년에 개정된 시클 3 및 시클 4의 역사 교과 내용과 관련된다. 고등학교 역사 교과 내용은 2010년부터 2013년 사이에 다양한 개정 및 보완 작업이 이루어진 결과물이다. 교과 내용은 주기에 따라 구성되어 있지만, 역사 교과 내용 자체는 초등학교와 중학교를 중심으로 구분한다. 즉 역사 교과의 내용은 주기가 아닌 초·중·고등학교별로 구분된다. 먼저 초등학교 중급 1~2학년(한국의 초등학교 4~5학년)에서는 프랑스사를 중심으로 선사시대부터 현대까지 주요 주제들에 따라 구성하고 있다. 그다음 6학년에서 3학년(한국의 초등학교 6학년~중학교 3학년)으로 편성된 중학교에서는 유럽사를 중심으로 선사시대부터 현대까지의 통사를 학습한다. 마지막으로 고등학교에서는 19세기까지의 역사를 2학년(한국의 고등학교 1학년) 과정에서 주제별로 빠르게 훑고 지나가고, 1학년(한국의 고등학교 2학년) 과정에서는 20세기의 역사를 자세하게 배운다. 그리고 최종 학년(한국의 고등학교 3학년)에는 제1, 2차 세계대전과 현대의 다양한 문제들을 집중적으로 다룬다.

(1) 초등학교(시클 3)

시클 3 교과과정은 초등학교 중급 1~2학년과 중학교 6학년에서 가르쳐야 할 내용들을 포함한다. 2015년 개정 교육과정의 총설은 이 시클의 가장 중요한 역사·지리 교과의 특성을 "세계와 관련한 지식들에 질서를 부여하는 것", "인간이 살아가는 서로 다른 공간과 장기적인 시간을 의식하게 하는 것"이라고 밝히고 있다. 특히 역사와 관련해서는 역사적 사실을 허구와 구분하는 데 강조점을 두었다(Ministère de l'éducation nationale, 2015: Annexe 2, 92, 96). 이것은 신화나 신앙에서 이야기되는 허구적 내용과 학문으로서 타당성을 인정받은 역사적 사실을 구분하는 것을 의미하며, 이는 헤로도토스가 이야기하는 '역사(historia)'[4]의 의미는 물론 프랑스

공화정에서 강조하는 교육의 '라이시테(laïcité)'[5]를 확립하는 데 중요한 역할을 한다. 2015년 교육과정 중 시클 3 역사 교과의 학습 목표와 중점 사항은 다음과 같이 구체적으로 제시된다(Ministère de l'éducation nationale, 2015: Annexe 2, 173).

- 역사와 허구를 구분해 과거는 학문적인 탐구의 대상임을 이해한다.
- 역사 학습은 단선적으로 나열된 모든 역사적 사실이 아니라 차후에 배울 역사의 공통 지점들만을 대상으로 한다. 오늘날의 사회는 과거 사람들의 행위가 이룩한 오랜 과정이며, 이들 간의 갈등, 선택의 산물이라는 점을 이해한다.
- 사료와 유적들에 관해 입문하는 동시에 시간적으로나 공간적으로 더 먼 세계를 알아가도록 한다. 또한 역사 서술 내용은 새로운 고고학적·학문적 발견과 새로운 해석에 의해 계속해서 풍성해지고 변형된다는 점을 학습한다.
- 초등학교 중급 1학년 과정의 보충 내용: 과거 역사 서술은 어떠한 사료로 구성되는가? 고고학적 증거와 문헌 사료는 어떻게 비교하는가?
- 중학교 6학년 과정 중점 사항: 프랑스어 과목과의 연계에 따른 역사와

4 헤로도토스가 책의 제목으로 선택한 '히스토리아'란 "재판관 또는 현인을 뜻하는 '히스토르'에서 파생했으며 그의 의무나 역할"을 뜻한다. 이는 한 사람이 말하는 이야기나 신화를 일방적으로 받아들이는 것이 아니라 여러 사람의 이야기를 비교해 인간의 기준으로 판별하는 것을 의미한다(오홍식, 2011: 214~217).

5 '라이시테'란 축자적으로는 성직자가 아닌 평신도(laïc)로서의 성격을 의미한다. 이는 제3공화정 이후 국가와 종교를 엄격히 구분하는 정교분리의 원칙, 나아가 국가가 특정 종교 등에 속한 국민만이 아니라 국민 전체를 대변한다는 원칙 등을 의미한다(박단, 2013).

허구(신화, 문학)를 구분하는 것이 중요하다는 점(특히 종교사와 관련)을 강조한다. 역사적 사실과 신앙상의 내용을 대조할 기회를 제공한다. 종교적 사실들에 관한 학습은 문화 및 지정학적 맥락에 따른 사실에 체계적인 기초를 둔다.

- 심화할 내용: 학습 내용을 통시적·공시적인 차원에서 전 지구적 또는 당대의 세계사 범위의 맥락과 장기 지속적인 흐름에 따라 이해한다.

이상과 같은 학습 목표 이후에는 초등학교 중급 1~2학년 및 중학교 6학년 과정에서 배워야 할 학습 내용이 〈표 4-2〉와 같이 제시된다.

먼저 초등 중급 1학년에서 배우는 첫 번째 주제인 '프랑스 이전'에서는 선사시대부터 카롤루스제국까지의 역사를 배운다. 과거 독일과 벌였던 역사 전쟁의 주요 주제인 메로베우스 및 카롤루스 왕조의 프랑크 왕국이 프랑스 이전이라는 시대로 함께 묶여 있다는 점이 특징적이다. 이미 프랑스 및 독일 학계에서 합의하고 있는 대로 카롤루스 왕조가 단절된 이후부터, 즉 프랑스의 경우 카페 왕조부터, 독일의 경우 오토 왕조부터를 각국 역사의 시작점으로 삼고 있다는 것이 반영되어 있다. 이와 동시에 이 시클에서 배우는 내용은 중세부터 형성되기 시작한 프랑스적 정체성을 구성하는 다양한 종족과 민족의 이질적인 혼합을 역사적 연속선상에서 구성하고 있다. 특히 게르만인 출신의 프랑크 왕국이 로마 문화를 계승하고 있다는 점을 강조한다. 이는 한편으로는 게르만족인 프랑크인들의 야만성을 은폐하려는 시도라고도 볼 수 있다. 하지만 다른 한편으로는 이민자들이 토착민들의 문화를 계승하는 사례를 제시함으로써 현대 프랑스 사회의 이민자 문제와 관련해 학생들이 이분법적이고 대립적인 관점을 취하지 않게 할 수 있다.

표 4-2 **시클 3(초등학교 중급 1~2 및 중학교 6학년)의 역사 교과 내용**

<table>
<tr><th>학년</th><th>역사 교과 내용</th></tr>
<tr><td rowspan="3">중급 1(CM 1):
한국의
초등학교
4학년</td><td>주제 1: 프랑스 이전(선사시대~10세기)
· 프랑스 영토에 살았던 옛 사람들(선사시대)
· 켈트족, 골족, 그리스인들과 로마인들: 고대 세계의 유산들
· 인구 대이동(4~10세기)
· 메로베우스, 카롤루스: 로마제국의 연속성</td></tr>
<tr><td>주제 2: 왕들의 시대(11~18세기)
· 루이 9세: 13세기 '기독교적인 왕'
· 프랑수아 1세: 르네상스 문학과 예술의 보호자
· 앙리 4세와 낭트 칙령
· 루이 14세, 베르사유의 태양왕</td></tr>
<tr><td>주제 3: 혁명과 제국의 시대(18~19세기)
· 1789년부터 왕의 처형까지: 루이 16세, 대혁명, 국민
· 나폴레옹: 장군에서 황제로, 대혁명에서 제국까지</td></tr>
<tr><td rowspan="3">중급 2(CM 2):
한국의
초등학교
5학년</td><td>주제 1: 공화정 시대
· 1892년 공화정 100주년
· 쥘 페리(Jules Ferry) 시대의 초등 교육
· 공화정과 민주주의: 자유, 권리와 의무들</td></tr>
<tr><td>주제 2: 프랑스의 산업 시대
· 에너지와 기계들
· 광산, 공장, 작업장, 백화점에서의 노동
· 산업도시
· 농촌</td></tr>
<tr><td>주제 3: 프랑스 - 세계대전에서 유럽연합까지
· 두 차례의 20세기 세계대전
· 유럽의 재건</td></tr>
<tr><td rowspan="2">중학교
6학년(6ème):
한국의
초등학교
6학년</td><td>주제 1: 인류의 오랜 역사와 이주
· 인류의 시작
· 신석기 '혁명'
· 최초의 국가들, 최초의 기록</td></tr>
<tr><td>주제 2: 지중해 세계(문명)의 기초 이야기들 - 신앙과 시민성
· 고대 그리스 도시들의 세계
· 로마, 신화에서 역사로
· 다신교 세계에서 유대 유일신교의 탄생</td></tr>
</table>

주제 3: 고대 로마제국 · 로마의 정복과 평화, 로마화 과정 · 제국 내 기독교인들 · 다른 고대 문명들과 로마제국의 관계: 비단길과 중국 한나라

자료:Ministère de l'éducation nationale(2015: Annexe 2, 174~177).

두 번째 주제는 왕정 시기 프랑스사와 관련된다. 프랑스를 빛낸 위대한 왕들의 시대를 배우는 것을 목적으로 하는데, 이때 주의사항으로 왕들 못지않게 중요한 역할을 했던 왕비들도 함께 언급할 것을 주문하고 있다. 또한 정치사 위주의 내용과 더불어 경제사와 사회사, 십자군이나 종교전쟁이 보여주고 있는 폭력 문제를 가르칠 것을 덧붙인다. 세 번째 주제에서는 프랑스혁명부터 나폴레옹까지 이르는 기간을 다룬다. 프랑스혁명의 다양한 원인과 주요 전개 과정은 물론 프랑스혁명의 유산이 나폴레옹 제국하에서도 어느 정도는 계승되고 있었다는 점을 지적한다.

초등학교 중급 2학년에서는 19세기 이후의 역사를 배운다. 이 중 첫 번째 주제는 19세기 말 제3공화정에 초점을 맞춘다. 이는 빈 체제 이후부터 1871년 제3공화정 성립까지 반동과 혁명들로 점철된 복잡한 역사적 과정은 제3공화정 건설을 위한 과정으로 단순화하고, 현대 프랑스 제5공화정의 정치적·교육적 가치(시민의 자유와 권리 및 의무, 라이시테에 입각한 무상 의무교육)의 원천에 집중한다는 것을 의미한다. 두 번째 주제에서는 산업화의 다양한 양상과 그것이 산출한 사회적 영향들의 명암을 다루며, 세 번째 주제에서는 두 차례에 걸친 세계대전과 유럽연합의 건설 과정을 가르친다. 특히 제2차 세계대전 레지스탕스의 활동과 나치 협력자 문제, 유대인 등에 대한 제노사이드 문제를 언급한다.

시클 3 교과과정의 마지막은 중학교 6학년이다. 이 시기에 배우는 역사 교과 내용은 유럽사 위주의 통사인데, 이는 이후 시클 4 교과과정과 내용상 연결된다. 중학교 6학년 교과는 고대사를 중심으로 세 가지 주제로 구성된다. 첫 번째 주제에서는 선사시대부터 이집트 및 메소포타미아 문명까지를 다루면서 인류의 기원과 이주, 신석기 혁명에 의한 정착 생활의 의미 등을 강조한다. 두 번째 주제는 그리스·로마 문명과 유대인들의 유일신교를 중심으로 각 문명의 문화유산과 이들 간의 접촉을 배운다. 여기에서는 특히 각 문명들이 지닌 전설이나 신화, 신앙과 역사적 사실들 간의 명확한 구분을 역사 학습의 가장 중요한 지점으로 강조한다. 이어서 세 번째 주제는 로마제국에 의한 지중해 세계 통일과 로마문화의 확산, 또 이를 바탕으로 한 기독교의 확산을 다룬다. 이 주제에서 특징적인 부분은 바로 로마와 한나라 간의 실크로드를 포함하고 있다는 사실이다. 교류사 및 탈유럽 중심주의를 강조했던 2008년 교육과정의 흔적인데 국제 정세 덕택에 가까스로 살아남았다고 볼 수 있다.

(2) 중학교(시클 4)

이어서 시클 4 교육과정은 중학교 5학년부터 3학년까지(한국의 초등학교 6학년~중학교 3학년) 학습할 내용을 담고 있다. 시클 4 총설은 역사·지리 학습의 목적을 세계 각지의 다양한 문화들에 대한 이해와 시민으로서의 자질 형성을 목표로 삼는다. 또한 제2외국어나 미디어·정보 교육, 미술사와 같은 다른 과목과의 연계를 통해 역사·지리 과목에 대한 이해가 향상될 수 있다는 점을 지적한다(Ministère de l'éducation nationale, 2015: Annexe 3, 225~226). 2015년 개정 교육과정은 역사·지리 과목과 관련해 둘 간의 상호성을 강조하면서 다양한 시간대와 공간에 위치한 주요한 사건과 지점들을 논리적으로 연결하고 구성할 것을 교육 목표로 삼고 있다. 또 이를 위해 다양한 언어에 대한 이해, 디지털 미디어와 백과사전 등 여러 정보의 비판적 선택과 분석이 이루어져야 한다고 명시한다(Ministère de l'éducation nationale, 2015: Annexe 3, 308~309). 시클 4 역사 교과의 학습 목표와 중점 사항은 다음과 같이 구체적으로 제시된다(Ministère de l'éducation nationale, 2015: Annexe 3, 310~311).

- 과거가 유적과 자료에 입각한 지식의 원천이자 탐구 대상이라는 점을 배운 시클 3 교육과정을 바탕으로 시클 4에서는 역사 서술을 통해 연대기와 주제의 흐름에 따라 과거에 관한 지식을 좀 더 구체적이고도 자세하게 학습한다. 인류 역사의 시대적 특성들을 탐구하고 다양한 민족들이 이루어낸 전 지구적인 역사상 커다란 변화 과정을 이해한다. 이렇게 해서 현대 세계를 이해하게 해주는 요인들을 습득하고 지구사 맥락에서 프랑스사를 어떻게 위치시킬지 이해한다.
- 시클 3의 연속선상으로 학생들은 시클 4에서 프랑스사를 개괄하면서 역사의 유구함과 풍성함, 복합성을 이해한다. 세계에 대한 유럽인들의 관계, 경제와 사회, 문화 간의 연계성, 국제 관계사 등을 배운다. 6학년부터 배우는 종교사에 대한 보완과 심화로 현재의 논쟁들을 더욱 잘 이해하도록 한다. 역사적 사실에 대한 전 지구적 관점으로 각 역사적 순간에 사람(여성과 남성)들의 조건과 행위, 상황들을 동등하게 배워야 한다.
- 중학생들에게 역사에 대한 넓은 관점을 제공하기 위해 교사들은 지식이 과도하게 나열되지 않도록 역사적 역량과 지식 사이의 균형을 잡는 교육법을 적용하고, 과거에 대한 반성, 성찰에 꼭 필요한 내용을 강조해야 한다(학제 간 접근 등).

- 역사적 지식을 학생들 스스로가 탐구하고 구성할 수 있도록 지적 역량(compétence)을 기른다. 역사교육을 통해 학생들이 갖추게 되는 역량에는 역사적 논리에 따른 추론, 역사적 상황에 대한 의미 부여, 사료에 대한 검토와 유형화, 맥락과의 관계 속에서의 해당 시대에 대한 탐구, 문헌 사료 분석, 관련 언어(문어와 구어) 습득 등이 있다.

중학교 6학년의 고대사 내용에 뒤이어 5학년에서는 중세부터 17세기까지의 역사를, 4학년에서는 18~19세기 역사를, 3학년에서는 20세기 역사를 배운다(〈표 4-3〉).

중학교 5학년 역사 교과의 첫 번째 주제에서는 통상적인 서양사의 흐름대로 동로마(비잔티움)제국과 이슬람제국을 간략하게 살펴본다. 각 제국들의 통일성과 다양성, 종교와 정치의 관계들을 중심으로 지중해 지역에서 벌어진 전쟁과 교역, 문화 및 학문 교류 등에 대한 내용을 배운다. 두 번째 주제에서는 본격적으로 서유럽 봉건사회를 다룬다. 여기에서 강조되는 것은 지배층 간의 봉건적 위계 관계보다도 이들과 농민 사이의 착취-피착취 관계인 '영주제'이다. 이어서 분산적인 봉건 권력에 대해 '근대국가'가 형성되어 가는 과정을 카페 및 발루아 왕조를 중심으로 살펴본다. 세 번째 주제는 16~17세기 유럽의 변동과 개방으로, 신성로마제국의 카를 5세와 오스만제국의 술레이만 대제의 양강 체제로 시작한다. 전자의 제국을 통해 대항해 시대와 서유럽의 초기 식민지화를 다루고 후자의 팽창을 통해 여전히 유럽의 중심이었던 지중해 교역과 이에 대한 패권 경쟁을 다룬다. 이러한 정치적 판도하에서 인문주의와 종교개혁, 뒤이은 종교전쟁들을 다룬다. 그리고 이후에 프랑스사로 되돌아와 절대왕정으로 나아가는 프랑스 역사를 살펴본다. 이와 같은 구

표 4-3 시클 4(중학교 5~3학년)의 역사 교과 내용

학년	역사 교과 내용
중학교 5학년 (5ème): 한국의 중학교 1학년	주제 1: 기독교와 이슬람(6~13세기), 세계들 간의 만남 · 비잔티움과 카롤루스 유럽 · 이슬람의 탄생에서 몽골인들의 바그다드 점령까지: 정치, 사회, 문화
	주제 2: 서구 봉건사회에서의 사회와 교회, 정치권력 · 영주제적 질서: 그 형성과 농촌 지배 · 도시 사회의 새로운 성장 · 왕정 국가의 성장: 카페와 발루아 왕조
	주제 3: 16~17세기 유럽의 전환과 세계로의 개방 · 카를 5세와 술레이만 대제의 시대 · 인문주의, 종교개혁과 종교적 갈등 · 르네상스 군주에서 절대왕정으로(프랑수아 1세, 앙리 4세, 루이 14세)
중학교 4학년 (4ème): 한국의 중학교 2학년	주제1: 18세기의 팽창, 계몽, 혁명들 · 상업 부르주아지, 국제 교역과 노예무역 · 계몽주의 유럽: 사상의 전파, 계몽전제군주와 절대주의에 대한 저항 · 프랑스혁명과 제국: 프랑스 및 유럽의 새로운 정치 질서와 혁명기 사회
	주제2: 19세기 유럽 · '산업혁명'기 유럽(정치 이데올로기와 사회적 문제 제기) · 식민지 정복과 식민지 사회
	주제3: 19세기 프랑스의 사회, 문화, 정치 · 민주정 정착의 난관들: 1815~1870년 · 제3공화정 · 사회변동기 여성의 조건들
중학교 3학년 (3ème): 한국의 중학교 3학년	주제1: 유럽, 총력전의 주무대(1914~1945년) · 제1차 세계대전 당시 민간인과 군인들 · 전간기 유럽의 민주주의 위기와 전체주의 경험 · 제2차 세계대전, 절멸 전쟁 · 프랑스의 패배와 점령, 비시 정부와 나치 협력, 레지스탕스
	주제2: 1945년 이후의 세계 · 새로운 국가들의 독립과 건설 · 냉전 시기 세계의 양극화 · 유럽 통합 계획의 확립과 착수 · 1989년 이후 세계의 쟁점과 분쟁들

	주제3: 공화국에 관해 다시 성찰한 프랑스인들(여성과 남성) · 1944~1947년 공화국의 재주조와 민주주의 재정의 · 제5공화정, 드골주의 공화국에서 좌우 정권 교체 및 동거 정부까지 · 1950~1980년대 사회에서 여성과 남성: 새로운 사회 및 문화적 쟁점들과 이에 대한 정치적 대안들

자료: Ministère de l'éducation nationale(2015: Annexe 3, 313~318).

성은 한편으로는 자국사 이전에 유럽사 전반의 상황을 이해하는 구도로 이해할 수도 있지만 유럽의 다양한 문제들이 프랑스의 왕들에 의해 종합된다는 자국사 중심주의적 구도로 해석될 수도 있다.

중학교 4학년 과정의 첫 번째 주제는 18세기 유럽의 팽창과 계몽사상, 혁명들에 관한 내용이다. 여기에서는 특히 흑인 노예무역과 플랜테이션 농업과 같은 서유럽 식민화의 문제들을 먼저 다룬 후 계몽사상과 과학혁명, 그리고 프랑스혁명의 전개와 의미를 유럽사의 차원에서 다룬다. 두 번째 주제에서는 산업화와 이에 따라 발생한 다양한 사회적 현상들과 문제들을 다룬다. 또한 이와 관련해 1848년 혁명이 국민국가는 물론 노동권에 대한 사상을 발전시키는 중요한 계기였다는 점, 이전의 식민화와 다른 산업화 이후의 식민화 과정 및 유럽의 세계 지배에 관해 다루고, 노예 해방 과정들을 제시한다. 세 번째 주제는 19세기 프랑스의 역사를 제3공화정을 향한 정치사, 정교분리, 여성 참정권 문제와 여성 문제를 중심으로 구성한 내용이다. 이는 정치사를 중심으로 하지만 여성의 문제를 통해서 사회와 문화적 문제들을 함께 다룬다는 특징을 보여준다.

중학교 3학년 과정은 20세기의 역사에 할애되어 있다. 첫 번째 주제로는 두 번의 세계대전이 보여준 총력전과 극단적인 폭력성, 전체주의의 등장과 프랑스 인민전선의 경험, 레지스탕스와 비시 정부가 제시되고, 두 번째 주제로는 1945년 이후의 세계에서 냉전과 제3세계의 독립, 유럽의 재건, 사회주의 세계의 붕괴와 그 이후의 정치 질서를 다룬다. 마지막 세 번째 주제에서는 제2차 세계대전 이후 프랑스 정치사를 다룬다. 인민전선과 레지스탕스를 계승한 새로운 공화국 개혁, 샤를 드골(Charles De Gaulle)의 제5공화정, 그리고 20세기 후반 프랑스가 직면하고 있는 여러 사회문제들(여성의 지위, 이민자의 증대, 인구노령화, 실업 문제)을 제시한 후 프랑스 민주정에서 전개되고 있는 정치적 주제들과 시민의식의 양상들에 대해 살펴본다.

(3) 고등학교

고등학교 역사 교과 내용은 초등학교 및 중학교 과정과 달리 시클로 구분되어 있지 않으며 각 학년 및 계열별로 서로 다른 관보를 통해 그 교육과정 내용이 공식적으로 규정되어 있다. 여기에서는 일단 일반고등학교 인문·사회계 역사 교과과정을 소개하고자 한다. 여러 관보들을 통해 교과 내용들의 수정이 이루어졌지만 일반적으로 고등학교에 요구되는 역사·지리 학습 목표(objectifs d'apprentissage)는 2학년에서 최종 학년까지 모두 동일하게 제시된다. 이 중 역사와 관련된 항목만을 선별해 제시하면 〈표 4-4〉와 같다.

'능력과 방법'이라는 제호 아래 제시되고 있는 학습 목표는 크게 세 가지로 구분된다. 첫째는 지표 숙달로 가장 기본적인 핵심 지식들을 학습하는 것을 목표로 하는데 특히 주목해야 할 점은 시기적 범주의 변화와 연관 관계의 설정이다. 이는 한 사건이 지니는 의미를 어떠한 맥락에서 설명할 수 있는지의 문제와 연결된다. 예를 들어 14세기 중반에 발생한

표 4-4 고등학교 역사·지리 학습 목표

능력과 방법(capacités et méthodes)	
I. 연대기 및 공간 지표 숙달(maîtriser)	
1) 연대기적 확인	· 연대적으로 연속되거나 단절된 시기를 명명하고, 이를 시기적으로 구분 · 한 시점을 연대기적 맥락에 위치시키고 그 특성 설명하기
2) 시기적 범주의 변화와 연관 관계 설정	· 한 사건을 단기간 또는 장기간의 시기에 위치시켜 설명하기 · 서로 다른 사실들이나 사건들 간에 공시적·통시적인 관계 설정하기 · 역사 및 지리적 상황들 대조하기
II. 전문 도구와 방법 숙달	
1) 정보의 이용과 대조	· 자료 조사(성격, 저자, 생산일, 생산 조건) · 자료 또는 자료집에 따라 정보들을 선별, 위계화, 대조하기 · 자료 또는 자료집의 전체적인 의미를 분별하고 이를 연구 대상인 역사적 상황과 연관 짓기 · 서로 다른 자료들(텍스트, 이미지, 지도, 도표 등)에 대한 비판적 이해
2) 정보의 조직과 종합	· 역사적 상황을 이야기로 구성해 서술하기 · 서로 다른 유형의 지도, 삽화, 도해들로 변화와 분포 현상들을 재현 · 역사학 전문 어휘를 사용해 글을 작성하고 구두로 발표하기 · 자료(텍스트나 지도)를 독해하고 구두나 글로 핵심적인 생각들과 주요 부분·요소들 표현하기(시각 자료의 수용에서 제작으로, 관찰에서 기술로)
3) 정보통신기술의 사용	· 텍스트, 지도 및 도표 작성, 자료 편집을 위해 컴퓨터, 소프트웨어, 디지털 도구들 활용하기
III. 학생들의 개별 연구 방법 숙달	
1) 학생 개개인의 표현 방식 및 비판 의식 육성	· 검색 엔진과 온라인 자료들(인터넷, 특정 기관의 인트라넷, 블로그)을 비판적으로 활용하기 · 자기주장을 구두 또는 글로 발전시켜 다른 관점들과 대조하기 · 교사에게 도움을 요청해 관점 및 설명 방법상의 도움을 받아 수업 참여하기
2) 자율적인 연구의 준비 및 조직	· 메모하기, 검토 자료 제작, 수업 관련 내용 기억하기(주요 개념과 내용, 핵심적인 사실들, 연대기적 지표와 유물 자료 등) · 개인적 또는 협업을 통한 탐구 활동 · 수업 시간에 다루지 않은 부분을 심화하거나 수업을 준비하기 위해 교과서를 최대한 활용하기

자료: Ministère de l'éducation nationale(2010a: Annexe Hist-Géo, 1~2; 2010b: Annexe; 2013b: Annexe 1, 1~2).

흑사병이라는 사건을 14세기의 맥락, 중세 말의 맥락, 중세 전체에서의 맥락, 유럽사 전체에서의 맥락, 세계사적 맥락 등 시기적 범위의 변화에 따라 설명할 수 있는 능력을 요구한다. 각 시기의 범주가 변화할 때마다 한 사건의 의미를 달리 부각하기 위해서는 서로 다른 시기 범위의 새로운 요소 및 상황들과의 연관성 속에서 사건을 설명해야 하기 때문이다. 둘째 항목은 방법론과 관련된다. 다양한 정보들을 수집하고 그 정보들의 성격을 확인하며 자신이 연구하는 주제와 관련해 어떻게 선별, 조직할 것인지가 주요 내용을 이룬다. 그리고 여기에 첨단 정보통신기술을 어떻게 접목시킬 것인지가 부가된다. 셋째 항목은 학생들이 스스로(개인 또는 집단으로) 자신(들)만의 문제의식에 따라 자료를 분석하고 역사를 서술, 발표하는 시클이다. 이상과 같은 역사 학습 '능력'과 이를 위한 '방법'을 익히기 위해 구체적으로(일반고등학교 인문·사회계) 학생들이 배우는 역사 교과 내용은 〈표 4-5〉와 같다.

먼저 고등학교 2학년의 교과 내용은 일반 및 기술 고등학교 전체에 공통적으로 해당이 되는 내용으로 중학교 4년 동안 배운 통사 중 프랑스의 상황에서 핵심적이라고 여겨지는 내용들만 선별해 반추하는 방식으로 구성되어 있다. 고등학교 2학년 과정 전체의 주제가 '세계사에서의 유럽인들'이라고 제시되었다는 점은 프랑스의 역사 교육과정이 유럽사 위주라는 사실을 인정하고 있는 듯 보인다. 이후 과정은 고대, 중세, 근대, (19세기까지의) 현대[6]에 따라 두 가지 주요 주제들만 학습한다. 고대

---

6 프랑스 역사학계에서 '현대'는 프랑스혁명부터 시작한다. 프랑스혁명이 현대 정치와 사회, 문화에 가장 중요한 질문을 던졌다는 의미에서 그러하다.

표 4-5 일반고등학교 인문·사회계 역사 교과 내용

학년	역사 교과 내용
고등학교 2학년 (2nde) 공통: 한국의 고등학교 1학년	**대주제: 세계사의 유럽인들**
	주제 1: 전 세계 인구 중 유럽인들의 위치(4시간)
	주제 2: 고대 세계에서 시민성의 발명 · 아테네 시민과 민주주의(기원전 5~4세기) · 로마 시민과 로마제국(1~3세기)
	주제 3: 중세 유럽의 사회와 문화(11~13세기) · 중세 기독교(중세 종교 문화유산 또는 기독교화 과정) · 택 1: 농촌 사회와 문화(영주제), 도시 사회와 문화(도시)
	주제 4: 근대의 새로운 지리적 지평과 유럽인들의 문화 · 세계의 확대(15~16세기) · 택 1: 르네상스 주역들(15~16세기), 새로운 과학기술 정신의 등장(16~18세기)
	주제 5: 현대 여명기의 혁명, 자유, 민족들 · 프랑스혁명: 새로운 정치 세계의 확립 · 19세기 전반기 프랑스 및 유럽의 자유 및 민족들
고등학교 1학년 (1ère) 인문·사회: 한국의 고등학교 2학년	**대주제: 20세기를 이해하기 위한 질문들**
	주제1: 19세기 중반 이후의 경제성장, 지구화, 사회변동 · 성장과 지구화 · 사회변동
	주제 2: 20세기 전쟁 · 세계대전들과 평화에 대한 희망 · 냉전에서 새로운 분쟁들로
	주제 3: 전체주의의 세기 · 전체주의 체제의 등장과 확립(소비에트, 파시즘, 나치즘) · 전체주의의 종말
	주제 4: 식민주의와 탈식민화 · 식민주의 지배의 시대: 19세기 식민지 분할, 프랑스 제국주의 · 탈식민화 과정: 인도, 알제리 전쟁
	주제 5: 프랑스인들과 공화국 · 공화국, 세 개의 공화국 · 공화국과 프랑스 사회의 변화

최종(TL) 인문·사회: 한국의 고등학교 3학년	**주제 1: 과거와 현재 사회의 관계** · 기억들: 역사적 독해
	주제 2: 19세기 말에서 현대까지 유럽 내 이데올로기와 여론 · 사회주의와 노동운동 · 대중매체와 여론
	주제3: 제1차 세계대전 이후 현대까지 세계 강대국과 긴장들 · 강대국의 길 · 분쟁 지역들
	주제4: 제2차 세계대전 이후 세계 내 통치 체계 · 국민국가 수준의 통치 · 대륙 수준의 통치: 1948년 헤이그회의 이후 유럽연합 · 세계 수준의 통치: 1944년 이후 세계 경제 거버넌스

자료: Ministère de l'éducation nationale(2010a: Annexe, Hist-Géo, 1~2; 2010b: Annexe; 2013b: Annexe 1).

에서는 아테네 민주주의와 로마 공화정, 중세에서는 기독교 문화 외에 농촌의 영주제와 도시 사회라는 두 주제 중에서 양자택일한다. 근대 시기에는 유럽의 팽창(신항로 개척) 외에 르네상스나 과학 혁명이라는 주제 중에서 하나를 고른다. 마지막으로 현대사에서는 프랑스혁명과 19세기 유럽의 역사를 학습한다.

고등학교 1학년에서는 '20세기를 이해하기 위한 질문들'이라는 대주제를 바탕으로 19세기 후반에서 20세기까지의 역사를 주제별로 집중적으로 심화 학습한다. 가장 먼저 등장하는 19세기 후반 이후의 산업화 역사는 기술 및 경제적인 발전에 그치지 않고 그것이 가져온 삶에서의 변화들과 사회적 문제들, 전 지구적인 부의 불평등한 분배 등에 대해 언급한다. 그다음으로는 20세기의 양차 세계대전과 냉전을 중심으로 한 전쟁의 역사와 전체주의의 다양한 모습들을 배운다. 그 후에는 제국주의와 식민지, 탈식민화 과정을 프랑스를 중심으로 살펴보며, 마지막으로 프랑스 공화정의 역사를 프랑스 사회의 변화 과정과 연결시켜 프랑스의 정치 및 사회구조를 역사적으로 설명한다.

마지막 최종 학년에서는 현대 세계에 전개되고 있는 여러 문제들을 역사적으로 이해하는 데 초점을 맞춘다. 첫 번째 주제인 과거와 현재 사회의 관계는 제2차 세계대전과 알제리 전쟁이라는 두 가지 역사적 소재 중 하나를 선택해 기억과 기념, 추모의 문제에 대해 배운다. 나머지 주제 2~4와 관련해서는 모두 교사의 재량하에 수업을 진행할 있도록 한다. 주제 2는 현재까지 이어지고 있는 보수, 진보, 좌우 이데올로기의 문제를, 주제 3은 세계 정치를 좌지우지하는 강대국의 현실과 다양한 분쟁지역들을 다루며, 주제 4는 정치 현실을 국가, 유럽, 세계 수준의 다양한 층위에 따라 복합적으로 살펴볼 수 있게 한다.

지금까지 살펴본 프랑스 초등학교, 중학교, 고등학교 역사 교과 내용은 그 요소만 보았을 때 전반적으로 자국 중심주의 또는 유럽 중심주의라는 비판을 면하기 어려워 보이는 듯하다. 하지만 프랑스 입장에서 프랑스와 프랑스가 속한 유럽연합을 학생들에게 우선적으로 살펴볼 수 있게 하는 교육정책은 매우 당연해 보인다. 특히 우리가 눈여겨봐야 할 점은 각 과정에서 강조하고 있는 지점들이 초등학교, 중학교, 고등학교의 내용에 따라 다르다는 점이다. 먼저 초등학교 역사 교과는 자국사 중심으로 구성되어 있으며 어디까지나 프랑스인으로서의 정체성과 통합성을 확립하는 데 초점을 맞춘다(김미진, 2014). 하지만 중학교 역사 교과로 가면 프랑스적 정체성은 일단 후퇴하고 대체적으로 유럽인으로서의 정체성 형성을 주요한 관점으로 채택한다. 이와 관련해서는 일단 유럽연합을 생각해야 하지만 더욱 근본적으로는 점차 다원화되고 있는 세계에서 유럽의 주도권이 상대적으로 약화되는 과정도 고려해야 한다. 중학교 역사 교과의 내용 구성은 이중적인 성격을 지닌다. 한편으로는 유럽사를 중심으로 하면서 자국 중심주의에서 벗어나는 듯 보이지만 주요한 역사적 순간에 한 시대를 종합하는 것은 늘 프랑스 역사를 다루는 장이 된다. 예를 들어 중학교 5학년 과정의 주제 3은 신성로마제국 카를 5세와 오스만제국의 술레이만 대제 간의 대결로 시작해 인문주의, 종교개혁으로 이어지지만 강력한 왕권과 르네상스 문화의 종합은 바로 프랑스 왕정으로 귀결된다. 또한 중학교 3학년의 경우에도 20세기 역사를 양차 세계대전 이전과 이후로 분할해 살펴본 후 마지막으로는 프랑스 공화국에 대한 설명으로 마무리한다.

고등학교에서도 여전히 자국사와 유럽사를 중심으로 하지만 정체성과 통합성에 대한 강조보다는 비판적 사고를 기르는 데 초점을 모은다. 프랑스혁명을 현대사의 출발점으로 잡고는 있지만 19세기에서 20세기로 이어지는 현대사에 더욱 큰 비중을 할애하면서 앞서 이야기한 정치, 경제, 사회, 문화와 관련된 모든 현대사회 문제를 역사적으로 살펴본다. 바로 이러한 교육이 프랑스 사회과학자들이 지니고 있는 인문학적 소양과 역사적 감수성의 밑바탕을 이룬다고 할 수 있다. 이러한 고등학교의 비판적 역사교육도 결국 프랑스적인 우월 의식으로 이어질 가능성이 없는 것은 아니다. 현대 세계의 문제를 가장 근본적으로 잘 비판하고 있는 사람들이 프랑스인들이라는 의식, 즉 혁명적 프랑스라는 자부심으로 정당화될 수 있는 프랑스식 '특수한 보편주의'를 낳을 수 있기 때문이다.

3. 교과서 발행 제도와 교육 내용 기준

프랑스의 교육제도의 특징은 이상과 같은 중앙집중형 교육정책과는 전혀 다르게 교과서는 자유 발행제를 실시하고 있고, 교사에게는 전적인 수업 재량권을 부여하고 있다는 사실이다(이용재, 2009: 86~88; 서지영 외, 2011: 26~27). 이는 종종 세 가지로 압축되어 설명되곤 한다. 첫째는 '제작의 자유'로 교과서를 제작하고 발행하는 권한이 정권과 독립적으로 민간에게 이양되어 있다는 점, 둘째는 '선택의 자유'로 각 학교에서 교사들이 자신들이 사용할 교과서를 선택한다는 점, 셋째는 '사용의 자유'로 교사가 수업에서 교과서 이외의 자료들을 재량껏 자유롭게 사용할 수 있다는 점이다. 단, 교과서와 관련해 정부와 지자체가 담당하는 역할이 있는데 그것은 교사들이 선택한 교과서를 구입해 학생들에게 무상으로 배포하는 일이다. 이때 학생들은 교과서를 소유하는 것이 아니라 빌리는 것으로 정부는 4년을 주기로 교과서를 새로 구입한다.

교과서 정책과 관련해 우리에게 생소한 것은 바로 세 번째 사안이 될 것이다. 이는 프랑스에서 교사에게 많은 재량권을 부여하기 때문에 가능한 일이다. 프랑스에는 사범대학교가 따로 존재하지 않으며 중등교원 자격시험(certificat d'aptitude au professorat de l'enseignement du second degré: 이하 CAPES)[7]과 아그레가시옹(agrégation)과 같은 교원 선발시험을 거친다. 특히 아그레가시옹에 합격한 교사의 경우에는 CAPES 합격

7 사실 CAPES는 일반과정 교사가 되기 위한 시험이다. 이 외에 중등 체육교사 자격시험(CAPEPS), 중등 기술교사 자격시험(CAPET), 직업고등학교 자격시험(CAPLP2) 등의 시험들이 존재한다.

자보다 높은 대우를 받는다. CAPES 교사가 중학교부터 고등학교 2학년까지의 과정을 주로 담당한다면 아그레가시옹 교사는 고등학교 3학년이나 그랑제콜(grande école) 준비반 교사를 담당한다. 아그레가시옹은 심사 위원들도 프랑스 학계를 대표하는 학자들로 구성될 뿐 아니라, 시험에 합격할 경우 학문적으로도 큰 권위를 지니기 때문에 철학자 장폴 사르트르(Jean Paul Sartre)나 역사학자 자크 르고프(Jacques Le Goff)처럼 박사 학위 논문이 없더라도 아그레가시옹 합격자라는 자격으로 학계에서 공식적으로 활동할 수 있다. 또한 대학교수가 되기 위해서는 박사 학위를 취득하는 것 외에도 아그레가시옹에 합격해야만 한다. 이러한 프랑스 풍토에서 교사 자격시험은 큰 의미가 있으며 이를 통과한 교사들은 각자의 전문성을 인정받아 수업의 자율성과 관련된 재량을 지닌다.

교사의 재량권과는 별도로 정부는 각 교육과정의 내용을 어떻게 가르쳐야 할지, 구체적인 학습 내용과 방향, 강조점 등을 담고 있는 학습지도 자료들을 교육부가 운영하는 에뒤스콜(éduscol) 홈페이지(www.eduscol.education.fr)를 통해 제공한다. 먼저 2015년 개정 교육과정에서 종합적으로 구성된 시클 3 및 시클 4(〈표 4-2〉, 〈표 4-3〉)의 교과과정과 관련해서는 각 주제별로 5~6페이지 분량의 학습지도 자료가 제공된다. 각 주제별 자료는 다음과 같은 내용으로 구성되어 있다(구체적인 사례는 161쪽 〈자료 4-2〉 참조).

- 해당 학년에서 해당 주제를 배우는 이유: 문제의식과 우선적으로 가르쳐야 할 내용들 제시
- 전 교육과정에서 해당 주제가 차지하는 위치: 계열성에 대한 설명(예를 들어 중학교에서 배우는 내용이 초등학교와 고등학교에서 어떻게 연결

되는지 설명)

- 교사가 중점적으로 가르쳐야 할 내용들: 해당 주제에 대한 매우 상세한 개설 제시
- 해당 주제에 대한 수업 방안: 수업 시간에 학습을 위해 사용할 수 있는 여러 사례와 자료를 제시, 학생들이 꼭 기억해야 할 연대기적 지점들 제시(다섯 가지 정도)
- 다른 과목과의 연계성: 해당 주제를 역사 이외의 과목들과 연계시켜 그 학습 효과를 높일 수 있는 방안을 제시(어학, 과학 등)
- 수업 시 피해야 할 요소들: 해당 주제에 대한 이해를 저해하는 사례들을 제시

2015년 이전에 다양한 방식으로 개정이 이루어진 고등학교 학습지도 자료들은 세부 주제에 따라 3~4쪽 분량으로 제공된다. 선택 가능한 소주제들 전체가 제공되기 때문에 고등학교 2학년 과정에서는 총 11편, 1학년에서는 총 10편, 최종 학년에서는 총 8편의 학습지도 자료를 찾아볼 수 있다. 각 학습지도 자료는 다음과 같은 내용들로 구성되어 있다.

- 주제 구성: 해당 소주제가 전체 주제에서 지니는 의미와 문제의식을 제시
- 수업을 위한 제안들: 해당 주제의 문제의식과 수업 방향을 제시하고 수업 내용과 관련해 심화할 수 있는 사항들을 설명. 학생들의 역사 학습 능력을 향상할 수 있는 방안들 제시
- 수업 시 피해야 할 요소들
- 예술사와 연관시켜 설명할 수 있는 내용들
- 심화 학습을 위한 참고문헌

이상의 학습지도 자료들은 전체적으로 보았을 때 해당 주제들과 관련해 교사들이 역사적 사실들에 대한 암기나 과도한 심화가 아니라 역사적 의미에 대한 이해를 학생들에게 교육할 것을 주문하고 있다. 이러한 사실은 각 지도 자료 마지막에 제시된 '피해야 할 요소들'을 보면 알 수 있다. 〈자료 4-1〉, 〈자료 4-2〉(161쪽)에서 제시하고 있는 내용 외에 또 다른 예를 들어보자. 시클 4 과정의 중학교 5학년 '주제 3: 16~17세기 유럽의 전환과 세계로의 개방' 단원의 학습지도 자료에서 제시된 '피해야 할 요소들'로는 다음과 같은 네 가지 사항이 제시되었다.

피해야 할 장애물들은 무엇인가?

- 술레이만, 카를 5세, 프랑수아 1세, 앙리 4세, 루이 14세의 치세를 해당 주제의 문제의식에 연결시키지 않고 그 자체로만 다루는 것
- 주제의 통일성을 놓치고 종교 분파별 분쟁을 너무 자세히 설명하는 것
- 다양한 종교개혁의 세부 사항은 고등학교에서 학습할 것. 중학교에서는 기독교 세계의 분열만을 가르칠 것
- 루이 14세 시기 절대주의 이데올로기와 '절대' 권력의 현실을 구분하지 못하고 혼동하는 것

이는 '무엇을 가르쳐야 하는가?'의 목록이 아니라 '무엇을 가르치지 말아야 하는가?'의 목록이며 그 수가 네다섯 개 정도로만 제시되어 있다는 사실은 한국 교과서 집필 기준과 관련해서도 중요한 시사점을 제공한다.

4. 평가와 기반(핵심) 역량

프랑스에서 중학교와 고등학교를 졸업할 수 있는 기준은 중학교 졸업 자격시험(diplôme national du brevet)과 중등(2차) 과정 졸업 시험(baccalauréat)을 통과하는 것이다. 한국의 고입 선발 고사나 대학수학능력시험이 각각 고등학교, 대학교에 진학하기 위한 시험이라면, 프랑스의 두 시험은 중학교와 고등학교를 졸업할 수 있는 자격을 부여하는 시험이 된다. 따라서 프랑스에서 중학교나 고등학교 학습의 최종 평가는 이 두 시험을 통해 이루어진다고 할 수 있다.

다른 한편 2006년부터 유럽연합의 권고로 받아들이기 시작한 핵심 역량과 관련한 평가 기준이 존재한다.[8] 2015년 시클 2~4 개정 교육과정은 초등학교 및 중학교 학생들의 역량을 강화시킬 수 있는 방안을 마련하고 이에 따른 평가 기준을 마련하고 있다(에뒤스콜 홈페이지). 이 평가 기준 체계에는 '인식, 역량, 교양의 공통 기반(le socle commun de connaissance, de compétence et de culture)'이라는 제목이 붙어 있으며, 시클 2에서 시클 4 교육과정, 즉 초등학교와 중학교에 적용되기 시작했다. 에뒤스콜이 제시하고 있는 자료에 따르면 평가 항목들을 '기반(핵심) 역량(compétences du socle)'이라고 부르며 이는 세 시클 모두에 걸쳐 공통적으로 다섯 가지 영역으로 구분하고 있다. 이것들 중 첫 번째 영역인 언어 능력만 다시 네 개의 하위 영역으로 구분된다. 이 내용을 시클 4를 기준으로 살

8 프랑스 역사교육과 관련해 핵심 역량을 논의하고 있는 국내 연구 문헌은 찾아보기 힘든 실정이다. 다행히 프랑스 지리교육과 관련해 핵심 역량 논의를 바탕으로 한 연구를 찾을 수 있었다(김현미, 2013; 이상균·정프랑수아 떼민느, 2014).

표 4-6 **기반(핵심) 역량 체계**

제1영역 사유와 소통을 위한 언어

① 프랑스어 말과 글로 이해하고 표현하기

말로 표현하기, 말로 이해하기, 글 읽고 이해하기, 글쓰기, 언어 자원 이용하기, 언어 체계에 대해 분석하기

② 외국어 또는 지역어로 이해하고 표현하기

글을 읽고 이해하기, 글쓰기, 듣고 이해하기, 말로 연속적으로 표현하고 대화하기

③ 수학, 과학, 전산 언어로 이해하고 표현하기

수를 이용하기, 수학 기호 사용하기, 적합한 단위로 크기를 측정·계산하기, 언어 변환, 확률 언어 사용하기, 대상의 재현물 사용·제작하기(지도 등), 알고리즘과 프로그램 사용하기

④ 예술 및 신체 언어로 이해하고 표현하기

체육 및 예술 활동 연습, 다양한 예술 언어로 예술 시행하기

제2영역 정보 습득을 위한 방법과 도구

개인 연구 조직하기, 계획 세우고 실행하기, 정보를 조사하고 미디어 언어에 입문하기, 소통과 교환을 위한 디지털 도구 사용하기

제3영역 인격 형성과 시민 육성

자신의 감정, 의견 표현을 숙달하고 다른 이들의 감정과 의견 존중하기, 규칙과 법을 인식하고 이해하기, 비판 정신을 함양하고 성찰 및 구분 능력 키우기, 책임감 키우고 단체 생활 규칙을 존중하며 솔선수범하기

제4영역 자연 체계와 기술 체계

과학적 탐구 및 문제 해결, 기술적 대상과 체계 인지, 건강·안전·환경 영역에서 개인 및 집단적 책임과 관련된 규칙과 원칙 확인하기

제5영역 세상에 대한 재현과 인간의 활동

시간과 공간의 지표들로 맥락화하기, 인간 조직과 세계에 대한 재현물들 분석하고 이해하기, 추론·상상·구성·산출하기

자료: www.eduscol.education.fr/ressources-2016.

펴보면 〈표 4-6〉과 같다.

이상과 같은 다섯 가지 영역에서 역사·지리와 관련된 역량은 주로 제5영역의 '세상에 대한 재현과 인간의 활동'에 해당하지만, 제1영역의 ① 프랑스어 이해와 표현, ③ 수학 등의 언어에 의한 이해와 표현 중 측정 및 언어 변환, 재현물 사용 및 제작 항목과 제2영역 및 제3영역 전체

또한 역사·지리 역량을 평가하기 위한 영역 및 요소들로 제시되고 있다. 에뒤스콜은 시클 4 중학교 과정의 평가에서 '역사과에서 이야기하기와 설명하기(raconter et expliquer en histoire)'라는 예시를 통해 이러한 기반(핵심) 역량이 어떻게 평가될 수 있는지 보여주고 있다.

기본적으로 역사에 대한 이야기와 설명은 제1영역 중 ① 프랑스어 이해 및 표현, 그리고 제5영역과 연관시켜 평가한다. 그리고 각 영역에서는 다음과 같은 내용들을 구체적으로 평가한다.

제1영역: 작문 – 역사 및 지리에서 서로 다른 언어 사용하기

- 작문 가이드에 따라 역사 이야기 구성하기
- 일화나 사실 제시를 넘어서 일관된 추론을 문어로 전개하기
- 이야기와 추론을 이해할 수 있게 하는 문어 사용하기

제5영역: 시·공간 내에 위치시키기(시간의 흐름에 따라 역사적 사건을 순서대로 정리하기), 추론, 구상, 구성, 산출〔추론하기, 과정과 선택을 정당화하기(의미 부여)〕

- 역사적 추론은 서로 다른 사건들의 관계 순서에 따라 맥락에 맞게 정리하기
- 역사적 인물들에 대한 확인하기
- 역사의 고유한 진리 체계 내에서 상황에 대한 특성들 설명하기

이러한 평가 내용들은 학생들이 작문, 시·공간에 따른 사실 정리, 추론과 구성 등에 따라 성취 기준(des critéres de réussite)이 되며 이러한 성취 기준에 도달하기 위해 학생들이 일명 '도구 상자'라 부르는 보조 설명

표 4-7 **평가 요소, 성취 기준, 도구 상자**

평가 요소	성취 기준	도구 상자(보조 설명)
작문	· 정확한 언어에 의한 작문 능력 · 전문용어 사용 능력 · 정합적인 이야기 작성 능력	· 주제어 리스트(개념, 인물, 사건 등) · 목차 요소들
시·공간적 지표에 따른 정리	· 연대기적 요소들의 활용 능력 · 연대 표기 필요 없이 사실들 배열하기 · 시기, 사실, 사건, 역사적 인물들을 적절하게 연결하는 능력	· 연표 · 목차 요소들
추론, 구상, 구성, 산출	· 일화나 사실을 바탕으로 문제의 핵심을 고려하는 능력	· 문제의 핵심에서 요구하는 바 알려주기

자료: www.eduscol.education.fr/ressources-2016.

표 4-8 **평가 사례**

사례 1: 냉전 위기의 사례 한 가지를 이야기하고 이것을 동서진영 간 대결과 연관시켜 설명하시오.			
불충분 숙달	취약하게 숙달	만족할 만하게 숙달	매우 잘 숙달
· 이해 불가능한 문장 · 전문용어 미사용 · 일관되지 않은 글	· 부분적으로 이해 가능한 문장 · 전문용어 일부 사용, 그러나 합당치 않음 · 부분적으로 일관된 글	· 대체적으로 이해 가능한 정확한 문장 · 전문용어를 사용했지만 일부 오류 · 일관된 글	· 이해 가능한 정확한 문장 · 오류 없는 전문용어 사용 · 일관된 글
· 연도 표기 부재 또는 오류 · 냉전 위기 사건이 언급되지 않거나 다른 사건들과의 맥락에서 설명되지 못함	· 연도 표기 드물거나 오류 · 몇몇 사건들을 언급하지만 다른 사건들과의 맥락이 늘 일관된 것은 아님	· 하나 또는 몇몇 연도 표기 · 여러 사건들을 언급하고 다른 사건들과의 맥락과 일관되게 구성됨	· 다수의 연도 표기 · 여러 사건들을 정확히 언급, 다른 사건들과의 맥락이 일관된 구성
· 동서진영 대결의 특징이나 문제의 핵심을 짚어내지 못함	· 동서진영 대결의 특징이나 문제 핵심을 짚어내지 못한 채 이야기 나열	· 문제 핵심을 짚어내면서 동서진영 대결의 특징 중 적어도 하나를 지적 · 동서진영 대결의 특징과 이야기의 관계가 모호(단순 병치)	· 문제 핵심을 짚어내면서 동서진영 대결의 특징 두 가지 이상을 설명 · 동서진영 대결의 특징과 이야기 관계가 명확

자료: www.eduscol.education.fr/ressources-2016.

을 활용할 수 있도록 한다(〈표 4-7〉).

평가 등급은 '매우 잘 숙달', '만족할 만하게 숙달', '취약하게 숙달', '불충분 숙달' 등 네 등급으로 구분되는데 이때 '도구 상자'의 활용 여부는 '매우 잘 숙달'과 '만족할 만하게 숙달'을 구분하는 기준이 된다(활용하지 않을 경우 더 높은 평가를 받음). 에뒤스콜에서 제시하는 평가의 한 사례를 제시하면 〈표 4-8〉과 같다.

5. 프랑스, 역사에 대한 열정

프랑스는 유럽에서, 아니 서양에서 역사에 가장 관심이 많은 나라일 것이다. 역사학 연구자들을 위한 전문적인 학술지뿐만 아니라 일반인들을 대상으로 하는 대중 역사학 잡지가 다양하게 존재하며, 판매 부수 또한 괄목할 만한 수준을 유지하고 있다는 점은 이러한 현상의 단면을 잘 보여준다. 예를 들어 가장 대표적인 대중 역사학 잡지인 ≪리스투아르(L'Histoire)≫와 ≪이스토리아(Historia)≫는 공식적인 통계에 따르면 (해마다 그 수가 줄고 있긴 하지만) 각각 약 5만여 명의 정기 구독자를 자랑한다(이성재, 2006; 최갑수, 1998). "역사, 프랑스의 열정(L'histoire, passion française)"이라는 어구는 수많은 매체에서 역사에 대한 프랑스인들의 커다란 관심을 표명할 때 종종 등장하는 제호들 중 하나이다. 여름 바캉스 기간에 읽어볼 장르 중 하나로 역사 분야가 오르내리는가 하면 최근 치른 대통령 선거에서 각 후보자의 정치적 입장을 대변하는 첨예한 사안 중의 하나가 역사이기도 했다. 이렇듯 '역사'라는 장르는 휴가에서 대선에 이르기까지 프랑스인들의 일상과 체제 전체에 스며들어 있다.

프랑스인들의 역사에 대한 열정은 자국사에 대한 남다른 자부심을 수반한다. "프랑스의 영광과 세계의 자유 사이에는 20세기 동안 내려온 협약이 있다"라는 드골의 선언은 이를 대표적으로 보여준다. 로마제국 이후 전개된 유럽의 역사에서 프랑스가 차지하고 있었던 주도적 역할은 물론, 프랑스대혁명이 이후 세계의 역사에 미친 정치적·사상적·이데올로기적 영향들은 이러한 자부심의 주요한 골자를 이룬다. 특히 국민국가의 틀 내에서 민족주의가 본격적으로 형성되기 시작한 19세기에, 이전에는 양립 불가능하다고 생각되었던 구체제 절대왕정과 프랑스대혁명이 프랑스 민족의 유구하고 단일한 역사의 중요한 두 계기로 통합되기 시작했다(Mélonio, 1998: 131~149; Démier, 2000: 146~148; 홍용진, 2016: 33~45). 이러한 민족주의적 관점에서 본다면 로마 문명과 켈트인(골족) 및 게르만인(프랑크족)의 문화적 요소들, 크리스트교와 절대왕정, 프랑스혁명과 공화국이라는 시대마다의 이질적인 요소들은 모두 장구한 역사적 도가니 속으로 용해되어 프랑스 민족(국민)을 창출하는 데 저마다 기여를 했다. 이러한 흐름은 이후 1871년 프랑스-프로이센 전쟁에서의 패배와 제3공화정의 등장, 반교권주의적 공화주의의 흐름은 호전적인 민족주의와 결합했다(주경철, 2007; 임승휘, 2015).

하지만 두 차례의 세계대전 이후 20세기 후반에 들어와 호전적 민족주의는 프랑스가 주도하는 유럽연합 건설의 과정에서 걸림돌로 작용하기 시작했다. 이에 발맞춰 프랑스와 독일에서는 역사학자들과 역사 교육자들이 합의해 세 차례의 권고안(1935년, 1951년, 1988년)을 제시했고, 2001년 유럽회의 각료 위원회는 회원국들에게 권고안을 보냈다. 이는 프랑스와 독일을 비롯한 각국에 과도한 자국사 중심의 민족의식을 누그러뜨리고, 유럽 통합을 위해 갈등 해소와 화합을 지향하는 역사교육을 촉진시켰다(박지현, 2005; 이용재, 2007). 그러나 유럽 통합이라는 시야에 입각한 역사교육이 프랑스에서 자국사 중심의 민족주의적 교육을 궁극적으로 변화시키지는 못한 듯 보인다. 왜냐하면 프랑스를 전면에 내세우지 않는 역사교육이라 할지라도 유럽 통합을 위한 역사교육은 유럽사 중심주의라는 문제가 제기되는 데다가 유럽의 중심은 결국 프랑스라는 관점을 견지하게 되기 때문이다. 이러한 문제는 프랑스 중심주의적 유럽 중심주의라는 확대된 양식의 새로운 민족주의 성향으로 나타난다. 제1, 2차 세계대전에 대해서는 유럽의 화해와 평화를 위한(또한 프랑스 레지스탕스의 숭고한 저항과 관련한) 복원과 기념의 역사 정책이 이루어지고 있는 반면 프랑스 제국주의의 희생양인 인도차이나와 알제리와의 전쟁에 대해서는 전혀 그렇지 않다는 사실이 이 현상의 문제점을 잘 보여준다(이재원, 2007). 또한 유럽의 역사를 복합적으로 이해하는 데 있어서 가장 중요한 지역인 서아시아 및 북아프리카의 역사에 대해서는 여전히 서구 또는 자국 중심주의적인 편견을 노골적으로 드러낸다(박단, 2015).

실제로 현재까지 유지되고 있는 프랑스의 역사 교과서 내용의 큰 틀은 '역사'라는 제호 아래 '유럽의 역사'만을 다루고 있으며 여기에서도 프랑스의 역할이 크게 부각되어 있다. 유럽 이외 지역의 역사는 이슬람 세계가 양념처럼 곁들여져 있을 뿐이며 대부분 '지리' 교육에서 다루어지는데, 이는 마치 다른 지역에는 역사가 없다고 여기는 것과 같은 인상을 준다. 그러나 이러한 프랑스의 자국 및 유럽 중심의 역사교육은 최근에 들어서 역사 교과서 구성 문제와 관련해 커다란 논쟁을 치르고 있다. 이제는 더 이상 자국사만을 강조할 수 없는 세계화의 시대에 유럽 외부의 역사에 대한 지평을 프랑스 중심의 유럽사와 어떻게 조화시킬 것인지가 문제로 제기되었기 때문이었다. 2008년 개정 교육과정은 중국과 인도,

아프리카에 대한 내용을 새로 확충하고 전통적인 프랑스사 및 유럽사의 내용을 축소했다. 이에 자국 중심의 역사를 여전히 중요하다고 생각하는 역사 교사 및 역사가들의 반발이 빗발치게 되었고 이는 다시 '민족 서사(récit national)'로부터의 탈피를 주장하는 진보적 역사 교사 및 역사가들의 반론으로 이어졌다. 결국 2015년에 새롭게 개정된 중학교 역사 교육과정은 상당 부분 자국사 및 유럽사 중심주의적인 내용으로 회귀했다(이용재, 2016). 물론 현재까지도 '민족 서사'에 대한 비판적 논쟁들은 최근 출간된 다양한 저서들을 중심으로 여전히 지속되고 있다(Loez, 2017; Boucheron, 2017; Citron, 2017; Jeanneney, 2017; Rioux, 2017).

에필로그

프랑스의 역사 교육과정은 정부에 의한 교육정책의 중앙집중화, 교과서의 자유 발행, 수업과 관련한 교사 재량권의 확보라는 서로 이질적인 요소들 간의 결합으로 이루어져 있다. 그러나 이러한 프랑스의 독특한 역사 교육과정 구조와 더불어 현실적인 차원에서 생각해봐야 할 점은 과연 학생들이 얼마나 역사교육을 충실히 소화해내고 있는지에 관한 것이다. 심혈을 기울여 만든 교육과정과 풍성한 내용을 지닌 역사 교과서, 뛰어난 학식을 지닌 교사들의 존재에도 불구하고 아쉽게도 평균적인 학습 성과는 그리 크지 않은 것으로 보인다. 그리고 이는 역사 과목만의 문제가 아니라 공교육이 심각하게 붕괴하고 있는 프랑스의 사회적 현실과도 무관하지 않을 것이다. 교육의 위기는 이민자 문제 및 파리 교외 방리유에서 벌어지고 있는 봉기, 폭동과 맞물려 있다. 이러한 사회 현실을 감안한다 하더라도 가장 큰 문제점으로 제기될 수 있는 것은 니콜 튀티오기용(Nicole Tutiaux - Guillon)이 지적하고 있는 프랑스 교육 전반에 만성화된 엘리트주의이다(Tutiaux-Guillon, 2014: 224~229). 이렇게 보았을 때 서두에서 말한 프랑스 역사에 대한 열정은 문화적 엘리트주의에 눈높이를 맞추고자 하는 일반 국민의 이중성을 드러내는 것일지도 모르겠다. 이처럼 프랑스의 역사 문화와 역사교육은 프랑스의 독특한 상황을 이해할 때 입체적으로 파악할 수 있다.

자료 4-1 **중학교 역사 교육과정 문서의 구성 체제와 예시**

4학년(classe de 4e): 한국의 중학교 3학년	
연간 프로그램 지표	교육 순서와 내용
주제 2 19세기 유럽과 세계 · '산업혁명'기 유럽 · 식민지 정복과 식민지 사회	새로운 생산조직, 새로운 생산지, 새로운 교환 수단: 유럽이 겪은 산업화 과정으로 도시와 농촌의 풍경이 변하고 사회와 문화가 급변했으며, 전례 없는 정치 이데올로기들이 등장하게 되었다. 동시대에 인구가 증가하고 있던 유럽은 다른 대륙으로 떠나는 이민의 공간이 된다. 이때 학생들에게 이 현상의 중요성을 설명할 수 있는 사례들을 제시한다(아일랜드 및 이탈리아인들의 이민 등). 마지막으로 임금노동의 등장, 노동자들의 조건, 주기적인 위기들과 이것이 노동에 미친 영향들을 제시한다. 이는 '사회문제'를 야기하고 새로운 형식의 정치적 논쟁들을 낳았다. 유럽을 가로질러 발발한 1848년 혁명은 국민성이라는 사상과 노동권이라는 사상을 동시에 발전시켰다. 새로운 식민지 정복은 세계에 대한 유럽의 지배를 강화시켰다. 여기에서 프랑스 식민 제국의 사례들로부터 식민화의 논리들을 관찰할 수 있다. 이렇게 해서 학생들은 식민 사회가 어떻게 돌아가는지를 알 수 있게 된다. 또한 노예제 폐지를 향한 지난한 과정을 설명한다. 이 주제는 또한 세계에 대한 인식이 어떻게 변화했는지, 그리고 과학적 사유가 세계에 대한 종교적 시각을 어떻게 지속적으로 탈각시켰는지를 깨닫게 하는 계기가 된다.

자료: Ministère de l'éducation nationale(2015, Annexe: 313).

자료 4-2 **학습지도 자료**

프랑스 교육부 에뒤스콜 시클 4

역사 4학년(한국의 중학교 2학년에 상응)

주제 2: 19세기의 유럽과 세계
· 유럽과 '산업혁명'
· 식민지 정복과 식민지 사회
2015년 11월 26일 발간 관보 제11호의 심화 과정 프로그램 중

4학년에서 왜 19세기의 유럽과 세계를 가르치는가?

5학년(중학교 1학년)의 주제 3(16~17세기 유럽의 전환과 세계로의 개방)과 4학년(중학교 2학년)의 주제 1(18세기의 팽창, 계몽, 혁명들)과 마찬가지로 이 주제는 유럽의 변형과 세계를 향한 유럽의 개방 사이의 관계를 다룬다. 이러한 접근법은 세계화라는 주제에 초점을 맞추고 있는 지리 교과과정과 연결될 수 있다. 본 주제에서 제시되는 하위 주제들은 경제적 기반과 유럽의 지배를 강조한다. 따라서 본 주제의 구성은 (불평등하게) 위계화된 현대 세계에서 경제와 기술의 중요성을 지적하도록 한다. 그렇지만 세력 형성과 더불어 '교육 순서와 내용' 항목에서는 경제 위기와 사회적 갈등, 이데올로기적 대결과 국적 문제와 같은 불안정 요소들도 고려하도록 하고 있다. 또한 식민지 사회에 대한 학습을 통해 부분적으로는 유럽 지배의 결과에 대한 좀 더 비판적인 시각을 지니도록 한다.

문제 틀: 유럽은 어떻게 유럽의 경제성장(이륙)을 통해 세계를 지배할 수 있었는가?

학생들의 이해를 돕기 위해 우선적으로 탐구할 내용들

· 유럽의 산업화는 유럽 사회에 격변을 일으켰고 세계에 대한 유럽의 지배를 강화했다.
· 경제, 기술, 과학의 중요성과 역동성이 현대 세계의 특징이다.
· 경제적 진보가 분쟁의 원천이나 경쟁 관계를 해소하지는 않는다.

특히 이 주제를 통해 '어떤 시대나 주어진 시기의 사실 간의 관계를 설정하기'라는 부분에서 '시간에 따라 갈피 잡기' 역량을 훈련시킬 수 있다. 이는 학습 주제인 '산업사회'(오귀스트 콩트)의 논리를 이해하는 것과 관련된 한에서 이루어진다. 또한 '역사 및 지리적 현상에 대한 해석을 바탕으로 가설 구축하기'라는 부분에서 '추론, 전개와 선택에 대한 정당화'의 역량을 훈련할 수 있다. 이때 지구의 3/4에 이르는 지역을 다시 식민지화한 식민지 팽창의 기원에 대해 학생들이 숙고하는 것이 중요하다.

전 학년 역사 교과에서 이 주제는 어떤 위치를 차지하는가?

· 시클 3 중급 2학년에서 주제 2는 '프랑스의 산업시대'에만 초점을 맞췄다. 이는 산업화 현상에 대한 첫 번째 접근을 가능하게 했다.

• 고등학교에서는

- 일반 및 기술 계열의 2학년 교과과정에서 '현대 세계 여명에서의 혁명, 자유, 국민'(주제 5로 이는 현 주제의 몇몇 정치적·사회적 측면들로 되돌아온다)이라는 주제를 다룬다. 사회 및 인문 계열 1학년 과정의 주제 1인 '19세기 중반 이후의 경제성장, 세계화 및 사회변동'은 이를 부분적으로 다시 다루면서 이어나간다. 이과 계열 1학년에서는 개설적인 주제를 다룬다.
- 실업 계열에서 직업 능력 증명서(Certificat d'aptitude professionnelle: CAP) 획득 준비 과정은 '19~20세기 프랑스에서 노동자 되기'라는 제목의 주제를 포함한다. 이는 주제 1의 첫 부분인 '프랑스에서 노동자되기(1830~1975)'에서 다시 반복된다.

본 주제와 관련해 수업에서 강조해야 할 점은 무엇인가?

본 주제는 용어 사용과 관련해 다음의 주요한 질문들로 나아가게 한다.
'산업혁명'은 18세기 마지막 1/3 기간에 영국에서 시작한다. 이 용어는 오늘날 경제 변화가 숨 가쁘게 진행되었던 영국에만 예외적으로 사용된다. 다른 나라들에서 산업 성장 현상을 기술할 때에는 오히려 '산업화'라는 용어를 선호한다. 이는 영국보다 훨씬 완만하게 진행되어온 경제 변화 리듬과 관련해 매우 중립적인 표현이다. 이 당시 산업의 성격은 잘 알려져 있다. 노동 분업과(이미 매뉴팩처에서 등장했던) 임금노동 인원의 증대가 그것이고 여기에 기계화를 덧붙일 수 있다.

하지만 '산업혁명'이라는 용어는 '1차 산업혁명'과 '2차 산업혁명'을 대조하기 위해 여전히 사용된다. 이는 새로운 경제활동 변형 요소들(에너지, 기술, 운송)이 자리를 잡기 시작한 국면들을 지칭하기 위해서다. **이에 따라 석탄과 증기기관, 직물업과 철광업의 발전을 특징으로 하는 1차 산업혁명 시기와 전기, 석유, 내연기관, 강철 및 알루미늄 금속업의 발전을 특징으로 하는 1870년대 이후의 2차 산업혁명 시기를 구분한다.** 해상 교역의 전례 없는 팽창이라는 맥락에서 금융과 산업의 집중은 2차 산업혁명으로 증대되었다. 1873년의 공황(경제 위기)은 1896년까지 이어지는 장기간의 성장 둔화 국면의 시작으로, 은행 위기에 의해 발생했다.

프랑스, 북부 이탈리아, 벨기에는 1820~1830년대부터 산업화가 시작되었고 독일과 미국은 19세기 중반부터 시작되었다. 1870년대 이후 일본과 같은 새로운 세력이 등장하는데 이는 미국의 성장과 함께 태평양 지역의 중요성을 부각시켰다. 영국은 1880년대에 산업화에서 제1의 지위를 상실했다. **산업화는 풍경을 바꿔놓았다. 이는 특히 유럽 지역에서 불균등하게 이루어진 도시의 성장에 의해 더욱 그러했다.** 프랑스는 1930년대까지 대부분 농촌으로 남아 있었지만 영국은 1851년 이래로 대부분 도시가 되었다. 따라서 경제적으로 발전하지 않은 지역들, 즉 아일랜드나 이탈리아와 같은 곳에서는 주민들이 타국으로 이민을 감행하는 경향을 보였다.

새롭게 형성된 노동자들의 세계는 19세기 중반까지 극도로 취약한 생활 및 노동조건에 시달렸다. 이를 설명하는 것이 바로 프랑스에서 발발한 1848년 노동자 혁명이다. 이후 노동자들의 조건은 서서히 향상되었지만 경제 위기에 따른 급작스러운 조건 악화를 수반했다. 이러한 노동자들 조건의 특징들은 사회적 불안정(안전망의 부재)이었다. 질병이나 산업재해, 뜻하지 않은 출산으로 처절할 정도로 비참하게 내던져지는 것이 언제든 가능했다. **20세기에 들어와 복지국가가 등장하면 이러한 불안정에 대해 대응책을 마련하고자 했다.** 아동 노동은 20세기 중반부터 줄어든 반면 여성 노동은 노동자 세계의 현실로서 특히 직물업과 같이 임금을 훨씬 적게 받는 산업부문에 자리 잡았다. **농촌에서도 삶의 비참함이 컸지만 '사회문제'가 제기될 때 주목받는 대상은 노동자들의 숙명이었다. 최초의 사회법이 이에 대한 대응책을 마련하고 있었다. 반면 영국에서는 1880년대에 와서 모든 범주의 노동자들과 관련된 노동조합운동이 선구적으로 등장했다.**

산업화 시대는 또한 국적과 국민국가가 확립된 시대이기도 하다. 독일과 이탈리아의 뒤늦은 국가 통합(통일)은 부분적으로는 19세기 말 이 새로운 국민국가가 제국 지향적이면서도 미성숙(immaturité impériale)했던 데에 기인하기도 한다. **근대 자본주의의 발전, 교역과 해양 패권 쟁점의 증대, 그리고 국가의 권력 의지가 불가분하게 뒤섞이면서 식민주의적 제국주의 및 그것이 초래한 경쟁 관계가 등장했다.** 유럽의 기술적 진보는 유럽에 군사 및 해양 팽창에 막대한 우위권을 제공했다. **서로 경쟁하는 국가들은 각자 자신들이 특권을 누릴 정복지들, 전략적 지점들, 1차 원료와 수송로들을 찾아 나섰다.** 1830년대에 시작된 프랑스의 알제리 정복은 지중해에 자신의 세력의 지위를 안착시켜야 했다. 또한 1880년대에 다시 시작된 식민화는 프랑스 정부로서 1870년의 패배로 모욕당한 프랑스에 국민적 신념을 다시 심어주려는 의도로 더욱 크게 시행되었다. 경제활동 전체가 산출한 효과는 오늘날에도 그리 명확하지 않은 듯 보이지만 당대에는 쟁점이 되는 수많은 경제적 이권이 존재했다. 마찬가지로 쥘 페리가 소중히 생각한 '문명화의 임무'라는 사상도 진지하게 여겨져서, 노예제 폐지에 헌신한 빅토르 쇨셰르(Victor Schoelcher)에게서도, 1879년 '아프리카에 대한 연설'을 작성한 빅토르 위고(Victor Hugo)에게서도 마찬가지로 발견된다.

그러나 식민지 사회는 전혀 다른 현실을 경험했다. 그것은 몇몇 역사학자들이 '첫 번째 세계화'라고 부를 수 있었던 것이자, 지리학자들이 '두 번째 세계화(현 교육과정 체제에 더욱 적합하다)'라고 부르는 것을 무엇보다 잘 증언한다. 이제는 인류학자 조르주 발랑디에(Georges Balandier)가 1951년에 기술한 '식민지 상황'의 관점에서 이것들을 분석한다. 이 개념은 식민지 사회 연구에 뿌리를 둔 것으로 식민지 지배자와 피지배자들 사이에 맺어지는 모든 관계로 나아간다. 그것은 단순한 경제 또는 문화적 지배로 환원되지 않으며 저항운동은 물론이거니와 미래의 해방운동을 준비하는 지역 엘리트들과의 접촉들을 보여준다.

어떻게 실제 수업을 진행할 것인가?

산업화와 그 결과들에 구체적으로 접근하기

4학년(중학교 2학년) 전체를 위한 교과과정이 권장하는 행위자들을 중심으로 전개할 경우 기업의 발전부터 시작하게 한다. 르크뢰조(le creusot)에 위치한 슈네데르(schneider) 기업의 공장은 고전적인 사례이다. 하지만 가능하다면 다른 지역이나 독일의 철강 기업인 크루프(krupp) 같은 다른 유럽의 사례들을 활용할 수도 있다. 기업의 역사를 학습하면 기술의 변화와 사회적 변화에 대한 문제들에 모두 접근할 수 있다. 금속 분야 기업을 선택해 살펴보면 공업화의 길을 따라가는 유럽의 철도 발전에 대해서도 알아보도록 할 수 있다. 이렇게 해서 본학습을 바탕으로 산업 발전 지도를 제작하거나 두 차례의 산업'혁명'에 대한 연대기를 구성할 수 있다. **기차역과 그 충격은 또한 어떻게 산업화가 도시를 변형시키고 동시에 농촌의 상황을 어떻게 변화시키는지 보여준다.**

정치 및 문화적 변화에 대한 접근

1848년은 시대의 거대한 경향성에 대한 초점을 제공한다. 이는 특히 유럽의 국적(국민성)을 향한 운동의 경우에 그러하며 독일과 이탈리아, 헝가리가 대표적인 사례들을 제공한다. 1848년은 또한 커다란 사회적 균열의 폭을 드러낸다. 프랑스에서 진행된 1848년 6월의 나날은 19세기 노동자들의 조건을 드러내는 계기가 된다. 게다가 1848년은 1845년에 시작되어 미국을 향한 대규모 이민 물결을 만들어낸 아일랜드 대기근의 마지막 해이기도 하다. 마지막으로 1848년은 프랑스가 영국과 함께 식민지에서 노예제를 폐지한 해이다. 빅토르 쇨셰르의 삶에 대한 학습은 큰 관심을 제공할 수 있으며 공화주의자의 확신인 노예제 폐지와 식민화가 지닌 '문명화 사명'의 사상에 대한 집념 사이의 관계를 설정할 수 있게 한다.

세계에 대한 유럽의 개방은 과학의 진보와 연결된다. 특히 찰스 다윈의 생명 연구는 이에 대한 확실한 예를 제공한다. 1831년에서 1336년까지 그가 함께 했던 비글호 항해는 그에게 종의 기원에 대한 이론의 최초 기반을 제공했을 뿐만 아니라 식민지를 방문할 기회를 주었다. 1839년에 발간된 그의 『비글호 항해기』는 그의 관찰을 기록하고 있다.

프랑스 식민 제국에 대한 구체적인 대한 접근

프랑스 식민 제국에 대한 학습은 식민지 계획이 지닌 정치적이면서도 경제적인 동기들에 관해 성찰할 수 있는 기회를 제공해야 한다. 이는 그 행위자들에 대한 연구부터 시작되어야 한다. 쥘 페리의 활동이 마다가스카르에 대한 조제프 갈리에니(Joseph Simon Gallieni)의 활동이나 모로코에 대한 위베르 리오테(Hubert Lyautey)의 활동과 마찬가지로 제시되어야 한다. 지도를 통해 프랑스 식민 제국을 전체적으로 조망해본다면 마다가스카르의 사례처럼 식민지 사회에서 전개된 사례를 통해 식민 지배와 그 영향들을 더욱 구체적으로 살펴볼 수 있도록 한다.

주요 연대기 지표들

- 18세기 마지막 1/3 시기: 영국에서 산업혁명 시작
- 1848년: '인민의 봄', 프랑스에서(영국에 이어) 두 번째로 노예제 폐지
- 1870년대: '제2차 산업혁명' 시작
- 1870~1914년: '제2차 세계화'와 식민화 재시작
- 1900년: 파리 만국박람회

본 주제를 활용한 실천적 학제 간 교육(EPI)상의 학습 과정은 어떻게 이루어지는가?

식민 세계의 재현에 대한 학습과 그것이 운영된 방식 및 다양한 유산들이 인종주의 및 기억의 문제와 함께 **시민교육 과정**과 결합될 수 있다.

기타 가능한 실천적 학제 간 교육

- 다윈의 『비글호 여행기』를 활용한 영어 및 생물, 지구과학의 학제 간 교육
- 기술(에너지, 혁신, 재료와 그 사용)과 학제 간 교육

피해야 할 장애물들

- 기술의 진보를 너무 자세하게 나열하는 것
- 주제 전체의 논리를 잊은 채 1848년 혁명을 지나치게 세부적으로 이야기하는 것
- 개별 인물이나 단체들에 너무 많은 비중을 두는 것

자료: http://eduscol.education.fr/pid34218/histoire-et-geographie.html.

참고문헌

김미진. 2014.「프랑스 초등학교 교과서에 나타난 국가 정체성과 통합의 수사학」. ≪석당논총≫, 제59호, 111~143쪽.

김한종. 2006.「유럽 역사교육의 동향과 자국사교육: 영국과 프랑스를 중심으로」. ≪역사교육≫, 제100호, 67~102쪽.

김현미. 2013.「21세기 핵심 역량과 지리 교육과정 탐색」. ≪한국지리환경교육학회지≫, 제21권, 제3호, 1~16쪽.

박단. 2013.『프랑스공화국과 이방인들』. 서울: 서강대학교 출판부.

_____. 2015.「프랑스 역사 교과서에 나타난 '근동/중동지역'에 대한 프랑스의 시각」. ≪서강인문논총≫, 제44호, 179~210쪽.

박지현. 2005.「민족 교육에서 유럽 통합교육으로?: 프랑스 역사 교과서를 중심으로」. ≪프랑스사연구≫, 제13호, 93~131쪽.

서지영 외. 2011.『교과서 정책 국제 비교(연구 보고: RRO 2011-1)』. 서울: 한국교육과정평가원.

오홍식. 2011.「그리스인의 역사 서술: 그리스신화, 헤로도토스, 투키디데스, 폴리비오스」. 김진경 외.『서양고대사강의』. 서울: 한울.

원윤수·류진현. 2002.『프랑스의 고등교육』. 서울: 서울대학교 출판부.

이상균, 정프랑수아 떼민느. 2014.「최근 프랑스 지리 교육과정 개정 동향과 지리과 핵심 역량」. ≪한국지리환경교육학회지≫, 제22권, 제1호, 45~56쪽.

이성재. 2006.「프랑스 역사교육 평가의 동향」. ≪역사와 역사교육≫, 제12호, 17~25쪽.

이용재. 2007.「갈등의 역사에서 화합의 역사로: 프랑스·독일 역사 교과서 합의와 제1차 세계대전의 문제」. ≪프랑스사연구≫, 제17호, 193~229쪽.

_____. 2009.「유럽의 교과서 발행 제도」. ≪내일을 여는 역사≫, 제35호, 82~92쪽.

_____. 2016.「탈민족 다문화 시대의 자국사 교육: 프랑스 '민족서사' 역사교육 논쟁」. ≪서양사론≫, 제128호, 38~63쪽.

이재원. 2007.「프랑스 역사 교과서와 전쟁의 재구성 - 양차 대전과 식민지 전쟁의 기억과 전수」. ≪프랑스사연구≫, 제16호, 99~129쪽.

임승휘. 2015. 「프랑스 역사 교과서 전쟁 1882년~1904년」. ≪역사비평≫, 제110호, 204~231쪽.

주경철. 2007. 「라비스와 프랑스의 호전적 민족주의: 〈아동용 프랑스사(Petit Lavisse)〉 분석」. ≪역사비평≫, 제79호, 276~304쪽.

최갑수. 1998. 「프랑스 역사교육의 특권적 지위」. ≪역사비평≫, 제43호, 317~334쪽.

한국교육과정평가원. 2012. 『2012 교육과정·교육평가 국제동향 연구: 독일·러시아·영국·프랑스·핀란드(연구 자료: ORM 2012-115-4)』. 서울: 한국교육과정평가원.

홍용진. 2016. 「19세기 파리 역사문화공간 생산의 과정과 의미」. ≪도시연구≫, 제15호, 25~53쪽.

_____. 2017. 「2010~2015년 개정 프랑스 초·중등 역사교육과정 분석」. ≪역사교육연구≫, 제29호.

Boucheron, Patrick. 2017. *Histoire mondiale de la France*. Paris: Seuil.

Citron, Suzanne. 2017. *Le mythe national: L'histoire de France revisitée*. Paris: Editions de l'Atelier.

Démier, Francis. 2000. *La France du XIXe siécle 1814~1914*. Paris: Seuil.

Eduscol. www.education.gouv.fr/pid285/le-bulletin-officiel.html(검색일: 2017.10.4).

_____. www.eduscol.education.fr(검색일: 2017.10.4).

Jeanneney, Jean-Noël. 2017. *Le Récit national. Une querelle française*. Paris: Fayard.

Loez, André. 2017. "L'histoire, passion française suite." http://abonnes.lemonde.fr/livres/article/2017/04/24/l-histoire-passion-francaise-suite_5116307_3260.html(검색일: 2017.10.3).

Mélonio, Françoise. 1998. *Naissance et affirmation d'une culture nationale: La France de 1815 à 1880*. Paris: Seuil.

Rioux, Jean-Pierre. 2017. *Ils m'ont appris l'histoire de France*. Paris: Odile Jacob.

Tutiaux-Guillon, Nicole. 2014. "History Didactics in France-Research and Professional Issues." in Manuel Köster, Holger Thünemann and Meik Zülsdorf-Kersting (eds.). *Researching History Education: International Perspectives and Disciplinary Traditions*. Schwalbach/Ts.: Wochenschau Verlag.

Ministère de l'éducation nationale. 2010a. "BOS4 2010: Bulletin officiel spécial n°4 du 29 avril 2010."

_____. 2010b. "BOS9 2010: Bulletin officiel spécial n°9 du 30 septembre 2010."

_____. 2012. "BO46 2012: Bulletin Officiel n°46 du 13 décembre 2012."

_____. 2013a. "BO8 2013: Bulletin officiel n°8 du 21 février 2013."

_____. 2013b. "BO42 2013: Bulletin officiel n°42 du 14 novembre 2013."

_____. 2015. "BOS11 2015: Bulletin officiel spécial n°11 du 26 novembre 2015."

5장

역사적 역량 모델들: 독일의 성찰적 역사의식*

/

고유경

독일은 연방주의 원칙에 따라 주의 교육 주권을 보장하고, 이에 입각해 주별로 다양한 교육정책을 전개해왔다. 교과서 발행 제도가 검정제에서 자유 발행제로 변화해 가는 추세 또한 연방주의 원칙의 한 표현이다. 그러나 21세기 시작과 함께 찾아온 'PISA 쇼크'는 독일에서도 변화하는 세계에 효과적으로 대처할 수 있는 교육개혁의 필요성에 대한 공감대를 형성했다. 그 직접적인 결과는 16개 연방주 가운데 15개 주에서 역량 중심 교육과정을 채택하고 있다는 사실이다. 예컨대 2004년 독일에서 가장 먼저 역량 중심 교육과정을 도입한 노르트라인베스트팔렌주는 역사교육계가 제시한 여러 역량 모델들을 바탕으로 사실 역량, 방법 역량, 판단 역량, 행동 역량을 중심으로 하는 역사과 교육과정을 도입, 운영하고 있다. 독일 역사교육의 목적인 '성찰적 역사의식의 발전'은 역량 중심 교육과정 설계의 바탕이 되고 있으며, 주별로 다양하게 전개되고 있는 식민주의 역사교육 사례에도 반영되어 있다.

* 이 글은 고유경(2014, 2017)의 내용을 수정·보완한 것이다.

1. 독일 교육의 연방주의 전통과 교과서 발행 제도

전인교육을 지향하는 신인문주의 전통이 강력한 독일 교육에도 21세기에 들어서 거센 변화의 바람이 불고 있다. 직접적인 계기는 2000년 실시된 국제학업성취도평가(Programme for International Student Assessment, 이하 PISA) 결과로 드러난 독일 학생들의 학력 수준 저하였다. 'PISA 쇼크'는 변화하는 세계의 요구에 효과적으로 대처할 수 있는 교육개혁의 필요성에 대한 전반적인 공감대를 형성했다. 이러한 맥락에서 독일교육부(Bundesministerium für Bildung und Forschung: 이하 BMBF)는 주 정부의 교육 자율권을 최대한 보장하는 연방주의(Föderalismus) 전통을 학업성취 부진의 요인 중 하나로 지목한 바 있다.

독일 교육정책의 전제인 연방주의 원칙은 제3제국 시기와 동독 통사당 독재기를 제외하면 굳건히 지켜져 왔다. 'PISA 쇼크'에 대한 반응의 하나로 2007년 기민당 소속 교육부장관 아네테 샤반(Annette Schavan)이 교과서 발행을 전국적으로 일원화하자고 주장한 일이 있었지만 단발성 에피소드로 마무리되었을 뿐이다. 샤반의 주장은 심지어 소속 정당 내에서도 연방주의 원칙 침해로 간주되었고, 교육계로부터는 학생들이 누려야 할 다양성과 선택의 자유를 거스른다고 비판받았다. 당시 독일의 16개 연방주 가운데 13개 주는 단일 교과서 정책에 완강히 반대했다.

독일은 프로이센이 의무교육 제도를 도입한 1819년보다 앞서 교과서 심의 제도를 도입했다. 심지어 16세기에도 수업용 교재들은 '검열'을 받았는데, 다만 당시의 통제 주체가 국가가 아니라 교회였다는 차이가 있을 뿐이다. 이러한 통제 방식들은 18세기에 점차 '표준화'되기 시작했다. 이제 교육의 주체로 떠오른 국가는 교회와 협력해 '무엇을,

누가, 어떻게, 어디에서, 어떠한 목적으로' 가르치는지 감독하겠다는 의지를 드러냈다(Stöber, 2010). 프로이센은 1763년의 일반 학교 규정(Generallandschulreglement)에 교과서 검정에 관한 내용을 포함시켰고, 바이에른에서는 1785년 교과서 발행 전권을 위임받은 출판사가 등장했다. 이 출판사의 교과서 독점권은 1848~1849년 혁명기에 이르러서야 교사들의 반발로 폐지되었다.

19세기에 점차 뚜렷해진 세속화(Säkularisierung) 과정과 더불어 교과서 통제의 주체는 교회에서 국가로 이동했다. 교육제도의 집중화는 프로이센 교육부 장관 아달베르트 팔크(Adalbert Falk)의 재직기(1872~1879)에 본격적으로 시작되었다. 특히 가톨릭에 대한 문화투쟁(Kulturkampf)의 일환으로 제정된 1872년의 학교감독법(Schulaufsichtsgesetz)은 학교감독, 학교장 임명, 교육 지침 제정 권한이 교회가 아닌 국가에 단독으로 있다는 것을 천명했다. 여기에서 간과할 수 없는 사실은, 이러한 변화가 이루어진 시점이 독일제국이라는 국민국가의 성립과 직결되어 있다는 점이다. 학교감독법 안에 교과서 구성과 내용에 대한 통제가 포함되어 있는 것은 물론이다. 이에 따라 1874년 초등학교 교과서 검정제가 도입된 한편 교사협회의 교과서 발간은 금지되었다. 중등학교 교과서 역시 유사한 경로를 따랐다.

이렇듯 절대주의 시대에 시작되어 독일제국의 성립으로 뚜렷해진 교육의 집중화 경향은 히틀러의 정권 장악 이듬해인 1934년 제국교육부(Reichserziehungsministerium)의 설립으로 정점을 찍었다. 이로써 바이마르공화국 시기까지 지속되었던 연방주의 전통은 무너지고, 교육에 관한 권한은 완전히 중앙으로 이관되었다. 제3제국은 교과서의 이념적 경향성을 심사하기 위해 독일교재청(Reichsstelle für das deutsche Schul-und

Unterrichtsschrifttum)을 설치했다. 그러나 국정교과서를 도입하려던 나치 정권의 시도는 산적한 현안들과 제2차 세계대전의 발발로 실현되지 못했다.

1949년 두 독일의 수립 이후 동독과 서독의 이념적 차이는 국정제와 검정제라는 각각의 교과서 정책에서도 확연히 드러났다. 서독은 연방주의 전통에 입각해 주의 교육 주권을 인정했으며, 연방 차원에서 교육정책을 조정하기 위해 교육부장관회의(Kultusministerkonferenz: 이하 KMK)를 두었다. 1972년 6월 KMK 결의안에서 교과서 검정에 대한 공동 지침을 마련했지만, 기본적으로 검정 절차는 주별로 상이하게 진행된다. 역사 교과서의 경우에도 검정 절차와 기준은 여타 교과의 경우와 크게 다르지 않다. 개정 독일어 맞춤법과 양질의 종이 사용 같은 1차 형식 요건 심사는 검정 주관 기관(주 교육부 또는 그로부터 위탁받은 전문 교육 연구소)의 몫이다. 2차 심사에 해당되는 내용의 심의 기준으로는 여러 가지가 있지만, 가장 중요한 것은 헌법인 기본법(Grundgesetz)에 위배되지 않아야 하며 각 주에서 채택한 교수 계획을 준수해야 한다는 점이다. 교과 학습 목표의 충족, 교과 고유의 방법론과 교육 지침 반영, 학습 동기 유발, 광고성 내용이나 사실관계 오류의 부재, 젠더·종교·인종적 평등 준수, 적절한 도표 제공, 학생들이 이해하기 쉬운 표현 사용 등의 기준도 포함된다. 역사 교과서의 경우는 인명·용어 색인과 전문용어 설명 수록, 적절한 사료 선택 여부도 고려 대상이다. 무엇보다도 교과서가 과거와 현재의 비교를 통해 독자적 관점을 정립할 수 있도록 구성되어 있는지, 단순화된 해석이나 주입식 서술을 배제하고 있는지를 심사한다는 점에서 주목할 만하다.

현재 독일에서는 처음부터 검정 절차 없이 추천 교과서 목록만을 작성했던 함부르크 외에도 2004년 이래 베를린, 자를란트, 슐레스비히홀슈타인, 메클렌부르크포어포메른이 검정제를 포기하고 자유 발행제를 도입했다. 여전히 검정제를 채택하고 있는 주 가운데 검정 주체가 주 정부인 경우는 바이에른, 라인란트팔츠, 헤센, 튀링겐, 브란덴부르크, 노르트라인베스트팔렌의 여섯 개 주이고, 바덴뷔르템베르크, 작센, 작센안할트, 니더작센, 브레멘에서는 전문 교육 연구소가 검정을 담당한다.

이처럼 검정제에서 자유 발행제로 변화해가는 추세에 대해 일각에서는 우려를 제기한다. 첫째, 검정제를 통해 교수 계획 준수 여부를 확인해야만 교과서의 질적 수준을 확보할 수 있다는 것이다. 둘째, 교과서 채택 과정이 전적으로 시장경제의 논리에 맡겨져 있으므로, 최소한 발행 과정에서만이라도 국가가 개입할 수 있는 여지를 마련해야 한다는 것이다. 자유경쟁 원리를 비판하는 이러한 입장은 출판사들이 판매 부수를 올리기 위해 교과서 내용보다는 '포장'에 집중한다는 점을 공격한다. 셋째, 자유 발행제에 대한 가장 중요한 반론은 독일 교육의 전통인 연방주의 원칙을 옹호하기 위해 현행과 같은 심의 절차가 유지되어야 한다는 것이다. 하지만 이 마지막 입장은 자유 발행제 도입 또한 주의 교육 주권에 따른 결정이라는 점에서 반박 가능하다.

게오르크-에커트 교과서 연구소의 게오르크 슈퇴버(Georg Stöber)에 따르면 독일에서 교과서 심의 절차가 점차 느슨해지는 근본적인 이유는 교육 당사자들의 자율과 책임을 강조하는 쪽으로 교과서 정책이 변화하고 있기 때문이다. 예컨대 바덴뷔르템베르크에서는 검정 절차를 간소화하는 대신 교과서 문제에 대한 개입 방식을 바꾸었다. 각 학교가 자율적으로 채택한 교과서로 학습한 학생들의 성과를 비교 평가한 것이다(Stöber, 2010). 이러한 민주적 분위기의 성숙은 통일 이후 새로운 독일 정체성과 유럽 통합을 지향하는 동시에 이주자들을 배려하는 복수적 정체성 교육의 방향과도 관련이 있다.

그럼에도 다양성을 존중하는 독일 교육의 연방주의 전통은 PISA 쇼크 이래 근본적인 도전을 받고 있다. 그 직접적인 결과는 2004년부터 'PISA 과목'에 해당하는 독일어, 수학, 제1외국어(영어, 프랑스어)에 국가교육표준을 도입하고 있다는 사실이다. 이러한 중대 변화는 2003년에 나온 BMBF 보고서 「국가교육표준 개발을 위하여(Zur Entwicklung nationaler Bildungsstandards)」(Klieme et al., 2007)의 제안에서 비롯된 것이다. 독일 교육정책에 획기적인 전환을 가져온 이 보고서는 OECD의 DeSeCo(Definition and Selection of Competencies) 프로젝트에 입각해 역량 중심 교육과정(Kompetenzorientiertes Curriculum)을 도입하는 것을 주요 내용으로 삼고 있다.

2. 독일 역사교육의 역량 모델

독일에서 역량 모델에 관한 본격적인 연구를 자극한 BMBF의 2003년도 보고서는 통상 그 대표 저자의 이름을 따 '클리메(Klieme) 보고서'로 불린다. 이 보고서에서 역량이란 "다양한 상황에서 성공적으로, 책임 있게 문제를 해결할 수 있는 능력, 기능, 태도"(Klieme et al., 2007: 12 이하)로 이해된다. 역량 교육은 학생들의 성취 능력 향상과 그에 필수적으로 수반되는 창의성 및 자발성을 중시한다. 클리메 보고서는 학습 목표 달성 위주로 고안된 기존의 학습법을 개혁하고자 미국과 같은 국가 표준을 도입할 필요성을 제기했으나, 전통적 연방주의, 말하자면 각 주의 교육고권(Bildungshoheit der Länder)과의 충돌을 피하기 위해 주 정부가 독자적으로 역량 중심 교육과정을 개발하도록 권고했다. 2017년 현재 독일에서는 라인란트팔츠를 제외한 15개 주가 역량 중심 교육과정을 채택하고 있다.

독일 역사학계는 전통적으로 교육에 국가 표준을 도입하려는 움직임에 부정적인 입장을 취해왔다. 예컨대 한나 쉬슬러(Hanna Schissler)는 PISA 쇼크 이후 독일 교육계에 나타난 표준화·규범화 경향에 단호히 반대한다. 그는 신자유주의 시장경제의 논리에 따라 학생의 성취도를 끊임없이 측정, 평가, 통제하려는 도구적 접근 방식은 세계관과 가치관의 수립 및 그에 따른 행동을 목적으로 하는 교육의 본질에 위배된다고 비판한다. 특히 역사교육에서는 지식의 축적보다 해석 능력과 다양한 관점을 수용하는 능력, 무엇보다도 역사의식의 확장이 중요한데, 후자는 본질적으로 측정이 불가능하다는 것이다(심콕스·윌셔트, 2015: 177~178, 191). 한스위르겐 판델(Hans-Jürgen Pandel)은 국가 표준을 위시한 '규범(Kanon)'의 도입이 역사 연구의 발전에 배치된다는 주장을 다음과 같이 요약한다. "비역사적 규범을 고집한다면 역사 수업은 역사학으로부터 결별하게 된다. … 규범에 호소하는 것은 연구에 심히 적대적이기 때문이다"(Pandel, 2005: 72).

이와 달리 2000년대 초 독일 역사교육계 안에서는 역사 학습에 필요한 방법론 부재에 대한 위기의식이 팽배해 있었다. 보도 폰 보리스(Bodo von Borries)는 역량 중심 수업이라는 조류를 따르는 것이야말로 "역사 학습의 성과를 진정으로 개선할 수 있는 기회"로서 독일이 처한 위기 상황에 대처할 수 있는 방안이라고 천명한 바 있다(Borries, 2004: 164). 도입 초기에 역량은 종종 학습 목표와 혼동되었고, 일각에서는 역량 중심 교육과정을 가리켜 "헌 술에 새 부대를 담은 것"이라고 비판하기도 했다(Heil, 2010: 7). 그러나 오늘날 역사교육의 화두로 부상한 역량 모델에 대한 논의는 역사교육의 목적론 및 방법론과 관련해 활발히 진행 중이다. 역사 학습의 목적이 단순히 과거에 대한 지식 축적이 아니라 과거와의 대면을 위한 근본적인 역량을 양성하는 것이라는 합의는 존재하지만(Barricelli et al., 2012: 230), 역사적 사고 역량을 획득하기 위한 구체적인 방법에 이르러서는 이견이 분분한 것이 사실이다. 독일 역사교육계가 제시한 역량 모델 중 대표적인 성과로는 다음 세 가지가 있다.

(1) 판델 모델(2005): 역사과 특수 역량 모델

클리메 보고서에 대한 역사교육의 첫 번째 반응은 판델 모델로, 독일어권에서 최초로 나온 역사과 특수 역량 모델이다. 판델 역시 클리메 보고서와 마찬가지로 역량을 "창의적 문제 해결 능력"으로 정의하며(Pandel, 2005: 24), 이를 다시 세 가지 차원으로 구분한다. 첫째로 창의적 업적을 낳을 수 있는 교과 특수적 문제 해결 능력, 둘째로 이미 학습한 모델에 따른 행위가 아니라 다양한 상황에 적용 가능한 창의적 문제 해결 능력, 셋째로 지식 획득, 방법 숙지, 행동 능력을 바탕으로 하는 복수적 문제 해결 능력이 그것이다(Pandel, 2013: 208~211). 그는 전체 교과 영역을 아우르는 보편적 문제 해결 능력은 존재하지 않는다는 입장에 서서 역사과 특수 역량 개발의 필요성을 주장한다.

판델 모델은 양식(Gattung) 역량, 해석 역량, 내러티브 역량, 역사 문화 역량으로 이루어진다. 이 네 가지 역량은 순서대로 학생들의 역사 인식 단계에 상응한다. 양식 역량이란 역사 인식의 토대를 형성하는 다양한 양식의 학문, 문학, 예술 텍스트 및 사료를 구분하고, 주제를 파악하며, 상이한 진술 의도를 인식하는 능력이다. 다음으로 해석 역량이란 인간이 창출해낸 다양한 양식의 텍스트, 사료로부터 역사적 지식과 의미를 추출하는 능력을 말한다. 여기에서 필요한 것이 내러티브 역량인데, 이는 시차를 두고 벌어진 일련의 사건들에 의미를 부여해 일관성 있는 진술로 도출해내는 능력을 의미한다. 판델은 내러티브의 중요성을 특히 강조하며, 이는 상황에 따라 글쓰기, 말하기, 시간의 구조화 등으로 다양하게 표현된다고 말한다. 마지막으로 역사 문화 역량이란 인간이 만들어낸 다양한 문화 양식들을 역사적으로 인식하고 이를 학문적·수사적·상상적·심미적·담론적 형식으로 진술하는 능력을 지칭한다. 역사적 함의를 지닌 사건에 참여하거나 반대로 거리를 두는 행위 또한 여기에 포함된다. 판델은 기존의 학교 역사교육이 이 부분을 경시한다고 비판한다(Pandel, 2005: 40).

(2) 독일역사교사협회 모델(2006, 2010): 역사과 특수 역량 모델

판델 모델이 역사적 사고 연구의 연장선상에서 도출된 반면, 독일역사교사협회(Verband der Geschichtslehrer Deutschlands)는 김나지움 역사수업에 적용하기 위한 역량 중심 교육 표준 모델을 제시했다(Verband der Geschichtslehrer Deutschlands, 2006; Stupperich, 2006: 21~30). 이는 'PISA 과목'에만 국가 표준을 도입하려는 KMK의 입장에 대한 반응이었다. 2005년 5월부터 준비해 이듬해 9월 콘스탄츠 역사학대회에서 선보인 독일역사교사협회 모델은 중등 I 단계(Sekundarstufe I) 학생들이 2년마다 성취해야 할 역량 영역을 사실 역량(Sachkompetenz), 해석·성찰 역량,

매체·방법 역량으로 제시한다.[1] 그러나 이 모델은 학생들이 역사적 사고력을 기르기 위한 '능력, 기능, 태도'라기보다는 알아야 할 지식을 선별한 '내용 표준'에 불과하다는 비판을 받았다. 즉 사실 역량과 내용을 혼동했다는 것이다. 실제로 이 모델에 따르면 중등 I 단계 학생들이 길러야 할 하위 역량의 숫자는 무려 422개에 이른다.

독일역사교사협회 모델은 2010년 베를린 역사학대회를 계기로 대폭 수정되었다. 수정된 모델에서도 세 개 역량 영역은 동일하게 유지되었지만 상세 설명이 추가되고, 시대별로 선택된 내용과 연관될 수 있는 '해석'을 구체적으로 예시하며 이와 관련된 '매체·방법'을 상세히 제시한다. 예컨대 '로마 공화정의 위기'와 연관될 수 있는 '해석 역량'은 '학생들이 제정 성립의 원인을 설명할 수 있다'로 설정하고, 관련된 '매체·방법 역량'으로는 '아우구스투스 황제가 건설한 평화의 제단(Ara Pacis)을 활용할 수 있다'고 제시한다(Verband der Geschichtslehrer Deutschlands, 2010: 10). 그러나 여전히 독일역사교사협회 모델은 '내용'에 치우쳐 있어 체계적 역사 학습을 위한 이론적 모델이라고 보기에는 한계가 있다.

(3) FUER 모델(2006, 2007): 대중 역사교육으로 확장한 모델

FUER는 '성찰적 역사의식의 진흥과 발전을 위한 모임〔Förderung und Entwicklung eines reflektierten und (selbst-)reflexiven Geschichtsbewusstseins〕'

1 작업 단계에서 '역사적 사고 역량'이 '해석·성찰 역량'으로 바뀌었다. 독일역사교사협회 모델 해설은 자우어(Sauer, 2006: 7, 20)를 참조하라.

의 약자로, 발트라우트 슈라이버(Waltraud Schreiber), 안드레아스 쾨르버(Andreas Körber) 등이 이끄는 프로젝트의 명칭이다. 이 이름은 1980년대 이래 독일 역사교육계에서 전반적으로 확산된 카를에른스트 야이스만(Karl-Ernst Jeismann)의 역사의식 이론을 반영한다(Jeismann, 1988).[2] FUER 그룹은 2006년 『역사적 사고, 역량·구조 모델(Historisches Denken. Ein Kompetenz-Strukturmodell)』(Schreiber et al., 2006)이라는 소책자를 발간했는데, 이 책은 이듬해 『역사적 사고의 역량들(Kompetenzen historischen Denkens)』(Körber, Schreiber and Schöner, 2007)이라는 876쪽의 방대한 양의 이론서로 다시 출간되었다. 현재 FUER 프로젝트에는 독일어권 연구자들과 벨기에, 헝가리, 루마니아, 이탈리아 연구진이 참여하고 있다.

학교교육에서 이루어지는 역사적 사고에 관심을 두는 다른 모델과는 달리 FUER 모델은 일반 개인과 사회로 대상을 확장했다는 점에서 차별화되나, 역사적 사고의 본질적인 특징을 내러티브성으로 본다는 점에서는 공통분모를 지닌다. FUER 모델은 질문 역량, 방법 역량, 지향 역량, 사실 역량의 네 개 역량 영역으로 구성되어 있으며, 여기에 '역사적'이라는 수식어를 추가함으로써 이를 역사과 특수 역량으로 자리매김한다.

FUER 모델에서 앞의 세 역량 영역은 역사적 사고의 과정과 연결된다. 첫째, 역사적 질문 역량은 판델이 말한 문제 해결 능력과 일맥상통하며, 역사적 사고 과정에서는 불확실성을 해소하는 단계에 해당한다. "역사적 질문이 없다면 역사(학)도 없다"(Körber, Schreiber and Schöner,

---

2 야이스만은 '정체성'과 '역사의식'이 독일 역사교육의 핵심어로 부상하는 데 지대한 역할을 했다. 그는 이 논문에서 이미 '행동 역량', '역사·내러티브 역량'이라는 용어를 사용한 바 있다.

표 5-1 FUER 모델(2007)

역량 영역	핵심 역량
역사적 질문 역량	· 역사적 문제 제기 역량 · 역사적 문제 제기 구성 역량
역사적 방법 역량	· 해체 역량 · 재구성 역량
역사적 지향 역량	· 역사의식의 재조직 역량 · 세계와 타자 이해의 성찰과 확장 역량 · 자아 성찰과 확장 역량 · 행위 성찰과 확장 역량
역사적 사실 역량	· 개념 역량 · 구조화 역량

자료: Körber, Schreiber and Schöner(2007: 36).

2007: 156). 역사적 질문 역량이란 과거에 대해 스스로 문제를 제기할 수 있는 역량과 역사 내러티브나 타인의 문제 제기를 인식, 가공할 수 있는 역량을 말한다. 둘째, 역사적 방법 역량은 체계적 역사 인식을 위한 능력, 기능, 태도를 의미한다. 그 하위 범주인 재구성 역량은 역사 내러티브를 만들 수 있는 능력으로, 구체적으로는 사료 비판 능력을 뜻한다. 해체 역량은 기존의 역사 서술에 담긴 서술자의 의도를 비판적으로 분석할 수 있는 능력을 의미한다. 셋째, 역사적 지향 역량은 재구성과 해체를 통해 획득한 과거 인식을 현재 및 미래와 명확하게 연관시킬 수 있는 능력을 말한다. 이를 통해 개인은 역사의식을 재조직하고 세계관과 타자관, 정체성을 수립하며 자신의 행위를 역사적 맥락 속에서 성찰, 평가할 수 있다. 넷째, 역사적 사실 역량이란 역사 개념을 체계화하고 역사적 구조화를 가능하게 하는 능력을 아우르는 명칭이다. 한편 이와 별도로 FUER 모델은 판델을 위시한 여타 역사교육학자들의 역량 개념을

'개별 역량' 범주에 넣는다.

FUER 모델의 성과는 비단 역량 모델의 이론화에만 그치지 않는다. 이 프로젝트는 2014년 이래로 역량 모델을 실제 역사 학습에서 구현하기 위해 노르트라인베스트팔렌주 김나지움 중등 I 단계 학생들을 대상으로 디지털·멀티미디어 교재를 제작하고 있다. 마르쿠스 벤츠케(Marcus Ventzke)가 주도하는 이 작업은 'mBook 프로젝트'로 명명되었다. 2015년부터는 BMBF가 지원하는 '역사적 사고, 역사의 역량(Historical Thinking, Competencies in History: 이하 HiTCH)' 프로젝트가 진행되고 있다. HiTCH 프로젝트의 최종 목표는 FUER 모델을 바탕으로 학생들의 역사적 사고 역량을 파악할 수 있는 평가 도구를 개발하는 데 있다.

그 밖에도 독일어권에서는 몇 가지 역사과 특수 역량 모델이 제시되었는데,[3] 판델 모델이나 FUER 모델과 마찬가지로 경험 연구에 기반을 두지 않은 추상적 이론이라는 비판을 받고 있다(Bracke et al., 2014: 33). 종합해보면, 독일의 역사과 역량 모델에 관한 일관된 합의는 존재하지 않는다. 다만 판델 모델이나 FUER 모델 모두 역량 학습의 핵심으로 내러티브를 강조하는 독일 역사교육계의 흐름(Brütting, 2014: 70~72; Neumann, Schürenberg and van Norden, 2016: 149)을 따르고 있다는 점이 특징이다. 3절에서는 연방주 가운데 역사과 역량 모델을 가장 먼저 채택했을 뿐만 아니라 교과 특수적 역량 모델을 제시했다고 평가받은 노르트라인베스

3 참조 역량, 역사적 해석 역량, 의사소통 역량, 제시 역량을 거론한 귄터 아른트 모델과 내러티브 역량을 상위 범주로 두고 그 하위 범주로 시간 변화 인식 역량, 시간 경험을 위한 지향 역량을 제시한 가우치 모델 등이 있다. 가우치 모델은 용어 측면에서 다른 모델과 차별화된다. 귄터 아른트와 한드로(Günther-Arndt and Handro, 2007), 가우치(Gautschi, 2009: 48~66)를 참조하라.

트팔렌주(Conrad, 2012: 312 이하)를 사례로 독일 역량 중심 교육과정의 현황을 검토해보고자 한다.

3. 역사과 특수 역량 중심 교육과정의 실제: 노르트라인베스트팔렌주 핵심 교수 계획

노르트라인베스트팔렌주는 독일의 16개 연방주 가운데 인구가 가장 많고, 베를린, 함부르크, 브레멘처럼 도시 자체가 연방주로 독립되어 있는 곳을 제외하면 도시화 비율 또한 가장 높다. 또한 19세기부터 광산업이 주력 산업으로 부상하면서 외국인 노동자들이 대거 유입된 이래 이주민(22.6%)과 외국인(10.6%) 비율이 상대적으로 높은 지역이기도 하다. 역사적으로는 제2차 세계대전 종전 이후 프로이센령 라인란트 북부, 프로이센령 베스트팔렌, 리페 등 세 지역의 '인위적 결합'으로 탄생했기 때문에 독자적 지역 정체성에 대한 주장이 바이에른 같은 타 연방주에 비해 상대적으로 약하며, 종교 또한 로마 가톨릭(39.3%)과 개신교(28.5%)가 섞여 있다. 여기에 덧붙여 20세기 후반부터 가속화된 유럽 통합에 따른 다양한 정체성의 병존은 역사과 교수 계획의 내용 선정 원리에 직접 반영되고 있다.

노르트라인베스트팔렌주는 2004년 김나지움 교육과정을 9년에서 8년으로 축소하는 G8을 도입했으며, 이에 따라 중등 I 단계는 10학년에서 9학년으로 단축되었다(박혜정, 2013: 196). 수업연한 단축은 내용 요소 감축, 나아가 역량 중심 수업으로의 전환을 위한 전제로 간주되었다. 교육과정에 해당하는 핵심 교수 계획(Kernlehrplan)은 총론 없이 초등(1~4학년)

단계, 중등 I 단계(5~9학년), 중등 II 단계(10~12학년)별로 서론에서 역량 중심 교육 원칙을 간략히 언급한 후 교과별 각론으로 들어간다. 이는 범교과적 핵심 역량보다는 교과 특수 역량의 개발을 우선순위에 두는 독일 교육의 전반적 방향성에 조응하는 것이다. 서론에서는 학교별로 상황에 맞게 핵심 교수 계획을 적용할 의무가 있다고 명기함으로써 학교의 자율성과 책무를 강조한다.

노르트라인베스트팔렌주는 2004년 'PISA 과목'에 역량 중심 교육과정을 도입한 후 점차 다른 과목으로 확대했다. 다음에 나오는 내용은 2007년 8월부터 시행되고 있는 '노르트라인베스트팔렌 김나지움 중등 I 핵심 교수 계획: 역사(이하 역사 I)'와 2014년부터 적용되고 있는 '노르트라인베스트팔렌 김나지움 중등 II 핵심 교수 계획: 역사(이하 역사 II)'를 바탕으로 한다. '역사 I'의 문서 체제는 다음과 같으며, 역사과 목표는 2장에, 내용은 4장에 각각 포함되어 있다. 이러한 구성 방식에서는 역량을 목표 및 내용과 구분하려는 의도가 뚜렷하게 드러난다.

서론: 사회과 수업 계획의 새로운 형태로서 역량 중심 교수 계획

1장: 중등 I 과정 교육을 위한 사회과의 기여

2장: 김나지움 5~9학년 역사과 수업

3장: 역량 발달과 학습 진행

4장: 중등 I 과정 말에 필요한 성취 단계

5장: 평가

서론에서는 역량 중심 교육과정의 방향을 다음과 같이 설명한다 (Ministerium für Schule und Weiterbildung des Landes Nordrhein-Westfalen,

2007: 9~10). 이 내용은 '역사 II'에서도 동일하다(Ministerium für Schule und Weiterbildung des Landes Nordrhein-Westfalen, 2014: 9).

- 기대되는 학습 성과를 중심에 배치
- 기대되는 학습 성과를 역량 영역에 따른 교과 역량의 형태로 기술
- 이 역량들이 수업의 어떤 단계에서 성취되어야 하는지를 제시
- 향후 교육에 필수적인 기본 지식과 능력 및 이와 연관된 내용으로 한정
- 교내 평가에서 학습 성과와 성취 정도를 확인하기 위한 요소들은 배제
- 개별 학교와 주 차원에서 이러한 요구 수준을 확인하기 위한 전제를 창출

'역사 I' 1장에서는 사회과에 필요한 역량을 실제적 차원에서 "우리 민주 공동체의 사회적 현실을 이해하고, 여기에서 살아가고 참여하는 데 필요한 것"이라고 규정한다. 학생들은 이러한 현실을 비판적으로 대면하고 성찰하며 사회 발전에 동참하는 역량을 획득함으로써 문화와 세계에 대한 지식을 획득하고 개인의 정체성을 발전시킨다. 또한 자신의 삶의 기회를 인식하고 사회생활 및 민주적 의사 결정 과정에 책임 있게 참여하게 된다고 기술한다. **사회과 공통 역량으로는 사실 역량, 방법 역량, 판단 역량, 행동 역량을** 제시한다.[4] '핵심 역량'이라는 용어는 사용되지 않지만, 각 역량의 '부분 역량'들을 거론하고 있기 때문에 맥락상 같은 내용을 의미한다.

4 노르트라인베스트팔렌주에서는 사회과 가운데 정치과에서 가장 먼저 역량 모델을 만들었는데, 여기에는 방법 역량, 판단 역량, 행동 역량만이 언급되었다. 사실 역량은 역사과 역량 모델에서 추가되었다.

표 5-2 **노르트라인베스트팔렌 모델(2007)**

역량	정의
사실 역량	· 전공 개념과 범주들로 시간 설정의 기본 개념, 역사적 사건, 인간, 사상, 기타 상이한 시간 및 사회에서 살아간 인간의 삶을 이해하는 능력 · 이를 바탕으로 발전, 변화 과정, 삶의 역사를 관련시켜 탐구하고 이해하며 표현하는 것, 즉 역사를 '구성'하는 능력과 아울러 타자의 내러티브 및 역사 문화의 요소들을 분석(해체)하는 능력
방법 역량	· 역사의 경과와 구조들을 분석하고 (재)구성하기 위한 절차와 정보들을 스스로 창출하는 능력 · 그 핵심은 여러 양식으로 나타난 사료들을 해석하고 다양한 형태의 역사 진술들을 비판적으로 분석하는 능력
판단 역량	· 역사 현상들을 그 시간적·공간적 맥락에서 이해하고 다양한 관점으로 대면하며 각 시대에 따른 인간 행위의 가능성과 한계를 평가하는 능력 · 사실 판단: 역사적 사건과 관계의 선택, 연관, 해석 능력 · 가치 판단: 규범적 가치들을 역사적 사실관계 속에 배치하고 독자적인 가치를 성찰하는 능력
행동 역량	· 비판적으로 역사 해석들을 대면하고 스스로 그 해석 과정에 참여하는 능력 · 습득한 사실·방법·판단 역량을 통해 재구성과 해체를 할 수 있으며, (과거를) 현재 및 미래와 명확히 관련짓고 이를 생활 세계와 역사적 지향에 활용하는 능력

자료: Ministerium für Schule und Weiterbildung des Landes Nordrhein-Westfalen(2007: 18~19).

2장에서는 역사 학습의 목표를 '성찰적 역사의식의 발전을 지원'하는 것으로 규정하고, 역사의식의 세 요소를 시간 의식(과거, 현재, 미래), 현실 의식(실제, 허구), 역사성 의식(지속성, 변화)으로 구체화한다. FUER 모델과 마찬가지로 야이스만이 제시한 역사의식 이론의 영향이 나타나는 부분이다. 역량과 관련해서는 '비판적 시각으로 역사 문화에 참여하는 능력'을 보유하기 위해 판단력, 분석 역량, 해체 역량이 필요하다고 기술하는데, 여기에서는 판델 모델 및 FUER 모델과의 접점을 엿볼 수 있다.

역량에 대한 본격적인 해설은 3장에 나온다. "성찰적 역사의식은 학생들이 역사 역량을 어떻게 획득하는지에 달려 있다." 1절에서 사회과 공통 역량은 역사과와 관련해 〈표 5-2〉와 같이 재정의된다. 그중 방법 역량은 역사교육의 핵심이며, 행동 역량은 나머지 세 역량을 통해 도달해야 하는 최종 목표로 간주된다. 전통적인 역사교육의 목표인 지식·이해, 기능, 가치·태도는 이 역량 모델에서 새롭게 범주화된다. 〈표 5-2〉에서처럼 사실 역량은 단순 지식 습득이나 이해뿐만 아니라 기능에 해당하는 부분을 포함한다. 이와 같은 다소 혼란스러운 개념 규정은 사실 역량이 '내용'과 동일시되는 것을 피하기 위해서인 듯하지만, 결과적으로 나머지 세 역량과의 명확한 구분을 어렵게 만들고 있다.

위 모델을 바탕으로 3장 2절에서는 역사 학습의 진행 단계를 설명한다. 중등 I 단계 학생들은 수업과 학교생활을 통해 의사소통 역량, 협동 학습 절차, 사회적·상호문화적 이해를 발전시켜야 하며, 아울러 사회적 수용 능력, 감정이입 능력, 참여·협동·공동결정 능력을 함양해야 한다. 3절에서는 이러한 과정이 역사 학습에서 어떻게 이루어져야 하는지를 기술한다. 시간적 거리를 인식하기 어려운 중등 역사 학습 초기 단계에서, 학생들은 시간적으로 멀리 떨어진 사회를 그 자신의 사고와 구조로써 구성해야 한다. 즉 과거의 인간을 그 시·공간 조건하에서 개인이자 공동체의 일부로 인식하고 이해하며 설명할 수 있어야 한다. 중등 I 단계 마지막에는 학생들이 전문 역사학의 내용과 방법을 지향해야 한다고 언급한다.

4장에서는 학년별, 역량 영역별로 성취해야 할 하위 역량들이 구체적으로 진술된다. 〈표 5-3〉은 학생이 학년별로 학습해야 할 방법 역량을 등급화한 것이다. 등급화는 한국에서 계열화라고 부르는 것과 유사한

표 5-3 **방법 역량의 계열화(중등 I)**

5~6학년	· 역사책을 역사 정보와 해석된 서술로서 활용한다. · 고고학을 예로 들면, 학자들이 어떻게 연구하며, 유적들을 통해 어떤 방식으로 결과를 도출할 수 있는지를 기술한다. · 간단한 텍스트에서 목표한 정보들을 찾아내고 그 주요 개념을 초보적인 형태로 명명한다. · 사료와 2차 자료를 구분한다. · 서술된 자료들의 기초적 가공 단계를 알고 이를 활용한다. · 교과서 목차와 주요 내용을 재구성한다. · 이미지 사료를 설명하고 그 관계를 서술하며, 그것이 가져온 결과를 설명한다. · 유물이 제작된 과정을 서술하고 오늘날과 비교해 그 가능성과 한계를 지적한다. · 역사 지도를 보고 주제, 묘사된 공간, 시간, 범례를 파악하며 포함된 정보들을 열거한다. · 도표를 보고 주제, 구성 요소, 범례를 파악하며 포함된 정보들을 열거한다. · 역사 영화와 기록 영화를 구별하고 영화에서 역사적 정보들을 추출한다. · 유물과 사료의 정보들을 비교하고 그 상호 관계를 수립한다. · (사건들의) 관계를 서술하는 간단한 연표와 도표를 읽고 만든다. · 하나의 역사적 대상 또는 문제를 그래픽으로 구조화하고 시각화한다. · 역사 사실들을 언어로 적절하게 서술한다.
7~9학년	· 문제를 제기하고 가설을 만들며 이를 검토한다. · 학교 내부의 매체들과 도서관, 인터넷 같은 외부의 매체들을 활용해 스스로 정보를 찾아낸다. · 자료들의 특징을 구분하고 다양한 자료가 갖는 증언 가치를 평가한다. · 주어진 질문에 맞는 적절한 정보들을 텍스트에서 확인한다. 텍스트의 주요 개념을 명명하며 그 사상적 관련성을 기술하고, 핵심 단어나 문장의 의미를 파악한다. · 초보적 단계의 사료를 해석하고 2차 자료를 사실별, 주제별로 분석, 활용한다. · 사실과 전공에 부합하는 정보 추출과 이미지 사료(캐리커처, 사진, 플래카드, 지도, 통계, 도표) 파악의 기초적 작업 단계를 활용한다. · 정보들을 비교하고 그 상호 관계를 구성하며 관련성을 설명한다. · 근거와 주장, 원인과 결과, 전제와 결과, 실제와 상상을 구별한다. · 상이한 관점과 논쟁적 입장들을 파악하고 이를 적절하게 재현한다. · 시간적 순서와 관계를 기술하고 당대의 사상을 해명하며 인용된 언술과 언어상 거리를 두는 수단으로서 적절한 언어 수단을 활용한다. · 매체를 활용해 역사 사실들을 문제 지향적으로, 읽는 사람에게 적절하게 서술하고 재현한다.

자료: Ministerium für Schule und Weiterbildung des Landes Nordrhein-Westfalen(2007: 25~29).

개념이다. 이러한 방법 역량의 등급화는 역량 모델이 학년별 진보 단계를 담아내야 한다는 클리메 보고서의 제안을 따른 것으로 보인다. 하지만 이와 같은 '역량의 계열화'에 대해서는 현재 독일 역사교육계 안에서 찬반 의견이 날카롭게 대립하고 있다.[5]

역량 중심 교육과정은 내용 요소 감축을 수반한다. 노르트라인베스트팔렌주는 내용 선정 기준으로 민족사, 유럽사, 지구사의 관점을 반영할 수 있어야 한다는 것을 강조한다. 선별되는 내용은 이 중 최소한 두 가지, 가능하면 세 가지 관점 모두를 포괄하는 것으로서, 결과적으로 복수적 관점의 해석이 가능한 내용이어야 한다는 것이다. 그러나 구체적인 내용 선정의 책임은 전문가 및 교사 집단에 위임하고 있으며, 이 때문에 핵심 교수 계획은 내용 영역과 문제 설정의 원칙에 대해서만 개괄적으로 다루고 있을 뿐이다. 〈표 5-4〉는 노르트라인베스트팔렌주 역사과 내용 조직을 보여준다. '역사 I'의 결정적인 한계는 학생들이 역량을 획득할 수 있는 구체적인 방법이나 수단에 대해서는 언급하고 있지 않다는 점이다. 이 때문에 역량과 목표가 형식적으로만 분리되어 있을 뿐, 실제로는 구분하기 힘들다는 비판이 제기되기도 한다(Heil, 2010: 55 이하).

2014년에 나온 '역사 II'는 역사적 사고력 훈련에서 내러티브 구조 인식의 중요성을 강조하고 있다는 점에서 학계의 문제의식에 좀 더 근접

---

5 독일 역사교육계에서 이를 지지하는 대표적인 세력은 FUER 그룹이며, 이들은 역량 영역별로 상세한 계열화를 시도한 바 있다(Körber, Schreiber and Schöner, 2007: 413~649; Barricelli et al., 2012: 236~254). 반면 판델은 역량의 계열화에 회의적인 입장을 표한다. 그는 '이해한다', '설명한다'와 같은 역량을 어떻게 나눌 수 있느냐고 반문한다. 판델은 학생들이 학년별로 단계적으로 역량을 취득하는 것을 '사과를 3등분해 2년마다 한 쪽씩 먹음으로써 졸업 즈음에야 사과 한 개를 온전히 먹는 일'에 비유한다(Pandel, 2013: 213 이하).

표 5-4 **노르트라인베스트팔렌주 역사과 내용 조직(중등 I, II)**

5~6학년	1. 초기 문화들과 고등 문명 2. 고대 생활 세계: 그리스의 폴리스와 로마제국 3. 고대인은 서로에 대해 무엇을 알고 있었는가?(아프리카, 유럽, 아시아인의 상호문화적 접촉과 영향) 4. 중세 유럽
7~9학년	5. 중세인은 서로에 대해 무엇을 알고 있었는가?(아시아, 유럽의 문화 교류 형태, 기독교도, 유대인, 무슬림의 공존과 대립) 6. 새로운 세계와 새로운 지평(신분 사회, 르네상스, 휴머니즘, 종교개혁, 유럽인과 비유럽인) 7. 유럽이 변화하다(절대주의, 시민혁명, 산업혁명) 8. 제국주의와 제1차 세계대전(제국주의 확장의 추동력, 아프리카와 아시아의 제국주의 정책, 강대국의 경쟁, 제1차 세계대전의 특징) 9. 세계 정치의 새로운 조정(러시아 혁명과 스탈린주의, 미국의 강대국으로의 부상) 10. 나치즘과 제2차 세계대전 11. 세계의 신질서와 독일의 상황 12. 과거의 인간은 서로에 대해 무엇을 알았는가? 지금은 어떠한가?(인쇄술과 디지털 혁명, 고대와 오늘날의 여행, 역사적 관점에서 본 자아상과 타자상)
10~12학년	1. 세계사적 관점에서 본 타자와의 경험 2. 이슬람 세계, 기독교 세계: 중세와 근대 초 두 문화의 만남 3. 역사적 관점에서 본 인권 4. 진보와 위기 사이의 근대 산업사회 5. 민족사회주의 시기: 전제, 지배 구조, 영향, 해석 6. 19~20세기 민족주의, 민족국가, 독일 정체성 7. 근대 평화조약과 평화의 질서

자료: Ministerium für Schule und Weiterbildung des Landes Nordrhein-Westfalen(2007: 27~31), Ministerium für Schule und Weiterbildung des Landes Nordrhein-Westfalen(2014: 17~19).

한 양상을 보인다. 여기에서는 네 개 역량 영역을 학습 '과정'으로 정의하고 이를 학기별 세미나의 주제에 해당하는 내용 영역과 구분한 뒤, 영역별로 '기대 역량'을 상술하는 형식을 취하고 있다. 이는 '능력(역량)'과 지식을 동시에 갖추는 학습이야말로 상황별 문제 해결에 중요하다는 인식에서 비롯된다.

‘역사 II’에서는 중등 I 단계에서 제시된 역량 영역이 심화되고, 구성요소별로 고유 번호가 붙여졌다. 주목할 사항은 여기에 수준별 교육과정이 도입되어 있다는 점이다. 중등 II 단계 상급 학년 학생들은 기본 과정과 심화 과정으로 나뉘어 동일한 내용 영역을 학습하게 되어 있다. 〈표 5-5〉는 중등 II 단계 방법 역량의 수준별 하위 역량을 제시하는데, 여기에서 학생들의 수준 차이에 대한 고려는 상세 설명의 미세한 차이나 부사의 삽입 여부로만 나타난다. 심지어 MK 2, MK 4처럼 기본 과정과 심화 과정이 완전히 같은 항목도 있다.

마지막으로 평가 관련 규정을 보면, ‘역사 I’은 4대 역량 영역 각각에 입각한 평가를 원칙으로 제시하며, 재학 중 취득한 역량이 다음 단계의 학습에 도움이 되어야 한다고 강조한다. 토론, 발표, 만들기, 역할극, 지필 평가 등 다양한 평가 방법을 모두 활용하되, 지식의 단순 재생산은 지양한다는 점을 명확히 밝힌다. 구체적인 평가 지침은 전문가 회의에 위임한다. ‘역사 II’에서도 동일한 원칙하에 지필 평가 및 기타 평가 방식의 세부 요건을 상술한다. 모든 필기 및 구두 시험은 아비투어(Abitur) 준비를 기준으로 하며, 언어의 올바른 사용을 비롯한 글쓰기의 중요성을 강조한다. 또한 학교가 정한 범위와 난이도에 따른 보고서 제출로도 학점 취득이 가능하다고 명시한다.

전체적으로 보면, 노르트라인베스트팔렌 모델은 역사적 사고력에 대한 독일 학계의 문제의식을 충실하게 수용하면서도 앞 절에서 서술한 역사과 특수 역량 모델들과는 분명한 차이를 보인다. 예컨대 FUER 모델에서 역사적 방법 역량에 속해 있는 해체 역량과 재구성 역량이 각각 사실 역량과 방법 역량의 하위 역량으로 편성되고, 유사한 내용이 행동 역량에서 반복되어 매우 혼란스러운 인상을 준다. 특히 판델은 노르트

표 5-5 **방법 역량(MK)의 수준별 하위 역량(중등 II)**

기본 과정	심화 과정
· 역사 탐구의 주요 방법론 결정을 스스로 한다(MK 1). · 학교 내부와 외부에서 적절한 매체를 학문적 기준에 따라 스스로 참조하고 복잡한 문제 제기에 관해 목적에 맞는 정보를 창출한다(MK 2). · 사료와 역사 서술의 차이를 설명하고, 여기에 담긴 정보를 서로 비교하며, 덜 명백한 사항들을 찾아낸다(MK 3). · 복잡한 자료에서 이해해야 하는 문제를 확인하고 학문적 기준에 따라 필요한 설명을 한다(MK 4). · 관련된 다양한 역사적 탐구 형태(현재의 기원, 공시성, 통시성, 관점 및 이념 비판, 역사적 사례 탐구)를 사용한다(MK 5). · 학문적 기준에 따라 간단한 사료를 해석하며, 역사 서술을 비판적으로 대면한다(MK 6). · 지도, 그래픽, 통계, 도표, 도해, 캐리커처, 영화, 유적(기념비 등) 같은 비언어적 사료와 서술을 사실적으로, 학문적 기준에 따라 해석하고 분석한다(MK 7). · 약도, 도해, 구조도에서 복잡한 관계를 과제에 맞게 정리하고 구조화하며 시각적으로 함축성 있게 서술한다(MK 8). · 더욱 복잡한 전문적 사실들을 적절한 언어 수단과 전문 개념 및 범주를 사용해 독자에게 적절하게 문제 지향적으로 서술하고, 이를 전자 자료 가공 시스템을 활용해 제시한다(MK 9).	· 역사 탐구의 방법론 결정에 필요한 부분 작업을 분명하게, 토론을 거쳐, 스스로 한다(MK 1). · 학교 내부와 외부에서 적절한 매체를 학문적 기준에 따라 스스로 참조하고, 복잡한 문제 제기에 관해 목적에 맞는 정보를 창출한다(MK 2). · 사료와 역사 서술의 차이를 설명하고, 여기에 담긴 정보를 서로 비교하며, 역사의 구성적 성격을 도출한다(MK 3). · 복잡한 자료에서 이해해야 하는 문제를 확인하고 학문적 기준에 따라 필요한 설명을 한다(MK 4). · 다양한 역사적 탐구 형태(현재의 기원, 공시성, 통시성, 관점 및 이념 비판, 역사적 사례 탐구)를 사용한다(MK 5). · 학문적 기준에 따라 독자적으로 사료를 해석하며, 역사 서술을 비판적으로 대면한다(MK 6). · 지도, 그래픽, 통계, 도표, 도해, 캐리커처, 영화, 유적(기념비 등) 같은 비언어적 사료와 서술을 독자적으로, 사실적으로, 학문적 기준에 따라 해석하고 분석한다(MK 7). · 약도, 도해, 구조도에서 복잡한 관계를 구조화하며 시각적으로 함축성 있게 서술한다(MK 8). · 매우 복잡한 전문적 사실들을 적절한 언어 수단과 전문 개념 및 범주를 사용해 독자에게 적절하게, 문제 지향적으로 서술하고 이를 전자 자료 가공 시스템을 활용해 제시한다(MK 9).

자료: Ministerium für Schule und Weiterbildung des Landes Nordrhein-Westfalen(2014: 27~35).

라인베스트팔렌 모델에 매우 비판적이다. 그는 '사실'은 결코 역량이 될 수 없으며, '판단'과 '행동' 또한 역사학의 본령에 어긋난다고 본다. 역사교육의 본질은 이해, 인식, 비판에 이르는 역사적 사고력의 양성으로서, 역사과 역량 모델은 이에 바탕을 두어야만 한다는 것이다(Pandel, 2013:

215~219). 이러한 문제는 '역사 II'에서 다소 개선되었지만 여전히 형식상의 결함은 남아 있다. '역사 II'는 각 내용 영역별로 양성해야 하는 사실 역량과 판단 역량을 제시할 뿐, 방법 역량과 행동 역량에 대한 별도의 설명이 없다. 따라서 '역사 II' 또한 학생들이 수업에서 활용할 수 있는 구체적 지침을 제시하지 못하고 형식적 모델 제시에만 그치고 있다는 비판이 가능하다. 역량 모델에 입각한 교과서 제작이나 수업 및 평가 모델 마련 등, 향후 이 주제와 관련한 연구 과제는 산적해 있다.

4. 역량 중심 역사 수업의 실제: 식민주의 학습

독일 역사 교과서에서 식민주의를 제국의 시각에서 벗어나 다양한 관점에서 다룰 것을 강조하는 경향은 비교적 최근부터 나타나고 있다(고유경, 2014: 207~209). 오래전부터 서구 제국주의 국가들이 식민지에서 자행한 인권유린 행위가 한나 아렌트(Hannah Arendt)의 『전체주의의 기원』(1951)으로 거론되고, 특히 헤레로족 80%와 나마족 절반이 1904년과 1907년 독일령 남서아프리카(나미비아)에서 독일 군대에 학살당한 사건이 "20세기의 첫 번째 제노사이드"(Kößler, 2015: 1)로 불리고 있는 사실을 감안하면 이는 이해하기 어려운 상황이다. 교수 계획이 실제 역사 수업과 반드시 일치하는 것은 아니지만, 노르트라인베스트팔렌 핵심 교수 계획에서도 식민주의를 구체적으로 명시한 내용은 없다. 2017년 현재 독일의 16개 연방주 가운데 식민주의와 직·간접적으로 관련된 내용을 교수 계획에 포함시킨 곳은 브란덴부르크, 작센안할트, 메클렌부르크포어포메른, 니더작센, 바덴뷔르템베르크뿐이다. 이 다섯 개 주에서 역량 모델을 활용하는 방식에는 편차가 나타난다.

2015년 제정되어 2017년부터 시행 예정인 브란덴부르크의 '기본 교수 계획: 역사'를 보면, 중등 I 과정에 해당하는 9~10학년에 '민족 학살과 대중 폭력'이라는 주제가 있다(Ministerium für Bildung Berlin-Brandenburg, 2015). 식민주의 관련 주제가 통상 상급 학년인 중등 II 과정에서 다루어진다는 점을 고려하면 상대적으로 빠른 편이다. '기본 교수 계획: 역사'의 내용 부분에서는 학년마다 필수 주제, 선택 주제, 사회과 통합 주제를 제시한다. '민족 학살과 대중 폭력'은 선택 주제로서, 헤레로족과 나마족 학살, 1915~1916년의 아르메니아 학살, 스탈린 테러 중 한 가지 사례를 선택하도록 되어 있다. 그러나 이 주제와 관련해 역량 활용 방법에 대한 별도의 해설은 없다.

2015년부터 시행 중인 작센안할트주의 '전공 교수 계획: 역사'에서도 식민주의는 비교적 이른 시기인 7~8학년에 배치되어 있다. 작센안할트주는 판델 모델과 유사하게 역사 문화 역량, 내러티브 역량, 해석 역량으로 이루어진 세 개 역량 영역 외에도 내용 및 성취 기준에 해당하는 주제를 '중점 역량(Kompetenzschwerpunkte)'이라 명명했다. 예컨대 식민주의와 연관된 중점 역량은 '유럽의 세계 발견의 의미를 서술한다', '제국주의와 식민주의에 내포된 민족적 이해관계와 국제적 이해관계의 갈등을 평가한다'로 제시한다. 중점 역량은 다시 세 개 역량 영역과 연관되어 〈표 5-6〉의 형식으로 상술된다. 이는 역량 모델을 형식과 내용 각각의 맥락에서 제시한 모범 사례라고 하겠다.

니더작센주 '핵심 교육과정: 역사'는 3대 역량 영역(사실 지식 역량, 방법 역량, 해석 및 성찰 역량)과 5대 내용 범주(개인과 사회, 자유와 지배, 연속성과 변화, 경제와 환경, 평화와 전쟁)로 구성되어 있다. 식민주의 관련 내

표 5-6 **식민주의 수업 모델(작센안할트주)**

중점 역량: 제국주의와 식민주의에 내포된 민족적 이해관계와 국제적 이해관계의 갈등을 평가한다.	
해석 역량	· 식민정책의 목표와 방법에 관한 사료를 해석하고, 그 바탕에 있는 이념을 찾아내 평가한다.
내러티브 역량	· 제국주의와 식민주의 패권을 위한 노력의 특징을 사례를 들어 설명하고, 그것이 이념적으로 어떻게 정당화되었는지 고려한다.
역사 문화 역량	· 독일 식민정책의 현재적 의미를 평가하고 독자적 판단 기준을 제시한다.
기초 지식 · 식민 국가로서 빌헬름제국: 보호령, 식민지, 여타 식민 국가와의 경쟁 · 식민정책의 이념적 정당화: 인종주의, 사회진화론, 문명 전파 의식 · 방법: 선교, 착취, '문명화' · 저항(사례: 헤레로와 나마, 의화단 봉기) · 빌헬름제국 식민정책의 현재적 활용 가능성(도덕적 책임 인정, 배상)	

자료: Ministerium für Bildung Sachsen-Anhalt(2016: 31).

용은 중등 II 단계의 두 번째 일반 주제로 제시된 '역사의 상호작용과 적응 과정' 중 '에스파냐 식민주의'에서 찾을 수 있다. '에스파냐 식민주의' 수업 모델은 〈표 5-7〉과 같다. 이 주제와 관련해 기대되는 하위 역량은 '다양한 문화 접촉의 형태를 조사하고 서술한다', '장기간 지속된 역사적 변화의 과정을 원인, 조건, 경과, 결과의 관점에서 분석하고 그 상호작용을 비판, 평가한다', '자문화와 타문화의 역사에서 가치 판단을 성찰하고 다양한 역사상과 고정관념을 검토한다'이다. 니더작센주 핵심 교육과정은 제안된 주제별로 시대, 관점, 범주, 역사학 분과들을 함께 제시하는 체계적 형태로 이루어져 있다.

2016년 개정된 바덴뷔르템베르크주 역사과 '교수 계획'은 12학년 2차시의 세미나 주제로 '역사적 관점에서 본 탈식민 공간의 현 문제'를 제안한다. 세미나 진행은 학생들이 이를 통해 얻을 수 있는 '역량'의 형식으로 진

표 5-7 식민주의 수업 모델(니더작센)

시대	관점	범주	차원
근세	· 지구적 · 유럽적	· 경제와 환경 · 개인과 사회	· 문화사·사상사 · 경제사 · 환경사
내용상의 중점 · '신세계'에서 진행된 에스파냐 지배의 실제 · 식민지와 에스파냐에서 나타난 인구, 환경, 건강상의 결과 · 라틴아메리카 사회와 문화의 형성			

자료: Niedersächsische Landesinstitut für schulische Qualitätsentwiclung(2017).

술되며, '과정 역량'과 '내용 역량'을 구분하는 방식을 취한다(Ministerium für Kultus, Jugend und Sport Baden-Württemberg, 2016). 탈식민 주제와 관련된 세미나의 내용 역량은 네 단계로 구성된다. 이에 따르면 학생들은 ① 1918년 제국의 붕괴 결과로 나타난 반식민주의 운동(제국, 식민주의, 윌슨의 14개 조항, 민족자결권, 국제연맹, 위임통치)의 성립을 설명하고, ② 탈식민 과정의 형태들(혁명, 독립전쟁, 비폭력 저항, 민족 해방운동, 위로부터의 탈식민화)을 특징지은 다음, ③ 한 지역(이스라엘-팔레스타인, 남아프리카, 인도, 중동, 베트남)을 선택해 탈식민 과정을 분석, 평가하고, ④ 식민주의와 탈식민화를 배경으로 현재 문제들(신식민주의, 이슬람주의, 인종정치적 갈등, 실패한 국가, 9·11)에 대해 토론할 수 있다고 되어 있다.

메클렌부르크포어포메른주는 2006년에 선보인 김나지움 '핵심 교육과정: 역사, 정치 교육' 중등 II 단계에서 '남-북 대립, 개발도상국의 문제와 발전적 협력의 중점들'이라는 주제를 제시한다. 여기에서 식민주의는 남북문제의 역사적 기원으로 규정된다. 주제 선정의 이유는, '현재성과 미래적 중요성'으로, 학생들은 이를 통해 '상호문화적 타자 이해와 관용에 바탕을 둔 정치적 행동 능력' 및 '세계화와 그 결과에 대한 다차원적, 다관점적 대면'을 할 수 있다고 해설한다(Ministerium für Bildung, Wissenschaft und Kultur, 2006). 그러나 이러한 설명 방식이 역사적 사실 역량, 역사적 판단 역량, 역사적 방법 역량으로 구성된 메클렌부르크포어포메른주의 역량 모델과 반드시 일치한다고 보기는 어렵다. 오히려 위의 설명은 해석, 성찰 역량 내지는 행동 역량에 더 가깝다.

종합해보면, '역사적 사고력의 함양'이라는 독일 역사교육의 목적에 비추어 볼 때 다섯 개 주에서 식민주의의 현재적 함의를 둘러싼 해석·성찰 역량의 중요성에 대한 합의는 이루어지고 있다고 판단된다. 그러나 방법 역량을 비롯한 여타 역량을 주제와 관련해 함양하는 방법에 대한 구체적인 안내는 상대적으로 소략한 편이다.

식민주의 수업 모델의 질적·양적인 '빈곤'에 대해서는 대략 두 가지 이유를 찾을 수 있다. 첫 번째 이유는 정치적인 것이다. 1990년 나미비아가 남아프리카공화국으로부터 독립한 이래 오랫동안 독일은 헤레로족과 나마족을 학살한 사실을 인정하지 않았다. 그러나 2000년대 초 나미비아 정부가 제국주의 시대 독일 기업가들의 식민지 노동력 착취를 국제사회에 고발하고, 독일의 책임 인정을 촉구했다. 또한 2016년 여름에는 과거 독일제국이 1915~1916년 터키의 아르메니아인 학살에 관여했던 과거사를 독일 정부가 사과한 것을 계기로 남서아프리카 식민지 인권유린 상황이 다시금 공론화되었다. 독일은 공식적으로 '학살'을 사과했지만, 나미비아에 대한 사법적 배상 문제는 아직까지 해결되지 않은 상황이다.

두 번째 이유는 독일 역사학이 1945년 이후 당면한 과제와 관련이 있다. 지금까지 독일 역사학과 역사교육이 비판적으로 성찰했던 과거사는 압도적으로 나치 과거, 즉 홀로코스트와 제2차 세계대전에 집중되어 있었다. 1990년의 재통일 이후 과거 청산 대상이 동독 통사당 독재 문제로 확대되면서, 식민주의 과거와의 비판적 대면을 통해 독일의 정체성을 재정립하기 위한 여력은 더욱 부족해졌다. 그러나 헤레로 학살 100주년이었던 2004년은 독일 역사학계가 식민주의 연구에 좀 더 천착하는 계기가 되었다. 독일의 트랜스내셔널 역사 연구를 대표하는 위르겐 오스터함멜(Jürgen Osterhammel)은 헤레로 봉기에 대한 잔혹한 진압을 제국주의 국가가 식민지에서 자행한 대량 학살 중에서도 '극단적 사례'로 평가한 바 있다(Osterhammel, 2009: 197).

독일 역사교육계에서도 최근 지구사적 관점의 채택이나 상호문화적 역사 학습의 맥락에서 탈식민주의적 시각을 역사 학습에 적극 도입해야 한다는 목소리가 커지고 있다. 특히 역량 중심 역사 학습에 대한 요구가 증폭되고 있는 분위기와 관련해, 탈식민주의는 미래 사회의 문제 해결을 위한 교과 특수 사고 역량 배양에 적합한 관점으로서 그 의미를 더해가고 있다. 펠릭스 힌츠(Felix Hinz)와 요하네스 마이어하메(Johannes Meyer-Hamme)는 FUER 모델을 차용해 탈식민주의 역사 학습의 구조를 제시한다. 즉 역사적 문제 제기에 탈식민주의 이론을 적용하고(질문 역량), 탈식민주의적 비판들을 고려해 관련 개념들을 고찰하며(사실 역량), 이러한 비판을 통해 독자적 내러티브를 만들고(방법 역량), 이로부터 도출되는 현재와 미래의 의미들을 성찰하도록 한다는(지향 역량) 것이다(Hinz·Meyer-Hamme, 2016: 135 이하).

데니스 뢰더(Dennis Röder)는 김나지움 8~9학년 학생들을 대상으로, 19세기 말 백과사전에 사용된 식민주의, 인종주의 관련 언어 분석을 통해 판단 역량을 함양하는 2차시 수업 모델을 제시한다. 백과사전을 사료로 택한 이유는 당대에 '학문적 객관성'을 검증받은 텍스트이므로 독일인들, 나아가 유럽인들의 보편적 심성을 보여주기 때문이다. 그는 남아프리카 원주민을 열등한 존재로 간주하는 '호텐토트'라는 표현이 지금도 일상생활에서 무비판적으로 사용되고 있다는 것을 지적하면서, 언어에 드러난 식민주의가 현재까지도 유럽 중심주의적 시각에 영향을 미치고 있음을 수업에서 다루고, 모듬별로 식민주의 언어에 대한 대안 용어들을 발굴, 토론해보도록 제안한다. 과제로 식민주의적 관점이 반영된 동화들을 찾아 그 함의를 분석한다(Röder, 2015: 28~33).

유사한 맥락에서 엘리자베트 겐트너(Elisabeth Gentner)는 식민주의 학습의 역사 교육적 잠재력을 강조한다. 역량 모델을 직접 거론하지는 않지만, 그는 식민주의 주제에 대한 학습이 복수의 관점 형성에 도움이 되고 타자성에 주목하는 데 적절할 뿐만 아니라, 현재적 관련성이 풍부하고 논쟁적이며 학생들의 판단력 형성에 유리한 주제라는 것을 역설한다. 식민주의라는 주제는 상호문화적 학습의 맥락에서 제국주의 시대 식민 담론이 내포한 유럽 중심주의적 관점을 인식하고 해체할 수 있으며, 또한 식민지 주민 학살과 홀로코스트 간의 상관성에 대한 논쟁을 유발함으로써 과거, 현재, 미래를 연결하는 역사의식 형성에 도움이 된다는 것이다. "〔이 주제를〕 역사 수업에 도입하는 목적은 무엇보다도 성찰적 역사의식의 형성, 학생들의 판단력 강화, 그리고 역사 담론에 참여할 수 있는 능력의 배양이다"(Gentner, 2017: 32~35, 37). 이 설명은 문제 해결력을 강조하고, 방법 역량, 판단 역량, 행동 역량을 그 중심에 놓은 노르트라인베스트팔렌 역량 모델이 지향하는 바와 크게 다르지 않아 보인다. 겐트너는 독일이 식민주의 주제를 교수 계획에 적극적으로 반영해야 한다고 강력히 주장한다. 현재적 문제의식을 강조하고 역사학의 연구 성과를 적극적으로 반영하는 독일 역사교육의 관행에 미루어볼 때, 그의 제안은 머지않아 실현될 것으로 보인다.

에필로그

21세기의 시작과 함께 찾아온 'PISA 쇼크'는 독일 교육정책의 전환점이었다. 이후 독일은 '투입(input)'보다는 '산출(output)'을, 지식의 획득보다는 문제 해결력을 중시하는 '역량'에 바탕을 둔 교육과정을 설계하기 시작했다. 새로운 교육과정에서 역량은 독일 역사교육의 궁극적인 목적인 성찰적 역사의식의 발전과 구체적인 수업 내용 사이의 가교 역할을 담당한다. 그러나 최근 10여 년 동안 진행된 이와 같은 전환이 독일 교육에 긍정적인 변화를 가져왔는지에 대한 판단은 아직 시기상조일 듯하다. '역량의 정글', '바빌론의 언어 혼란'이라 불릴 정도로 중첩된 용어의 난맥상은 무엇보다도 큰 문제이다(Conrad, 2012: 312; Schönemann, Thünemann and Zülsdorf-Kersting, 2010: 14). 목표, 내용, 교재, 평가로 이어지는 역사교육의 연구 주제와 관련해, 역량과 목표 및 내용과의 관계 정립, 역량 모델에 입각한 교재 제작과 평가 시스템의 구축 또한 매우 중요하다. 산적한 과제들에도 불구하고, 역량 중심 교육과정으로의 전환은 세계적으로 거스를 수 없는 추세가 되었다. 성찰적 역사의식의 발전을 지향하며 학생들의 사고력 계발을 무엇보다도 중시하는 독일의 역사과 역량 모델은 역사교육의 본질적인 목적에 대한 비판적 논의를 새롭게 촉구한다.

참고문헌

강이화. 2015. 「독일 교육과정 표준화의 방향과 의의」. ≪학습자중심교과교육연구≫, 제15권, 제11호, 305~325쪽.

고유경. 2014. 「변화하는 독일 역사 교과서: 자유 발행제와 다원주의적 정체성을 향하여」. ≪역사비평≫, 제108호, 190~214쪽.

_____. 2017. 「독일의 역량 중심 교육과정과 역사교육의 변화」. ≪독일연구≫, 제35권, 53~87쪽.

김문숙. 2009. 「독일 역량기반교육과정의 개혁과 시사점」. ≪한국교육≫, 제36권, 제4호, 5~28쪽.

박혜정. 2013. 「독일 중등교육과정의 유럽사 교육에 대한 비판적 고찰: 사대주의 김나지움 역사교수계획안(Lehrpläne)을 중심으로」. ≪역사교육≫, 제127권, 175~209쪽.

심콕스(Linda Symcox)·윌서트(Arie Wilschut) 엮음. 2015. 『세계의 역사 교육 논쟁』. 이길상·최정희 옮김. 서울: 푸른역사.

이승미. 2012. 「독일 헤센 주의 역량기반 교육과정 편성 사례 연구」. ≪교육과정연구≫, 제30권, 제1호, 151~174쪽.

최윤철. 2009. 「독일의 교육입법과 정책: 연방 교육·연구부의 교육표준 보고서를 중심으로」. ≪입법정책≫, 제3권, 제2호, 129~158쪽.

Barricelli, Michele et al. 2012. "Historische Kompetenzen und Kompetenzmodelle." in Michele Barricelli and Martin Lücke(eds.). *Handbuch Praxis des Geschichtsunterrichts*. Schwalbach: Wochenschau.

Bildungsplaene Baden-Wuerttemberg. http://www.bildungsplaene-bw.de/,Lde/LS/BP2016BW/ALLG/GYM/G/IK/11-12/07#bplink-infolayer[3765970]/0/ (검색일: 2017.7.17).

Borries, Bodo von. 2004. *Lebendiges Geschichtslernen: Bausteine zu Theorie und Pragmatik, Empirie und Normfrage*. Schwalbach: Wochenschau.

Bracke, Sebastian et al. 2004. "History education research in Germany. Empirical attempts at mapping historical thinking and learning." Manuel Köster et al(eds.). *Researching History Education: International Perspectives and Disciplinary Traditions*. Schwalbach: Wochenschau.

Brixner, Wolf. 2006. "'Der Kaiser hat neue Kleider!' - Zur didaktischen Relevanz von Standards und Kompetenzen." *Informationen für den Geschichts-und Gemeinschaftskundelehrer*, Vol. 72, pp. 48~55.

Brütting, Rolf. 2006. "Methodenkompetenz im Rahmen der Bildungsstandards für das Fach Geschichte." *Informationen für den Geschichts - und Gemeinschaftskundelehrer*, Vol. 72, pp. 37~44.

Brütting, Rolf. 2014. "Geschichte ist Erzählen. Narrativität als Zentrum des Kompetenzlernens." *Geschichte für Heute*, No. 3, pp. 70~73.

Conrad, Franzisca. 2012. "'Alter Wein in neuen Schläuchen?' oder 'Paradigmenwechsel'? Von der Lernzielorientierung zu Kompetenzen und Standards." *Geschichte in Wissenschaft und Unterricht,* Vol. 63, pp. 302~323.

Gautschi, Peter. 2009. *Guter Geschichtsunterricht: Grundlagen, Erkenntnisse, Hinweise*. Schwalbach: Wochenschau.

Gentner, Elisabeth. 2017. "'Der Genozid an den Herero.' Eine Herausforderung für kultursensiblen Geschichtsunterricht." *Geschichte für Heute*, No. 3, pp. 26~42.

Günther-Arndt, Hilke and Saskia Handro. 2007. *Geschichtsmethodik. Handbuch für die Sekundarstufe I und II*. Berlin: Cornelsen.

Heil, Werner. 2010. *Kompetenzorientierter Geschichtsunterricht*. Stuttgart: Kohlhammer.

Hinz, Felix and Johannes Meyer-Hamme. 2016. "Geschichte lernen postkolonial? Schlussfolgerungen aus einer geschichtsdidaktischen Analyse postkolonial orientierter Unterrichtsmaterialien." *Zeitschrift für Geschichtsdidaktik*, Vol. 15, pp. 131~148.

Jeismann, Karl-Ernst. 1988. "Geschichtsbewußtsein als zentrale Kategorie der Geschichtsdidaktik." in Gerhard Schneider(ed.). *Geschichtsbewußtsein und historisch-politisches Lernen*. Pfaffenweiler: Centaurus.

Klieme, Eckhard et al. 2007. *Zur Entwicklung nationaler Bildungsstandards. Eine Expertise*. Bonn and Berlin: BMBF.

Körber, Andreas. 2012. "Graduierung historischer Kompetenzen." in Michele Barricelli and Martin Lücke(eds.). *Handbuch Praxis des Geschichtsunterrichts*. Schwalbach.

Körber, Andreas, Waltraud Schreiber and Alexander Schöner. 2007. *Kompetenzen historischen Denkens: Ein Strukturmodell als Beitrag zur Kompetenzorientierung in der Geschichtsdidaktik*. Neuried: ars una.

Kößler, Reinhart. 2015. *Namibia and Germany. Negotiating the Past*. Münster: Westfälisches Dampfboot.

Ministerium für Bildung Berlin-Brandenburg(ed.). 2015. "Teil C Geschichte. Jahrgangsstufen 7-10." http://bildungsserver.berlin-brandenburg.de/index.php?id=curricula_gost_bb(검색일: 2017.7.19).

Ministerium für Bildung Sachsen-Anhalt(ed.). 2016. "Fachlehrplan Gymnasium. Geschichte." https://www.bildung-lsa.de/faecher___lernfelder_/geschichte.html(검색일: 2017.7.17).

Ministerium für Schule und Weiterbildung des Landes Nordrhein-Westfalen(ed.). 2007. *Kernlehrplan für das Gymnasium: Sekundarstufe I(G8) in Nordrhein-Westfalen*. Düsseldorf: Ritterbach.

______. 2014. *Kernlehrplan für die Sekundarstufe II Gymnasium/Gesamtschule in Nordrhein-Westfalen: Geschichte*. Düsseldorf: Ritterbach.

Neumann, Vanessa, Wanda Schürenberg and Jörg van Norden. 2016. "Wie entwickelt sich narrative Kompetenz im Geschichtsunterricht? Eine qualitative Studie." *Zeitschrift für Geschichtsdidaktik*, Vol. 15, pp. 149~164.

Niedersächsischer Bildungsserver. http://www.nibis.de.

Osterhammel, Jürgen. 2009. *Die Verwandlung der Welt: Eine Geschichte des 19. Jahrhunderts*. München: Oldenbourg.

Pandel, Hans-Jürgen. 2005. *Geschichtsunterricht nach PISA: Kompetenzen,*

Bildungsstandards und Kerncurricula. Schwalbach: Wochenschau.

Pandel, Hans-Jürgen. 2013. *Geschichtsdidaktik: Eine Theorie für die Praxis*. Schwalbach: Wochenschau.

Rahmenplan Geschichte. http://www.bildung-mv.de/schueler/schule-und-unterricht/faecher-und-rahmenplaene/rahmenplaene-an-allgemeinbildenden-schulen/geschichte/(검색일: 2017.7.18).

Röder. Dennis, 2015. "'Wie bei den Hottentotten!' Kritische Auseinandersetzung mit kolonialer und rassistischer Sprache." *Geschichte Lernen*, Vol. 168, pp. 28~33.

Sauer, Michael. 2006. "Kompetenzen für den Geschichtsunterricht - ein pragmatisches Modell als Basis für die Bildungsstandards des Verbandes der Geschichtslehrer." *Informationen für den Geschichts - und Gemeinschaftskundelehrer*, Vol. 72, pp. 7~20.

Schönemann, Bernd and Holger Thünemann. 2013. *Kompetenzorientierung, Lernprogression, Textquellenarbeit: Aktuelle Schulbuchanalysen*. Berlin: LIT.

Schönemann, Bernd, Holger Thünemann and Meik Zülsdorf-Kersting. 2010. *Was können Abiturienten?: Zugleich ein Beitrag zur Debatte über Kompetenzen und Standards im Fach Geschichte*. Berlin: LIT.

Schreiber, Waltraud et al. 2006. *Historisches Denken. Ein Kompetenz- Strukturmodell*. Neuried: ars una.

Stöber, Georg. 2010. "Schulbuchzulassung in Deutschland. Grundlagen, Verfahrensweisen und Diskussionen." *Eckert Beiträge*, Vol. 3.

Stupperich, Martin. 2006. "Die Arbeit der Standards-Kommission(en) des Verbandes der Geschichtslehrer Deutschlands(VGD)." *Informationen für den Geschichts- und Gemeinschaftskundelehrer*, Vol. 72, pp. 21~30.

Trautwein, Ulrich et al. 2017. *Kompetenzen historischen Denkens erfassen*. Mü nster and New York: Waxmann.

Verband der Geschichtslehrer Deutschlands(ed.). 2006. *Bildungsstandards Geschichte: Rahmenmodell Gymnasium 5.-10. Jahrgangsstufe*. Schwalbach:

Wochenschau.

Verband der Geschichtslehrer Deutschlands. 2010. "Bildungsstandards Geschichte (Sekundarstufe I). Kompetenzmodell und Synoptische Darstellung der Kompetenzen und Verbindlichen Inhalte des Geschichtsunterrichts." http://webcache.googleusercontent.com/search?q=cache:JlJQC_PCE_sJ:www.geschichtslehrerforum.de/VGD_Bildungsstandards_Entwuf2010.pdf+&cd=5&hl=ko&ct=clnk&gl=kr(검색일: 2017.5.15).

6장

역사적 감수성: 인도의 식민지 경험 성찰

/

박소영

식민지 기간 동안 왜곡되었던 역사교육을 극복하고, 면밀한 사료 분석을 토대로 인도에서 전개된 역사를 세계사와의 관련성·연속성 속에서 객관적이고 중립적으로 견지하고자 하는 것이 인도 역사교육의 주요 방향이다. 역사를 본격적으로 학습하는 6~8학년 과정에서는 인도 역사를 연대기별로 학습하되, 정치·경제·사회·문화적 요소에 대한 통합적 이해를 목표로 한다. 9~10학년 과정에서는 인도와 세계의 근현대 역사를 학습하되, 인도사를 인류사의 일부분으로 이해하도록 하며, 다른 지역 및 국가에서 발생한 유사 사건을 사례로 제시하고 풍부한 원자료가 본문 텍스트를 보완함으로써 역사 전개의 유사성과 다양성을 알 수 있도록 하고 있다. 11~12학년에서는 역사를 탐구하고 연구할 수 있는 능력을 배양하는 데 초점을 둔다. 시각 자료와 참고자료가 교과서의 절반 가까이를 차지할 만큼 텍스트 위주의 설명 방법을 취하기보다는 사료와 자료를 직접 접하게 해 역사적 사고력과 감수성을 함양하고 역사적 토론 능력을 배양하도록 하고 있다. 이와 같은 역사교육의 주요 방향은 식민지 경험에 대한 역사 서술 방법에도 영향을 미친다. 이 글에서 살펴본 두 가지 사례(숲 사회의 변화, 식민지 도시 형성)를 보면, 영국 식민 지배에 대한 비판을 가하는 서술 방법을 취하기보다는 당시 사건과 현상에 대한 구체적 묘사, 이를 뒷받침하는 다양한 원자료의 제시를 통해 학생들 스스로가 판단하고 사고할 수 있도록 유도한다.

1. 독립 이후 인도 역사교육의 방향성

영국은 인도에 대한 식민 교육정책 방향을 논의하면서 인도의 전통적 교육 시스템의 우수성을 인정했다. 그럼에도 불구하고 영어에 기반을 둔 서구식 교육체계 도입을 선택한 것은[1] 원활한 식민지 운영을 위해서였다. 영국의 식민지였던 인도의 교육 목적은 소수에게만 교육을 실시해 관료 조직의 하부 인력을 충원하는 것이었으므로 대다수의 국민은 문맹 상태로 교육에서 배제되었다. 영국 식민지 교육 체제는 교육받은 인도 사람들이 인도와 인도인을 무시하고 경멸하는 태도를 갖게 하려는 목적에 맞게 구성되어 있었다(데브, 1994: 126).

영국은 식민 통치 시기에 역사교육을 통해 '인도는 영국의 통치 시기보다 더 정의롭고 평화로운 시기를 경험한 적이 없다'고 가르쳤다. 그리고 인도가 근대화되지 못한 이유는 인도의 전통적인 제도들의 한계였다는 의식을 심었다. 영국의 식민지 교육은 인도인들에게 인도인과 인도 문화에 대한 왜곡된 생각을 심는 데 목적이 있었던 것이다.

인도는 독립 이후 역사 교육과정 개편을 추진했다. 개편의 주요 방향은 영국 식민지 교육 체제에서 이루어진 역사의 왜곡을 바로 잡고 인도의 국가 재건과 사회 발전에 필요한 요소를 중심으로 역사교육을 재정의하는 것이었다(데브, 1994: 126~129).

영국 식민 통치 시기에 인도의 일부 민족주의 역사가들이 인도의 고

---

1 인도 전통 학문의 우수성을 인정하고 그 교육 내용과 방법을 계승, 발전시키자는 주장이 펼쳐졌으며, 전통적인 교육 방법이라 할 수 있는 감독생에 의한 교육 방법(Monitorial System)에 관한 긍정적 평가가 이루어지기도 했다(김진식, 2004: 4).

대사를 미화하려는 경향이 있었다. 영국의 식민 지배라는 박탈에 대한 보상으로 역사가들이 과거사를 미화한 것이다. 독립 후 인도 역사가들은 인도와 세계에 대해 편견이 없으며 신뢰할 수 있는 역사교육을 촉진하려는 노력을 해왔다. 다양성을 포괄한 인류 역사의 연구, 자국사는 인류 역사의 일부라는 관점에서 접근하는 역사 연구들이 촉진되어야 한다고 강조했다(데브, 1994: 126~129).

독립 이후, 인도에서는 역사 서술이 정확하고 분석적이며, 높은 수준의 지적인 엄격성을 반영해야 한다는 원칙하에 역사 교과서가 집필되었다. 그러나 이러한 원칙은 시대와 정치 상황에 따라 변질되기도 했다. 2002년에 개정된 역사 교과서가 대표적인 사례라고 할 수 있다. 이 시기 역사 교과서는 힌두교 중심의 우파 정치 세력인 인도 인민당(Bharaity Janata Party: BJP)이 집권(1996, 1998~2004)한 후에 그들의 정치사상이 강하게 반영되었다.[2] 이른바 힌두 내셔널리스트 지식인들이 교과서 집필에 참여해 힌두교의 전통과 세계적인 위상을 미화하면서 기존의 역사 교과서를 자신들의 입맛에 맞는 쪽으로 수정했다는 비판을 받은 바 있다(모한, 2007: 59).

이후 2004년 하원 총선거에서 인도 인민당이 패배하고 국민회의당(Indian National Congress)을 중심으로 한 새로운 연합 정부가 집권하면서(2004~2014) 국가 수준 교육과정(NCFSE 2005)을 개정하고 새로운 역

2 인도 인민당 집권 시 집필된 역사 교과서가 힌두 내셔널리즘에 바탕을 두고 있다고 평가되는 부분은 인더스 문명기 이전 시대부터 시작되는 힌두교의 전래, 고대에 실현되었던 이상적 사회가 중세 이슬람 세력에 의해 파괴되었다는 점, 인도와 파키스탄 분리 독립의 원인은 어디까지나 무슬림 분파주의자 때문이라는 점, 반영(反英) 운동에서 간디의 비폭력 운동뿐만 아니라 무력 투쟁도 높이 평가하는 점 등이다(澤田章広, 2012b: 236~237).

사 교과서를 출판했다(2006~2008). 정치적인 문제와 관련된 부분에 대해서는 가능한 한 언급을 피하고 힌두 내셔널리즘을 직접 비판하는 기술도 하지 않으며, 종교 커뮤니티 간에 우열을 두지 않는 등 서술에 있어 가치적 서열화를 피하고 있다고 평가받으며(澤田章広, 2012b: 236~237) 현재까지 사용되고 있다.

2. 교육체계 및 교과서 발행 시스템

인도의 학제는 5-3-2-2 제도로 운영되고, 이후 대학 교육 등 고등교육이 이루어진다. 8학년까지는 의무교육이며, 대학 진학을 목표로 하는 학생은 11~12학년에 진학해 입시를 준비한다.

인도는 연방제 국가로서 29개의 주(State)와 7개의 연방 직할지(union territories)로 이루어져 있다. 각 주는 독자적인 정부를 가지고 있는 반면, 연방 직할지는 인도 정부가 직접 통치한다. 주 정부는 다양한 언어와 문화, 사회적 배경에 따라 자율권을 행사해 교육 프로그램을 실행할 수 있지만, 초·중등 교육의 동질성을 전국적으로 유지하기 위해 국가 수준의 교육정책과 프로그램에 의거해야 한다.

국가 수준의 교육과정을 수립하는 곳은 국립교육연구훈련원(National Council of Educational Research and Training: 이하 NCERT)이다. NCERT는 교육 전략, 교육과정, 교육 방법론 등에 관해 주 교육부에 제안한다. NCERT가 제정한 국가 수준 교육과정(National Curriculum Framework of School Education: NCFSE)은 인도 전역에서 채택되며, 각 주에는 주립교육연구훈련원(State Council of Educational Research and Training: SCERT)

표 6-1 **인도의 학교 체계**

<table>
<tr><th>학년</th><th>1</th><th>2</th><th>3</th><th>4</th><th>5</th><th>6</th><th>7</th><th>8</th><th>9</th><th>10</th><th>11</th><th>12</th></tr>
<tr><td rowspan="2">학교 체계</td><td colspan="5">(Lower) Primary school</td><td colspan="3">Upper Primary school</td><td colspan="2">Secondary school</td><td colspan="2">Higher Secondary school</td></tr>
<tr><td colspan="8">Elementary Level(의무교육)</td><td colspan="4">Secondary and Higher Secondary Levels</td></tr>
</table>

자료: http://ncert.nic.in.

이 설립되어 있다. 중앙정부와 주 정부 관계에 있어서 중앙정부는 교육 지침의 설정과 같은 거시적인 교육 행정을 담당하고, 실질적인 교육 프로그램의 세부 운영은 주 정부가 관할한다.

인도에는 중앙정부가 운영하는 직영학교(central government school)와 주 정부가 운영하는 공립학교(state board school), 그리고 사립 기관에서 운영하는 사립학교(private school)와 국제 학교(international school) 등이 있다.

이들 학교에서 채택하는 인증 학제를 살펴보면, 먼저, 중앙정부 직영학교는 중앙교육위원회(Central Board of Secondary Education: 이하 CBSE) 산하이며 국가 수준에서 관리를 받고 있다. 원래는 중앙정부 직원의 발령지 여하에 관계없이 그들의 자녀들에게 동일 시스템의 교육을 제공하기 위해 설립되었으며, 그 대상도 주로 중앙정부 직원의 자녀들이다. 전국의 모든 주요 도시에 설립되었으며, 정원에 결원이 있을 시에는 다른 학생들도 입학이 가능하다. 이들은 모두 NCERT에서 출판된 교과서를 사용한다. 사립학교는 자율적인 교수 학습 프로그램을 운영하지만, CBSE 시스템을 채택하는 학교도 다수 존재한다.[3] 주 정부 운영 학교는 NCERT

표 6-2 **사회 계열 교과의 학년별 편제**

<table>
<tr><th>학년</th><th colspan="5">과목</th></tr>
<tr><td>3</td><td colspan="5" rowspan="3">환경과</td></tr>
<tr><td>4</td></tr>
<tr><td>5</td></tr>
<tr><td>6</td><td colspan="5" rowspan="3">사회: 역사, 지리, 정치</td></tr>
<tr><td>7</td></tr>
<tr><td>8</td></tr>
<tr><td>9</td><td rowspan="2">사회</td><td rowspan="2">역사</td><td rowspan="2">지리</td><td rowspan="2">정치</td><td rowspan="2">경제</td></tr>
<tr><td>10</td></tr>
<tr><td>11</td><td rowspan="2">사회</td><td rowspan="2">역사</td><td rowspan="2">지리</td><td rowspan="2">정치</td><td rowspan="2">경제</td></tr>
<tr><td>12</td></tr>
</table>

자료: NCERT(2006a, 2006b).

가 제안하는 교육 프로그램과 NCERT 제작 교과서를 표본으로 제작한 주의 독자적인 교육과정과 교과서를 사용한다.

국제 학교는 10학년 말에 중학교 학력 인증 시험인 IGCSE(International General Certificate of Secondary Education)[4]를 치르며, 11학년부터는 고등학교 학력 인증 시험인 IB(International Baccalaureate)[5]를 준비해 12학년 말에 시험을 보고 이 성적으로 세계 어느 대학이나 진학할 수 있다.

이상 살펴본 바와 같이 인도 NCERT에서는 국가 수준의 교육과정을 수립하고 표준 교과서를 출판하고 있으며, CBSE 인증 학제를 채택한 학

3 NCERT가 제작한 교과서는 공무원, 군인 등의 자녀가 다니는 1000여 개 중앙정부 직영학교와 CBSE와 제휴하고 있는 6000여 개의 사립학교에서 채택, 사용되고 있다.

4 영국식 학제로, 인도에서는 국제 학교들이 영국식 학제를 운영하고 있다. 영국의 기숙학교는 전 세계적으로 그 교육의 우수성을 인정받고 있으며 인도의 학교에서도 이러한 시스템을 그대로 적용하고 있다.

5 외국의 여러 학교에서는 IB를 채택하고 있는데 이 코스는 학생들이 외국 대학에 입학할 수 있도록 인정해주는 국제 인증 대학 입학 자격증이다. IB는 마지막 2년 교육을 더욱 아카데믹하게 접근해 학습하게 되며 세계 유수 대학들이 IB 졸업장에 우선순위를 주고 있다.

교에서는 이들 교과서가 사용되고 있다. 다양한 학교와 인증 학제가 운영되고 있지만, CBSE 시스템은 중앙정부가 관리한다는 상징성이 있으며 전 인도 지역에서 통용되는 표준 학제로서도 중요한 의미가 있다. 이에 이 장에서는 CBSE 교육과정을 중심으로 역사교육 체계와 목표, 교과서에서의 구현 사례에 관해 살펴보도록 하겠다.

3. 역사교육 체계

인도의 사회과학 계열 교과의 교육체계를 살펴보면, 우선 3학년부터 5학년 과정에는 환경과(environmental studies)[6]가 편제되어 있다. 이 과목은 사회과 학습의 준비 단계의 의미가 있으며, '시간, 공간 및 사회생활 전반에 걸쳐 3~5학년 학생들의 관심을 이끌어내고 주변 세계를 이해할 수 있는 것'을 목표로 삼고 있다(NCERT, 2006a: 162).

이를 토대로 6학년부터 8학년까지 사회(social sciences)를 학습하게 된다. 사회는 역사, 지리, 정치 등 세 개의 영역으로 나뉘며 각 학년에서 병렬적으로 학습한다.

중등교육(secondary education) 단계에 해당하는 9학년에서 12학년 과정에서는 사회, 역사, 지리, 정치, 경제와 같은 사회과학 계열 과목을 독

6 환경과는 1~2학년에서는 자연환경과 사회환경 학습에 중점을 두고, 3~5학년에서는 사회과학과 일반과학을 다룬다. 이는 1986년 국가 수준 교육과정과 동일한 접근 방식이다(NCERT, 2006a: 90). 환경과에서 역사 요소의 주요 목적은 학생들에게 인류의 과거에 대한 일부 요소를 소개하고, 그들이 인류가 삶을 영위하고 노력했던 광대한 시간대와 현대에 대해 이해하도록 증진하는 데 있다(데브, 1994: 129).

표 6-3 **학년별 역사과 주요 학습 내용**

<table>
<tr><th>학년</th><th colspan="2">주요 학습 내용</th><th>구성 방법</th></tr>
<tr><td>6</td><td rowspan="3">인도사</td><td>선사시대~7세기의 인도 역사</td><td rowspan="5">연대기 중심</td></tr>
<tr><td>7</td><td>8~18세기의 인도 역사</td></tr>
<tr><td>8</td><td>19~20세기의 인도 역사</td></tr>
<tr><td>9</td><td rowspan="2">인도사·세계사</td><td rowspan="2">인도와 세계의 근현대사(18세기~현대)</td></tr>
<tr><td>10</td></tr>
<tr><td>11</td><td>세계사</td><td>고대~근현대의 세계 역사(11개 주제)</td><td rowspan="2">주제 중심</td></tr>
<tr><td>12</td><td>인도사</td><td>고대~근현대의 인도 역사(15개 주제)</td></tr>
</table>

자료: NCERT(2006a, 2006b).

립된 형태로 학습하는데, 9~10학년은 이들 과목이 필수로 지정되어 있다. 반면, 인도에서는 10학년 말에 중학교 졸업 인증 시험을 거쳐 11학년에 진학하게 되며, 자신의 적성에 따라 선택과 집중 교육이 이루어진다. 따라서 11~12학년에 편제된 사회과학 계열 과목은 선택과목으로 전환되며, '사회, 역사, 지리, 정치, 경제'는 함께 묶여 있어 학생들로 하여금 학습에 부담을 느끼게 하고 있다.

6학년부터 8학년까지는 인도 역사를 연대기에 따라 학습하는데, 〈표 6-3〉에서 제시되어 있는 바와 같이, 6학년에서는 선사시대~7세기, 7학년에서는 8~18세기, 8학년에서는 19~20세기의 인도 역사를 학습한다. 9학년과 10학년에서는 인도와 세계의 근현대사를 집중적으로 학습한다. 11학년부터는 역사가 선택교과로 전환되는데 11학년에서는 세계사를, 12학년에서는 인도사를 고대부터 근현대까지 학습한다. 11학년 세계사에서는 유럽 중심주의를 극복하고 세계사를 균형 잡힌 시각으로 바라볼 수 있도록 한다는 취지에서 11개의 주제를 선정했고, 12학년 인도사에서는 15개 주제를 선정했으며, 역사 자료를 통한 역사 탐구와 이해에 초점을 맞추고 있다(안진경, 2010: 7).

4. 역사교육 목표와 구현 사례[7]

(1) 6~8학년

6학년부터 모든 학생은 사회 과목의 한 구성 요소인 역사를 공부하게 된다. 학생들이 역사의 중요성에 대한 감수성과 인식을 개발하는 데 도움이 되도록 교육과정이 고안되었다. 역사는 과거의 경제적·사회적·정치적·문화적 측면에 관한 단순한 사실들의 집합이 아니라는 점을 인식시키고 역사적 사고력을 함양하도록 하고 있다. 학생들은 여러 장소에서 역사 전개와 발전이 서로 연계되어 있다는 점을 배워야 하며, 서로 다른 집단과 사회 간의 역사적 관계를 통찰할 수 있어야 한다. 6학년부터 8학년까지는 인도 역사의 연대기별 학습이 이루어지며, 사회적·경제적·정치적·문화적 발전 과정을 이해하는 노력이 요구된다. 교수요목에는 6~8학년 과정 역사교육의 구체적인 목표를 다음과 같이 제시한다.

- 학생들에게 역사가들이 역사를 연구하는 방법을 이해시킨다. 학생들에게 다양한 종류의 자료들을 제공하고 그 자료들을 비판적으로 검

7 학년별 역사교육 목표에 관해서는 NCERT(2006a, 2006b)를 참고했다.

토할 수 있도록 한다.

- 역사적 다양성을 알 수 있도록 한다. 각 주제별로 폭넓은 관점을 제시하며, 지역이나 역사적 사건에 대한 사례 학습에도 초점을 둔다.
- 연대표와 역사 지도를 제시해 설정된 사례 학습에서 토론하도록 하고, 어느 한 지역의 발전과 다른 곳에서 발생한 일의 상관관계를 알 수 있게 한다.
- 학생들에게 토론하는 시기의 사회적 삶이 어떠했는지, 그 시대의 어린이들이 역사적 사건을 어떻게 경험했는지에 관해 상상하게 한다.

〈표 6-4〉는 NCERT에서 발행한 6~8학년 역사 교과서의 목차 구성이다. 6학년에서는 선사시대부터 7세기를 다루고 있는데 이슬람 세력이 인도 대륙을 침입하기 이전까지의 역사를 다룬다. 7학년에서는 8세기부터 18세기를 다루고 있으며, 이슬람 계통의 왕조들이 수립되었던 시기에 해당한다. 8학년에서는 동인도 회사가 인도에 무역 거점을 마련했던 시기부터 독립 이후 식민 지배 영향을 받은 델리의 모습까지를 다룬다.

6~8학년 과정에서는 연대기별 학습이 이루어지고 있으나, 학년별 교과서 목차를 보면 각 단원이 시대가 명확하게 나눠지는 것이 아니며 역사, 문화, 경제, 정치적 특징을 학습하도록 구성되어 있다는 것을 알 수 있다.

이 중 1000년간의 역사를 다루고 있는 7학년 교과서를 구체적으로 살펴보도록 하자. '도입 단원 1: 1000년간 변화의 추적'에서 "700년에서 1750년 사이의 1000년에 걸친 연구는 역사학자들에게 커다란 도전이었는데, 이는 그 기간 동안 일어났던 발전의 규모와 다양성 때문이다. … 결과적으로 이것은 경제적·정치적·사회적·문화적 변화의 시기였다"(NCERT, 2007a: 7~8)라고 서술하고 있다. 그리고 "교과서를 통해 이 시기의 변화

표 6-4 6~8학년 역사 교과서 목차 구성

6학년 (Our Pasts I)	왜 역사를 연구하는가? 1. 무엇을, 어디서, 어떻게, 그리고 언제? 2. 고대인들의 흔적을 찾아서 3. 식량의 채집에서 재배까지 4. 고대 도시 5. 사료(史料)와 부장품이 우리에게 말하는 것은? 6. 왕권, 왕, 그리고 고대 국가 7. 새로운 질문과 생각들 8. 아소카, 전쟁을 포기한 황제 9. 활기찬 마을들, 번영하는 도시들 10. 상인, 왕, 그리고 순례자들 11. 새로운 황제들과 왕국들 12. 건축물, 회화, 그리고 책
7학년 (Our Pasts II)	1. 1000년간 변화의 추적 2. 새로운 왕들과 왕국들 3. 델리 술탄 4. 무굴 황제 5. 지배자들과 건축물들 6. 도시들, 상인들, 그리고 공예가들 7. 부족들, 유목민들, 그리고 정착 공동체들 8. 신성한 것에 대한 경건의 길 9. 지역 문화의 형성 10. 18세기의 정치적 형태들
8학년 (Our Pasts III)	1. 어떻게, 언제, 그리고 어디에서? 2. 무역에서 영토로: 회사가 권력을 수립하다 3. 지방을 통치하다 4. 부족들, 디쿠스(외부인), 그리고 황금시대의 전망 5. 사람들이 1857년*과 그 이후에 봉기를 일으켰을 때 6. 식민주의와 도시: 제국의 수도 이야기 7. 직조공, 제련소 그리고 공장주 8. 토착민의 문명화, 국민의 교육 9. 여성, 카스트 제도 그리고 개혁 10. 시각 예술 세계의 변화 11. 민족운동의 전개: 1870년대~1947년 12. 독립 이후의 인도

*: 1857년은 세포이 항쟁을 의미한다. 인도에서는 세포이 항쟁이라는 표현보다는 '1857년 저항(The Revolt of 1857)'이라는 표현을 주로 사용한다.

징후와 역사적 전개를 파악하고, 작년에 배운 내용과 비교해 역사의 변화와 연속성을 탐색할 수 있다”(NCERT, 2007a: 12~13)라고 언급하고 있다. 교수요목에서 제시하고 있는 바와 같이 단순한 역사 사실의 학습 차원을 넘어서, 경제적·사회적·정치적·문화적 측면에 대한 통합적 이해와 역사적 사고를 성숙시키고자 하는 교육 목표가 강조되고 있다는 것을 알 수 있는 지점이다.

교과서의 구현 사례로 이 시기의 건축을 주제로 한 '5장 지배자와 건축물들'의 내용을 살펴보자. 교수요목에서는 주제를 '권력으로서의 건축'으로 제시하고 있으며, 여러 지역의 기념비적인 건축물의 다양성을 이해하고, 샤자한의 건축 후원에 대한 사례 연구를 하도록 한다. 구체적으로는 ① 재료, 기술, 건축 스타일(수로 조성, 숭배 장소, 궁정, 요새, 정원, 물 저장소 등)을 알게 하고, ② 건축 기술, 예술적 요소의 구성, 건축에 필요한 자원을 이해하도록 하며, ③ 역사를 재구성하기 위해 당대의 문서, 비문 및 실제 건축물이 어떻게 사용되는지 사례를 제시한다.

8세기에서 18세기 동안, 왕과 관리들은 두 종류의 건축물을 만들었는데 첫 번째는 현세와 내세에서 안정적이면서도 보호받는 장엄한 공간인 요새, 궁전, 정원과 주거 공간, 묘당이었고, 두 번째는 사원, 이슬람 사원, 우물, 여행자 쉼터, 시장 등을 포함한 공공의 활동을 위한 구조물들이었다고 제시한다. '건축 기술과 구조물', '사원, 이슬람 사원 및 물 저장소의 건축', '사원은 왜 파괴되었는가?', '정원, 묘당, 그리고 요새', '지역과 제국' 같은 소제목하에서 이슬람 건축양식과 대표적 건축물들, 건축물이 갖는 정치적·사회적 의미, 지배자가 기존 건축물을 파괴하거나 새로운 건축물을 조성함으로써 권위를 나타내는 방법 등에 관해 다룬다.

그중 악바르, 자한기르, 그리고 샤자한 황제 때 만들어진 건축물과 건

그림 6-1 **꾸뜹 미나르**

위키피디아, ⓒ Preethi Raveendran

교과서 5장의 도입에서는 '꾸뜹 미나르(Qutb Minar)'라고 하는 석탑을 소개한다. 발코니 아래 두 줄의 비문, 작은 아치와 기하학적 디자인, 곡선과 직선이 반복되는 표면 등에 엄청난 정밀도를 요했으며, 가장 숙련된 기술자만이 이 작업을 수행할 수 있다고 설명한다. 두 줄의 비문은 아랍어로 쓰여 있으며, 작은 아치와 기하학적 디자인은 이슬람 건축양식에서 비롯된 것으로 이 시기 건축양식의 특징을 이해하도록 하는 동시에 뛰어난 예술성을 강조한다(NCERT, 2007a: 60).

축양식에 관해 비교적 자세하게 설명하고 있다. 특히 차하르 바그(chahar bagh)[8] 정원 배치는 이 시기 건축물의 독창적인 부분으로 강조되고 있으며 학생들의 이해를 돕기 위해 다양한 자료들이 사용되고 있다. 〈그림 6-2〉의 왼쪽 그림은 세밀화를 통해 차하르 바그 디자인을 이해하도록 하고 있으며, 〈그림 6-2〉 오른쪽 그림은 실제 역사 유적지 사진을 제시해 차하르 바그 배치를 확인하도록 하고 있다. 이 외에도 시대와 건축물에 따른 차하르 바그 디자인의 변화 모습을 수록하는 등 다양

---

8 코란에서 언급한 낙원의 네 개 정원에 근거한 페르시아와 이슬람 양식의 사변형 정원 배치이다. 사변형 정원은 산책로 또는 물이 흐르는 네 개의 작은 부분으로 나뉜다.

그림 6-2 **차하르 바그 정원 배치**

위키피디아, ⓒ Nomo

왼쪽: 1590년의 세밀화로 카불에서 바부르(Babur)가 차하르 바그를 배치하는 노동자를 감독하는 모습
오른쪽: 1562~1571년에 건축된 후마윤의 묘(차하르 바그 양식에 따라 만든 수로)

한 시각 자료가 배열되어 있다.

샤자한의 건축 후원에 관한 사례는 교과서에서도 비교적 많은 비중을 차지하는데, 무굴 건축의 다양한 요소가 웅장한 방식으로 조화롭게 융합되었으며 아그라와 델리에서 엄청난 양의 건설 활동이 이루어졌다는 것을 다양한 시각 자료를 통해 설명한다. 그중 "샤자한 홀(Shah Jahan's audience hall)의 건설은 청중 신분의 높고 낮음이 없이 그들에게 미치는 왕의 정의는 평등하며, 모든 이들이 조화롭게 살아갈 수 있는 세상을 창조한다는 것을 알리기 위함이었다"(NCERT, 2007a: 69)라고 서술된 부분이 있는데, 단원 마지막 부분의 학습 활동에서 "무굴 왕실은 부자와 가난한 사람, 권력자와 약자들 모두가 황제로부터 공평하게 정의가 실현되었다는 것을 어떤 방법으로 제안했습니까?"(NCERT, 2007a: 73)라는 토론 주제를 제시해 건축물과 당시의 치세에 담겨 있는 철학을 이해하도

록 연계하고 있다.

아울러 '하늘에 닿는 교회(Churches that touched the skies)'라는 제목의 박스 기사로 고딕 양식으로 지어진 프랑스의 노트르담 대성당을 동시기 외국 사례 건축물로 소개하며, 12세기 이후 프랑스에서 기존 건축물보다 높고 화려한 교회를 세우려는 시도가 시작되었다고 설명한다.

이처럼 사례로 살펴본 인도의 6학년 역사 교과서 5장은 무굴제국의 건축물들을 매개로 당시 건축에 담겨 있던 지배자의 통치 철학과 사상, 문화와 종교적 요소를 풍부한 시각 자료를 통해 쉽게 이해할 수 있도록 구성되어 있다.

(2) 9~10학년

9학년과 10학년에서는 현대 세계의 역사를 형성한 다양한 힘과 발전 모습을 학습하며, 인도의 역사 전개를 큰 틀의 세계사 속에서 다룬다. 9학년과 10학년의 역사 교육과정은 인도와 세계의 근현대 역사를 이해하는 데 중점을 두고 있으며, 〈표 6-5〉의 교과서 목차에서 알 수 있듯이 세 부분으로 구성되어 있다.

학습 목표를 보면, 'I. 사건들과 그 진행 과정'에서는 정치적 사건과 과정에 관해 토론하고, 서구와 식민지의 발전이 근대 세계를 형성하는 데 얼마나 중요한지 알아보는 노력이 필요하다고 제시한다. 자유와 민주주의 사상은 서구 국가뿐만 아니라 식민지 국가들에서도 싹트고 있었으며, 반민주 사상인 파시스트, 인종주의 등이 여러 국가에서 다른 형태로 발전하고 있었다는 사실을 학습한다.

'II. 생계, 경제 및 사회'에서는 근대 세계의 다양한 사회 그룹이 어떠

표 6-5 9~10학년 역사 교과서 목차 구성

9학년(India and the Contemporary World I)	10학년(India and the Contemporary World II)
I. 사건들과 그 진행 과정	I. 사건들과 그 진행 과정
1. 프랑스혁명	1. 유럽에서 민족주의의 부상
2. 유럽과 러시아에서의 사회주의	2. 인도차이나의 민족운동
3. 나치주의와 히틀러의 부상	3. 인도의 민족주의
II. 생계, 경제 및 사회	II. 생계, 경제 및 사회
4. 숲 사회와 식민주의	4. 글로벌 세계의 형성
5. 현대 세계에서의 목축업자들	5. 산업화 시대
6. 소작농과 농장주	6. 일, 생활과 여가
III. 일상생활, 문화와 정치	III. 일상생활, 문화와 정치
7. 역사와 스포츠: 크리켓 이야기	7. 출판문화와 현대 세계
8. 의류: 사회의 역사	8. 소설, 사회와 역사

한 경제적 변화를 거치고 서로 다른 사회 집단과 어떻게 맞서는지를 이해하도록 한다. 주제별로 한 지역에 초점을 두며 다양한 사례를 학습하도록 하는데, 이 경우 인도와 외국에 관해 각각 한 가지씩 적절한 사례 연구를 하도록 한다. 학생들이 유사하게 보이는 과정과 현상 속의 다양한 생각에 대해 탐구하게 해야 한다고 제시하고 있다.

'III. 일상생활, 문화와 정치'에서는 의류, 음식, 스포츠, 여가, 인쇄물과 서적 등 모든 것에는 역사가 있고 이들의 역사는 문화와 정치적 변화를 반영하며, 때로는 정체성 및 권력 문제와도 관련이 있다는 것을 학생들이 인식하게 한다. 각 단원들을 다루기 위한 방법에 관해서는 다음과 같이 제시한다.

- 텍스트 서술은 그림, 사진, 만화, 다양한 원자료(목격담)의 발췌, 신문(저널), 지도자 성명서, 공식 보고서, 협약 조항, 정당 선언문, 당대

이야기, 자서전, 일기, 대중문학, 구전 전통 등을 광범위하게 사용해 보완할 수 있다. 학생들이 자료를 읽고, 그들이 말한 것을 생각하고, 어떤 것이 특정한 방식으로 표현되는지 그 이유를 알고자 노력한다. 대부분의 경우에는 그림과 발췌문들에 대한 비판적 적용을 허용하기 위해 질문들이 추가될 것이다.

- 각 주제들은 지도와 연대표를 통해 시간과 공간에 배치될 것이다. 지도를 사용함에 있어서도 단순히 정보를 전달하는 것이 아니라 학생들로 하여금 상호 연계성을 알게 하고 비판적으로 지도를 읽을 수 있도록 유도하는 것이다.

9~10학년에서는 각각의 역사 교과서가 정치, 경제, 문화사로 구분되어 있으며, 계속 강조되고 있는 바와 같이 세계사라는 큰 틀의 흐름 속에서 인도의 역사를 이해할 수 있도록 하고 있다. 이에 관해서는 교과서 서문에서도 "이 교과서를 통해 인도의 역사가 더 큰 틀의 세계사와 어떻게 관련이 있는지 알 수 있을 것이다. 세계사와의 관련성을 알지 못하면 우리는 인도 내에서 일어난 사건들을 이해할 수 없다. 이것은 특히 경제와 사회가 점차 긴밀해져 가는 세계에서 더욱 그렇다. 역사는 정의된 영토의 경계 안에 항상 포함될 수는 없다"라고 언급한다.

9학년용 교과서의 '4. 숲 사회(forest society)와 식민주의'의 내용을 통해 학습 목표가 어떤 방식으로 구현되는지 살펴보도록 하겠다. 교수요목에서는 '숲과 생계의 관계', '식민지 시대의 숲 사회의 변화'를 이해하고 사례 학습의 일환으로 두 가지 저항운동에 초점을 두고 있는데, 인도의 바스타(Bastar)와 인도네시아의 경우를 제시하고 있다. 구체적으로는 ① 식민주의가 숲 사회에 미친 영향과 과학적 임업이 초래한 결과를 살펴보고, ② 구체적 저항운동의 사례를 통해 숲 사회의 사회적·문화적 세계에 관해 토론하며, ③ 부족의 저항운동을 탐구하기 위해 구전 전통이 어떻게 활용될 수 있는지 이해하도록 하고 있다.

교과서는 이와 같은 학습 목표를 구현하기 위해 도입 부분에서 우리가 숲을 통해 일상생활에서 얻을 수 있는 각양각색의 생산물을 열거하고, 산업화에 따라 축소되는 숲 면적에 관해 언급한다. 본 단원은 ① 왜 산림 파괴가 이루어지는가?, ② 상업적 임업의 부상, ③ 숲에서의 반란, ④ 자바섬에서의 숲의 변형이라는 소제목으로 구성되어 있다. '왜 산림 파괴가 이루어지는가?'에서는 영국의 식민지 지배하에서 농경지의 확대, 상품작물 수확량의 증대, 선박 제조, 철도 건설의 확장 등을 위해 숲이 파괴되어 가는 모습을 서술한다. '상업적 임업의 부상'에서는 영국이 숲의 관리를 위해 인도 산림청을 설립해 엄격한 법 규제를 시행하면서 숲 생활을 영위하는 토착인들의 생계가 위협을 받게 되는 사례와 숲 생태계 파괴를 제시한다. '숲에서의 반란'에서는 인도 내에서 발생한 저항운동 지도자에 관한 이야기와 노래가 오늘날에도 전해 내려온다고 언급하며, 대표적인 사례로 인도 차티스가르주에 위치한 바스타에서의 반란에 관해 설명한다. 그리고 외국의 유사한 저항운동의 사례를 '자바섬에서의 숲의 변형'에서 소개한다.

영국의 식민지 지배하에서 숲이 어떻게 이용되고 생태계가 어떻게 파괴되어 가는지에 대해 시각 자료와 다양한 원자료들을 제시하며 식민주의를 비판적으로 바라볼 수 있도록 하고 있다. 산림의 많은 지역은 차, 커피, 고무 등의 상품에 대한 유럽인의 수요를 충족시키기 위해 이용되었는데, 유럽인은 저렴한 가격으로 광대한 지역을 얻을 수 있었다며 상징적 이미지로 홍차 브랜드의 광고지를 시각 자료로 제시한다. 이뿐만 아니라 영국인은 큰 동물들을 원시적이고 야만적인 사회의 흔적으로 생각했으며, 위험한 동물을 죽임으로써 영국인이 인도를 문명화한다고 믿었다고 언급한다. 영국은 (특권을 부여받은 유럽인) 경작자들에게 위협이 되는 호랑이, 늑대 및 다른 큰 동물들을 죽이면 보상을 해주었는데 1875~1925년 사이에 8만 마리 이상의 호랑이, 15만 마리의 표범, 20만 마리의 늑대가 죽었다고 설명하고 있다.

한편 '새로운 무역, 새로운 고용, 그리고 새로운 서비스'라는 소주제하에 산림청이 숲을 장악한 후 사람들이 여러 면에서 많은 것을 잃었지만 일부 사람들은 무역에서 새로운 기회를 얻었다고 서술한다. 이는 숲에서 생산되는 제품들의 거래를 의미하는 것인데, 브라질에서 이루어졌던 라텍스 거래를 예로 들면서 비슷한 사례들이 세계 각지에서 발생한다고 설명한다. 그리고 이것은 새로운 현상이 아니며 인도에서는 이미 중세 이후부터 유목민으로 구성된 특정 커뮤니티를 통해 숲 생산품의 무역이 이루어졌다고 서술하고 있다. 그러나 영국 정부가 부여한 유럽 무역 회사의 거래 자격에 대한 특권, 토착 주민의 기존 생계 방법에 대한 법적 규제 등으로 많은 인도인이 삶의 터전을 잃고 공장, 광산, 차 농장 등 열악한 환경 속에서 노동력을 착취당했던 사실에 대해서도 설명한다.

바스타의 저항운동을 서술하는 데 있어 그 배경으로 숲의 토착인들이 영국의 숲 관리 정책에 따른 삶의 질 하향화, 두 번이나 발생한 대기근에 의해 생계의 영위가 불가능한 상황에 맞닥뜨리게 된 경위, 반란을 일으키기 위해 행해졌던 주민들의 토론과 준비 과정에 관해 설명한다. 그리고 사건의 발발과 영국에 의한 진압 과정, 그 결과로 나타난 숲 관리의 완화 정책에 관해서도 언급한다. 이를 위해 당시 반란에 참여해 구사일생으로 생명을 구한 토착인이 구전으로 아들에게 전한 내용, 사건 현장의 상황을 상부에 보고하는 정치 요원의 편지가 원자료로 제시된다. 원자료는 교과서 서술 내용을 뒷받침하고 있으며 이를 토대로 역사가들이 당시 사건을 서술했다는 것을 알 수 있도록 한다.

외국의 동일 사례로 네덜란드의 식민지였던 인도네시아에서 발생한 사민의 도전(Samin's Challenge)을 소개한다. 이 역시 동인도 회사의 관리였던 디르크 판 호헨도르프(Dirk van Hogendorp)가 "자바 숲은 우리가 필요로 하는 많은 상선과 더불어 짧은 시간에 훌륭한 해군을 만들 수 있는 목재를 가지고 있다. 숲의 모든 나무를 절단해도 자바 숲은 빨리 자란다. 관리만 잘하면 숲의 나무들은 절대 고갈되지 않는다"(NCERT, 2006d: 94)라고 언급했던 원자료를 제시하고 있다. 식민주의자가 식민지의 자원을 바라보는 관점을 명백히 파악할 수 있는 자료로 보여준다.

사례로 살펴본 4단원은 'II. 생계, 경제 및 사회'에 해당하는 부분으로, 근대시기의 식민지기를 거치면서 숲 생활에 기반을 둔 토착민들의 경제적 변화가 역행하는 모습과 이에 대한 저항을 다양한 원자료와 시각 자료를 통해 이해할 수 있도록 구성되어 있다. 식민 지배가 초래한 숲 사회의 변화를 통해 식민 지배에 의한 국부(國富) 손실, 주민들의 노동력 착취와 위협받는 생계, 그리고 그들의 저항에 관한 역사를 좀 더 넓은 시각에서 세계사의 흐름과 연계해 다루고 있다는 것을 알 수 있다.

(3) 11~12학년

11학년과 12학년의 역사교육은 역사 지식이 토론을 통해 향상된다는 점을 학생들에게 주지시키며, 사료들을 신중히 해석해야 할 필요가 있다는 점을 인식시키는 데 그 목적이 있다. 6학년에서 8학년까지는 연대기순으로 기록된 역사에 관해 학습했기 때문에, 11학년과 12학년에서는 같은 형식으로 역사를 반복해 가르치지 않고 그보다 특정 주제를 심층적으로 탐구할 것을 강조한다. 11학년에서는 중요한 역사적 쟁점과 토론에 초점을 맞추고, 12학년에서는 중요 역사 자료에 기반을 둔 심층 탐구를 위주로 일련의 중요한 역사적 사건과 과정을 학습하도록 한다. 이러한 방식을 사용하는 것은 역사적 사건과 과정을 학습하는 것뿐 아니라 학생이 역사에 흥미를 갖게 하려는 것이다. 교수요목에는 11~12학년 역사교육의 구체적인 목표를 다음과 같이 제시한다.

- 11~12학년[Senior(Higher) secondary] 과정은 비판적 훈련 과정으로, 역사는 역사적 사실들을 모아놓은 것이 아니라 과거에 관해 알게 되는 것이며, 탐구하는 과정이라는 점을 학생들에게 강조해야 한다. 역사가들이 다양한 유형의 증거를 선택하고 조합하며, 사료들을 비판적으로 읽는 과정을 거쳐 역사를 쓰고 있다는 점을 이해하고, 학생들은 역사가들이 과거로 이어지는 길을 어떻게 따라가고, 역사적 지식을 어떻게 연구하는지 알게 될 것이다.
- 학생들은 여러 상황의 역사 발전을 비교하고, 다른 시대에 발생한 유사한 과정 간의 관련성을 분석하고, 사회과학 내에서 서로 다른 사회학적 조사 방법 간의 관계를 발견할 수 있다.
- 11학년 역사 교육과정은 세계사의 중요한 주제를 중심으로 구성되어 있다. 주제들은 ① 정치, 사회, 문화, 경제 등 다양한 영역의 중요한 발전에 초점을 맞추고 있으며, ② 도시화·산업화·근대화에 대한 포괄적인 서술뿐만 아니라, 강제 이주(displacements) 및 소외(marginalization) 과정에 대해서도 배울 수 있도록 하고 있다. 이 주제들에 대한 학습을

통해 학생들은 좀 더 폭넓은 역사적 과정에 대한 감각뿐만 아니라 주제들을 둘러싼 구체적인 토론에 대한 아이디어를 얻을 수 있다.

- 12학년에서는 고대, 중세 및 근대 인도 역사의 몇 가지 주제에 대한 세부적인 연구로 초점이 옮겨진다. 목적은 인도 역사에 대한 전체적인 연대기를 조사하기보다는 세부적이고 깊이 있는 몇 가지 주제들을 연구하는 것이다. 이러한 의미에서 이 과정의 학생들은 이전 학년 수업에서 습득한 지식을 토대로 할 것이다.
- 12학년의 각 주제들은 역사 연구를 위한 한 가지 유형의 출처로 학생들에게 소개된다. 이러한 연구를 통해 학생들은 출처(사료)의 유형이 어떻게 다른지 밝힐 수 있으며 그들이 단정할 수 없는 것을 확인하기 시작한다. 그들은 역사가들이 출처를 분석하는 방법, 각 유형의 출처를 해석하는 데 따르는 어려움, 역사적 사건과 과정, 역사적 인물에 대해 다른 유형의 출처를 조사해 거시적으로 파악하는 방법을 알게 될 것이다.
- 11학년과 12학년에서 다루는 주제는 연대기순으로 배열되어 있지만, 둘 사이에는 겹치는 부분이 있다. 이는 연대기 구분과 시대 구분이 항상 깔끔한 방식으로 작동하지 않는다는 것을 알려주기 위해서이다.

11학년은 세계사 교과서로 부단히 서구 중심주의를 극복하고 세계사를 균형 잡힌 시각으로 바라볼 것을 강조한다. 교과서개발위원회(Textbook Development Committee)의 수석 고문(Chief Advisor)인 닐라드리 바타차리아(Neeladri Bhattacharya)는 교과서의 서문에서 지금까지의 세계사는 지속적인 진보와 발전의 이야기였다고 말한다. 서구 세계는 그 자체가 진보를 전파하는 존재로 여겨져 왔으나, 세계사를 재검토하

표 6-6 **11~12학년 역사 교과서 목차 구성**

11학년(Themes in World History)	12학년〔Themes in Indian History(part I, part II, part III)〕	
1부 초기의 사회들	part I	
서문		주제 1 벽돌, 구슬, 그리고 유골: 하라파 문명
연대표 I(600만 년 전~기원전 1년)		주제 2 왕, 농부, 마을: 고대 국가와 경제
주제 1 인류 시대의 시작부터		주제 3 친족, 카스트, 계급: 고대 사회(기원전 600년~기원후 600년)
주제 2 쓰기와 도시 생활		주제 4 사상가, 믿음, 건축물: 문화의 발전(기원전 600년~기원후 600년)
2부 제국들		
서문		
연대표 II(기원전 100~1300년)	part II	
주제 3 세 대륙에 걸친 제국		**주제 5 여행자들의 눈을 통해: 사회에 대한 인식(10세기~17세기)**
주제 4 중앙의 이슬람 국가들		
주제 5 유목민의 제국들		주제 6 박티-수피 전통: 종교적 신념과 종교 문학의 변화(8~18세기)
3부 변화하는 전통		주제 7 제국의 수도: 비자야나가라(14~16세기)
서문		주제 8 농부, 지주, 그리고 국가: 농업 사회와 무굴제국(16~17세기)
연대표 III(1300~1700년)		
주제 6 세 계층		주제 9 왕과 역사: 무굴 왕실(16~17세기)
주제 7 변화하는 문화 전통	part III	
주제 8 문화의 충돌		
		주제 10 식민주의와 지방: 공식 기록물에 대한 탐구
4부 근대화를 향해		주제 11 반란자와 지배: 1857년 저항과 이에 대한 묘사
서문		**주제 12 식민지 도시들: 도시화, 도시계획, 건축물**
연대표 IV(1700~2000년)		주제 13 마하트마 간디와 민족주의 운동
주제 9 산업혁명		주제 14 분단에 대한 이해: 정치, 기억, 경험
주제 10 토착 민족들의 추방		주제15 헌법의 수립: 새로운 시대의 시작
주제 11 근대화로의 길		

고 역사를 새로운 방식으로 생각할 필요가 있다고 문제를 제기한다. 그리고 교과서를 통해 발전과 진보에 대한 영광스러운 이야기 뒤에 있는 어두운 역사(근대 자본주의 발전의 역사 뒤에는 원주민의 강제 이주와 대량

학살의 역사가 존재한다는 사실 등)가 있었다는 것을 이해하며, 국가와 제국의 창설에 대한 드라마는 유럽뿐만 아니라 이슬람 국가와 몽골에서도 펼쳐졌다는 것을 설명한다. 또한, 각지에서 발생한 발전의 토착적인 뿌리를 살피고 발전의 근원을 찾을 수 있어야 한다고 언급한다.

12학년은 〈표 6-6〉의 교과서 구성에서 알 수 있듯이 15개의 주제를 선정해 인도의 역사를 학습하도록 하고 있다. 15개의 주제를 선정한 배경에 대해서 교과서개발위원회의 닐라드리 수석 고문이 교과서의 서문에서 밝히고 있는데, 경제, 문화, 사회, 정치, 종교 등 다양한 분야의 발전상에 대해 배울 수 있도록 주제를 선정했고, 동시에 각 분야의 경계를 무너뜨리는 시도를 했다고 서술하고 있다. 그는 각각의 주제를 통해 학생들이 그 시대의 정치, 권위·권력의 특징, 사회가 구성된 방식, 종교 생활과 관습, 경제적 노동, 농촌과 도시 사회의 변화 등을 배우게 될 것이라고 했다. 이러한 주제 선정 방식은 서구 중심주의를 극복하는 인도 역사교육의 독창적인 방법이라고 할 수 있다(안진경, 2010: 13).

12학년에서는 역사 학습 방법 중 출처의 분석을 강조하는데 교과서에서는 어떻게 구현되고 있는지 구체적인 내용을 살펴보도록 하겠다. '주제 5. 여행자들의 눈을 통해: 사회에 대한 인식'에서는 10세기에서 17세기에 인도에 체류하거나 여행했던 세 명의 여행가〔우즈베키스탄 출신의 알 비루니(al-Bīrūnī), 모로코 출신의 이븐 바투타(Ibn Battuta), 프랑스 출신의 프랑수아 베르니에(François Bernier)〕의 여행 기록을 통해 당시 인도의 정치, 사회, 문화, 경제 등에 대한 그들의 인식을 소개하고 때로는 그들의 견해에 문제를 제기하는 내용으로 구성된다.

주제 5는 ① 알 비루니와 '키탑 울 힌디(KITAB-UL-HIND)',[9] ② 이븐 바투타의 '리할라(RIHLA)',[10] ③ 베르니에르, '남다른 시각을 가진 의사

(A doctor with a difference)', ④ 낯선 세계에 대한 이해, 알 비루니와 산스크리트 전통, ⑤ 이븐 바투타와 낯선 것에 대한 홍미, ⑥ 베르니에르와 퇴행하는 동방 세계, ⑦ 여성 노예, 사티(Sati)[11]와 노동자 등 일곱 개의 소제목으로 이루어져 있다.

①~③에서는 세 명의 여행가들에 대한 소개, 여행의 여정과 인도에서의 활동 내용, 각각의 여행기에 관해 소개한다. ④~⑥에서는 여행가들의 기록을 통해 인도에 대한 그들의 인식을 서술한다. 제목에서 알 수 있듯이 알 비루니와 이븐 바투타는 인도에 관한 호기심과 홍미, 새로운 것들에 관한 이해가 기본으로 있다는 것을 알 수 있는 반면, 베르니에르는 인도를 부정적으로 인식했다는 것을 추측할 수 있다. 마지막 일곱 번째 주제에서는 여성 노예에 대한 이들 여행가들의 시각을 소개한다.

내용을 좀 더 구체적으로 들여다보기로 하자. 알 비루니(여행 시기: 11세기 초)는 언어와 종교적 신념, 관습의 차이가 여행의 장애물로 느껴졌다고 설명한다. 여행기에 나타난 그의 생각들을 발췌해 교과서에 소개하고 있는데, 예컨대 '엄청난 범위의 언어'라는 표현을 통해 산스크리트어를 습득하는 것에 대한 어려움을 토로하고 있으며 '카스트 제도(The system of varnas)'에 관한 그의 설명을 원자료로 제시한다. 그러나 교과서 서술에서는 카스트 제도에 관한 알 비루니의 설명은 브라만의 관점에서 시스템을 규정한 산스크리트 문헌에 근거했다고 하면서, 실생활에서 카스트

9 '인도에 관한 묘사(Describing India)'라는 의미의 아랍어이다.

10 '여행(Journey)'이라는 의미의 아랍어이다.

11 과거 인도에서 행해졌던 힌두교 의식으로 살아 있는 아내를 남편의 시신과 함께 화장하던 풍습이다.

제도는 유연하게 운영되었다는 점을 언급한다. 아울러 '주제 3. 친족, 카스트, 계급'에서 다루었던 카스트 제도와 관련된 원자료를 언급하면서 "두 자료 간에 유사점과 차이점이 있습니까? 알 비루니는 인도 사회에 대한 정보와 이해를 위해 산스크리트어 본문에만 의존했다고 생각합니까?"(NCERT, 2007b: 125)라는 의문을 제기하고 학생들에게 토론하도록 하고 있다.

이븐 바투타(여행 시기: 14세기 중반)의 경우에는 인도를 흥미진진한 대상으로 여겼다. 전쟁과 침략에 따른 혼란의 시기를 제외하고는 인구가 많은 광대한 도시로 묘사했는데 대부분의 도시는 항상 밝고, 붐비고, 여러 색채를 띠는 시장이 있으며, 다양한 물건들이 쌓여 있다고 기록한다. 시장은 경제적 거래의 장소일 뿐만 아니라 사회적·문화적 활동의 중심지라고 묘사하고, 시장은 댄서, 음악가들을 위한 공공의 무대였다고 서술하면서 이븐 바투타의 기록문 가운데 '시장에서 연주되는 음악(Music in the market)' 부분을 발췌해 소개하기도 한다.

반면, 베르니에르(여행 시기: 17세기 중반)의 기록물에서는 인도에 관한 시각이 앞서 소개된 두 명의 여행가와는 매우 다르게 나타난다. '가난한 농부', '유럽에 대한 경고', '제국의 카르카나스(Karkhanas)'[12]라는 제목의 원자료를 함께 소개하는데, 사유 토지가 없으며 모두 왕에게 귀속되는 무굴 토지제도의 문제점을 장황하게 설명하고, 이 제도를 유럽에 도입하지 말 것을 강조한다. 그리고 장인들이 국가의 이익을 충당했기

12 카르카나스는 통치자의 가정용품과 전쟁을 목적으로 한 물품을 제공했던 장인들이 밀집된 도시였다.

때문에 그들은 수공예품의 품질을 개선할 동기가 없었다고 지적한다. 그러나 베르니에르의 단정적 견해를 무굴제국 전체에 투사했던 점에 문제를 제기하며, 그가 서구 세계의 우월성을 강조하기 위한 방법으로 당대의 유럽과 지속적으로 비교하면서 인도를 묘사했다고 언급한다. 그러면서 학생들에게 다음과 같은 토론 주제를 제시한다. "베르니에르와 같은 학자들이 왜 인도와 유럽을 비교하기로 결정했다고 생각합니까?"

이처럼 세 명의 여행가의 기록에 나타난 인도에 대한 인식을 통해 학생들이 다각도에서 당대 인도의 사회적·문화적·정치적·경제적 특징을 이해하도록 하고, 때로는 여행가들의 인식에 문제를 제기함으로써 학생들이 비판적 사고와 토론을 이어나갈 수 있도록 유도한다.

또 한 가지의 사례로 '주제 12. 식민지 도시들: 도시화, 도시계획, 건축물'에 관한 내용을 통해 영국 식민 지배에 의해 쇠락과 번영의 운명을 맞이했던 도시들을 서술하는 관점과 탐구 방법을 어떻게 제시하는지 살펴보겠다. 본 주제의 도입 부분에서 식민지 시기의 도시화 과정을 토론하고, 식민 도시의 특징을 탐구하며, 도시의 사회적 변화를 추적하는 것을 목적으로 한다는 점을 제시한다. 이에 따라 내용의 구성은 ① 식민지 이전 시기의 마을과 도시, ② 식민지 도시들에 대한 탐구, ③ 새로운 도시는 어떠했는가?, ④ 격리, 도시계획과 건축: 마드라스, 캘커타, 봄베이,[13] ⑤ 건축물과 건축양식이 우리에게 말하는 것은 무엇인가? 등 다섯 개의 소제목으로 이루어져 있다.

---

13 마드라스, 캘커타, 봄베이는 영국 식민지 시기에 붙여진 영국식 도시명이며, 현재는 각각 첸나이, 콜카타, 뭄바이로 통용된다.

무굴제국 시기에 규정되었던 도시와 시골의 역할, 이 둘을 물리적으로 구분했던 요새가 존재했으나 이 구분은 유동적이었다는 것을 설명한다. 그러나 18세기에 들어서면서 도시와 시골의 기존 역할에 대한 대변화가 시작되었는데, 무굴제국 쇠퇴에 따른 제국의 도시(아그라와 델리 등)들의 쇠락을 의미했다. 그리고 지역 자본의 중요성이 부각되면서 러크나우, 하이데라바드와 같은 지역 도시가 성장하게 되었고, 행정가, 장인, 상인들이 제국의 수도에서 지역 도시로 이주하게 되었던 현상을 서술한다. 특히 동인도 회사들의 상업 활동이 팽창함에 따라 아시아의 내륙 기반 제국은 유럽의 바다 기반 제국으로 대체되었다고 보고 있으며, 인도의 경우 새로운 경제 자본 도시로서 마드라스, 캘커타, 봄베이가 급부상했다고 언급한다.

한편 영국은 조세정책, 상업적 가능성 측정 등과 같은 식민지 경영에 활용하기 위한 각종 조사(인구, 직업, 카스트, 주거 환경, 질병과 사망률, 지도 작업 등)를 정기적으로 실시했고 다양한 공식 보고서를 발간했다고 언급하면서, 이들 데이터 활용에 대한 유의점도 함께 서술한다. 역사가들은 조사 결과의 수치를 활용함에 있어 누가, 왜, 어떻게 데이터를 수집했는지, 측정된 것과 그렇지 않은 것을 구분할 수 있어야 한다고 지적한다. 당시 인도인들이 조사에 의도적 혹은 비의도적으로 비협조적이었다는 점도 함께 서술하며 다음과 같이 토론을 유도하고 있다. "통계자료나 도시의 지도를 살펴보십시오. 누가 데이터를 수집했으며 왜 수집되었는지 확인하십시오. 어떤 정보가 제외되었습니까? 지도는 왜 그려졌는지, 도시의 모든 부분이 동일하게 자세한지 확인하십시오"(NCERT, 2007b: 323).

새로운 도시들이 성장, 발전하면서 인도인과 영국인의 거주는 철저히 분리되어 '블랙 타운(Black Town)'과 '화이트 타운(White Town)' 같이 인종 구별 구역이 생겼으며, 인도인 신생 부유층의 형성 과정과 이들 거주 구역의 특징, 자택의 건축양식 등에 관해서도 함께 언급한다. 이처럼 인종과 부의 축적 정도, 직업 등에 따른 거주지 분리에도 불구하고, 이른바 '블랙 타운'에서 시작되는 전염병에 대한 공포를 극복하기 위해 인도인 거주지의 규제 정책이 시행되었다고 설명한다. 즉 위생에 관한 엄격한 행정 조치가 취해졌으며, 지하 배관식 급수, 하수도와 배수 시스템이 설치되는 등 위생적인 경계가 인도인 마을을 통제하는 또 다른 방법이 되었다고 보고 있다.

새로운 도시의 삶에서 빈부차가 극심하게 나타나고 새로운 교통수단의 발달로 일터와 가정이 완전히 분리되었으며, 공원, 극장, 영화관과 같은 새로운 공공장소가 출현하게 되었다고 서술한다. 또한 일자리를 찾아 몰려든 이주자에 의한 새로운 사회 그룹과 중산층의 형성, 새로운 교육 시설의 확충, 언론 발달에 따른 토론 문화의 발달, 여성들의 사회활동 모습 등 새로운 도시를 둘러싼 현상을 다양한 관점에서 바라본다.

식민지화에 따른 새로운 도시의 형성 과정과 특징에 관해 위와 같이 상술한 후, 대도시로 성장하게 된 마드라스, 캘커타, 봄베이에 관해 비교적 자세하게 서술한다. 우선 마드라스에 관한 내용을 살펴보면, 두 가지로 도시의 특징을 설명한다. 첫 번째는 '블랙 타운'과 '화이트 타운'으로 구분되는 거주지 분리에 관한 것이다. '화이트 타운'은 서양인(영국인뿐만 아니라 네덜란드인, 포르투갈인, 이후에는 유럽인과 기독교인까지 포괄함)의 편의에 맞게 설계되었고 행정, 사법 시스템 등은 이들이 우선시되었다. 서양인이 소수였음에도 불구하고 유럽인은 통치자였고 마드라스는 그들의 편의와 필요에 따라 개발되었다고 서술한다. 반면, '블랙 타

그림 6-3 **마드라스의 '블랙 타운'**

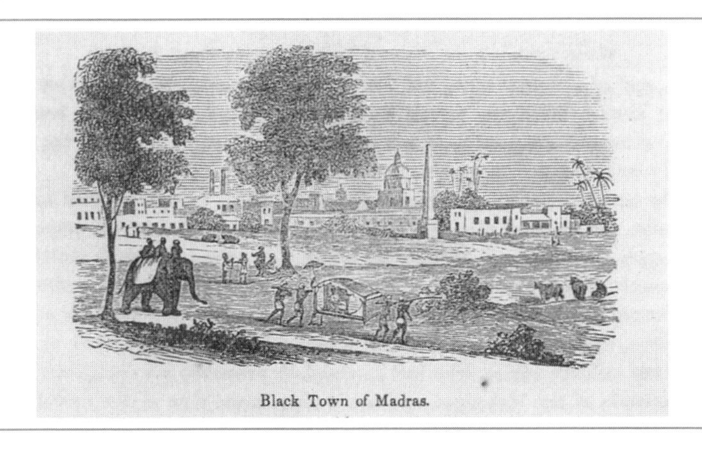
Black Town of Madras.

운'은 요새 밖에 개발되었으며, 식민지 도시의 특징인 직선으로 배치되었고 이마저도 요새 주변의 안전 구역을 확보하기 위해 1700년대 중반에 철거되었다고 설명한다.

마드라스 특징의 또 다른 축은, 수많은 주변 마을을 통합하고 각자 장점을 이용해 경제 기능을 수행할 수 있도록 기회와 공간을 만들었다는 것이다. 예를 들면, 현지어와 영어를 능숙하게 구사할 줄 아는 커뮤니티는 인도인과 영국인 사회의 중개인 역할을 했고, 텔레구 코마티스(Telegu Komatis)는 곡물 거래를 관리하는 강력한 상업 그룹이었으며, 구자라트인 은행원들은 18세기부터 모여들기 시작했다. 이와 같은 커뮤니티들의 정착촌은 마드라스의 일부가 되었고, 많은 마을이 마드라스로 편입되어 광활하고 낮은 밀도의 도시 특색을 보이게 되었다는 것이다.

캘커타에 관해서는 도시계획에 중점을 두고 설명한다. 영국이 플라시 전투에서 승리한 후, 이보다 견고한 방어를 위해 요새인 포트윌리엄(Fort William)을 구축했고, 이후 부임한 총독 웰즐리 경(Lord Wellesley)

에 의해 거대한 도시계획이 착수, 추진되었다고 서술한다. 영국의 권위를 내세우기 위해 거대한 광장과 청사를 신축했고, '공공 보건'이라는 개념은 마을의 정화와 도시계획에 근간이 되었으며, 열악하고 거주 밀도가 높은 인도인 밀집 지역 때문에 전염병이 확산되었다며 이곳은 철거 대상이 되거나 엄격한 건축 규제를 받았다고 설명한다. 도시계획을 주민과 정부가 공유해 추진했으나 점차적으로 정부가 주도권을 가졌고, 철거된 인도인 거주 지역은 영국을 위한 개발에 이용되는 상황에 이르렀다는 것이다. 이에 대한 반발로 인도인들 사이에 반식민주의와 민족주의가 강화되었다고 서술한다. 벵골어와 힌디어로 이웃 또는 거주지라는 뜻을 가진 부스티(Busti)가 19세기 말에 이르러서는 '비위생적인 빈민가'라는 뜻으로 변질되어 영국의 기록물에 남아 있다고 소개하기도 한다. 제국이 성장함에 따라 영국인은 도시를 제국의 인상적인 수도로 만들고자 했고, 영국이 주장하는 도시계획은 인종을 서열화하고 서양에 미학적 가치를 두며, 위생적이고 아름다운 정돈된 도시여야 한다고 생각했다고 설명하며 누구를 위한 도시계획이었는지에 관해 학생들에게 다시 한번 고찰하도록 한다.

봄베이에 관해서는 다양한 건축양식에 따라 만들어진 건축물을 풍부한 시각 자료를 통해 설명한다. 봄베이는 식민지 인도의 상업적 수도였으며 국제무역의 중심지로 급속한 경제성장을 이루었고, 19세기 중반 무렵에는 철도의 확장과 선박 수요의 증가, 행정 구조의 발전이 이루어졌다. 또한 수많은 건축물들이 만들어졌으며 이들 건축물은 통치자의 문화와 자신감의 반영으로 보았다. 제국의 영광을 표현하기 위해 공공 건물을 주로 유럽풍으로 지었다고 서술하면서, 인도 자산가들도 대학의 강당과 시계탑 등을 신고딕 양식으로 짓기를 원했는데 이를 위해 자금을 지원했고, 그들은 이러한 건축물들이 봄베이를 근대도시로 만드는 데 도움을 준다고 생각했다고 언급한다. 그러나 20세기에 들어서면서 인도풍과 유럽풍이 융합된 건축양식이 발전하게 되는데, 공공 건축물에 인도 스타일과 유럽 스타일을 융합함으로써 영국인은 그들이 인도의 합법적인 통치자라는 것을 증명하고자 했다는 점을 지적한다.

많은 인도인이 유럽 양식의 건축을 근대성과 문명의 상징으로 간주해 영국풍, 중세 로마풍, 고딕 양식과 같은 스타일이 채택되었지만, 모든 인도인이 동일한 생각을 하고 있었던 것은 아니며, 많은 사람이 유럽의 이상을 거부하고 토착 스타일을 유지하려 노력하기도 했다고 설명한다. 그리고 "건축을 학습함으로써 문화적 갈등과 정치적 갈등(제국과 국가 간, 국가와 지역 간)이 전개된 다양한 형태를 이해할 수 있다"(NCERT, 2007b: 343)라고 서술하며 본 주제를 마무리한다.

식민지 도시를 둘러싼 유·무형적 요소들(도시의 탄생 과정과 그 속에서 일어나는 정치·사회·경제·문화적 변화, 도시의 내외국민이 형성했던 거주 문화, 도시 관리 정책, 건축물)에 관해서 '박탈과 발전', '차별과 기회', '수용과 성찰' 등 다층적인 고찰과 역사적 대화를 할 수 있도록 가능한 한 열린 시각에서 접근하도록 하고 있다.

에필로그

인도 역사교육의 주요 방향은 면밀한 사료 분석을 토대로 인도에서 전개된 역사를 세계사와의 관련성, 연속성 속에서 객관적이고 중립적으로 견지하고자 하는 것이다. 인도의 역사교육은 '역사적 사고력과 감수성 함양 과정(6~8학년) → 역사적 관점의 확대 과정(9~10학년) → 역사적 토론과 탐구 과정(11~12학년)'과 같이 고학년으로 갈수록 역사에 대한 이해와 탐구력을 심화, 확대한다. 이를 위해 학생들이 스스로 사고할 수 있는 다양한 유형의 자료를 보여주고, 자료를 분석적으로 해석할 수 있는 방법을 제시하고 있는데, 이러한 일련의 과정이 인도 역사교육의 특징이라고 할 수 있다.

이와 같은 역사교육의 특징과 방향성은 교과서에 구현된 사례를 통해서도 살펴볼 수 있었다. 세 명의 외국인이 기록한 인도 여행기 사례(12학년)에서도 인도가 어떻게 묘사될 수 있는지, 여행가의 기록이 당시 인도를 정확하게 이해한 것인지, 여행자가 어떠한 배경을 가지고 있었고 그것이 인도에 대한 그들의 인식 형성에 어떤 영향을 미쳤는지 등에 관한 다각적 탐구가 가능하도록 하게 한다.

식민 지배 경험에 관한 서술은 인도 역사교육의 특징이 명확하게 나타나는 부분이다. 인도 고유의 숲 사회 커뮤니티의 파괴 모습 사례(9학년), 식민지 도시들의 탄생과 특징 사례(12학년)에서 알 수 있듯이 영국 식민 지배에 대해 무조건적으로 비판하는 서술 방법을 취하기보다는 당시 사건과 현상에 대한 구체적인 묘사, 이를 뒷받침하는 다양한 원자료의 제시를 통해 학생들 스스로가 판단하고 사고할 수 있도록 유도한다. 식민지 시기에 관해 비판만 하는 것이 아니라 자료를 토대로 그 시기에 어떻게 문화 융합이 이루어졌는지, 또 그 시기에 어떤 문제가 있었는지를 탐구하도록 한다.

참고문헌

김진식. 2004. 「인도에 대한 영국 식민 교육 정책사의 단계적 전개론」. 경인교육대학교. ≪교육논총≫, 제23호.

안진경. 2010. 「인도 12학년 역사 교과서 분석」. 한국교원대학교 교육대학원 석사학위 논문.

데브, 아르준(Arjun Dev). 1994. 「인도의 역사 교육과정」. 한국교육개발원 엮음. 『국가 간 상호 이해 증진을 위한 교과서 개선 방안 탐색: 한국과 독일, 일본, 인도를 중심으로』. 한국교육개발원.

모한, 판카지(Pankaj Mohan). 2007. 「인도 교과서에 나타난 한국 이미지(The Image of Korea in Indian Textbooks)」. 한국학중앙연구원 연구보고서.

澤田章広. 2012a. 「歴史教科書にみるインドのセキュラリズム」. 『大正大学大学院研究論文』, 36号.

_____. 2012b. 「公教育からみるインドのセキュラリズム: 歴史教科書の検討」. 『宗教研究』, 85(4)号.

NCERT. 2006a. "Syllabus for Classes at the Elementary Level".

_____. 2006b. "Syllabus for Secondary and Higher Secondary Level".

_____. 2006c. *Themes In World History*.

_____. 2006d. *India and the Contemporary World(Textbook In History for Class IX)*.

_____. 2007a. *Our Pasts II(Textbook In History for Class VII)*.

_____. 2007b. *Themes In Indian History Part II*.

제3부

역사 핵심 역량의 다른 개념화와 작용

7장

역사교육으로 정의하는 핵심 역량: 캐나다의 역량 중심 교육과정

/

박진동

캐나다 브리티시컬럼비아주는 개정 교육과정을 2016년 9월부터 단계적으로 적용하고 있다. 이 교육과정에는 브리티시컬럼비아 대학에 재직 중인 세이셔스 교수가 주도해서 만든 여섯 가지 역사적 사고 개념이 반영되었다. 브리티시컬럼비아주 교육과정은 캐나다 역량 중심 교육과정의 최신 사례일 뿐만 아니라 역사교육 연구 성과가 적극 반영된 것이 특징이다. 이 장에서는 브리티시컬럼비아주 교육과정 모델인 '알기-행하기-이해하기(know-do-understand)' 교육과정 모델의 구조, 교과 수준에서의 역량 기반 교육과정의 실제, 사회과 속 역사교육의 지위, 공통 과정에서 학년별 학습 내용의 선정과 제시, 선택과목의 개설 및 내용 등을 살펴보고자 했다. 특히 역사교육의 역량과 내용을 교육과정 문서의 제시 형식과 개정 전후의 변화를 예로 들어 이해시키고자 했다. 교육과정 실천을 지원하는 웹 기반의 체계에 대해서도 간단히 덧붙였다. 정보는 주로 브리티시컬럼비아주 교육부 웹 사이트에서 수집했다.

1. 역량 개발을 강조하는 브리티시컬럼비아주 교육과정

캐나다는 연방 국가로 10개의 주(province)와 세 개의 준주(territories)로 나뉜다. 연방 국가이지만 주마다 시행하는 교육은 독자적이다. 영어권과 프랑스어권 지역의 차이도 적지 않다. 21세기로 접어들면서 미래 사회가 사회적·경제적·기술적으로 엄청난 변화 속도를 보이자 각 주에서는 특정 역량에 중점을 둔 교육을 시행하기 시작했다. 주 단위를 넘어서 핵심 역량과 기술을 통합해 공교육에 적용해야 한다는 프로젝트도 수행되었다(21C Canada, 2012; Action Canada, 2013).

캐나다의 각 주에서는 시기별 차이를 두고 역량 중심의 교육과정을 개발, 적용했다. 퀘벡주의 경우 초등은 2001년 9월부터, 중등은 2005년 9월부터 적용했다. 온타리오주는 2013년에 개정해서 2014년 9월부터 적용했다. 브리티시컬럼비아(British Columbia, 이하 BC)주는 2016년 9월부터 단계적으로 적용하기 시작해 2018년부터는 개정 교육과정만을 적용할 예정이다. 앨버타주는 현재 개정 중에 있다. 이처럼 캐나다의 역량 중심 교육과정 개발은 주별로 시기를 달리하면서 여러 형태와 내용으로 등장해 다른 국가들의 관심을 받았으며, 한국에도 소개되었다(소경희, 2013; 이근호 외, 2013; 조철기, 2013; 최진영·장혜인, 2016). 여기서는 최신 사례가 되는 BC주의 것을 살펴보려고 한다.

BC주 교육과정은 1997년과 2006년에 개정되었으며, 2016년부터 다시 개정 중에 있다.[1] BC주 교육과정 개정의 출발점은 2011년 10월부터 개발

1 BC주 역사 교육과정은 1997년판 8~10학년 사회, 12학년 역사가 번역되어 소개된 바 있다(김

하기 시작해 2015년 1월 새로 업데이트한 BC주 교육계획(BC Education Plan)의 수립이었다(BC MOE, 2015). 여기서는 급속하게 변화하는 세계에서 학생들이 자신의 학습에 적극적으로 참여해 성공적인 미래를 만드는 데 필요한 기술(skills)과 역량(competencies)을 키울 수 있는 교육 시스템이 필요하다고 말한다. 교육의 초점을 맞춤형 학습(personalized learning)에 두고, 교사 전문성과 학습을 지원하는 디지털 기술을 포함한 양질의 교수 학습, 전형적인 교실을 넘어서는 프로그램과 진로 교육을 포함한 유연성 및 선택의 기회, 핵심 개념과 역량 교육과정, 졸업 기준, 주 단위 평가를 포함한 높은 기준(high standards) 등으로 지원하는 것이다.[2]

BC주 교육부는 교육계획에 기반을 두고 유치원 과정에서 12학년에 이르는 전 학년에 대한 전면적인 교육과정 개정을 2015년 가을 학기부터 시작했다. 개정 교육과정[3]은 초·중등학교에 단계적으로 적용하기 시

한종, 2006).

2 BC주 교육계획 2015년 업데이트 판에서는 그동안의 성과와 추진 과제를 정리했다. 이에 따르면 맞춤형 학습에 필요한 유연성 부여, 핵심 개념, 깊이 있는 지식, 의미 있는 이해를 강조하고, 21세기에 필요한 핵심 역량과 기술을 반영하는 K~9학년 교육과정 개정 초안이 개발되었으며, 계속해서 10~12학년 교육과정 개발을 예고했다. 또한 주 단위 저학년 평가 및 기초능력 평가에 관한 보고서를 작성해 졸업 프로그램 개정이 이어지고 있다. 책임감이 높고 투명한 교원 규정을 만들기 위해 2011년에 교사법(Teachers Act)을 통과시켜 새로운 시스템을 도입했고, 이에 독립적인 조직이 설립되었다. 2012년부터 시범 지역에서 교사 멘토링 프로그램을 운영했으며, 교원 전문성 향상을 위한 프로그램이 계속 제공될 예정이다. 2013년 새로운 학생 정보 시스템(My Education BC)을 개발해 학부모는 교직원과 의견을 나누고, 학생들은 개인 포트폴리오를 작성 및 관리하고, 과제를 온라인으로 제출할 수 있도록 했다. 2014년부터 교육용 디지털 도구 및 자원을 지원하는 차세대 네트워크로 향상하려는 작업 등을 포함하고 있다(BC MOE, 2015: 9~18).

3 BC주 교육부는 신교육과정(BC's New Curriculum), 재설계 교육과정(BC's Redesigned Curriculum)이라고 표현하지만, 이 글에서는 한국에서 새 교육과정을 의미할 때 일반적으로 쓰는 '개정 교육과정'이라는 용어를 사용했다. 교육과정 용어에 주목한 것은 BC주가 이전까지는 교육과

작해 2016년 가을 학기부터 9학년을 대상으로 적용하고, 전면적인 시행에 앞서 2016~2017년에는 10~12학년을 대상으로 기존 교육과정과 개정 교육과정을 병행하면서 개선하는 과정에 있으며, 2018년 여름에 마무리할 예정이다. 2018~2019년에 10학년에 개정 교육과정을 전면 적용하고 11~12학년은 2019~2020년에 적용할 예정이다. 아울러 개정 교육과정에 따른 학생 평가 체제를 단계적으로 개정하는 작업을 2016~2018년에 시행할 예정이다.

BC주 개정 교육과정은 기본적으로 웹 사이트를 통해 제공된다. 해당 내용은 영어 또는 프랑스어 버전의 PDF, 워드(word) 파일로 다운로드할 수 있다. 2017년 9월 현재 K~9학년용은 완성본이고 10~12학년용은 초안 단계의 교육과정이다. 첫 화면에는 공지 사항과 주요 바로가기가 있고, 핵심 역량(core competencies), 교육과정, 평가, 졸업 자격 순서로 메뉴가 구성된다. 검색 기능을 사용해 특정 학년 또는 교과 영역에서 조건에 맞는 결과를 얻을 수 있다.

개정 교육과정은 필수 학습(essential learning)과 리터러시(literacy), 수리력(numeracy) 등 세 가지 핵심 기능을 개정 교육과정의 기초로 본다. 리터러시는 구술, 문어, 시각, 디지털 및 멀티미디어 등 다양한 형태의 의사소통을 이해하고 비판적으로 분석하고 만들어가는 능력이며, 학생들이 다양한 교과에서 읽기, 쓰기, 말하기 및 듣기 기술을 적용하도록 돕는다. 수리력은 다양한 상황에서 수학적 개념, 절차, 문제 해결과 의

정을 IRP(Integrated Resources Package)라고 부르다가 이번에는 교육과정(curriculum)이라는 용어를 사용했기 때문이기도 하다.

사 결정 기능을 이해하고 적용하는 능력이다. 수리력 평가는 수학뿐만 아니라 여러 교과에서 학생 교육 전반에 걸친 학습을 점검한다. 리터러시와 수리력은 통상 언어와 수학 학습과 관련짓지만 모든 분야에서 이해하고, 분석하고, 새로운 것을 만들어내는 데 필요한 기초 능력이자, 학습의 기본이 되기 때문에 강화한다는 것이다.

핵심 역량은 모든 학생이 학교생활을 넘어서 성공적인 삶을 위해 개발해야 하는 지적·개인적·사회적 기능들로 정의된다. 개발 과정에서 핵심 역량이 여러 가지 제시된 것으로 보인다. 앞에서 소개한 BC주 교육계획에서 제시한 역량은 비판적 사고와 문제 해결, 협업과 리더십, 의사소통과 디지털 리터러시, 개인과 사회적 책임, 창의력과 혁신, 글로벌 및 문화 이해 등 여섯 가지였다(BC MOE, 2015: 7). 그러나 교육계획의 역량을 수정해 최종적으로 의사소통 역량, 사고력 역량, 개인 및 사회적 역량 등 세 가지로 정리했다.

의사소통 역량은 학생들이 정보, 경험, 생각들을 나누고, 주변 세계를 탐색하고 디지털 매체를 효과적으로 사용하는 능력 등을 포함한다. 사고력 역량은 지적 개발과 관련된 지식, 기술, 절차와 관련되며, 특정 사고 기능뿐만 아니라 심적 습관과 메타 인지적 인식까지 포함한다. 개인과 사회적 역량은 학생들이 개인으로서 성장하고, 타인을 이해하고 배려하며 자신의 목적을 세계에서 발견하고 달성하는 데 필요한 능력을 포함한다. 웹 사이트(https://curriculum.gov.bc.ca/competencies)에서는 각 역량에 대한 개요와 예시를 제공한다.

개정 교육과정의 체계는 '알기-행하기-이해하기(know-do-understand)' 모델을 기반으로 개발해 일관성을 두고자 했다. 이 모델은 학습에 관한 개념에 기반을 둔 역량 중심 접근 방식을 지원한다. 〈그림 7-1〉과 같이

그림 7-1 **알기-행하기-이해하기 모델**

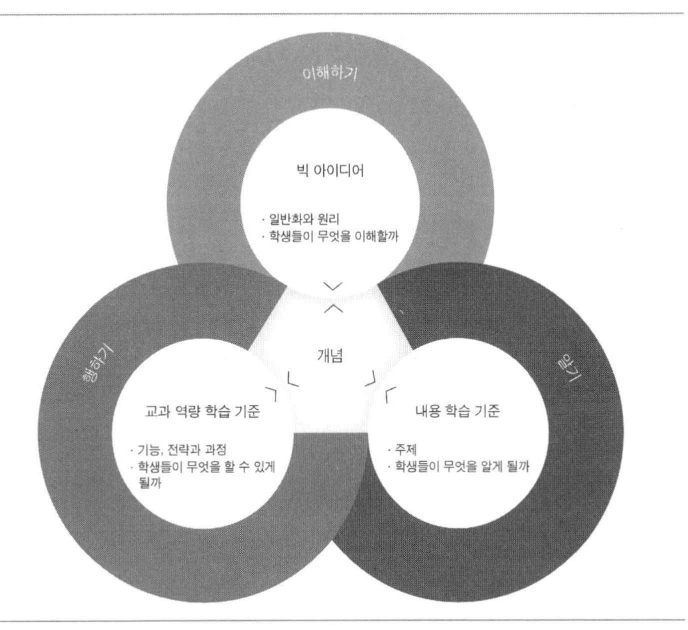

자료: https://curriculum.gov.bc.ca/curriculum-info.

빅 아이디어(big ideas), 교과 역량(curricular competencies), 내용(content) 등 세 가지 요소로 작동된다.

빅 아이디어는 교육과정 모델에서 '이해하기' 요소를 의미한다. 학생들의 학습 결과로 나타나는 이해를 가리키며, 학년별로 심화된다. 교과 역량은 교육과정 모델에서 '행하기' 요소에 해당하며, 학생들이 학습한 것을 증명하기 위해 무엇을 할 수 있는지 행동 기반으로 진술한다. 교과 역량은 특히 세 가지 핵심 역량과 관련된다. 내용은 교육과정 모델에서 '알기' 요소에 해당하며, 각 학년 수준에서 학생들이 학습할 개념이나 주제를 포함한다.

개정 교육과정은 21세기 학습에 필요한 두 가지 특징, 즉 핵심 역량 개발과 학습의 개념에 기반을 둔 접근에 초점을 맞춘다. 학습은 교실만이 아니라 모든 곳에서 일어날 수 있기 때문에 주 교육부는 표준에 따라 '무엇(What)'을 가르칠지는 설정하지만, '어떻게(How)' 가르칠지, 시간, 공간, 방법에 대해서는 규정하지 않는 유연한 학습 환경을 전제로 한다.

2. 역사 교육과정의 편제와 내용 제시

(1) 사회과 학년별 편제

BC주의 학교교육은 유치원부터 7학년(K~7)까지가 초등 과정, 8학년부터 12학년까지가 중등 과정이다. 10학년까지는 공통 과정이며, 11~12학년은 선택 과정이다. 교과는 '응용 디자인, 기능, 기술(applied design, skills and technologies)', '예능교육', '직업교육', '핵심 프랑스어', '영어', '제1언어로서의 프랑스어', '제2언어로서의 프랑스어', '수학', '신체와 건강', '과학', '사회과' 등 11개로 구분된다. 역사교육은 사회과(social studies)에 속해 이루어지므로 사회과를 살펴보며 설명하는 것이 좋겠다.

먼저 목표를 보면 역사교육의 목표는 제시되지 않고 사회과의 목표는 있다. 사회과 교육과정은 주요 목표(main purpose)를 '능동적이면서 식견 있는 시민(informed citizens)이 되기 위한 지식, 기술, 역량을 갖춘 졸업생 양성'에 두었다. 사회과는 역사적·지리적·정치적·경제적·사회적 주요 개념과 각기 다른 그것들의 연관 및 상호작용을 이해하는 것이다. 여러 학문 분야에서 등장하는 주제를 다룰 때, 개정 교육과정은 여섯 가지 주요 사고 개념(six major thinking concepts)을 통한 학문적 사고 기술(disciplinary thinking skills)의 개발을 강조한다. 중요성(significance), 증거(evidence), 연속과 변화(continuity and change), 원인과 결과(cause and consequence), 관점(perspective) 및 윤리적 판단(ethical judgment) 등 여섯 가지 주요 사고 개념은 원래 역사적 사고력을 설명하기 위해 개발된 것이지만 지리학자, 경제학자, 정치학자들이 주제에 관해 생각하는 방식을 포함하면서 사회과의 사고 개념으로 채택되었다.[4]

BC주 사회과 교육과정이 제시한 목표(goals)는 다음과 같다.

- 다양한 가치와 관점을 존중하며, 정보 수집과 비판적 분석, 식견 있는 의사 결정, 효과적인 의사소통 등 민주주의 사회 발전에 필요한 역량을 개발한다.
- 사회 발전을 형성하게 된 과거, 현재, 미래와 인간, 사건, 흐름 간 관계에 관한 이해를 증진한다. 특히 캐나다 원주민의 역사와 문화를 포함한 캐나다의 과거와 현재에 대해 충실히 이해한다.
- 인간과 환경 간의 상호작용, 인간 사회와 문화의 개발에 미치는 자연환경의 영향, 인간이 환경에 끼치는 영향에 관한 이해를 높인다. 이러한 상호작용의 이해에는 지구과학적 특성과 인간의 영향에 관한 공간 인식을 포함한다.
- 시민의 권리와 책임, 민주주의 정부 체제에 대한 이해를 높인다. 이것에

4 웹을 기반으로 제공되는 교육과정은 계속해서 수정, 보완될 가능성이 있다. 이 내용은 2016년 7월 4일 갱신되었다(https://curriculum.gov.bc.ca/curriculum/social-studies/goals-and-rationale).

는 개인, 단체, 지방, 주와 전국 수준에서 이루어지는 의사 결정 방법 및 정치 과정에 참여해 의사를 효과적으로 표현하는 방법을 포함한다.

- 세계 경제가 상호 연결된 가운데 서로 다른 이해관계에서 균형을 맞추면서 정치적·환경적·경제적 의사 결정과 타협을 이루는 경제체제의 작동에 대한 이해를 높인다.

이상과 같은 다섯 가지 목표는 사회과를 이루는 모학문 분야인 역사, 지리, 정치, 경제 등과 연결되는 측면이 있다. 이처럼 목표에서는 이전과 크게 차이가 없지만 첫 번째 목표에서 '역량'이라는 용어가 도입된 것을 확인할 수 있다. 역사와 직결되는 두 번째 목표에서는 우리 자신을 포함한 캐나다의 과거와 현재에 대한 완전한 이해, 원주민[5]의 역사와 문화를 강조했다.

BC주는 웹 사이트를 통해 공식적으로 사회과 교육과정 개정 방향을 종전 교육과정과 비교해 새로운 점과 같은 점으로 나누어 정리했다(https://curriculum.gov.bc.ca/curriculum/social-studies/whats-new).

새로운 점은 첫째, 필수 내용을 감축하고 학문적 사고 기술(disciplinary thinking skills)의 습득에 중점을 두었다. 둘째, 학문적 사고에 중점을 둔다는 것은 교과서나 교사, 기타 자료를 통한 단순히 지식 습득보다는 중요 개념을 스스로 이해하는 것이 중요하다는 의미이다. 셋째, 학습 기준

5 BC주 교육과정에서는 유럽인 이주 이전에 살았던 토착민들을 '퍼스트 피플(first people)', 정치적 조직을 '퍼스트 네이션(first nation)'이라고 규정하고 있다. 이는 BC주에서는 특별한 의미가 있겠으나 토착민을 일반적으로 표현하는 용어가 아니므로 이 글에서는 '원주민'이라는 더욱 일반적인 표현으로 번역했다.

(learning standards)을 상세하지 않고 규정적이지 않게 해 교사와 학생들이 특정한 관심이나 지역 관련성이 높은 내용으로 학습을 진행할 수 있게 했다. 넷째, 원주민의 역사와 문화에 대한 이해를 높이기 위해 중요한 주제와 관점을 모든 학년에 포함했다.

같은 점은 시민교육을 지향한다는 것과 학년별 수준이나 일부 주제를 이동시켰을 뿐, 캐나다 사회와 정체성, 캐나다 역사, 세계사, 캐나다와 세계 지리, 캐나다 정치와 정부, 주요 경제체제 등 주요 주제들은 계속 학습해야 한다는 점이다.

캐나다 넬슨 교육전문출판사는 BC주의 유치원부터 7학년(K~7)까지의 2015년 개정 교육과정과 종전 교육과정을 비교, 분석했다. 이 자료에 의하면 사회과는 이전에 비해서 69%의 내용이 학년을 바꾸어 이동되었거나 또는 수정된 것으로 나타났다(Nelson Education LTD, 2016). 그러므로 공식적으로 크게 바뀌지 않은 시민교육 지향이나 전반적인 학습 주제를 사회과 교육에서 쉽게 바꿀 수 없다는 점을 감안하면 대폭 개정된 것이라고 판단된다.

〈표 7-1〉을 통해 BC주 사회과 교육과정의 학년별 편제를 살펴보도록 한다. 학년별 전체 주제를 학습 영역으로 나타냈는데, 유치원부터 2학년까지는 가족 → 지방(local) → 지역(legion) → 세계(global)로 공간이 확대된다. 종전 교육과정에 있던 3학년의 공동체 관련 내용을 1, 2학년으로 옮기고, 4학년에 있던 지역 및 세계의 토착민 문화 내용을 3학년으로 옮겨 다룬다. 4학년은 BC주의 원주민을 중심으로 하면서 연방 결성에 이르는 지역의 역사를 다룬다. 5학년은 정부 기능, 인권과 차별, 현안 문제를 다룬다. 6학년 학습 영역에는 세계에서 캐나다의 역할, 국제 협력, 분쟁, 개인, 정부, NGO의 역할 등이 포함되었다. 7~10학년에서는 시기를

표 7-1 BC주 사회과의 학년별 편제

학년	학습 영역(area of learning)	비고
K	정체성과 가족	
1	지역공동체	
2	지역 및 글로벌 공동체	
3	글로벌 토착민	
4	원주민과 유럽인 간 접촉	
5	캐나다의 쟁점과 거버넌스	
6	글로벌 쟁점과 거버넌스	
7	고대부터 7세기까지	
8	7세기부터 1750년까지	
9	1750년부터 1919년까지	
10	캐나다와 세계: 1919년부터 현재까지	
11	사회과 탐구 11, 프랑스계 역사 11	선택과목
12	20세기 세계사 12, 아시아 지역 연구 12, BC주 원주민 12, 비교 문화 12, 비교 세계 종교 12, 현대 토착민 연구 12, 경제학 12, 제노사이드 연구 12, 인문 지리 12, 법학 연구 12, 철학 12, 정치학 연구 12, 자연 지리 12, 사회 정의 12, 도시 연구 12	선택과목

자료: https://curriculum.gov.bc.ca/curriculum/social-studies.

나누어 역사교육이 이루어진다. 7학년은 고대부터 7세기까지의 역사를 다룬다. 8학년은 7세기부터 1750년까지의 역사를 다룬다. 9학년은 1750년부터 1919년까지의 역사를 다룬다. 10학년은 1919년부터 현재에 이르는 시기이다. 11~12학년의 선택과목은 〈표 7-1〉에 제시된 바와 같다. 학습 영역만 보아도 역사를 중심으로 사회과가 편성되었다는 것을 알 수 있다. 하지만 우리가 생각하는 정치사 중심의 연대기적 내용이 아니라, 다양한 개념과 분야를 주제를 중심으로 구성해 사회과의 여러 분야를 종합한 것으로 판단된다.

(2) 역사적 사고 개념

BC주의 사회과 교육과정을 이해하려면 여섯 가지 역사적 사고 개념을 알아야 한다. 이 개념은 2006년부터 2014년까지 진행된 역사적 사고 프로젝트(history thinking project)에서 정교화되어 제공되었다. 과학적 사고나 수학적 사고와 같이 역사적 사고가 역사교육의 핵심이라는 관점에서 복잡한 사고를 효과적으로 제공하기 위해 여섯 가지 역사적 사고 개념이라는 틀을 개발한 것이다. 이러한 생각은 캐나다의 역사교육이 영국 제국주의 유산 틀 내에서 국가를 중심으로 한 지식을 전달하는 것을 목표로 삼고, 사고력을 교육 목표의 중심에 두지 않았다는 문제의식에 따른 것이었다. 역사적 사고는 '사실 알기'를 요구하지만 '사실 알기'로 충분하다고 보지 않는다. 역사 지식과 역사적 사고는 상호 관련되며 의존적이다. 프로젝트는 전국 회의를 개최하면서 교육의 변화를 위해 교육과정 개정, 자료 개발, 교사 전문성 개발, 평가 개선 등에 집중했다.[6] 프로젝트를 이끌어간 연구자는 브리티시컬럼비아 대학교에서 재직 중인 피터 세이셔스(Peter Seixas) 교수였다. 그는 2000년대 이전까지 미국의 영향을 많이 받던 캐나다의 역사교육 연구가 독자성을 갖는 데 중요한 역할을 했다(Clark, 2014: 84~86).

프로젝트는 기금이 끊어진 상태로 중단되었으나 지금도 홈페이지(historicalthinking.ca)를 통해 그동안의 활동 내용을 확인할 수 있다. 한

6 그동안 개최된 전국 회의의 주제는 2008년 '역사적 사고 프로젝트의 확장', 2010년 '큰 걸음 내딛기', 2011년 '모멘텀의 지속', 2012년 '역사적 사고의 평가', 2013년 '역사적 사고 개념, 내용과 역량의 연계', 2014년 '교육과정에서 교실 수업으로' 등이었다.

표 7-2 여섯 가지 역사적 사고 개념의 이해

개념	개념 이해를 통해 학생(또는 역사가)들이 할 수 있는 것
역사적 중요성	1. 특정한 사건, 인물 또는 발달의 역사적 중요성을 설명하고 적절한 기준을 사용해 더 크고 의미 있는 서사와 연결 짓는다. (깊이, 크기, 지속성 측면에서) 중요한 변화를 가져왔는가? 현재적 관점에서 쟁점에 대한 통찰력을 제공하는가? 2. 역사서나 다른 역사적 설명을 통해 중요성을 어떻게 구성했는지 확인한다. 3. 중요성은 시간이 갈수록 변할 수 있고 다른 집단의 관점에서 달라질 수 있다는 것을 설명한다.
증거	1. 역사는 1차 사료에서 추론한 하나의 해석이며, 흔적, 유적 및 기록(1차 사료)이 필수적이지 않다는 것을 이해한다. 2. 1차 사료를 탐구, 주장, 설명을 위한 증거로 만들려는 질문을 한다. 3. 사료가 생성된 당시의 조건과 세계관을 고려하면서 읽는다. 4. 사료를 생산한 저자의 의도를 추론한다. 5. 다른(1차 및 2차) 사료를 통해 특정한 사료에서 나온 추론을 검증한다.
연속과 변화	1. 다양한 속도와 형태(끝이 있는 연속성, 다른 연속으로의 전환 포함)를 가진 흐름으로의 과거 변화를 본다. 2. 여러 사람들에게 영향을 준 진보와 퇴보의 복잡한 양상을 확인한다(일부를 위한 진보가 모두를 위한 진보는 아니다). 3. (역사가가 설정한 범주의 크기, 문제의식, 가정에 따라 역사가 체계화된다는) 해석이라는 측면에서 시대 구분을 이해한다.
원인과 결과	1. 복합적인 원인과 결과를 장·단기로 파악한다. 2. 인간 행위와 작동 중인 구조 및 조건 간의 상호작용을 알아본다. 3. (현재처럼) 과거에도 인간의 선택과 기회가 열려 있다는 것을 이해한다.
역사적 관점 갖기	1. 오늘날과 과거의 신념, 가치관, 동기부여(세계관)의 차이점을 인식한다. 2. 역사적 맥락에서 과거인들의 관점을 설명한다(증거 개념 3번 진술을 참조하라). 3. 오늘날 우리가 가진 이해의 한계를 인식하면서 과거인들의 신념, 가치관, 동기부여에 관해 사료에 기반을 두고 정확하게 해석해본다. 4. 역사적 행위자 간의 다양한 관점을 구별한다.
역사의 윤리적 차원	1. 다양한 매체(예: 영화, 박물관 전시물, 도서)의 역사 서사에서 보이는 암묵적 또는 명시적·윤리적 처지를 인식한다. 2. 과거 사람들이 행한 역사적 맥락을 인식하면서 그 행동에 대한 윤리적 판단을 합리적으로 해본다. 3. 과거의 희생과 불의가 오늘날에 주는 함의를 공정하게 평가한다. 4. 과거로부터 얻는 어떤 직접적인 '교훈'의 한계를 인식하면서 현안에 대한 판단과 행동을 할 때 역사적 설명을 활용한다.

자료: Seixas and Colyer(2014: 22~23).

편 비판적 사고 컨소시엄(The Critical Thinking Consortium)을 만들고 홈페이지(https://tc2.ca/)를 통해 교육 자료를 지원하며 연구 및 연수 프로그램을 개발하고 있다. 꾸준한 활동의 결과 영향력이 증가하면서 2013년에는 온타리오주 교육과정에서 1학년부터 12학년에 걸쳐 역사적 사고 개념을 적용했다. BC주 교육부가 개정 사회과 교육과정에 역사적 사고 개념을 적용하기로 하고 교육과정을 개발했다. 캐나다에서 인구가 많은 주에 속하는 온타리오주와 BC주가 역사적 사고 개념을 채택함으로써 캐나다의 영어권 지역에서 학생 절반 이상이 역사적 사고 개념을 학습하게 되었다. 온타리오주 교육과정에는 역사적 중요성, 원인과 결과, 연속과 변화, 역사적 관점 등 네 가지가 적용되었고, BC주에는 여섯 가지 사고 개념이 적용되었다(Seixas and Colyer, 2014; Ontario Ministry of Education, 2013; 최진영·장혜인, 2016: 411). BC주 교육과정에 역사적 사고 개념이 적용된 사례를 후술하겠지만, 여기서는 이해를 돕기 위해서 〈표 7-2〉를 통해 여섯 가지 역사적 사고 개념을 요약해 제시했다.

(3) 공통 교육과정: 9학년 역사를 사례로

지금부터는 본격적으로 역사 교육과정 문서에서 역량을 어떤 식으로 제시했는지 알아보기로 한다. 전체 공통 과정을 살필 수 없으므로 1750년부터 1919년까지의 역사를 다루는 9학년 사회과를 선택해 설명하고자 한다.

사회과 교육과정을 제시한 방식은 웹 사이트에서 〈그림 7-2〉와 같은 형태로 나타난다. 항목별 순서를 보면 개요, 핵심 역량, 빅 아이디어, 내용, 교과 역량 등이다. 각각에 마우스를 올리면 추가 정보가 말풍선 형

그림 7-2 BC주 사회과 교육과정 웹 서비스 형태

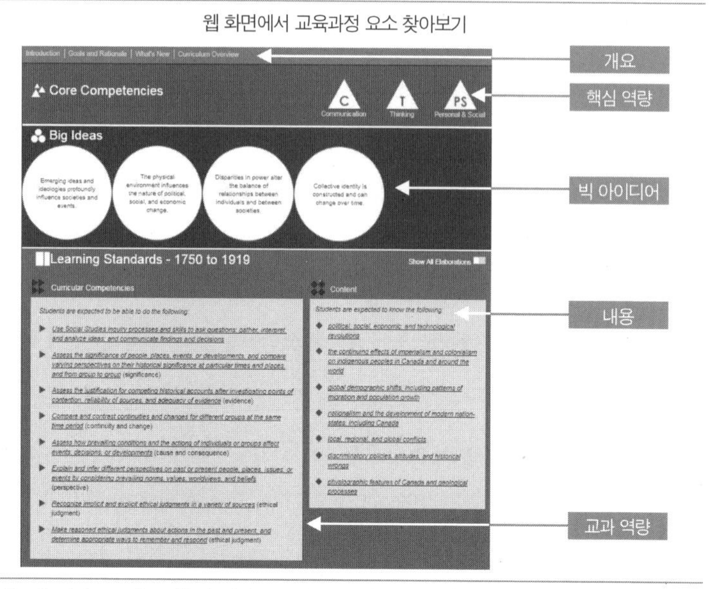

자료: https://curriculum.gov.bc.ca/sites/curriculum.gov.bc.ca/files/Curriculum_Brochure.pdf.

태로 나타난다. 영어와 프랑스어로 된 PDF와 워드 파일의 다운로드도 가능하다. 개요에는 안내문, 목적과 원리, 새로운 점, 교육과정 개요 등이 있다. 핵심 역량은 간략하게 C, T, PS 등 세 가지 기호로 표시된다. 핵심 역량은 총론에서 제시한 것 그대로이다. 나머지는 〈표 7-3〉 9학년의 예시를 통해 구체적으로 살펴보기로 한다.

〈표 7-3〉에서 먼저 빅 아이디어를 제시했다. 빅 아이디어는 학습 영역에서 중요한 일반화, 원리, 핵심 개념으로 구성되며, 학년 종결 시점에서 이해하도록 기대하는 바를 나타낸다. 9학년의 빅 아이디어는 〈표 7-3〉처럼 네 가지가 있지만 사회과 전 학년에 걸쳐 학년이 높아질수록 심화해 표현한다는 점을 설명하기 위해 〈표 7-4〉처럼 몇 개 학년의 일부 빅

표 7-3 BC주 학습 기준 9학년 사회과: 1750~1919년 예시

빅 아이디어			
사회와 사건에 중대한 영향을 끼친 신흥 사상과 이데올로기	정치, 사회, 경제 변화의 본질에 영향을 끼친 자연환경	개인과 사회 간 균형을 변화시키는 권력 격차	시간에 따라 형성되고 변화하는 집단 정체성

학습 기준: 1750~1919년	
교과 역량	내용
학생들이 할 수 있도록 기대하는 바는 다음과 같다. · 질문에 사회과의 탐구 과정과 기술(아이디어 수집, 해석 및 분석, 발견과 의사 결정의 전달)을 사용할 수 있다. · 인물, 장소, 사건 또는 발전의 중요성을 평가하고, 특정 시기와 장소, 집단에서 집단 간 역사적 중요성에 대한 다양한 시각을 비교할 수 있다(중요성). · 논쟁점, 출전의 신뢰성, 증거의 타당성을 조사한 후 경쟁적인 역사적 설명의 정당화를 평가할 수 있다(증거). · 동 시기의 다른 집단에 관한 연속과 변화를 비교하고 대조할 수 있다(연속과 변화). · 지배적인 조건과 개인 또는 집단의 행동이 사건, 의사 결정 또는 발전에 어떤 영향을 미치는지 평가할 수 있다(원인과 결과). · 지배적인 규범, 가치, 세계관, 신념을 고려하면서 과거 또는 현재의 인물, 장소, 쟁점 또는 사건에 관한 여러 관점을 설명하고 추론할 수 있다(관점). · 다양한 출전에서 암시적이고 명시적인 윤리적 판단을 인정할 수 있다(윤리적 판단). · 과거와 현재의 행동에 관해 합리적인 윤리적 판단을 내리고, 기억하고, 대응할 적절한 방법을 결정할 수 있다(윤리적 판단).	학생들이 알기를 기대하는 바는 다음과 같다. · 정치, 사회, 경제 및 기술 혁명 · 캐나다 및 세계의 원주민에 대한 제국주의와 식민주의의 지속적 영향 · 이주와 인구 증가 패턴을 포함한 세계적인 인구통계학적 변화 · 캐나다를 포함한 민족주의와 근대 국민국가 발전 · 지방, 지역, 지구적 갈등 · 캐나다와 세계에서 일어난 차별 정책과 부당성, 예를 들면, 중국인 인두세 부과, 코마가타 마루호 사건, 원주민 기숙학교 학대, 제1차 세계대전 때 독일계 캐나다인 억류 · 캐나다의 지리적 특징과 자연 자원

자료: https://curriculum.gov.bc.ca/curriculum/social-studies/9.

표 7-4 BC주 사회과 빅 아이디어의 학년별 심화 수준

유치원	3학년	6학년	9학년
우리 공동체는 다양하면서 공통점이 많은 개인들로 구성된다.	다양한 문화와 사회의 사람들은 공통된 경험과 삶을 공유한다.	경제적 이기심이 사람과 정부 간 갈등의 중요한 원인일 수 있다.	권력 격차는 개인 간 또는 사회 간 관계의 균형을 변화시킨다.

자료: https://curriculum.gov.bc.ca/curriculum/social-studies/introduction.

아이디어를 제시했다.

빅 아이디어 하단에는 학습 기준이 이어지며, 교과 역량에서 기능적 측면, 내용에서는 학습할 주제를 제시한다.

교과 역량은 학생에게 기대하는 기술을 열거하고 중요성, 증거, 연속과 변화, 원인과 결과, 관점, 윤리적 판단 등 여섯 가지 역사적 사고 개념에서 해당하는 것을 표시했다.

내용은 다양한 주제로서 학습할 내용을 제시한다. 각 분야의 변화, 이주와 인구 문제, 민족주의와 근대 국민국가 발전, 지역 층위별 갈등, 차별 정책, 캐나다의 자연환경 등이다. 모든 역사 학습 내용에서 원주민 문제를 강조하려는 개발 방향은 여기서도 드러난다. 인구 통계학, 사회 및 국제 관계, 차별과 인권 문제, 지리와 자원 등에서 사회과학적 내용과 지리학적 내용을 고루 포함했다는 것을 알 수 있다. 특히 필요한 경우 사례를 들어 적시했다. 〈표 7-3〉에서 제시된 사례들은 캐나다에서 일어난 대표적인 인종차별과 관련된 사건들이다. 이것은 태평양에 인접한 BC주에서 일어난 일들이다. 20세기 초 중국계 이민자에게 과도한 인두세를 부과한 사건, 1914년 인도의 시크교도 이민자 376명을 태운 코마가타 마루호가 캐나다의 이민법 때문에 밴쿠버에서 머물다 돌아간 사건, 원주민 자녀들을 지역사회에서 분리시켜 기숙학교에 수용하고 학대

한 사건, 1914년 오스트리아-헝가리, 독일, 중앙 유럽 지역 출신 이민자들을 수용소에 억류했던 사실 등이다. 캐나다 정부는 2006년 과도한 인두세 부과에 관한 스티븐 하퍼(Stephen Harperl) 총리의 사과, 2016년 코마가타 마루호 사건에 대한 저스틴 트뤼도(Justin Trudea) 총리의 사과, 2008년 원주민 아동을 강제로 동화시키려고 기숙학교를 운영한 사실에 대한 하퍼 총리의 사과, 2005년 캐나다 의회의 1차 대전 중 우크라이나 출신 사람들을 억류한 것 인정 등의 행동을 통해 공식 입장을 정리했다.[7] 학자들과 활동가들의 노력 덕분에 이러한 과거사를 공교육에 반영하기에 이른 것이다. 그런데 세계에서 가장 개방적인 다문화 국가로 알려진 캐나다가 과거 인종차별의 역사를 상기해 마치 BC주 사람들을 인종주의자로 의식하게 할 이유가 있는지와 인종차별은 나쁘지만 다른 국가에서 발생한 대량 학살과 비교할 때 과장된 것 아니냐는 의견도 제기된다(Todd, 2015).

〈표 7-3〉과 같은 학습 기준에는 〈표 7-5〉와 같은 상세화(elaborations)라는 이름의 별도 문서가 제공된다. 역사 교육과정을 〈표 7-3〉의 형태로만 제공했다면 역사 교육과정은 일반적인 진술로 파악될 것이다. 사례로 들고 있는 9학년을 기준으로 보면, 학습 기준이 1쪽인데 비해 상세화는 7쪽에 이른다. 더욱이 상세화에는 예시 활동(sample activities), 예시 주제(sample topics), 핵심 질문(key questions)이 있어 역사 교육과정에서 요구하는 역사교육의 내용을 구체적으로 이해할 수 있다. 상세화

---

7 제1차 세계대전 중 잠재적인 적으로 간주된 중앙 유럽인 수용소 억류는 제2차 세계대전 중 일본인 수용소 억류로 반복되었다. 이에 대해서는 1988년 브라이언 멀로니(Brian Mulroney) 총리가 공식 사과했다.

중 일부를 예로 들어 〈표 7-5〉로 나타냈다.[8]

〈표 7-3〉과 같이 교육과정 역량에서 '논쟁점, 출전의 신뢰성, 증거의 타당성을 조사한 후 대립하는 역사적 설명의 정당화를 평가할 수 있다(증거)'라는 역사적 사고 개념 진술은 〈표 7-5〉의 핵심 질문에서 '제국주의와 식민주의가 여전히 국가와 집단 간 현재의 관계에 영향을 미친다는 증거는 무엇인가?'라는 질문으로 구체화한다. 그다음 이에 대한 증거를 찾고 활용하는 역사적 사고를 구체화한다.

또한 〈표 7-3〉에서는 내용을 '정치, 사회, 경제 및 기술 혁명'이나 '캐나다 및 세계 원주민에 대한 제국주의와 식민주의의 지속적 영향'으로만 진술해 그 범위가 명료하지 않았다. 그런데 〈표 7-5〉의 예시 주제를 보면 시민혁명과 산업혁명 등 외국사 내용과 캐나다의 갈등 사례, 산업기술의 발전을 다룰 수 있다는 것을 알 수 있다. 아이티 혁명이 제시된 것은 최초로 노예제를 폐지하고 아프리카 출신이 공화국을 수립한 중요성이 있기 때문이다. 특히 아이티가 프랑스 식민지였고 아메리카 지역에 속하며 아이티 혁명이 프랑스혁명의 영향을 받았기 때문인 것으로 이해된다. 즉 세계사의 내용도 캐나다의 역사에서 의미 있는 것을 선정하려한 결과인 것이다. 한편 '캐나다 및 세계의 원주민에 대한 제국주의와 식민주의의 연속적 영향'을 통해 원주민에 대한 일관된 강조를 확인할 수 있다.

---

8 한국 교육과정 문서 체계로 보면 학습 기준은 교육과정, 상세화는 해설서에 해당한다고 할 수 있다. 상세화는 교사와 학생에게 추가적인 정보를 제공하며 교수 학습을 시작할 수 있도록 도와준다[https://curriculum.gov.bc.ca/curriculum/social-studies/9(검색일: 2017.9.26)].

표 7-5 BC주 학습 기준 9학년 사회과: 1750~1919년 상세화 예시(일부)

교육과정 역량: 상세화
○ **논쟁점, 출전의 신뢰성, 증거의 타당성을 조사한 후 경쟁적인 역사적 설명의 정당화를 평가할 수 있다.(증거)** 예시 활동 · 1차 자료(예: 문서 원본, 정치 카툰, 인터뷰, 조사 결과)와 2차 자료(예: 교과서, 언론 기사, 보고서, 요약문, 역사 논문) 찾아보기 · 다양한 매체 유형의 자료(예: 지면 뉴스, 방송 뉴스, 온라인 자료)를 비롯한 1차 및 2차 자료를 활용한 연구를 계획하고 수행하기 · 편견과 관점 측면에서 선택한 주제에 대한 정보 자료 평가하기 핵심 질문 · 제국주의와 식민주의가 여전히 국가와 집단 간 현재 관계에 영향을 미친다는 증거는 무엇인가? · 대륙 횡단 철도가 건설되지 않았다면 BC주가 미국에 합류하는 것이 더 좋을 것이라는 맥도날드(John Macdonald)의 주장을 뒷받침하는 증거는 무엇인가?*
○ **동 시기의 다른 집단에 관한 연속과 변화를 비교하고 대조할 수 있다.(연속과 변화)** 핵심 질문 · 매킨지(William Lyon Mackenzie)와 파피노(Louis-Joseph Papineau)가 실패한 곳에서 볼드윈(Robert Baldwin)과 라 폰테인(Louis-Hippolyte LaFontaine)이 성공한 이유는 무엇인가?** · 발전기 또는 쇠퇴기에 아프리카 진출은 어느 정도까지 진행되었는가? · 캐나다에 의한 식민지화가 어떤 측면에서 삶을 개선하거나 악화시켰는가? 누구를 위한 것이었나?
○ **지배적인 조건과 개인 또는 그룹의 행동이 사건, 의사 결정 또는 발전에 어떤 영향을 미치는지 평가할 수 있다(원인과 결과).** 활동 예시 · 사건 간의 원인, 결과, 의미 연결 짓기 · 두 개의 다른 혁명의 기원, 과정 및 결과를 비교하고 대조하기 · 1763년부터 1931년까지 캐나다 주권과 국가권력의 주요 발전 상황 추적하기 핵심 질문 · 1837~1838년의 반란이 상부 캐나다와 하부 캐나다 지역에서 영국으로부터 정치적 권리를 발전시키는 원인이 되었는가? · 미국 남북 전쟁은 미국 남부와 북부 사이에 여전히 긴장 관계를 만드는가? · 산업 역량은 1870년부터 1918년까지 일어난 갈등들에 얼마나 영향을 주었는가? · 혁명을 일으키는 데 경제 요소가 항상 핵심 역할을 하는가?

· 캐나다 연방의 진정한 성립일은 언제인가? 추론한 것을 설명해보자.
· 식민지 확장의 가장 중요한 이유는 무엇인가?
· 프랑스혁명은 프랑스인에게 긍정적인 변화를 가져왔는가? 왜 그런지 또는 왜 그렇지 않은지를 설명해보자.
· 러일 전쟁은 유럽의 세계 패권이 종말을 맞았다는 신호를 얼마나 보이는가?

내용: 상세화

○ 정치, 사회, 경제 및 기술 혁명

예시 주제

· 미국 혁명
· 프랑스혁명
· 산업혁명
· 아이티 혁명
· 홍하 지역의 저항, 북서부 지역의 저항
· 과학기술 발전
· 산업화
· 철도, 증기선, 자동차 및 항공기를 포함한 새로운 교통수단

○ 캐나다 및 세계의 원주민에 대한 제국주의와 식민주의의 연속적 영향

예시 주제

· 원주민에 대한 조약의 영향(예: 일련번호가 붙은 조약들, 밴쿠버 섬 조약)
· 인디언 법의 영향: 정주와 기숙학교 시스템 포함
· 유럽인과 원주민 간 상호작용
· 아프리카 진출
· 미국의 운명

핵심 질문

· 이 시기 제국주의와 식민주의를 향한 동기는 무엇인가?
· 이 시기 제국주의와 식민주의는 오늘날 캐나다와 세계에서 일어나는 사건에 어떤 역할을 할까?
(중략)

○ 캐나다와 세계에서 일어난 차별 정책과 부당성, 예를 들면, 중국인 인두세 부과, 코마가타 마루호 사건, 원주민 기숙학교 학대, 제1차 세계대전 때 독일계 캐나다인 억류

예시 주제

· 동아시아 및 남아시아 출신에 대한 인두세 부과 등 차별적 이민정책
· 고마가타 마루호 사건

- 캐나다의 소수 민족에 대한 사회적 태도(예: 중국인 철도 노동자, 시크교도 벌목공, 동유럽 출신 농부, 아일랜드 기근 난민, 아프리카계 미국인 노예 난민)
- 인디언 법, 포틀래치(potlatch) 금지, 기숙학교 학대와 같은 원주민 차별 정책
- 억류
- 사회사
- 젠더 문제
- 선거권
- 노동의 역사, 노동권
- 캐나다 내 차별에 대한 대응
- BC주의 아시아 배제 연맹
- 1차 세계대전 중 독일계 캐나다인에 대한 차별

핵심 질문

- 캐나다의 권리와 자유 헌장을 따른다면 과거 불평등 사례(예: 중국인 이민자에 대한 인두세, 일본계 캐나다인 강제 수용, 기숙학교 학대, 선거권, 젠더 및 성적 성향에 따른 연방 정부의 차별적인 노동 관행)는 오늘날 어떻게 처리될까?

---

*: 맥도날드는 1867년 영국령 북아메리카를 통합한 캐나다 자치령이 형성되면서 초대 캐나다 총리가 된 인물이다. 이 무렵 브리티시컬럼비아는 미국과 캐나다 중 어느 쪽에 합병할 것인지를 고민하고 있었다. 캐나다가 대륙횡단철도 건설 등을 약속함으로써 1871년에 캐나다 연방에 합병된 BC주가 탄생했다. 이로써 캐나다는 태평양까지 영토를 확장했다.

**: 초기 캐나다는 퀘벡주가 있는 프랑스계 하부 캐나다 지역과 온타리오주가 있는 영국계 상부 캐나다가 별개의 식민지로 존재했다. 영국의 지배에 대한 불만으로 1831년 상부와 하부 캐나다에서 각각 반란이 일어났는데, 상부는 매킨지가 하부는 파피노가 주동자였다. 반란은 실패했지만 캐나다 지역의 영국 식민지를 통합해 연방을 만드는 방향으로 이어졌다. 볼드윈은 영국계, 라폰테인은 프랑스계 정치가로서 의회 제도와 책임내각제에 기초한 캐나다 연방의 탄생에 기여했다.

자료: https://curriculum.gov.bc.ca/curriculum/social-studies/9.

(4) 선택 교육과정: '역사'에서 '20세기 세계사'로

〈표 7-1〉에서 나타나듯이 10학년까지는 필수 과정이지만, 11학년과 12학년은 선택 과정이다. BC주는 현재(2017년 기준) 11~12학년 교육과정을 개정 중이어서 아직 초안인 상태이다. 11~12학년 선택과목 중에서 구교육과정의 12학년 '역사'를 대신하는 과목은 '20세기 세계사(20th Century World History)', '아시아 지역 연구(Asian Studies)', '제노사이드 연구(Genocide Studies)' 등 세 개 과목이다. '20세기 세계사'는 구교육과

정의 12학년 '역사'를 직접 대체하는 과목이며, '아시아 지역 연구', '제노사이드 연구' 과목은 주로 20세기 역사를 다루는 신설 과목이다. '아시아 지역 연구' 과목의 신설은 BC주의 아시아계 인구 비중이 매우 높아진 현실과 함께 BC주 교육계획에서 선택 교육과정의 개발을 앞두고 K~12학년 교육과정에서 아시아와 남아시아 공동체에 관한 과거사 문제를 다루겠다는 것으로 보인다(BC MOE, 2015: 9). 이러한 취지는 앞에서 살펴본 〈표 7-5〉 9학년 사회과에서도 확인할 수 있다. 구교육과정에서 원주민의 역사와 문화를 다룬 'BC주 원주민 국가 연구(BC First Nations Studies)' 과목은 개정 교육과정에서 'BC주 원주민(BC First Peoples)', '현대 토착민 연구(Contemporary Indigenous Studies)' 등 두 개 과목으로 늘어났다. 이처럼 선택과목 개설의 방향은 과목 수를 늘려 다양한 선택을 가능하게 하고, 특정 주제를 심화해서 다루도록 했다. 이러한 방향은 사회과 내 지리학, 철학, 사회과학 분야에서도 동일하게 적용했다.

선택과목의 편성만으로는 내용 체계의 변화를 살펴보기 어렵다. 모든 과목의 내용 체계를 검토할 수 없으므로 구교육과정의 12학년 '역사'와 개정 교육과정의 '20세기 세계사' 과목을〈표 7-6〉을 통해 비교했다. 다만, 신구 교육과정이 혼용되는 시기이고 11~12학년 개정 교육과정이 확정되지 않은 점은 고려해야 한다.

〈표 7-6〉은 사회과 교육과정 개정 방향의 실제를 보여준다. 그것은 첫째, 구교육과정이 정치사를 중심으로 해 연대기적으로 중요한 사건을 세부적으로 다루었다면, 개정 교육과정은 주제별로 묶는 방식을 선택했다. 주제도 정치사뿐만 아니라 인권, 종교, 민족, 이주와 이민, 국제 협력, 사회 및 문화 발전, 소비와 교통 통신의 변화 등 다양하게 선정했다. 둘째, 구교육과정이 사고력과 관련된 일정한 틀이 없었다면, 개정 교육

표 7-6 **역사 선택과목의 신구 교육과정 비교**

	구교육과정: '역사'	신교육과정: '20세기 세계사'
내용	○ 1919~1991년 동안의 네 개 시기에 걸친 주요 사건을 연대기적으로 다루는 21개 세부 학습 성과 기준(Prescribed Learning Outcomes: PLO) · 1919~1933년: 러시아, 이탈리아, 독일 전체주의 권력의 부상에 초점 · 1933~1945년: 대공황과 2차 세계대전 기간 포괄 · 1945~1963년: 냉전의 시작, 중국, 인도, 이스라엘의 중요성 증대 조사 · 1963~1991년: 베트남 전쟁, 중국 공산당 통치의 변화, 소련과 냉전 종식 포괄 ○ 정치사에 초점을 맞춤 ○ 많은 사건과 인물에 대한 학습이 필요함	○ 아홉 개 학습 기준, 20세기 주요 사건과 동향을 다음과 같이 주제별로 묶음 · 권위주의의 부상 · 내전과 독립운동 · 인권 운동 · 종교, 민족, 문화 갈등 · 1차 대전, 2차 대전, 냉전 등 세계적 갈등 · 이주와 이민 · 국제 협력 · 사회 및 문화 발전 · 대량 소비와 교통 통신 기술의 급변 ○ 교재를 효과적으로 학습하는 기간은 정하지 않고 교사에게 맡김 ○ 정치사와 사회사 모두 포함함 ○ 특정 인물 또는 사건에 대한 학습 거의 없음
기술 개발	○ 사료 분석과 역사적 공감을 표현하는 세 가지 일반적 산출물이 있음 ○ 비판적 사고 개발을 위한 일관된 교육과정 개발 틀 없음	○ 여섯 가지 역사적 사고 개념을 바탕으로 개발된 여덟 개 학습 기준* · 역사적 중요성 수립 · 1차 사료의 증거 활용 · 연속과 변화 확인 · 원인과 결과 분석 · 역사적 관점 갖기 · 역사적 해석의 윤리적 차원 이해 ○ 여섯 가지 역사적 사고 개념은 유치원부터 시작해 12학년까지 성장해가는 개념임

*: 여덟 개 학습 기준은 〈표 7-3〉의 학습 기준과 같이 교과 역량을 지칭한 것이다.
자료: BC MOE(2017a: 41).

과정은 여섯 가지 역사적 사고 개념을 바탕으로 학습 기준을 개발했다. 여섯 가지 역사적 사고 개념은 사회과 전 학년, 전 영역에서 적용하는 개념이다.

3. 교수 학습을 지원하는 체계

교육과정을 상세화해 예시 활동이나 핵심 질문까지 안내하는 것은 그것만으로도 교수 학습을 지원하는 것이다. 이 밖에도 BC주 교육과정 웹사이트에서는 교수 학습 예시(instructional samples)를 통해 개정 교육과정이 의도하는 바를 알 수 있도록 샘플을 제공하고자 했다. 아직 많은 자료가 탑재된 것은 아니지만 교과별, 학년별 조건 검색이 가능하고, 교수 학습 지도안을 다운로드할 수 있다. 예를 들면 사회과 8학년 수준에서 '사회의 붕괴'라는 제목의 샘플이 제공된다. 이 샘플을 통해 개정 교육과정의 빅 아이디어, 학습 기준, 핵심 역량 등이 어떻게 적용되는지를 알 수 있다. 또한 인류 사회의 쇠퇴 또는 붕괴라는 역사적·지리적 개념을 탐구하기 위해 여러 시기와 지역을 대상으로 해 넓은 관점으로 깊이 있게 이해하고자 했다.

BC주는 또 다른 지원 시스템으로 학생, 교사, 학부모를 대상으로 하는 웹 사이트를 운영한다(Government of B.C., 2017). 학교와 가정에서 교수 학습 및 평가를 실질적으로 실천할 수 있도록 배려한 것이다. 교사를 위한 웹 사이트의 메뉴는 다음과 같다.

- 평가(assessment)
- BC주 성취 기준(B.C. performance standards)
- 교육과정(curriculum)
- 가정학습(teaching at home)
- 교수 도구(teaching tools)
- 교사 전문성 개발(training and professional development)

메뉴의 순서대로 내용을 간단히 소개하면서 필요할 경우 역사교육의 측면을 덧붙여 설명하고자 한다.

먼저, 평가는 교실 수준의 평가, 주 단위 평가, 국가 및 국제 수준 평가 등으로 구분된다. 교실 수준의 평가는 교수 과정의 필수적인 부분이면서 학생의 학습에 대한 중요한 정보를 제공한다. BC주 교육위원회는 학부모에게 피드백을 주기 위해 학년 말이나 학기 말 서면 보고를 포함해 학생의 학업 성취에 관한 결과 보고를 최소 다섯 개 이상 제공하도록 했다. 주 단위 평가는 기초 역량 평가(Foundation Skills Assessment: FSA)와 졸업 자격 평가(graduation assessments)로 나뉜다. 기초 역량 평가는 매년 4학년과 7학년이 참여해 읽기, 쓰기, 수리력을 평가하는 주 단위 평가이다. 교육과정 개정과 함께 2016년 가을부터 새로운 기초 역량 평가가 실시되었다. 졸업 자격 평가에는 개정 교육과정에 맞춰 리터러시와 수리력을 평가하는 시험이 도입될 예정이다. 이에 따라 종전에 시행된 10학년 과학과, 11학년 사회과, 10학년 언어, 10학년 수학 등 주요 교과에 대한 주 단위 평가를 폐지하고 교실 평가로 대체할 예정이다.

BC주가 참여하는 국가 수준의 평가는 범캐나다 평가 프로그램(The Pan-Canadian Assessment Program: PCAP)이 있다. 이 평가는 3년마다 8학년 학생의 읽기, 수학, 과학 분야의 지식과 기술을 평가한다. BC주가 참여하는 국제 수준의 평가는 국제학업성취도평가(Programme for International Student Assessment: PISA)와 국제읽기능력평가(Progress in International Reading Literacy Study: PIRLS)가 있다.

주 정부는 교육과정과 평가의 관리를 통해 학생 수준을 향상시키고자 한다. 학생은 교육과정을 이수하고 평가를 받아야 졸업할 수 있다. BC주 중등학교 졸업에 필요한 학점은 10~12학년 과정에서 총 80학점이다. 이 중에서 필수 과정은 52학점이, 선택 과정은 28학점이 필요하다. 사회과의 경우는 10학년 사회가 필수 4학점이며, 11학년 또는 12학년 사회과 선택과목에서 4학점을 필수로 취득해야 한다.[9] 그러므로 선택 과정에서 역사 과목을 이수하지 않을 수 있다.

BC주 성취 기준은 개정 교육과정의 교수 학습과 평가를 위해 설정된 것이다. 이것에서는 읽기, 쓰기, 수리력, 사회적 책임 등 역량과 관련해 성취 기준 및 수준을 기술한 것을 제공한다. 모든 교과에 적용하는 범교과 역량의 수준 기술이며 교과 역량의 수준 설정은 제시하지 않고 있다.

교육과정에서는 개정 교육과정, 학습 자료, 범교과 교육 자료를 제공한다.

가정학습은 부모를 비롯한 가족이 아동의 학습을 돕도록 만든 메뉴이다. 건강한 생활, 수학, 읽기, 쓰기에 관한 정보를 제공한다.

교수 도구에서는 교과별, 학년별 교수에 활용되는 도구를 제공한다. 여기서 역사과 주요 교재의 지도서 등을 다운로드할 수 있다. 예를 들면, 1858년은 BC주에서 의미 있는 연도이다. 프레이저 강에서 금이 발견되면서 수많은 사람이 황금을 꿈꾸며 몰려들었고 이를 계기로 엄청난 개발과 변화가 있었기 때문이었다. 그래서 'BC로 몰려들기(The Rush to B.C.)'를 주제로 활동 중심의 교사용 지도서, 사진 자료집, 읽기 자료집을 제공해 활용할 수 있게 했다.

학교법(School Act) 168(2)(e)항에 따라 학교에서 사용하는 교수 자료

9 개정 교육과정에 따른 졸업생이 아직 없어서 구교육과정에 따른 졸업 자격을 기준으로 서술했다(BC MOE, 2017b).

는 주 교육부가 발간한 학습 자료 목록에서 권장하거나 아니면 교육구 승인 절차를 통해 인정받은 것을 사용해야 한다. 역사교육을 위해서는 BC주 도서출판협회(Association of Book Publishers of BC: ABPBC)가 매년 제공하는 '학교용 캐나다 역사 도서 목록'을 참고하면 된다. 2015년판을 보면 초등 4종, 범학년 8종, 중등 25종을 안내했다. 각 도서는 기본적으로 사회과 사용을 표기했지만 도서별로 영어과나 원주민 연구 등 타 교과에서도 사용할 수 있다는 점을 표시했다(ABPBC, 2015). 한편 교육 자료를 유가의 서책 자료를 넘어 공개적인 디지털 자료로 활용하기 위한 방안이 활성화되고 있다.

교수 전문성 개발에는 교사 자격 취득, 전문성 개발 과정 등이 있다.

이상에서 BC주가 만든 교사를 위한 웹 사이트의 메뉴를 중심으로 교육 지원 체계를 살펴보았다. 그런데 여기서 역사교육과 관련되는 것만을 분리하면 직접적인 관련이 없는 측면도 적지 않게 있다. 가령 평가에서 역사교육은 교실 평가에만 있고, 주 단위 평가 등은 범교과 역량 평가로 전환되고 있다. 성취 기준의 설정도 마찬가지이다. 역량 기반 교육과정이 교과와 유리된 것으로 이해하면 그렇게 된다. 결국 역량과 교과를 연결하고 통합하는 문제이며 교육과정이라는 밑그림이 나온 가운데 실천이라는 과제가 학교로 주어진 셈이다.

에필로그

지금까지 살펴본 것을 요약하면서 시사하는 바를 정리해보자. BC주 교육과정은 '알기-행하기-이해하기' 교육과정 모델이라는 일정한 형식을 갖추어 웹 기반으로 제공했다. 공통 역량과 함께 교과 특성을 교육과정 역량으로 처리했다. 역사교육의 교과 역량은 중요성, 증거, 연속과 변화, 원인과 결과, 관점, 윤리적 판단 등 여섯 가지 사고 개념에 기반을 둔 것이다. 이것은 일반적인 역량 기술에 그치지 않고 역사적 사실과 결합해 기술된다. 예시 활동, 활동 예시, 핵심 질문 등을 통해 구체화된다. 역사교육은 초등 과정부터 사회과 편제에서 이루어지며, 특히 7학년부터 10학년까지는 고대부터 현대에 이르는 시기를 학습하는 역사 중심의 구성이었다. 내용은 주제를 중심으로 지리 개념과 사회과학적 개념을 융합해 교육할 수 있도록 했다. 11~12학년의 선택과목은 선택의 폭을 넓히고 깊이 있는 학습을 가능하게 했다. 이에 '20세기 세계사', '아시아 지역 연구', '제노사이드 연구'와 같은 과목이 등장하게 되었다. 우리도 교육과정에 역량을 도입한 만큼 캐나다의 사례는 교과 역량을 정교화하고 역사의 특성과 내용을 결합해 교육할 수 있도록 하는 데 좋은 참고 자료가 될 것이다.

참고문헌

김한종. 2006. 「캐나다 브리티시 컬럼비아 주 역사 교육과정」. 한국역사교육학회. ≪역사교육연구≫, 제3호.

소경희. 2013. 『주요국의 핵심역량 중심 교육과정 운영 실태 조사 연구』. 교육부.

이근호 외. 2014. 「미래 핵심역량 계발을 위한 교과 교육과정 탐색: 교육과정, 교수·학습 및 교육평가 연계를 중심으로」. 한국교육과정평가원.

조철기. 2013. 「캐나다 퀘벡주 지리 교육과정과 지리과의 핵심 역량」. ≪한국지리환경교육학회지≫, 제21권, 제3호.

최진영·장혜인. 2016. 「캐나다 온타리오와 호주의 사회과 교육과정 및 미국 C3 Framework의 핵심 개념, 일반화된 지식과 기능 관련 내용 분석: 역사 영역을 중심으로」. 이화여자대학교 교과 교육연구소. ≪교과 교육학연구≫, 제20권, 제5호.

ABPBC(Association of Book Publishers of BC). 2015. "Canadian History Books for Schools 2015·2016." http://books.bc.ca/wp-content/uploads/2015/10/HistCat_2015_Final_forWeb.pdf(검색일: 2017.9.26).

Action Canada. 2013. "Future Tense: ADAPTING CANADIAN EDUCATION SYSTEMS FOR THE 21ST CENTURY. AN ACTION CANADA TASK FORCE REPORT." http://www.actioncanada.ca/wp-content/uploads/2014/04/TF2-Report_Future-Tense_EN.pdf(검색일: 2017.9.22).

BC MOE(British Columbia Ministry of Education). 2015. "BC's Education Plan. January 2015 Update." http://www2.gov.bc.ca/gov/content/education-training/k-120/support/ bcs-education-plan(검색일: 2017.9.22).

_____. 2017a. "BC Curriculum Comparison Guide JUNE 2017." https://curriculum.gov.bc.ca/sites/curriculum.gov.bc.ca/files/pdf/BC_Curriculum_Comparison_Guide_ELA_SS_June_2017.pdf(검색일: 2017.9.26).

_____. 2017b. "Grad Planner 2017/18." https://www2.gov.bc.ca/assets/gov/education/kindergarten-to-grade-12/support/grad_planner.pdf(검색일: 2017.12.16).

BC's New Curriculum. https://curriculum.gov.bc.ca/(검색일: 2017.9.22).
Clark, Penney. 2014. "History Education Research in Canada." in Manuel Köster, Holger Thünemann and Meik Zülsdorf-Kersting(eds.). *Researching History Education*. Wochenschau Verlag.
Government of B.C. http://www2.gov.bc.ca/gov/content/home(검색일: 2017.9.26).
Historical Thinking Project. http://historicalthinking.ca/(검색일: 2017.9.30).
Nelson Education LTD. 2016. "Changes to the Revised British Columbia Curriculum." http://www.nelson.com/bc/wp-content/uploads/2016/10/CurriculumChange_Nelson_BC.pdf(검색일: 2017.9.26).
Ontario Ministry of Education. 2013. "The Ontario curriculum, social studies grades 1 to 6: History and Geography 7 and 8. Retrieved July 26, 2016, from." http://www.edu.gov.on.ca/eng/curriculum/elementary/sshg18curr2013.pdf(검색일: 2017.9.26).
Seixas, Peter and Jill Colyer. 2014. "A Report on the National Meeting of The Historical Thinking Project – From the Curriculum to the Classroom: More Teachers, More Students, More Thinking." http://historicalthinking.ca/sites/default/files/files/docs/HTP2014_EN.pdf(검색일: 2017.9.26).
The Critical Thinking Consortium. https://tc2.ca/en/creative-collaborative-critical-thinking/resources/thinking-about-history/(검색일: 2017.12.16).
Todd, Douglas. 2015. "A short history of racism in B.C. -and globally, Vancouver Sun, Published on December 6, 2015." http://vancouversun.com/news/staff-blogs/a-short-history-of-racism-in-b-c-and-globally(검색일: 2017.9.26).
21C Canada. 2012. "Shifting Minds: A 21ST Century Vision of Public Education for Canada." http://www.c21canada.org/wp-content/uploads/2012/05/C21-Canada-Shifting-Version-2.0.pdf(검색일: 2017.9.26).

8장

역사적 역량을 내세운 교육과정: 중국의 실험*

윤세병

중국의 역사교육은 2000년대 들어와 여러 가지 실험이 진행 중이다. 한국의 초등학교에 해당하는 소학에서는 '품덕과 사회'에 역사 내용이 포함되어 있다. 5~6학년 과정에 중국사와 세계사 내용을 다룬다. 중학교에 해당하는 초중의 역사 교과로는 '역사', '역사와 사회'가 있으며, 학생들은 두 교과 중 하나를 선택해서 배운다. '역사'는 중국사(7~8학년)와 세계사(9학년)로 구성되며 전체적으로 스토리텔링의 요소가 강하다. 역사 학습에 익숙하지 않은 초중 단계의 학생들이 흥미 있게 공부할 수 있도록 배려한 것이다. '역사와 사회'는 역사 중심의 통합형 교과이다. 역사 관련 내용은 중국사와 세계사가 통합된 선사에서 19세기까지의 역사(8학년), 20세기 이후의 역사(9학년)로 구성되어 있다. 고등학교에 해당하는 고중에서는 세계 교육의 흐름을 의식해 핵심역량을 강조하고 있으며 실험적인 성격의 내용을 많이 담고 있다. 필수 과정으로 '중국사와 세계사'(10학년), 정치사·사회경제사·문화사로 구성된 선택 I 과정(11학년), 역사학 연구 방법론의 선택 II 과정(11학년 또는 12학년)이 있다. 이러한 역사교육은 교육과정을 바탕으로 하며, 현행 소학·초중·고중의 교육과정은 각각 2011년과 2017년에 발표되었다. 교육의 기본 설계도인 교육과정을 살펴봄으로써 중국이 지향하는 역사교육의 모습을 짚어보도록 한다.

* 이 글은 윤세병(2017)의 내용을 수정 및 보완한 것이다.

1. 학년 체제

현재 중국은 소학(초등학교)-초급중학(중학교, 이하 초중)-고급중학(고등학교, 이하 고중)-대학의 학제이며, 한국과 동일하게 6-3-3-4의 과정이다. 소학과 초중의 9년 과정은 의무교육이다. 소학의 3~6학년에 개설된 '품덕과 사회'는 한국의 경우로 보면 도덕과 사회를 합한 과목 정도로 생각할 수 있다. 공간 확대법을 적용해 학생이 경험할 수 있는 삶의 영역을 확대해가면서 이에 걸맞은 도덕성과 사회성을 키운다는 목표가 설정되어 있다. 역사 관련 내용은 5~6학년에서 배우도록 한다. 역사가 독립 교과로 존재하지 않고 여러 교과의 내용이 혼합되어 있다. 〈표 8-1〉에서 보듯이 5학년은 중국 관련 내용을, 6학년은 세계와 관련된 내용을 다룬다. 역사에 관해서는 5학년 1학기와 2학기에 각각 중국 전근대사와 중국 근현대사의 내용을, 6학년 1학기에서 세계 현대사의 내용을 다룬다.

초중 과정에는 '역사', '역사와 사회'가 있는데, 하나를 선택해 의무적으로 배워야 한다. 선택은 학교별로 자율적으로 이루어진다. '역사'의 경우 7학년에 중국 고대사(선사~아편전쟁 이전), 8학년 1학기에 중국 근대사(아편전쟁~중화인민공화국 수립 이전), 8학년 2학기에 중국 현대사(중화인민공화국 수립~현재)를 각각 학습한다. 9학년 1학기에는 세계 고대사(초기 인류~15세기)와 세계 근대사(16세기~19세기)를, 9학년 2학기에는 세계 현대사(20세기~현재)를 학습한다. 중국사는 전근대사와 근현대사가 거의 비슷한 비율로 구성되어 있고, 세계사는 근현대사가 적어도 2/3 이상을 차지한다.

'역사와 사회'는 한 개의 주제를 1년씩 학습해 세 개의 주제를 3년에 걸쳐 순차적으로 학습할 수 있도록 짜여 있다. 그리고 주제별로 네 개의

표 8-1 **초중과 고중의 역사 교과**

<table>
<tr><td rowspan="3">소학</td><td></td><td colspan="3">품덕과 사회</td></tr>
<tr><td>5</td><td colspan="3">우리의 국가</td></tr>
<tr><td>6</td><td colspan="3">우리 공동의 세계</td></tr>
<tr><td rowspan="7">초중</td><td></td><td colspan="2">역사</td><td>역사와 사회</td></tr>
<tr><td>7</td><td rowspan="3">중국사</td><td>중국 고대사(선사~아편전쟁 이전)</td><td>주제 1. 생활의 시·공간</td></tr>
<tr><td rowspan="2">8</td><td>중국 근대사(아편전쟁~중화인민공화국 수립 이전)</td><td rowspan="2">주제 2. 사회 변천과 문명 발달(선사~19세기)</td></tr>
<tr><td>중국 현대사(중화인민공화국 수립~현재)</td></tr>
<tr><td rowspan="2">9</td><td rowspan="2">세계사</td><td>세계 고대사+세계 근대사(선사~19세기)</td><td rowspan="2">주제 3. 발전 방향의 선택(20세기~현재)</td></tr>
<tr><td>세계 현대사(20세기~현재)</td></tr>
<tr><td colspan="4" style="display:none"></td></tr>
<tr><td rowspan="4">고중</td><td></td><td colspan="3">역사</td></tr>
<tr><td>10</td><td colspan="3">필수: 중국사와 세계사</td></tr>
<tr><td>11</td><td colspan="3">선택 I: 모듈 1. 국가 제도와 사회 통치, 모듈 2. 경제와 사회생활, 모듈 3. 문화 교류와 전승</td></tr>
<tr><td>12</td><td colspan="3">선택 II(11학년 또는 12학년): 모듈 1. 사학 입문, 모듈 2. 사료 연구</td></tr>
</table>

항목이 있어 학기당 평균적으로 두 개의 항목이 할당된다. 주제 2와 주제 3은 중국사와 세계사가 통합된 역사로 보아도 무방하다. 주제 2는 선사에서 19세기까지의 역사, 주제 3은 20세기 이후의 역사이다. 주제 1에도 역사 관련 내용이 적지 않게 포함되어 있어 '역사와 사회'는 통합형 교과라 할지라도 역사의 비중이 절대적으로 크다. 일종의 역사 중심의 사회과 통합 형태이다.

고중 '역사'는 크게 필수와 선택 과정으로 나뉜다. 필수 과정의 명칭은 '중국사와 세계사'로 중국사와 세계사를 통합해 통사 방식으로 구성한 것이다.[1] 고중 학생 모두가 반드시 학습해야 하며, 주당 4시간으로 고중 1학년에 개설할 것을 권고하고 있다. 선택 과정은 선택 I과 선택 II로 구성되며 주제사이다. 선택 I은 주당 2시간으로 고중 2학년에, 선택 II 역시 주당 2시간으로 고중 2학년이나 3학년에 배치할 것을 권한다. 선택 I 과정에는 세 개의 모듈, 즉 국가 제도와 사회 통치, 경제와 사회생활, 문화 교류와 전승이 있다. 선택 II 과정에는 두 개의 모듈, 즉 사학 입문, 사료 연구가 있다.

2. 최근 교육과정의 문서 체제 및 특징

현재 중국에서 교육과정을 지칭하는 용어는 과정표준(課程標準)이다. 과정표준은 2000년대 이후 사용되고 있지만 그 이전에도 한동안 사용되었다. 1902년에 근대적인 첫 교육과정이 도입되어 1923년에 소학-초중-고중-대학의 체계적 교육과정이 갖추어졌다. 이 해부터 미국의 6-3-3-4 학제를 수용해 적용했다. 그리고 교육과정을 의미하는 용어로서 과정표준이 등장했고 중화인민공화국이 수립되기 전까지 사용되었다. 1949년 이후에는 소련의 교육학이 수입되고 과정표준을 대신해 교학대강(教學大綱)이라는 용어를 사용했다. 교학대강을 50여 년간 사용하다가 2000년대에 들어서는 다시 1949년 이전의 용어인 과정표준을 사용하고 있다.

2001~2003년에 소학~고중의 새로운 교육과정이 발표되면서 교학대강에서 과정표준으로 전환했다(김유리, 2005). 그것은 용어의 변화 그 이상의 의미가 있다. 그간의 교학대강은 교과서 편찬자나 학교 현장의 교

1 중국어의 명칭은 '중외역사강요(中外歷史綱要)'이다.

사 모두에게 절대적인 영향력을 행사하던 문건으로 학습 목표, 학습 내용, 학습 방법 등에 관한 요구 사항을 세세하게 규정했다. 그러나 시간이 흐르면서 교학대강은 안팎으로 비판에 직면했다. 안으로는 교학대강에 의해 쓰인 교과서가 다양성을 보장할 수 없고 교학대강이 제시하는 학습 방법은 교사들의 창의성을 살릴 수 없다는 공감대가 형성되었다. 밖으로는 지식정보화 사회 담론과 함께 구성주의적 학습관이 중국에도 영향을 미쳤다. 교사가 주도하는 일방적 지식 주입보다는 학생의 능동적 활동을 중시하는 '소질 교육'이 강조되었다. 교학대강에서 과정표준으로의 전환이 이루어지면서 다양한 교과서가 개발되고 교과서 구성의 자율성도 확대되었다.

이러한 변화는 2000년을 전후로 갑작스럽게 이루어진 것이 아니라 1980년대부터 지속적으로 시도된 결과였다. 가령 1980년 고중 교학대강은 한 시간당 교수 학습의 내용과 분량을 자세히 규정했다. 그런데 1986년 고중 교학대강은 구체적인 시간 규정을 없애 수업을 탄력적으로 운영할 수 있도록 했다. 학습 내용도 좀 더 간략하게 제시했다(課程教材研究所 編, 2001: 404, 466). 교과서 편찬자나 교사들이 자율성을 발휘할 수 있는 여지를 주었다. 1996년에는 오랫동안 유지해오던 장절체(章節體) 방식이 완전히 자취를 감추었고, 요구되는 학습 내용도 간소화되었다.

1980년에서 2000년에 이르기까지 교학대강은 여러 차례 수정을 거쳤다. 커다란 변화의 방향은 다음과 같다. 첫째, 내용의 간소화이다. 내용 요소를 상세히 제시하지 않음으로써 교과서 편찬자나 교사는 큰 사건을 중심으로 다루되 작은 사건은 취사선택할 수 있도록 했다. 둘째, 하나의 단일한 지식 체계를 강요하지 않는다. 교과의 큰 틀 안에서 지식의 구성 방식에 상대적 자율성을 보장하겠다는 것이다. 셋째, 관점이나 평가를 드러내는 진술이 상대적으로 감소했다. 이는 학생들의 탐구 활동을 강조하는 흐름과 연결되어 있다.

2000년대에 들어서 학교급별 과정표준이 발표되었다. 중국 교육부는 소학 과정의 역사와 관련해 2002년에 '품덕과 사회 과정표준'을 발표했다. 그에 앞서 2001년에는 초중의 역사와 관련된 '역사과정표준'과 '역사와 사회 과정표준(1)', '역사와 사회 과정표준(2)'를 발표했다. '역사와 사회 과정표준'에 근거한 신생 교과인 '역사와 사회'가 만들어졌다. 역사, 지리, 일반사회를 하나로 묶은 형태이다. '역사와 사회'에 두 종의 과정표준을 마련한 것은 두 가지 방안을 시험 운영한다는 의도가 있던 것으로 보인다. 초중의 각 학교에서는 '역사'나 '역사와 사회' 중 하나를 필수적으로 선택해 배우도록 했다. 그 결과 신생의 '역사와 사회'를 선택한 학교는 소수에 그쳤다고 한다.

고중 역사에 대한 교육과정은 2003년판 '보통 고중 역사과정표준'으로 나타났다. 고중 '역사'는 필수와 선택 과정을 두었다. 필수 과정의 '역사(I~III)'는 중국사와 세계사가 통합된 정치사, 사회경제사, 문화사로 주제사 방식이었다. 선택 과정의 '역사(I~VI)'는 심화 주제로 '역사상 중대 개혁의 회고', '근대사회의 민주 사상과 실천', '20세기의 전쟁과 평화', '중국과 세계의 역사 인물 평가', '역사 탐색의 묘미', '세계의 문화유산'이었다.

2000년 초반에 과정표준이 발표되고 10여 년이 지난 후 개편 작업이 이루어져 새로운 과정표준이 발표되었다. 과정표준 2기라고 할 수 있다. 소학의 '품덕과 사회 과정표준' 및 초중의 '역사과정표준', '역사와 사회 과정표준'은 2011년에 발표되었다. 의무교육과정인 소학과 초중의 교육과정이 동시에 발표된 것이다. 한편 고중의 '보통 고중 역사과정표준'은 2017년에 공시되었다. 2003년에 고중의 과정표준이 발표되었으

표 8-2 2011년판 '품덕과 사회 과정표준'의 역사 관련 과정 내용

과정 내용	교학 활동 건의
2. 우리나라는 통일적 다민족 국가이며 각 민족이 공동으로 중화민족의 역사와 문화를 창조했다는 것을 안다. 서로 다른 민족의 생활 풍습을 이해하고 다른 민족의 문화를 존중한다.(중, 고)	2. 민족문화를 대표하는 실례(전통 명절, 노래, 민간 전설, 고사, 복식, 건축, 음식 등)를 뽑아 열거하고 전시 활동을 전개해본다.

니 2013년 즈음에 새로운 과정표준이 발표될 것으로 예상했으나 몇 년 더 미루어져 2017년에 새 과정표준이 확정되었다.

2011년판 소학의 '품덕과 사회 과정표준', 초중의 '역사과정표준'과 '역사와 사회 과정표준'은 모두 다음과 같은 문서 형식을 취하고 있다.

제1부분 전언(前言): 1. 과정 성질, 2. 과정 기본 이념, 3. 과정 설계 구상
제2부분 과정 목표
제3부분 과정 내용
제4부분 실시 건의: 1. 교학 건의, 2. 평가 건의, 3. 교재 집필 건의,
4. 과정 자원 개발 및 이용 건의

위에 제시된 것처럼 2011년판 과정표준은 크게 네 부분으로 구성되어 있다. 제1부분과 제2부분에서 해당 교과의 성격과 목표를 간략하게 진술한 후, 제3부분에서 교과 내용을 설명한다. 마지막으로 제4부분에서는 교수 학습 및 평가, 교과서 집필 등 과정표준의 구체적 실현과 관련된 내용을 다룬다. 이 중 제3부분인 과정 내용의 비중이 제일 크다. '품덕과 사회 과정표준' 및 '역사과정표준'의 과정 내용은 〈표 8-2〉와 같은 방식으로 제시된다.

표 8-3 2011년판 '역사와 사회 과정표준'의 과정 내용

내용 목표	제시와 건의
3-1-1 20세기 초 세계와 중국의 형세를 개략적으로 진술하고, 이러한 형세를 조성한 여러 요인을 분석한다.	**요점 제시**: 제국주의 국가의 세계 분할, 중국 민족자산계급의 성장. 19세기 말 20세기 초 제국주의 국가들은 세계 분할의 거센 물결을 일으켰고, 중국 전통 사회는 공업 문명의 충격으로 격변이 일어났다. 민족 위기와 사회 위기는 더욱 가중되었다. **활동 건의**: 『시국도(時局圖)』를 읽음으로써 연관된 내용의 교수 학습을 전개할 수 있으며, 학생들로 하여금 이러한 국면을 가져온 여러 요인을 분석하도록 안내할 수 있다.

과정 내용은 한국의 성취 기준에 해당한다. 교학 활동 건의는 해당 성취 기준에 대한 교수 학습 활동이며 이를 반영한 내용의 탐구 활동이 교과서 지면으로 나타난다. 2000년대 이후 과정표준에 나타나는 커다란 경향성의 하나는 탐구 활동이 강조된다는 점이다. 특히 소학의 과정은 초중이나 고중에 비해 탐구 활동이 더욱 강조된다. '품덕과 사회'를 체험과 활동 위주의 교육이 이루어질 수 있게 디자인한 것이다. 민족이나 국가에 대한 관념이나 태도를 요구하는 과제가 여전히 다수를 차지하고 있으나, 일방적인 지식 주입보다는 탐구 요소를 강화하는 것이 근래의 뚜렷한 흐름이다. 과정 내용의 괄호 안에 표시된 '중'과 '고'는 학년을 나타낸다. 소학을 초(初, 1~2학년), 중(中, 3~4학년), 고(高, 5~6학년) 단계로 나누는데, 중과 고는 각각 3~4학년, 5~6학년에 적용한다는 의미이다.

그런데 같은 2011년판 과정표준이지만 '역사와 사회 과정표준'의 경우에는 과정의 내용을 진술하는 방식이 〈표 8-3〉처럼 약간 다르다.

'품덕과 사회 과정표준'이 과정 내용과 교학 활동 건의로 이루어졌다면, '역사와 사회 과정표준'은 세 부분, 즉 내용 목표, 요점 제시, 활동 건

의로 구성된다. 내용 목표는 한국의 성취 기준에 해당한다고 할 수 있다. 인지적 측면의 내용과 더불어 학생들이 성취해야 할 행동 목표를 함께 제시하고 있다는 점에서 특이하다. '~를 설명해본다', '~를 해석한다' 등의 방식으로 표현하고 있다. 과정표준에서부터 단순한 지식의 습득을 넘어 학생 활동(doing history)을 중시하고 있다는 것을 선명하게 드러낸 것이다. 요점 제시는 주요하게 다룰 내용을 더욱 구체적으로 진술한다. 활동 건의는 교수 학습의 전개 방향을 안내하는 역할을 한다.

〈표 8-2〉나 〈표 8-3〉과 같이 진술된 과정 내용은 현실적으로 교과서의 집필 기준안과 같은 역할을 한다. 그런데 과정 내용에 기초해 교재 집필이 이루어지되 과정 내용이 제시하는 요목과 순서는 교과서 내용과 일대일의 대응 관계를 가질 필요가 없다고 적시해놓았다(中華人民共和國教育部, 2011c: 26). 또한 과정표준에서 중시하는 학생 중심의 교육을 구현하기 위해 학생이 주체적으로 참여하는 체험, 연구, 토론 등의 실천이 가능하도록 교과서를 구성하고 이에 맞는 교학 활동을 권고한다. 교사가 체험 학습, 탐구 학습, 문제 해결 학습, 모둠 학습 등 풍부하고 다채로운 형식으로 교학 활동을 전개하도록 한다(中華人民共和國教育部, 2011c: 22~24).

2017년판 '보통 고중 역사과정표준'은 2014년에 논의가 시작되어 2017년에 확정되었으며, 다음과 같은 틀로 구성되어 있다.

전언(前言)

1. 과정의 성질과 기본 이념: (1) 교육과정의 성질, (2) 기본 이념
2. 학과 핵심 역량과 교육과정의 목표: (1) 학과의 핵심 역량, (2) 교육과정의 목표
3. 교육과정의 구성: (1) 설계의 근거, (2) 구성, (3) 시수 및 선택과목

4. 교육과정 내용: (1) 필수 과정, (2) 선택 I 과정, (3) 선택 II 과정

5. 학업의 질적 표준: (1) 학업의 질적 수준, (2) 설명

6. 실시 건의: (1) 교수 학습과 평가 건의, (2) 학업 수준 평가와 대입 시험 출제 건의, (3) 교과서 집필 건의, (4) 지방과 학교의 본 교육과정 실시 건의

부록 A 학과 핵심 역량의 수준

부록 B 교수 학습과 평가(예시)

2011년판 소학과 초중의 과정표준에 비해 2017년판 고중의 과정표준은 일단 외형적으로 복잡하다. 소학과 초중의 2011년판이 만들어지던 당시와는 다른 문제 인식 위에서 이루어진 결과이다. 2017년판 과정표준이 반영하고자 한 가장 큰 문제 인식은 핵심 역량(核心素養)이다. '2. 학과의 핵심 역량과 교육과정의 목표', '5. 학업의 질적 표준'은 모두 핵심 역량과 관련된 것이다.

고중 역사과정표준에 대한 개정 작업은 고중의 다른 교과와 마찬가지로 2014년 12월부터 시작되었다. 고중의 20개 학과(독일어, 프랑스어, 에스파냐어 포함)의 개정 작업에 내용학 전문가, 교과 교육 전문가, 현장 경험이 풍부한 고중 교사, 연구원 등 260여 명이 참가했다. 21세기 교육개혁의 핵심 요소로서 핵심 역량이 거론되고, 논의 초기부터 핵심 역량의 제고를 가장 중요한 과제로 설정했다. 핵심 역량에 대한 공개적인 언급은 2012년의 중국 공산당 제18차 전국대표대회에서 처음 등장했으며, 당시 사회주의 핵심 가치관으로 내건 '입덕수인(立德樹人, 덕을 세우고 인재를 양성한다)'을 핵심 역량과 연결시켜 강조했다. 과정표준에 핵심 역량을 강조한 배경에는 유네스코, 유럽연합, OECD 및 선진국 상당수가 핵심 역량에 대한 연구를 진행하고 이를 교육에 반영하려는 커다란 흐

름이 있었다. 핵심 역량을 강조하는 세계적 조류에 뒤처져서는 안 된다는 의식이 작동한 것이다.

역사과의 핵심 역량을 설정하기 위해 역사팀 내에서 여러 차례 논의가 진행되었다. 초기에는 시공 관념, 사료 실증, 발전 의식, 다원 관계, 역사 이해, 역사 평판, 역사 정체감 등이 논의되었다. 논의가 진전되면서 2015년 '초고'에는 시공 관념, 사실 실증, 역사 이해, 역사 해석, 역사 가치관으로 정리되었다. 그런데 확정 직전에 펴낸 2016년 8월 31일의 '의견 수렴고'에는 ① 유물사관, ② 시공 관념, ③ 사료 실증, ④ 역사 해석, ⑤ 국가 정회(國家情懷)가 5대 핵심 역량으로 정리되었고, 이 내용으로 공식 확정되었다. 기존에 보이지 않던 유물사관과 국가 정회가 새롭게 핵심 역량으로 들어왔다. 사적 유물론에 기초한 역사 인식을 명확히 규정할 필요가 있으며 국가 정체성을 강조해야 한다는 판단이 작용한 것이다.

유물사관은 중국의 역사 교과서를 관통하는 기본 관점이다. 핵심 역량의 목록 중 처음 등장하는 것도 그러한 사정이 반영된 결과일 것이다. 인류의 역사를 유물사관에 따라 발전적으로 파악할 것을 요구하며, 유물사관은 역사 학습은 물론이고, 현실 문제의 인식과 해결의 '지도 사상'으로서의 지위를 부여받고 있다(中華人民共和國教育部, 2017: 5). 시공 관념은 특정의 시간과 공간의 관계 속에서 역사적 사실을 관찰하고 분석하는 것을 말한다. 어떠한 역사적 사건도 특정한 구체적 시간과 공간 조건하에서 발생하기 때문에 올바른 역사 이해를 위해 특정 시·공간 구조에 대한 이해가 필요하다는 것이다.

사료 실증은 사료에 대한 비판과 분석 작업을 진행하고 신뢰할 만한 사료를 이용해 역사적 진실을 찾으려는 태도와 방법이라 규정하고 있다. 사료는 역사 인식의 '교량'으로서 사료 유형의 다양성, 사료의 수집 방법, 사료 비판 등을 이해할 것을 요구하고 있다. 전체적으로 탐구를 강조하는 분위기 속에서 탐구의 특성을 잘 반영하는 역사 학습의 형태로 사료 학습을 중시하고 있다. 심지어 선택 과정의 한 과목은 사료 학습으로 구성되어 있다.

역사 해석 역시 사료 학습과 연결되어 있다. 역사 해석은 사료에 근거한 역사 이해를 통해 역사적 사실을 비판하고 분석하는 태도·능력·방법을 말한다. 역사 서술에서 사실과 해석을 구분하며, 동일한 사건에 대한 여러 해석을 이해하고 다양한 역사 해석에 관한 분석·판단 능력을 요한다. 결국 역사적 사건이나 인물에 대해 객관적으로 논술할 수 있으며, 합리적 근거를 바탕으로 현실 사회의 문제에 대해 스스로의 관점을 세울 수 있어야 한다는 것이다.

국가 회정에서 '회정(懷情)'은 심경 혹은 마음을 의미하는 단어이다. 중국의 역사교육에서 국가주의적 역사 인식이 잘 드러나는 대목이다. 역사 학습과 탐구가 사회적 책무성, 즉 국가의 강성, 민족 자강, 그리고 인류 사회의 진보를 사명으로 해야 한다는 것이다(中華人民共和國教育部, 2017: 4). 다원일체(多元一體)로서의 중화민족의 정체성을 이해하고 민족적 자부심과 전통문화에 대한 인식을 공고히 하는 가운데 국제적 시야를 갖추자는 입장이다.

다섯 개 영역의 핵심 역량별로 네 단계를 설정하고 단계별 요구 수준을 제시한다. 가령 사료 실증의 경우에는 〈표 8-4〉와 같다(中華人民共和國教育部, 2017: 54). 그 내용을 정리해보면, 다양한 유형의 사료를 구분하고 기초적인 정보를 얻을 수 있는 단계(수준 1) → 역사 탐구에 필요한 적절한 사료를 인식하고 사료를 활용하는 단계(수준 2) → 여러 사료를 활용해 탐구 과제를 다양하게 해석하는 단계(수준 3) → 사료에 관한 검

표 8-4 **사료 실증의 역량 단계**

	사료 실증
수준 1	다양한 유형의 사료를 구분할 수 있다. 역사 문제에 대해 답할 때 다양한 경로로 문제와 관련된 사료를 찾을 수 있으며 사료로부터 관련 정보를 얻을 수 있다.
수준 2	여러 유형의 사료가 가지고 있는 각각의 가치를 인식할 수 있다. 사료가 역사 서술의 기초 자료라는 것을 명확히 이해한다. 역사적 사건과 현실 문제를 연결시킨 논술을 진행하는 과정에서 사료를 이용해 자신의 관점을 논증할 수 있다.
수준 3	특정 역사 문제를 탐구하면서 사료를 정리하고 분석할 수 있다. 각 유형의 사료가 갖는 장점을 이용해 탐구하는 문제에 대해 상호 교차하여 증명하고, 해당 문제에 관해 좀 더 전면적이고 풍부한 해석을 한다.
수준 4	출처와 관점이 다른 사료를 비교, 분석할 수 있다. 사료 작성자의 의도를 파악해 이용하는 사료를 판별할 수 있다. 역사와 현실 문제의 관계에 대해 스스로 탐구를 진행하면서, 사료를 적절히 이용해 탐구하는 문제에 관해 종합적으로 논술할 수 있다.

증 작업이 가능하며 검증된 사료를 바탕으로 탐구 과제를 종합적으로 이해하는 단계(수준 4)이다.

이러한 단계 설정은 '5. 학업의 질적 표준', 즉 성취 수준과 연결되는 것이며 평가와도 직결된다. 고중 학생들을 대상으로 한 역사 관련 학업 수준 평가에는 두 종이 있으며, 졸업과 진학의 중요한 근거 자료가 된다. 하나는 합격 여부를 결정하는 평가이고 또 하나는 등급을 결정하는 평가이다. 전자는 전체 학생, 즉 필수 과정을 이수한 학생들이 응시하는 것으로 도달해야 할 목표 지점은 수준 2이다. 합격과 불합격만을 판단하며 통과해야 졸업할 수 있다. 후자는 수준 3~4를 요구하는 난이도가 높은 문항으로, 필수 과정과 선택 I을 내용으로 하는 평가가 있고, 선택 II를 내용으로 하는 평가가 있다. 선택 II에 대한 평가는 대학의 관련 학과에서 참고 자료로 활용될 예정이다. 예시로 제시한 문항으로는, 캉유웨이(康有爲)의 무술변법에 대한 두 개의 연구 자료를 보고 '두 개의 자료가 근거하고 있는 사료를 분석, 평가하시오', '두 개의 자료에 근거해 청일전쟁의 패배에 대한 당시 사대부들의 반응을 서술하시오'가 있다. 혹은 제2차 세계대전의 발발 시점을 만주사변(1931), 중일전쟁(1937), 독일의 폴란드 침공(1939), 독일의 서유럽 침공(1940) 등으로 하는 여러 견해를 제시하고 '제2차 세계대전의 기점에 관한 여러 견해가 존재하는데 그 원인을 분석하시오', '당신이 찬성하는 견해를 선택하고 그 이유를 설명하시오'의 문항도 예시한다(中華人民共和國教育部, 2017: 46~48).

3. 국정으로 회귀하는 초중 '역사' 교과서

교과서 편찬은 과정표준에 근거해 집필이 이루어진다. 교육부는 과정표준이 제시하는 기준을 교과서가 충족하고 있는지 심사한다. 심사에 통과한 교과서만을 일선 학교에서 사용할 수 있다. 교육부는 매년 새 학년이 시작되기 전에 사용 가능한 교과서의 목록을 공시한다.

보통 중국에서는 새 교육과정이 발표되면 그것을 적용한 새로운 교과서가 이듬해부터 학교 현장에서 사용된다. '역사와 사회'는 관례대로 2011년판 과정표준을 적용해 2012년부터 새 교과서가 보급되었다. 그리고 3종의 교과서, 즉 인민교육출판사, 상해교육출판사, 지질출판사에서 발행하는 교과서를 일선 학교에서 사용하고 있다. 소학의 '품덕과 사회'는 더 많은 출판사에서 발행하고 있다. 인민교육출판사, 북경사범대학출판사, 강소교육출판사, 상해교육출판사, 호북교육출판사, 요녕사범대학출판사 등 무려 총 16종의 교과서가 있다.[2]

그런데 초중 '역사'의 경우 검정제로 발행하다가 최근 변화가 일어났다. 2011년판 과정표준이 적용된 초중 '역사' 교과서가 2017년이 되어서야 발행되었는데, 지연된 이유는 국가권력에 의한 교과서 통제, 즉 국정화 작업과 관련이 있다. 후진타오(胡錦濤)에서 시진핑(習近平)으로 권력이 이양되는 2012년의 중국공산당 제18차 전국대표대회 이후 당 중앙은 교과서 편찬이 국가 권한이라는 것을 밝히며 국가교재제도와 국가교재위원회를 만들라고 요구했다. 교육부는 2012년부터 2017년까지 5년 동안 소학과 초중의 3교과(품덕, 어문, 역사) 교과서를 개발했다. 그리고 2017년에 소학과 초중의 '도덕과 법치'[3], '어문', '역사' 과목 교과서는 교육부가 편찬하는 통편 교재(統編教材)만을 사용한다는 방침을 공식 발표했다.[4] 이는 과거 한국의 '국민 윤리', '국어', '국사'를 연상시키는데, 국정화한 과목 또한 서로 유사하다. 1985년 이후 교과서를 다양화하던 추세에서 그 이전의 국정제로 회귀한 것이다. 시진핑 정부의 보수적인 성향을 보여주는 사례이다. 2011년판 과정표준이 적용된 초중 '역사' 교과서는 국정제 방식으로 발행되는 셈이다. 국정교과서의 실질적인 편찬과 발행은 인민교육출판사가 담당하고 있다.

국정화가 추진되기 전에 만들어진 2011년판 과정표준은 지역, 학교, 학생 조건에 따라 교과를 신축적으로 운영할 수 있다는 것을 명시하고

---

2 2017년 현재는 인민교육출판사, 북경사범대학출판사, 산동인민출판사, 절강교육출판사, 강소교육출판사, 상해교육출판사, 상해과학기술출판사, 상해과기교육출판사, 수도사범대학출판사, 교육과학출판사, 광동교육출판사, 하북교육출판사, 미래출판사, 호북교육출판사, 요녕사범대학출판사, 요해출판사에서 교과서를 발행하고 있다.

3 2016년 교육부는 소학 1~2학년의 '품덕과 생활', 초중 1~2학년의 '사상 품덕'의 과목명을 '도덕과 법치'로 바꾸었다.

4 교육부가 편찬한 교과서라는 의미에서 부편본(部編本)이라는 용어를 사용하기도 한다.

있다. 교과서 역시 지역적 차이, 특히 교육 여건이 취약한 농촌의 상황과 학생 수준을 고려해 구성하고, 해당 지역의 생활과 관련된 소재를 선택하도록 했다. 지역 소재를 활용한 교육, 교육 여건 및 학생 수준의 차이를 고려한 교육을 담보하기 위해서는 다양성 보장이 기본 전제일 것이다. 그러나 국정화에 의한 인민교육출판사의 통편 교재만이 발행되는 상황은 과정표준이 제시하는 방향과는 정면으로 배치된다. 그럼에도 중국 언론에서는 다양한 역사 교과서의 발행이 오히려 과정표준에서 벗어난 것이라고 주장한다.[5] 이는 납득하기 힘든 주장일 뿐만 아니라 몇 년 전만 해도 교과서의 다양화가 지니는 긍정성이 부각되던 것과는 정반대의 상황이다(姬秉新, 2005; 石鷗許玲, 2010). 이데올로기와 근접한 과목에 대한 중국 정부의 통제가 강하게 이루어지고 있다는 것을 보여준다.

한편 고중 역사의 경우에는 2017년 현재 현장 교사들을 대상으로 최근 확정된 새 과정표준을 연수하고 있으며, 2018년부터 새 교과서가 검정제로 발행될 예정이다.

4. 내용 선정 및 구성

소학의 '품덕과 사회 과정표준'이 표방하는 '품덕과 사회'의 내용 구성 방향은 "하나의 주선(主線), 점과 면의 결합, 종합적 교차, 나선형의 상승"

5 대개 기사는 국정 지지의 입장을 싣고 있다(姜貞宇, 2017). 개혁적 성향으로 알려진 ≪남방주말≫은 교과서 발행이 1종에서 여러 종으로, 여러 종에서 다시 1종으로 전환되었다는 것을 객관적으로 기술하고 있다(譚暢, 2017).

이다(中華人民共和國教育部, 2011c: 3~4). 주선은 개인 → 가정 → 학교 → 지역 → 국가 → 세계로 학생 생활이 확대, 발전해나가는 방향성이다. '점과 면의 결합'에서 점은 사회생활의 주요한 몇 가지 요소이며, 면은 점점 확대되는 학생의 다층적인 생활 영역이다. 학생 생활 영역(면) 위에 있는 몇 가지 주요 요소(점)를 선택해 학습 내용을 조직한다는 것이다. '종합적으로 교차해 나선형으로 상승한다'는 것은 매 생활 영역이 포함하는 주요 요소가 종합적이라는 것이며, 학년마다 다른 내용으로 나선형으로 상승해 확대한다는 것을 의미한다. 역사의 경우에는 국가사(중국사), 세계사가 구성 요소로서 결합되어 있다.[6]

역사와 관련된 지식 목표를 보면 소학 단계를 고려해 굵은 사건이나 상식적 수준의 지식을 설정한다. 중국사의 주요 상식을 이해하면서 역사 속에 형성된 중화민족의 우수한 문화와 혁명 전통, 중국의 발전에 지대한 영향을 준 사건, 사회주의 건설이라는 위대한 성취를 알도록 한다는 것이다. 또한 세계사의 전개에 영향을 미친 중요 사건에 대한 초보적 이해와 더불어 다른 환경에 처한 사람들의 다양한 생활 방식과 풍속의 이해, 다른 민족·국가·지역 간의 상호 존중과 공존의 의의를 생각할 수 있도록 한다. 결국 '고향을 열렬히 사랑하고 중화민족의 역사와 문화에 대한 자부심을 가지되, 국가와 민족 간의 문화 차이를 존중하며 개방적 시야를 갖는다'는 가치·태도 측면의 목표로 연결된다(中華人民共和國教育部, 2011c: 5). 초등 수준에서 세계사 영역까지 다루는 것이 한국과는

---

6 품덕과 사회'는 '1. 나의 건강한 성장', '2. 나의 가정생활', '3. 우리의 학교생활', '4. 우리의 사회생활', '5. 우리의 국가', '6. 우리 공동의 세계' 등 여섯 개의 영역으로 구성된다.

다르다. 한편 자국사에 대한 자부심이 과도하게 강조되는 측면이 있어, 다른 국가와 민족에 대한 개방적 시야를 기른다는 목표 설정이 어느 정도까지 가능한지는 미지수이다. 역사와 관련된 내용을 열거해보면 〈표 8-5〉와 같다(中華人民共和國教育部, 2011c: 7~17).

구성을 보면 자국사인 중국사가 차지하는 비중이 크면서도 세계사 역시 적지 않다. 〈표 8-5〉의 요목을 분류해보면 중국 전근대사(5-2, 5-4, 5-9), 중국 근현대사(5-10, 5-11, 6-4, 6-7), 세계사(6-2, 6-3, 6-5, 6-6, 6-8)로 나뉜다. 중국사가 일곱 개이고 세계사가 다섯 개이다. 제시된 요목이 그대로 교과서로 연결되는 것이 아니며 신축적으로 구성될 수도 있다. 가령 중국 근현대사를 다루는 5-10과 5-11은 다른 학습 요소보다 더 많은 분량으로 기술된다. 그러나 신축적 운영을 감안하더라도 과정표준이 갖는 강제성을 고려하면 세계사가 강조되고 있다는 것을 알 수 있다. 그리고 시기로 보면 세계사의 대부분 내용이 근현대사와 관련되어 중국 근현대사와 더불어 전체적으로 현대사가 중심이다. 이 중 5-2나 5-9를 보면 중국 전근대사에서 위대한 중국의 역사와 중화민족의 우수성을 강조하고 있으며, 5-10과 5-11의 중국 근현대사는 아편전쟁 이후 서양 열강에 따른 억압과 이에 맞선 항쟁, 중국 공산당이 이끈 사회주의 혁명, 그리고 사회주의 중국의 위대함을 부각시키려는 방향으로 내용이 구성되었다는 것을 알 수 있다. 소학 수준이기는 하나 전체적인 중국 역사교육의 방향을 보여주는 것이기도 하다. 이러한 틀에서 내용을 더욱 심화시킨 것이 초중과 고중의 역사이다. 세계사 영역에서는 6-7과 같이 국제사회에서 위상이 높아진 중국을 강조하는 서사가 두드러진다. 중국이 세계사 교육을 강조하는 배경이기도 하다.

성취 수준은 대강화의 방식으로 제시하고 있다. 대강화는 교과서 다

표 8-5 2011년판 '품덕과 사회 과정표준'의 역사 관련 내용

과정 내용	
5. 우리의 국가	
5-2	우리나라는 통일적 다민족 국가이며 각 민족이 공동으로 중화민족의 역사와 문화를 창조했다는 것을 안다. 서로 다른 민족의 생활 풍습을 이해하고 다른 민족의 문화를 존중한다.(중, 고)
5-4	우리나라의 영토는 넓으며, 많은 명산대천과 명승고적을 보유한 국가라는 것을 안다. 국토 사랑의 열정을 갖도록 한다.(고)
5-9	우리나라는 수천 년의 역사를 가진 문명국이라는 것을 이해하고 마땅히 갖추어야 할 역사 상식을 습득하며, 중화민족의 세계 문명에 대한 위대한 공헌을 파악한다. 우리나라의 문화유산을 진정으로 사랑한다.(고)
5-10	우리나라가 근대에 열강으로부터 받은 침략과 중화민족의 항쟁사를 안다. 민족 영웅과 혁명 선배를 존경하며 조국의 번영을 위해 분발하는 애국 의지를 확립한다.(고)
5-11	중국 공산당의 성립, 중화인민공화국 성립과 개혁, 개방 이래 이룩한 성취를 안다. 사회주의 조국과 중국 공산당에 대한 애정을 심화한다.(고)
6. 우리 공동의 세계	
6-2	다른 국가, 지역, 민족의 생활 습속, 전통 명절, 복식, 건축, 음식 등의 상황을 비교해본다. 여러 시각에서 차이가 나는 원인을 탐구하고 문화 다양성을 존중하도록 한다.(중, 고)
6-3	인류의 문화유산을 초보적으로 이해하고 세계의 역사 문화에 대한 흥미를 갖도록 한다.(고)
6-4	우리나라와 세계 각국의 경제적 상호 의존관계와 그것이 인간 생활에 미치는 영향을 초보적으로 이해한다.(중, 고)
6-5	과학기술과 생산, 생활, 사회 발전의 관계를 초보적으로 이해한다. 과학이 인류를 행복하게 한다는 점을 인식하고 과학을 중시하되 미신을 반대한다.(고)
6-6	지구 환경의 악화, 인구의 급격한 팽창, 자원 결핍 등의 상황 및 각 국가와 지역 차원의 관련 대책을 초보적으로 이해하고 '인류는 단지 하나의 지구를 가지고 있다'는 말의 함의를 깨닫도록 한다.(고)
6-7	우리나라가 가입한 국제기구와 국제조약 및 이러한 국제기구의 작용을 이해한다. 국제 무대에서 중국의 영향력이 날로 커지고 있다는 것을 이해한다.(고)
6-8	평화의 중요성을 인식하고 전쟁이 인류에게 미치는 영향을 이해하면서 평화를 사랑하는 마음을 갖는다.(고)

양화의 길을 열어놓는 조치라고 할 수 있다. 전술한 바와 같이 '품덕과 사회' 교과서는 총 16종이 발행된다. 가령 6-8의 평화와 관련된 내용을 살펴보면 인민교육출판사의 판본은 미국과 이라크 전쟁 및 히로시마의 원자폭탄 투하를 소재로, 수도사범대학출판사의 판본은 20세기에 발생한 두 차례의 세계대전과 국제 분쟁을 중심으로 내용을 전개한다(課程教材研究所·綜合文科課程教材研究開發中心 編, 2015: 32~42, 北京教育科學研究院·首都師範大學出版社 編, 2015: 48~51). 두 판본에서 인상적인 것은 '아이의 눈에 비친 전쟁', '고난의 어린 시절-전쟁 속의 아이'라는 제목으로 학생의 시각에서 전쟁을 생각할 수 있도록 한다.

초중 '역사'는 중국사와 세계사를 각각 통사 방식으로 구성한다. 중국사와 세계사의 기초 지식과 초보적인 역사 학습 방법을 이해해, 고차원적인 역사 인식과 현실 인식의 능력을 점차적으로 제고할 수 있도록 한다는 것이다(中華人民共和國教育部, 2011a: 3). 고중 단계의 역사 학습을 염두에 두고 그것을 위한 기초를 제공한다는 설정이다. 그래서 고중의 경우에는 구조적이고 종합적인 이해 방식을 지향하고 있는 데 반해, 초중 '역사'는 학생들이 역사에 흥미를 가지고 학습할 수 있도록 구체적인 이야기를 많이 등장시키며 전반적으로 스토리텔링의 요소가 강하다. 이를 점과 선의 결합 방식으로 설명한다. 점과 선을 골자로 구성하는 방침은 소학의 '품덕과 사회'와 동일하나 내용은 다르다(中華人民共和國教育部, 2011a: 3~4). 점은 구체적인 역사적 사실이고 선은 역사가 발전적으로 전개된다는 기본 맥락을 가리킨다. '선'이라는 용어 속에는 사적 유물론에 기초해 역사를 발전적으로 이해한다는 전제가 들어가 있다. 구슬을 실로 꿰어 엮어가듯 점과 점 사이의 연계를 통해 선을 이해하는, 즉 학생들이 구체적인 역사적 사실에 대한 이해의 기초 위에서 역사 발전의 과정을 이해하도록 한다는 방침이다. 이러한 조직 원리는 지빙신(姬秉新)의 이론을 반영한 것으로 보인다. 그는 저명한 명청사 연구자이기도 했던 정텐팅(鄭天挺)의 견해를 수용해 역사 지식의 층위를 점, 선, 면, 입체로 설정하고 단계를 고려한 역사교육을 주장했다(姬秉新, 2000). 실제로 그는 간쑤성(甘肅省) 란저우(蘭州)의 서북사범대학에 근무하면서 베이징의 인민교육출판사에 초빙되어 2000년 초반의 초중과 고중의 역사과 과정표준 개발 및 인민교육출판사의 역사 교과서 편찬 작업에 중심적인 역할을 했다.

초중 '역사'의 내용은 여섯 개의 영역, 즉 ① 중국 고대사(선사~아편전쟁 이전), ② 중국 근대사(아편전쟁~중화인민공화국 수립 이전), ③ 중국 현대사(중화인민공화국 수립~현재), ④ 세계 고대사(초기 인류~15세기), ⑤ 세계 근대사(16세기~19세기), ⑥ 세계 현대사(20세기~현재)로 구성된다. 구체적인 내용 구성에 관해 수·당 대를 예를 들면 〈표 8-6〉과 같다(中華人民共和國敎育部, 2011a: 13~14).

수·당은 중국 고대사에 해당하는데, 중국 고대사는 다른 영역과는 달리 〈표 8-6〉에서 보는 것처럼 왕조별로 구분해 내용을 제시한다. 많은 지식보다 중요하다고 여겨지는 구체적 사실이나 인물을 중심으로 구성되어 있다. 수대는 왕조의 성립과 멸망을 제외하면 과거제와 대운하가 전부이다. 소략한 수대에 비해 당대는 내용이 많기는 하나 당 태종, 당 현종, 문성공주, 감진, 현장, 안사의 난 등이 전부이다. 역설적으로 한국 중학교의 세계사 교과서에 서술된 당대 부분이 중국 교과서보다 오히려 더 많은 내용 요소를 담고 있다. 당대의 내용으로서 들어갈 수 있는 3성 6부제, 율령, 조용조, 부병제, 양세법과 같은 항목들은 빠져 있다. 제도사와 관련된 내용은 고중에서 배우도록 한다는 나름의 역할 분담이 이

표 8-6 2011년판 초중 '역사과정표준'의 수·당 과정 내용

과정 내용	교학 활동 건의
5. 수·당 시기 · 수 왕조의 통일, 과거제의 시행, 대운하의 개통, 수 왕조 멸망의 원인을 안다. · 당 태종과 '정관의 치', 당 현종과 '개원성세(開元盛世)'를 알고, 당 왕조 흥성의 원인을 초보적으로 인식한다. · 티베트로 간 문성공주, 일본으로 건너간 감진, 서역으로 간 현장 등을 사례로 당대 민족 화해와 대외 문화 교류의 발전을 설명한다. · 경제 번영, 개방적 사회 분위기, 당시(唐詩)의 성행을 통해 당의 사회 풍조를 이해한다. · 안사의 난이 당을 전성기에서 쇠퇴기로 전환시켰다는 것을 이해한다. 당 왕조 멸망 후 5대 10국의 국면이 전개되었다는 것을 안다.	· 표를 만들어 진시황, 한 무제, 당 태종의 역사적 공과를 열거해보자. · 문물 사진과 당시(唐詩)로부터 당대의 사회 풍조를 느껴보자.

루어지고 있다. 이런 요소들이 빠지다 보니 초중의 교과서는 스토리텔링이 강하게 부각될 수밖에 없다.

이야기를 풀어가듯이 내용을 구성할 수 있도록 했으나 중국 사회의 맥락에서 구성된다는 점에 유념할 필요가 있다. 문성공주는 티베트의 분리·독립 문제와 관련되어 있다. 당 황실의 문성공주가 화번공주로서 토번의 송첸캄포와 결혼해 중원과 티베트가 오래 기간 친분 관계를 쌓아 왔다는 점, 그리고 문성공주를 통해 당의 우수한 문화가 토번에 전해져 문화 발전에 기여했다는 점을 강조하려는 것이다. 중국과 티베트 간의 긴밀한 관계를 학생들에게 인식시킴으로써 '하나의 중국'이라는 이미지를 심어주려는 것이다. 청대의 '타이완, 티베트, 신강이 중국과 떼려야 뗄 수 없는 일부분임을 인식한다'는 진술도 동일한 문제 인식을 담고 있다(中華人民共和國教育部, 2011a: 15). 감진은 중국이 문명의 전파자로

서 주변국에 영향을 미쳤다는 맥락에서 강조되고, 현장 역시 국제적 활동을 전개했다는 점에서 중국이 동아시아의 중심 국가이자 일찍부터 외부 세계와 교류했다는 것을 보여주려는 사례들이다.

'역사와 사회'에 관해 과정표준이 제시하고 있는 과목의 성격은 "역사와 지리를 기초로 연관된 인문·사회적 지식 내용을 종합한 교과"이다. 기본 구상은 "인류 활동의 공간적 배경인 지리 환경에 기초해, 인류 문명의 발달, 특히 중화문명의 발달을 주선으로, 당대 사회의 발전을 중심으로, 역사와 지리 두 영역과 상호 연관된 학과 영역을 통합한다"는 방침이다(中華人民共和國教育部, 2011b: 3). 세계사도 고려하고 있지만 중국사에 대한 이해를 중심축에 놓되 현대를 강조하겠다는 것이다. 과정표준의 주제와 해당 내용은 〈표 8-7〉과 같다.

이는 크게 세 개의 주제로 구성되어 있다. 한 개의 주제를 1년씩 학습해 세 개의 주제를 3년에 걸쳐 순차적으로 학습할 수 있도록 짜여 있다. 그리고 주제별 네 개의 항목이 들어 있어 학기당 평균적으로 두 개의 항목이 할당되었다는 것을 알 수 있다.[7] 주제 2와 주제 3은 중국사와 세계사가 통합된 역사로 구성되어 있다고 보아도 무방하다. 주제 2는 선사에서 19세기까지의 역사를, 주제 3은 20세기 이후의 역사를 다룬다. 주제 1에도 역사 관련 내용이 적지 않게 포함되어 있어 '역사와 사회'는 통합형 교과라 할지라도 역사의 비중이 절대적으로 크다. 역사를 중심으

7 학기당 두 개의 항목이 배치되기는 하지만 실제 교과서는 약간의 차이가 있다. 가령 인민교육출판사에서 발간하는 '역사와 사회'의 구성을 보면 2-4의 내용은 교과서 전반을 관통하는 관점이기 때문에 8학년 2학기 교과서에 별도의 단원으로 설정하고 있지 않다. 3-2의 내용은 9학년 2학기 교과서에 수록되어 있다(人民教育出版社 課程教材硏究所·歷史與社會課程教材硏究開發中心 編, 2015a; 2015c).

표 8-7 2011년판 '역사와 사회 과정표준'의 주제 및 내용

주제	내용
1. 생활의 시·공간	1-1 인류 생활의 시·공간 이해 1-2 자기가 생활하는 공간의 이해 1-3 생활 속의 역사 이해 1-4 관련 정보를 얻고 정리하는 도구와 방법 이해
2. 사회 변천과 문명 발달	2-1 초기의 여러 문명과 중국 문명의 연원 탐색 2-2 진(秦)의 통일 후 전근대 중국사의 맥락 이해 2-3 근대사 발전의 특징, 발전 경로의 다양성 및 세계화 추세 이해 2-4 사회 진보의 동력 및 역사 발전의 추세
3. 발전 방향의 선택	3-1 20세기 전반기 세계의 특징과 중국 혁명의 과정 이해 3-2 현대 세계의 변화와 중국 특색의 사회주의 노선의 선택 3-3 세계와 중국이 당면한 과제 인식, 지속 가능한 발전의 선택 3-4 새로운 기회, 새로운 도전, 새로운 선택

로 한 사회과 통합이다.

내용 요소를 더욱 구체화한 것의 일부를 발췌해보면 〈표 8-8〉과 같다(中華人民共和國教育部, 2011b: 14~27). 내용 목표의 1-4-3과 1-4-4의 번호는 〈표 8-7〉의 1-4의 하부 항목들이다.

'역사와 사회' 역시 학생의 탐구를 고려해 내용을 구성을 구성하고 있다는 것이 1-4-3과 1-4-4에서도 확인된다. 역사 학습의 기초라고 할 수 있는 시간관념과 사료에 관한 문제를 본격적인 역사 학습에 앞서 먼저 짚고 가도록 했다. 연대를 표현할 때 예수 탄생을 기준으로 하는 기원이 흔히 사용되나 한국에서는 단군을 기준으로 하는 단기(단군 기년)가 있고, 세종의 왕위 즉위를 기준으로 한 세종 ㅇㅇ년이라는 표기처럼 왕을 기준으로 한 경우도 있었다. 중국에서는 신해혁명으로 탄생한 중화민국의 수립을 기준으로 민국 ㅇㅇ년이라 나타내기도 했다(타이완에서는 현재 이것을 사용하고 있다). 다양한 방식으로 역사적 시간이 표현되

표 8-8 2011년판 '역사와 사회 과정표준'의 과정 내용 구성

내용 목표	제시와 건의
1-4-3 역사 시간을 표현하는 사용 어휘 혹은 관습 용법을 숙지하고 그것들을 적절히 활용해 역사 사건을 표현하고 설명해본다.	· **요점 제시**: 기원(紀元), 기년(紀年), 연대, 시대, 조대(朝代), 국호. 특정한 용어를 사용하는 것이 역사 사건을 적절히 표현, 설명, 식별하는 것이며 역사의 적절한 시간관념을 형성하는 것이다. · **활동 건의**: 교수 학습 내용과 결부시켜, 몇몇 중요 역사적 사건의 발생 시간 혹은 역사 인물의 생몰 연대를 전문적으로 해석해보자. 이 방법으로 기원전과 기원후의 연대를 계산해보자. 간지(干支) 기년과 민국(民國) 기년의 방법을 이용해 근대 중국의 연대를 계산해보자.
1-4-4 역사 서술과 문학작품의 차이점을 찾아본다. 역사 정보 수집의 방법·경로 및 이용 방법 등을 안다.	· **요점 제시**: 역사 고서, 고고 미술, 구술사, 공문서 자료. 역사 현상의 인식, 역사적 사건과 인물의 평가는 신뢰할 만한 증거에 의존해야 한다. 사실적인 역사 정보를 수집하고 식별해보자. · **활동 건의**: 역사 문헌과 문학 명저를 소개하고 그들의 차이에 관한 학생 토론을 조직해보자. 가령 『삼국지』와 『삼국지연의』, 『대당서역기』와 『서유기』의 서술을 비교해보고 그것들이 서로 다른 가치를 지니고 있다는 것을 토론한다.
2-4-1 중국사 및 세계사 발전의 일반 과정을 종합적으로 관찰하고 생산력의 발전이 사회 진보를 추동하는 근본 원인이라는 것을 명확히 인식한다.	· **요점 제시**: 인류 사회의 발전은 법칙성이 있다. 인간이 역사를 창조하기 위해서는 우선 필수적으로 의식주 등의 문제를 해결해야 생존할 수 있으며, 이는 물질 자료의 생산이 필요하다는 것을 의미한다. 사회적 생산의 발전은 국가 정치제도, 사상의 변화를 가져오며 사회 전체적으로 변화를 만들어낸다. 그래서 생산 활동은 인류의 가장 기본적인 실천 활동이며 사회 생산력의 발전은 사회 진보를 추동하는 근본 원인이다. · **활동 건의**: 교수 학습의 전 과정에서 연관된 내용과 결합시켜 생산력 발전의 관점이 투영되도록 한다. 가령 고대 농업 사회에서의 생산의 특징, 근대 공업 사회에서의 생산의 특징을 통해 이러한 원리를 깨달을 수 있도록 한다.
2-4-8 여성이 역사상 이룬 공헌을 중시하며 여성의 사회적 지위가 향상되는 것에 대한 의의를 깨닫는다.	· **요점 제시**: 중국과 세계의 여성들이 문명의 창조와 전승에 중요한 역할을 했음에도 역사상 오랫동안 멸시와 압박을 받았다. 여성 지위의 제고가 사회 진보의 중요한 척도라는 것을 명확히 이해할 필요가 있다. · **활동 건의**: 생산 활동, 가정생활, 그리고 정치, 과학기술, 문화 등의 분야에서 이룬 여성의 역사적 공헌을 학생들로 하여금 열거할 수 있도록 지도한다. 역사서와 문학작품의 서술을 통해 과거의 도덕과 관습에 구속받았던 여성의 지위를 학생들이 이해할 수 있도록 안내한다.

며 또한 그러한 명명 방식 안에는 역사 인식이 반영된다는 점을 염두에 둔 것이다. 문학작품과 역사 서술을 서로 비교해보고 사료를 이해할 수 있도록 한 부분도 흥미롭다. 이러한 활동을 통해 자연스럽게 문학과 역사와의 관계도 생각해볼 수 있을 것이다. 역사 학습이나 역사 인식에 기초적인 요소를 1학년 과정에서 배치한 것이다.

역사 인식론과 관련된 2-4-1과 2-4-8을 보자. 구체적인 하나의 단원으로 설정하지 않더라도 전반적인 역사 이해에서 유념할 부분을 제시한다. 2-4-1은 중국 사회의 이데올로기와 밀접하게 관련된 내용이다. 역사 발전의 원동력을 계급투쟁이 아닌 생산력에서 찾고 있는데, 이는 개혁·개방 이후 중국 정부가 표방하는 현대화 노선의 이론적 바탕이기도 하다. 사적 유물론에 근거한 역사 인식을 역사 이해 전반에 관철시키려는 것으로 현재 중국의 역사교육이 지향하는 바를 선명하게 보여준다. 2-4-1이 다소 경직된 중국의 역사 인식을 보여주는 것이라면 2-4-8은 한국에서도 유념해볼 부분이라 여겨진다. 여성의 역할을 환기시키면서 여성의 관점에서 역사를 보자는 것이다. 아울러 관련 활동도 이루어질 수 있도록 하고 있다. 유의미한 제안으로 여성을 비롯해 민주주의, 인권 등도 포함시켜 역사를 성찰할 수 있다면 진일보한 역사교육이 이루어질 것으로 보인다. 이 밖에도 2-4의 항목 중에는 역사에 영향을 미치는 요소로서 자연환경, 과학기술, 교류, 개인 등의 변수에 대해서도 생각할 수 있도록 하고 있다.

고중 '역사'는 크게 필수 과정과 선택 과정으로 나뉜다. 먼저 필수 과정인 '중국사와 세계사'는 〈표 8-9〉와 같이 중국 고대사, 중국 근현대사, 세계사의 세 부분으로 이루어져 있다(中華人民共和國教育部, 2017: 9~16). 각 부분의 내용은 시간 순서로 하되 25개의 주제로 구성했다.

표 8-9 '중국사와 세계사'의 구성

중국 고대사	중국 근현대사	세계사
1-1 초기 중화 문명	1-8 만청(晩淸) 시기의 내우외환과 구망도존(救亡圖存)	1-16 고대 문명의 탄생과 발전
1-2 춘추전국의 정치사회변동과 '화하(華夏)' 관념의 형성	1-9 신해혁명과 중화민국의 건립	1-17 중세 세계의 다원적 면모
1-3 진의 대일통(大一統) 국가의 건립과 공고	1-10 신민주주의의 흥기	1-18 대항해 시대
1-4 삼국에서 당 전기의 민족 교류, 융합과 문화 창조	1-11 중화민족의 항일 전쟁	1-19 서양 르네상스와 자본주의 제도의 확립
1-5 당 후기에서 양송(兩宋)의 정치, 사회변혁	1-12 인민 해방 전쟁	1-20 세계의 면모를 바꾼 공업혁명
1-6 요, 서하, 금, 원의 통치와 통일적 다민족국가의 발전	1-13 중화인민공화국의 성립과 사회주의를 향한 과도기	1-21 마르크스주의의 탄생
1-7 명, 청 시기 중국 판도의 정립과 사회변동	1-14 사회주의 건설의 길 모색	1-22 세계 식민 체제의 성립과 아시아, 아프리카, 라틴아메리카의 독립운동
	1-15 개혁 개방과 중국 특색의 사회주의 건설	1-23 국제 질서의 변화와 양차 대전
		1-24 20세기 하반기의 세계의 새로운 변화
		1-25 당대 세계의 발전 특징과 주요 추세

2003년판 '보통 고중 역사과정표준'의 경우에도 필수 과정을 정치사, 사회경제사, 문화사의 영역으로 나누되 중국사와 세계사를 통합했다. 그런데 분야별 주제사로 구성하다보니 역사를 각 영역에 국한시켜 인식한다는 문제점이 지적되었다. 전체적인 흐름을 종합적으로 인식할 필요성이 제기되어 통사의 형태로 된 필수 과정을 만든 것으로 보인다.

고중 '역사'의 선택 과정에는 선택 I과 선택 II가 있다. 선택 I 과정은 국가 제도와 사회 통치, 경제와 사회생활, 문화 교류와 전승 등 세 개의 모듈로 구성되어 있다. 기존의 과정표준과 비교해볼 때 정치, 사회·경제, 문화라는 큰 틀은 유지하고 있으나 그 안에 담고 있는 내용은 상당히 파격적이다. 더욱 파격적인 것은 선택 II 과정이다. 선택 II 과정에는

표 8-10 **선택 I 과정**

모듈 1. 국가 제도와 사회 통치	모듈 2. 경제와 사회생활	모듈 3. 문화 교류와 전승
1-1 정치체제	2-1 식량의 생산과 사회생활	3-1 다양하게 발전한 세계 문화
1-2 관리의 선발과 관리	2-2 생산 도구와 노동 방식	3-2 인구 이동과 문화 정체성
1-3 법률과 교화	2-3 상업 무역과 일상생활	3-3 상업로, 무역 , 문화 교류
1-4 민족 관계와 국가 관계	2-4 지역 개발과 생태 환경	3-4 전쟁과 문화 충돌
1-5 기층 통치와 사회보장	2-5 촌락과 도시, 주거 환경	3-5 문화의 전승과 보호
1-6 화폐와 세금 징수	2-6 교통과 사회 변천	3-6 정보통신 혁명과 인류 문화의 향유
	2-7 질병, 의료 및 공공 위생	

표 8-11 **선택 II 과정**

모듈 1. 사학 입문	모듈 2. 사료 연구
1-1 역사와 역사학	2-1 사료, 그리고 사료 수집 및 운용의 원칙과 방법
1-2 유물사관과 역사 연구	2-2 문헌 사료 연구
1-3 역사학의 우수한 전통	2-3 실물 사료 연구(유물, 유적, 건축물 등)
1-4 독사상식거요(讀史常識擧要)	2-4 구술 사료 연구
1-5 역사 연구의 주요 방법	2-5 도상 사료(圖像史料) 연구
1-6 역사의 해석 및 비판	2-6 현대 음상 사료(現代音像史料) 연구
1-7 종합 탐구: 역사 문제의 연구와 논문 작성	2-7 디지털 자료의 이용

두 개의 모듈이 있으며, 사학 입문, 사료 연구가 있다. 구체적인 내용은 〈표 8-10〉, 〈표 8-11〉과 같다(中華人民共和國教育部, 2017: 17~32).

선택 I 과정의 목차만 보아서는 중국사인지 세계사인지 알 수 없을 정도로 통합의 강도가 2003년판 '보통 고중 역사과정표준'보다 높아졌다. 일부 항목에 관한 설명을 발췌해보면 다음과 같다.

1.1 정치체제

중국 고대의 정치체제가 진(秦)의 성립을 전후로 크게 변화했다는 것을 안다. 재상 제도와 지방 행정조직의 변화를 통해 진 이후 황제 중심의 중앙집권 체제의 변화 과정을 안다. 고대에서 근대에 이르기까지 서양에서 여러 형태의 정치체제가 등장하고 변화하는 과정 및 공화제가 중국에 들어서기까지의 우여곡절을 이해한다.

2.6 교통과 사회 변천

고대 수륙 교통로의 건설과 교통수단을 이해한다. 신항로의 개척과 산업혁명이 교통 발달을 촉진한 측면을 이해한다. 20세기 교통 운수의 새로운 변화가 인간 생활과 사회 변화에 미친 영향을 이해한다.

항목에 관한 설명을 통해 중국사와 세계사를 함께 다루고 있다는 것을 알 수 있다. 〈표 8-10〉에서 '1-2 관리의 선발과 관리'는 중국의 관리 선발 방식의 변화 및 중앙집권 체제하의 관리 감찰제도를 이해하고, 서양 근대의 공무원 제도 특징과 그것이 근현대 중국 공무원 제도에 미친 영향으로 구성된다. 여기서는 근대 서양의 제도가 중국에 미친 영향을 언급하는데, 모듈 1~3에 걸쳐 교류라는 측면을 강조한다. '2-7 질병, 의료 및 공공 위생'과 '3-2 인구 이동과 문화 정체성'은 새로운 사회문제 혹은 관심사를 반영하고 있는 주제이다. 2-7에서는 역사에 등장하는 질병의 유행과 그 영향, 중의(中醫)와 중약(中藥)의 주요 성취, 서양 의학이 중국에 전파되고 발전하는 과정, 현대 의료 위생 체계의 수립·발전 및 그것이 사회생활에 미친 영향 등을 학습하도록 했다. 3-2는 국가나 지역을 넘어선 다양한 형태의 인구 이동이나 이주, 융합 과정에 나타나는 문화 정체성 문제를 다룬다. 모듈 3은 교류, 전파, 교역, 이주, 전쟁 등 전반적으로 글로벌 히스토리의 구성 방식을 취한다. 역사교육의 5대 중

점 사항 중 하나인 국제이해와 관련된 것으로 국제적 시야를 강조한다.[8]

선택 II의 사학 입문이나 사료 연독은 상당히 모험적인 시도이다. 대학의 사학과에 개설된 역사 연구 방법론에 관한 강좌를 연상시킨다. '1-3 역사학의 우수한 전통'은 기전체나 편년체의 역사 서술 체제 및 유지기(劉知幾)나 장학성(章學誠)의 사학 이론과 같은 중국 사학사의 주요 내용뿐만 아니라 마르크스주의 역사학을 포함한 근대 이후의 서양 역사학까지도 다룬다. '모듈 2. 사료 연구'는 일종의 사료학이다. 전문적인 역사 연구에 필요한 다양한 사료의 이용 방법을 학습한다. 학생의 학력과 교육 여건이 갖추어진 도시 지역에서 실행할 수 있을 것으로 보인다. 고중 역사의 새로운 실험들이 학교 현장에서 어떻게 수용될지 궁금하다. 이는 적지 않은 파장이 있을 것으로 예상된다.

5. 제국주의를 어떻게 서술하는가?

제국주의 관한 서술은 전반적으로 레닌의 제국주의론에 바탕을 두면서도 제국주의에 대한 인식에서 약간의 차이를 보이기도 한다. 이는 시기 구분과도 연결되어 있다. 가령 2001년판 초중 '역사과정표준'과 2011년판 초중 '역사과정표준' 사이에는 큰 차이가 없어 보이면서도 약간의

8 5대 중점 사항은 ① 중화의 우수 전통문화, ② 혁명 전통, ③ 민족 단결, ④ 국가주권과 해양 의식, ⑤ 국제이해이다. 국가주권과 해양 의식은 분단 상태의 타이완, 분리·독립 문제로 내홍을 겪고 있는 티베트와 신장, 주변국과 영토 분쟁 상태인 댜오위다오(釣魚島, 센카쿠열도), 난사군도(南沙群島, 스프래틀리 군도), 시사군도(西沙群島, 파라셀 제도)를 염두에 둔 것으로 근래에 강조되는 내용이다.

표 8-12 **초중 '역사과정표준' 간 제국주의 관련 시대 개관의 비교**

2001년판 초중 '역사과정표준'	2011년판 초중 '역사과정표준'
· 19세기 중반 이후 20세기 초까지 서양의 주요 국가들에서는 전기가 증기기관을 대신하는 제2차 산업혁명이 일어났고, 생산력이 비약적으로 발전했다. 과학기술은 인류 사회의 발전에 날로 중요한 역할을 했으며 문학예술도 전례 없이 발전했다. 이와 동시에 **자본주의 국가는 자유 자본주의에서 독점자본주의로 이행되기 시작했다. 제국주의 국가들 간의 식민지를 쟁탈하기 위한 투쟁이 더욱 격화되어 결국에는 제1차 세계대전이 발발했다.**	· **19세기 말에 이르러 선진 과학기술을 보유하고 있던 서양인들이 오세아니아와 태평양의 섬들을 식민지로 만들면서 세계는 완전히 연결되어 전체가 하나로 되었으며,** 서방 자본주의 국가를 중심으로 한 세계시장이 부단히 확대되어 선진적인 서방과 낙후한 동방이라는 구도가 형성되었다. 자본의 잔혹한 착취와 열강에 광분하는 식민지 확장은 자본계급과 무산계급의 계급 모순, 자본주의 열강과 식민지·반(半)식민지 국가의 민족 모순을 전례 없이 격화시켰다. · 세계 현대사는 주로 20세기 이후 세계사 발전의 기본 과정을 서술한다. **20세기에 들어서면서 세계는 점점 더 긴밀한 하나의 세계가 되어 세계 각국이 상호 의존 혹은 경쟁하는 국면이 형성되어 결국 완전한 의미의 세계사가 형성되었다.** 20세기 상반기 두 차례의 세계대전이 발발했다. 제1차 세계대전 기간에 발생한 러시아 10월 혁명으로 세계 최초의 사회주의 국가가 수립되었으며, 사회주의의 이상을 현실로 전환시켰다.

자료: 中華人民共和國敎育部(2001a: 21; 2011a: 28; 2011a: 30~31).

차이점이 발견된다. 먼저 세계사의 시기 구분 방식을 보자. 2001년판은 제1차 세계대전까지를 근대사의 하한선으로 잡았다. 그리고 러시아 혁명을 현대사의 시작점으로 설정했다. 〈표 8-12〉의 설명처럼 제2차 산업혁명 → 독점자본주의(제국주의)로의 이행 → 제국주의 국가들 간의 식민지를 둘러싼 갈등 → 제1차 세계대전이라는 흐름으로 연결된다. 이럴 경우 제국주의의 형성에서 제1차 세계대전까지 연속으로 전개되기 때문에 제1차 세계대전을 제국주의 전쟁이라는 시각에서 다룰 수 있다.

표 8-13 2011년판 초중 '역사과정표준'의 세계 근대사 및 현대사 과정 내용

과정 내용
·『신곡』, 셱스피어의 작품 등을 알며, 문예부흥이 인간에 대한 사상 해방의 의의를 가졌다는 것을 초보적으로 이해한다. ⋮ · 삼각무역을 알고 원시적 자본축적의 야만성과 잔혹성을 안다. ⋮ · 볼리바르가 이끈 반식민지 투쟁, 인도민족대기의(印度民族大起義)* 등을 알고, 식민지 인민의 저항 투쟁이 갖는 정당성과 지난함을 이해한다. ⋮ · 전기의 이용, 내연기관, 기차, 비행기의 탄생 등을 통해 제2차 산업혁명을 이해한다. 산업혁명이 가져온 사회 발전과 사회문제를 이해한다.
· 삼국동맹과 삼국협상, 사라예보 사건, 베르됭 전투 등을 안다. 제1차 세계대전의 발생 원인을 분석하고 세계대전이 인류 사회에 가져온 거대한 재난을 이해한다. · 페테르부르크 무장투쟁을 통해 레닌이 이끈 세계 최초의 사회주의 국가 성립이 갖는 중요한 역사적 의의를 이해한다. ⋮

*: 인도민족대기의(印度民族大起義)는 세포이 항쟁을 말한다.
**: 점선을 경계로 윗부분은 근대사 아랫부분은 현대사이다.

레닌의 제국주의론 시각에서 진술한 것이다.

한편 2011년판은 〈표 8-12〉, 〈표 8-13〉처럼 근대사의 하한선을 19세기 말, 즉 제국주의에 의한 세계 분할까지로 보았다. 현대사는 20세기 초 삼국동맹과 삼국협상의 갈등 국면부터 시작하고 있다. 시대 구분의 차이는 설명 방식에도 변화를 가져왔다. 2011년판은 제국주의 국가 간의 갈등과 제1차 세계대전을 현대사에 놓되, 제국주의의 폭력성과 더불어 20세기 이후 세계가 좀 더 긴밀해져 '진정한 의미의 세계사가 형성'되었다는 점을 강조한다. 제국주의에 크게 강조점을 두지 않는 모습이다. 글로벌 히스토리의 관점이 반영된 것으로 보인다.

제국주의 서술과 관련된 과정 내용은 〈표 8-13〉에서 보는 것처럼 삼

표 8-14 2001년판 '역사과정표준'의 제국주의 관련 부분

(3) 식민지 확장과 식민지 인민의 항쟁

내용 표준

1) 삼각무역의 내용을 간략히 서술하고, 자본의 원시적 축적의 야만성과 잔혹성을 이해한다.
2) 영국의 식민주의자 클라이브가 인도에서 자행한 약탈 행위를 서술하고, 영국이 가장 먼저 자본주의 공업 강국이 될 수 있던 주요 원인의 하나가 식민지 확장과 약탈이었다는 것을 이해한다.
3) 볼리바르와 잔시 여왕이 이끈 반식민지 투쟁의 주요 과정을 서술하고, 식민지 국가와 인민이 전개한 반식민지 투쟁의 정당성을 깨닫는다.

교학 활동 건의

'잔시 여왕' 등의 영상을 보고 식민지 인민의 저항 정신을 느껴보자.

각무역과 원시적 자본축적, 볼리바르와 인도의 반식민지 투쟁이다. 2001년판에서는 〈표 8-14〉와 같이 '식민지 확장과 식민지 인민의 항쟁'이라는 단원의 내용 요소였다. 이에 따라 교과서도 과정표준에 맞게 동일한 단원명을 사용했다. 물론 동일한 단원이라도 화동사범대학출판사(華東師範大學出版社)는 '흑인 노예무역과 라틴아메리카의 사회 변천', '인도의 식민지화와 인도 인민의 항영 투쟁', 악록서사(岳麓書社)는 '서방국가의 식민지 확장과 약탈', '식민지 인민의 항쟁'으로 출판사별로 약간씩 차이를 두어 소단원을 설정했다(王斯德 主編, 2015; 劉宗緒 主編, 2015). 서양 세력의 확대와 식민지의 저항, 19세기 말의 제국주의의 등장을 중심으로 내용을 구성했다. 그러나 2011년판 과정표준에서는 단원 구분을 없애버렸다. 〈표 8-13〉에서 원시적 자본축적과 반식민지 투쟁 사이에 여러 과정 내용이 나열되어 있다. 과정표준이 자유로운 교과서 편찬을 염두에 두고 개방성과 탄력성을 증가시킨 것이다(中華人民共和國教育部, 2011a: 4, 44). 국정화로 돌아간 마당에 현재 다양한 교과서는 기대할 수 없는 상황이다. 국정이 아닌 상태에서 교과서가 발행되었다면 2001년

판에 근거해 출간된 교과서들보다 훨씬 더 다양한 방식으로 교과서가 구성되었을 것이고, 제국주의에 관한 서술 역시 교과서별로 일정한 편차가 드러났을 수 있다. 국정으로 회귀한 상황에서 다시 2001년판의 제국주의 서술로 돌아갈 가능성이 높아 보인다.

에필로그

중국의 소학 단계에는 초보적인 수준의 중국사와 세계사를 학습하는 '품덕과 사회'가 있고, 초중 단계에서는 스토리텔링 중심의 '역사'와 역사 중심의 통합형 사회과인 '역사와 사회'가 있으며, 고중 단계에서는 중국사와 세계사 통사인 필수 과정과 주제사 및 역사 연구 방법론의 선택 과정이 있다. 2000년대 이후 중국은 오랫동안 교육 현장을 지배해온 입시 위주의 교육에서 벗어나자는 주장을 해왔으며 활동을 중시하는 경향이 나타난다. 2011년판 과정표준과 2017년판 과정표준 역시 그러한 문제 인식을 반영한 것이라 할 수 있다. 암기 위주의 수동적 지식 수용보다는 학생들이 탐구를 통해 역량을 키우는 방향으로 무게 중심이 이동하고 있다. 대체로 한국에서 고민하는 지점과 유사하다. 중국이 시도하는 과정표준의 변화는 한국에도 어느 정도 유용한 참고가 되리라고 본다. 한편 국정제로 대표되는 국가의 역사교육에 대한 통제가 가져오는 측면 역시 한국이 타산지석으로 삼을 수 있는 부분일 것이다.

참고문헌

김유리. 2005. 「역사교학대강에서 역사과정표준으로」. ≪역사교육≫, 제96집.

윤세병. 2017. 「중국의 역사과 교육과정의 현황: 2011·2017 과정표준을 중심으로」. ≪역사교육논집≫, 제65권.

姜貞宇. 2017.8.29. "統編義務教育三科教材9月啓用 教育部: 定期修訂." http://www.chinanews.com/gn/2017/08-29/8316596.shtml(검색일: 2017.10.10).

課程教材研究所 編. 2001. 『20世紀中國中小學 課程標準·教學大綱匯編-歷史卷』. 人民教育出版社.

課程教材研究所·綜合文科課程教材研究開發中心 編. 2015. 『品德與社會(六年級下册)』. 人民教育出版社.

譚暢. 2017. "全國中小學統一使用'部編本'教材, '人教版''蘇教版'即將成爲歷史." http://www.infzm.com/content/128156(검색일: 2017.10.10).

劉宗緖 主編. 2015. 『世界歷史(九年級 上册)』. 岳麓書社.

北京教育科學研究院·首都師範大學出版社 編. 2015. 『品德與社會(六年級下册)』. 首都師範大學出版社.

石鷗許玲. 2010. 「在多樣化中繁榮與發展」. ≪基礎教育課程≫, 2010年 第Z1期(1~2月號).

王斯德 主編. 2015. 『世界歷史(九年級 上册)』. 華東師範大學出版社.

人民教育出版社 課程教材研究所·歷史與社會課程教材研究開發中心 編. 2015a. 『歷史與社會(八學級 下册)』. 人民教育出版社.

______. 2015b. 『歷史與社會(九學級 上册)』. 人民教育出版社.

______. 2015c. 『歷史與社會(九學級 下册)』. 人民教育出版社.

中華人民共和國教育部. 2001a. 『義務教育 歷史課程標準』. 北京師範大學出版社.

______. 2001b. 『義務教育 歷史課程標準(1), (2)』. 北京師範大學出版社.

______. 2002. 『義務教育 品德與社會課程標準』. 北京師範大學出版社.

______. 2003. 『普通高中 歷史課程標準』. 北京師範大學出版社.

______. 2011a. 『義務教育 歷史課程標準』. 北京師範大學出版社.

______. 2011b. 『義務教育 歷史與社會課程標準』. 北京師範大學出版社.

______. 2011c.『義務教育 品德與社會課程標準』. 北京師範大學出版社.

______. 2017.『普通高中 歷史課程標準』. 北京師範大學出版社.

姫秉新. 2000.「中學歷史課程編制硏究(上)」. ≪西北師大學報(社會科學版)≫, 第37卷 第1期.

______. 2005.「21世紀我國中學歷史課程改革趨勢硏究」. ≪歷史教學≫, 2005年 第7期(總第500期).

9장

'살아가는 힘'과 '자국사 강화' 사이에서: 일본의 도전과 한계

/

구난희

패전 이후 일본의 역사교육은 군국주의 역사교육을 전면 폐기하고 민주 시민 양성을 지향하는 '사회과 역사'로 출범했다. 하지만 전쟁 책임과 가해 의식을 부정하고 자국 중심 역사교육을 강화하려는 우익 주도의 공격 속에 끝없는 길항이 계속되고 있다.

한편 1980년대부터 교육의 목적으로 등장한 살아가는 힘은 여유 있는 교육을 제창했고, 역사교육에서는 글로벌 시대에 적합한 세계사 교육의 강조로 이어졌다. 그러나 2000년대에 접어들어 학력 제고와 자국사 교육 강화를 요구하는 목소리가 높아지면서 이러한 개혁은 궤도 수정의 요구에 직면하게 되었다.

이런 가운데 일본은 2017년 초·중학교 학습지도요령이 새롭게 고시되었고 2018년에는 고등학교의 개정이 예상되는 등 새로운 변화를 모색하고 있다. 추상적인 구호에 그쳤던 살아가는 힘도 사고력·판단력·표현력의 육성으로 제시되면서 학습 과정의 질적 개선을 추구하고 있다. 그러나 다른 한편에서는 높아지는 자국사 교육을 수용하려는 변화가 일어나고 있다. 무엇보다 한국 역사교육계가 주목해왔던 고교의 세계사가 더 이상 필수로 유지되지 못하고, 일본사와 세계사가 결합된 '역사 종합'이라는 새로운 과목이 필수과목으로 개편될 전망이다. 사회과 역사가 지켜온 역사교육의 성과가 '살아가는 힘'과 '자국사 강화'의 사이에서 어떤 모색을 이어나갈지 저울질하는 일본 역사교육은 우리의 고민과 닮았다.

1. 학교급별 체제와 내용 구성

일본의 교육 체제는 한국과 여러모로 유사하다. 소학교(초등)-중학교-고등학교-대학이 각각 6-3-3-4제로 이루어져 있으며 중학교 3학년까지 의무교육이 실시되고 있다. 소학교부터 고등학교는 각 학교급별로 국가 수준의 학습지도요령에 따라 운영된다. 학습지도요령은 문부과학대신의 고시로 발표되며 법적 효력을 갖는다. 학교 교육과정의 운영 및 교과서 검정, 현장 활용 등 교육 전 분야에 걸쳐 지대한 영향을 미치고 있다.

현재 일본은 2017년 3월에 소학교와 중학교 학습지도요령을 개정 고시했고 고등학교는 2018년에 고시될 전망이다. 1947년 처음 학습지도요령이 고시된 이래 2017년 3월 고시까지 총 아홉 차례의 전면 개정이 이루어졌다.[1]

일본 역사교육을 이해하는 데 필요한 또 하나의 개념은 '사회과 역사'

1 교육과정 개정 시기 및 적용 시기는 다음과 같다. 좌측의 개정 시기는 처음 개정을 고시한 해를 기준으로 했다. 본문에서도 소학교와 중학교 및 고등학교의 고시 연도가 다를 경우에 이 연도로 통일했다.

구분 / 개정 시기	중학교		고등학교	
	고시	적용	고시	적용
1947년(쇼와 22년)	1947년	1947년	1947년	1948년
1950년(쇼와 25년)	1951년	1951년	1951년	1951년
1955년(쇼와 30년)	1955년	1956년	1956년	1956년
1958년(쇼와 33년)	1958년	1962년	1960년	1963년
1968년(쇼와 43년)	1969년	1972년	1970년	1973년
1977년(쇼와 52년)	1977년	1981년	1978년	1982년
1989년(헤이세이 1년)	1989년	1993년	1989년	1994년
1998년(헤이세이 10년)	1998년	2002년	1999년	2003년
2008년(헤이세이 20년)	2008년	2012년	2009년	2013년
2017년(헤이세이 29년)	2017년	2021년	(2018년)	(2022년)

이다. 사회과 역사는 패전 이후 미국식 사회과가 도입되면서 붙여진 개념이지만 단지 역사가 사회과의 한 과목으로 편제되어 있다는 소극적 의미에 머물러 있는 것이 아니다. '국사'라는 이름으로 황국 중심 사관, 천황제 이데올로기의 전달 도구로서 기능해왔던 전전의 역사교육을 전면 폐기하고 민주주의적 역사 인식을 함양하는 과목으로 자기정체성을 새롭게 찾으려는 노력의 상징이기 때문이다. 즉 일본에서의 사회과 역사란 '사회과'가 추구하는 민주적 이념과 보편적 가치를 추구하는 사회과로서의 역사라는 성격을 견지하고 있다. 1977년판 학습지도요령 시기까지만 하더라도 초·중학교는 물론 고등학교에서도 역사, 지리, 공민 분야가 모두 사회과의 울타리 안에 있었다. 그러나 1989년판 학습지도요령 이후 고등학교는 사회과를 해체하고 지리·역사과(이하 지력과)와 공민과로 분리되었다.

하지만 '사회과 역사'는 상징적 의미가 강하고, 정작 지리, 역사, 공민 영역의 편제 방식은 한국과 달리 분과적 특성이 강하다. 중학교의 경우를 보면 1958년판 학습지도요령기까지만 하더라도 각 영역이 각 학년별로 독립된 구조를 가지고 순차 학습하는 이른바 방석형의 구조였다. 그러다가 1968년판 학습지도요령 이후 그 구조가 다소 변화해 1학년과 2학년에서 지리 병행 학습을 하고, 그 학습 경험을 토대로 3학년에서 공민적 분야를 더하는 책상형(π형)의 구조로 개편되었다.

지리, 역사, 공민의 내용 편제를 정리해보면 〈표 9-1〉과 같다. 지리, 역사의 병행 학습이라는 기본 방향은 중학교뿐만 아니라 고등학교에서도 이어진다. 1989년판 학습지도요령 당시부터 역사(특히 자국사) 교육 강화가 요구되고 있었지만 사회과를 해체하면서 역사과가 아니라 지력과로 편제된 것이 바로 그것이라 하겠다. 역사교육이 강조되거나 개편이

표 9-1 **학년별 지리, 역사, 공민의 편제**

<table>
<tr><td colspan="2" rowspan="2"></td><td colspan="9">현행(2008년판) 학습지도요령</td><td colspan="8">개정(2017년판) 학습지도요령</td></tr>
<tr><td colspan="6">지력과</td><td colspan="3">공민과</td><td colspan="5">지력과</td><td colspan="3">공민과</td></tr>
<tr><td rowspan="3">고교</td><td>3</td><td rowspan="3">세계사 A (2)</td><td rowspan="3">세계사 B (4)</td><td rowspan="3">일본사 A (2)</td><td rowspan="3">일본사 B (4)</td><td rowspan="3">지리 A (2)</td><td rowspan="3">지리 B (4)</td><td rowspan="3">현대 사회 (4)</td><td rowspan="3">정치 경제 (2)</td><td rowspan="3">윤리 (2)</td><td rowspan="3">역사 종합</td><td rowspan="3">지리 종합</td><td rowspan="3">일본사 탐구</td><td rowspan="3">세계사 탐구</td><td rowspan="3">지리 탐구</td><td rowspan="3">공공</td><td rowspan="3">윤리</td><td rowspan="3">정치 경제</td></tr>
<tr><td>2</td></tr>
<tr><td>1</td></tr>
<tr><td rowspan="3">중학교</td><td>3</td><td colspan="9">공민적·역사적 분야</td><td colspan="8">공민적·역사적 분야</td></tr>
<tr><td>2</td><td colspan="4" rowspan="2">역사적 분야</td><td colspan="5" rowspan="2">지리적 분야</td><td colspan="4" rowspan="2">역사적 분야</td><td colspan="4" rowspan="2">지리적 분야</td></tr>
<tr><td>1</td></tr>
<tr><td rowspan="6">소학교</td><td>6</td><td colspan="9">정치, 역사, 국제이해</td><td colspan="8">정치, 역사, 국제이해</td></tr>
<tr><td>5</td><td colspan="9">국토와 산업</td><td colspan="8">국토와 산업</td></tr>
<tr><td>4</td><td colspan="9" rowspan="2">지역 학습</td><td colspan="8" rowspan="2">지역 학습</td></tr>
<tr><td>3</td></tr>
<tr><td>2</td><td colspan="9" rowspan="2">생활과</td><td colspan="8" rowspan="2">생활과</td></tr>
<tr><td>1</td></tr>
<tr><td colspan="2">비고</td><td colspan="9">· 소학교는 2018년, 중학교는 2019년부터 시행
· 교과 외 활동 영역이었던 도덕을 특별 과목으로 조정</td><td colspan="8">· 일본사와 세계사를 통합한 역사 총합 과목을 신설
· 일본사 탐구, 세계사 탐구는 선택</td></tr>
</table>

이루어질 때 지리도 항상 함께 보조를 이루고 있는 점은 주목할 만하다.

1989년판 개정 당시 지력과에서는 세계사가 유일하게 필수과목으로 지정되었다[2]. 글로벌화에 부합한 인재 양성이라는 명분과 일본사 교육의 강화에 따른 세계사 교육의 경시를 견제한 조치로 이해된다. 당시 글

2 지력과 내에서 세계사 A와 B 중 한 과목을, 일본사 A, 일본사 B, 지리 A, 지리 B 중 한 과목을 선택하도록 했다. 공민과에서는 현대사회, 윤리, 정치 경제 중 한 과목을 선택하도록 했다. 따라서 세계사는 A와 B 중 반드시 한 과목을 이수해야 하므로 필수과목에 속한다.

로벌화에 관한 강조는 여러 면에서 확인된다. 세계사를 통해 문화의 다양성을 이해하도록 규정한다든지, 일본사를 세계사적 시야에 입각해 종합적으로 이해하도록 한다는 등의 내용을 명시한 것이 그것이다. 세계사 교육의 강화는 한국에서도 비슷한 시기인 제7차 교육과정 논의 때 무성하게 제기되었다. 당시 한국에서는 외국어와 세계사 교육의 필요성이 강조되었지만, 전반적으로 역사교육이 약화되는 국면을 맞이하자 오히려 세계사 교육은 뒤로 밀려나고 자국사 교육에 중점을 두었다. 이런 점에서 세계사를 필수로 안착시킨 일본의 사례는 한국이 주목할 만했고 자주 회자되었다.

지력과 독립에 대해 사회과 역사를 포기하는 것이며 국가주의 역사교육으로 회귀하는 일이라고 우려하기도 했지만 글로벌화라는 사회적 요구와 접목해 세계사를 필수로 안착시킨 데는 역사교육계의 적절한 대응과 노력이 있었다고 평가할 만하다. 지력과의 과목 구조는 현재도 유지되고 있다. 이에 따라 초등학교와 중학교에서는 역사가 사회과에 포함되어 있고 고등학교에서는 지력과에 포함되어 있다. 역사 학습의 학년별 구성을 정리하면 〈표 9-2〉와 같다.

앞에서 언급했듯 소학교와 중학교는 사회과에 편제되어 '사회'라는 과목으로 설치된다. 크게 보았을 때 개정 학습지도요령 내의 소학교와 중학교는 현행 학습지도요령과 유사하다. 소학교의 경우 지리와 역사가 어우러진 지역 학습 위에 국가 단위의 지리 학습, 역사 학습을 한 뒤 공민 분야에 해당하는 학습이 더해지고 있다. 전체적으로 보면 '지리 〉 역사 〉 공민'의 순서로 구성되고 내용 안배에서도 지리가 역사를 앞선다. 다만 소학교에서는 현행의 경우 3학년과 4학년이 하나의 틀 속에서 전개되는 것과 달리, 개정 학습지도요령에서는 3학년의 경우 시구정촌 단

표 9-2 **학년별 역사 학습의 내용 구성**

<table>
<tr><td colspan="2" rowspan="2"></td><td colspan="2">현행</td><td colspan="2">개정</td></tr>
<tr><td colspan="2">사회</td><td colspan="2">사회</td></tr>
<tr><td rowspan="4">소학교</td><td>3</td><td colspan="2">예로부터 남아 있는 건축물</td><td colspan="2">(지리 영역: 시구정촌 학습)</td></tr>
<tr><td>4</td><td colspan="2">예로부터 남아 있는 생활 관련 도구와 생활 모습
지역 사람들이 계승해온 문화재와 연중행사
지역 발전을 위해 노력한 선인의 사례</td><td colspan="2">(지리 영역: 도도부현 학습)
현 내의 전통과 문화, 선인의 업적</td></tr>
<tr><td>5</td><td colspan="2">(일본의 국토, 환경, 국민 생활)</td><td colspan="2">현행과 동일</td></tr>
<tr><td>6</td><td colspan="2">일본사 학습: 수렵·채집~현대
(일본의 정치, 세계 속의 일본의 역할)</td><td colspan="2">현행과 동일</td></tr>
<tr><td rowspan="4">중학교</td><td></td><td colspan="2">사회</td><td colspan="2">사회</td></tr>
<tr><td>1</td><td colspan="2" rowspan="3">(지리적 분야)
역사를 파악하는 방법
선사~현대
(공민적 분야)</td><td colspan="2" rowspan="3">현행과 동일</td></tr>
<tr><td>2</td></tr>
<tr><td>3</td></tr>
<tr><td rowspan="6">고등학교</td><td></td><td colspan="2">지력과</td><td colspan="2">지력과</td></tr>
<tr><td rowspan="5">10
~
12</td><td>세계사 A</td><td>16세기 대항해 시대~현대</td><td rowspan="2">역사 종합</td><td rowspan="2">근현대사 중심으로
일본사와 세계사가 통합(예상)</td></tr>
<tr><td>세계사 B</td><td>선사~현대</td></tr>
<tr><td>일본사 A</td><td>개국~현대</td><td>일본사 탐구</td><td>일본사 통사(예상)</td></tr>
<tr><td>일본사 B</td><td>원시 고대~현대</td><td>세계사 탐구</td><td>세계사 통사(예상)</td></tr>
<tr><td colspan="2">(지리 A, 지리 B)</td><td colspan="2">(지리 종합, 지리 탐구)</td></tr>
</table>

위의 지역 학습을 다루고 4학년에서는 도도부현 단위의 지역 학습을 다루는 것으로 조정되었다.

중학교의 경우 학습지도요령상의 내용 부분에서는 지리적 분야, 역사적 분야, 공민적 분야가 각각 제시되고 있어 사실상 여전히 분과적 특성을 유지하고 있다. 다만 사회과 학습지도요령에서는 제1학년과 제2학년을 통해 지리적 분야와 역사적 분야를 병행 학습하는 것을 원칙으로 해 제3학년에서 역사적 분야와 공민적 분야를 학습할 수 있도록 제안한다.

수업 시수 면에서 보면 지리, 역사, 공민이 각각 120, 130, 100 단위로 편성되어 있는 한편, 사회과의 학년별 시수는 각각 105, 105, 140으로 배정하고 있다. 2008년판 개정 이래 사회과 전체 시수가 55시간이 증가한 가운데 영역 면에서 보면 역사적 분야가 25시간이나 늘어났다는 것을 알 수 있다. 따라서 규정상의 내용을 종합해보면 역사적 분야는 1~2학년에서 지리와 함께 학습한 뒤 3학년에서 공민적 분야와 함께 학습해야 한다. 즉 역사는 최소 두 개 학년 이상에 걸쳐 학습해야만 하므로 역사(일본사) 교육이 한층 강화되고 있다고 판단된다(권오현, 2009: 463). 교과서 분량도 증가해서[3] 실제 학습지도요령상 과목 시수의 취지를 구현하고 있다.

하지만 구체적인 시수 분배나 운영에 관한 것은 학교 재량 사항이기 때문에 반드시 이런 원칙에 따라 운영되고 있다고 볼 수는 없다. 교육과정에서 제시된 대로 한 학년에 일반사회(공민)와 지리 영역이 함께 포함된 '사회'라는 이름의 교과서가 발행되는 한국과 달리, 일본의 중학교 교과서는 지리, 역사, 공민 분야가 각각 단일권으로 발행되고 있기 때문이다. 공교롭게도 필자가 틈나는 대로 개별 학교별 사례를 조사해본 결과 여전히 종전과 같이 학년별로 각 영역을 1년 단위로 운영하고 있는 경우가 대부분이었다. 역사를 강화한다는 조치가 문서에 그치고 학교 현장에서는 학습 부담만 가중된 셈이니 아이러니가 아닐 수 없다.

고등학교에서는 개정 학습지도요령에서 주목할 만한 변화가 예상된

3 몇몇 출판사의 2001년판과 2015년판을 비교해보면, 청수서원은 216쪽에서 287쪽으로, 일본교육은 234쪽에서 274쪽으로, 일본문교출판은 246쪽에서 295쪽으로 분량이 증가했다. 2016년에 첫 출판한 마나비사 교과서의 경우는 323쪽에 달한다.

다. 현행 학습지도요령에서는 일본사와 세계사를 통합한 '역사 종합(가칭)'을 신설해 '지리 종합(가칭)'과 같이 필수과목으로 하고 일본사 탐구, 세계사 탐구, 지리 탐구를 선택과목으로 둔다. 즉 필수과목으로 지위를 누렸던 세계사는 선택과목 중 하나로 그 위상이 축소된 것이다.

이러한 개정을 추진하는 데는 자국사를 강화하려는 요구 속에 세계사 필수에 따른 불균형에 대한 불만을 중요한 원인으로 꼽을 수 있다. 세계사는 1989년판 학습지도요령이 적용되자마자 보수 세력의 비판 대상이 되었다. 그러나 1990년대 후반 이래 급속하게 진행되는 글로벌화 속에서 세계사를 뒤집고 자국사를 강조하는 주장은 명분이 미흡했다. 하지만 세계사 미이수 현상이 하나둘 폭로되면서 국면이 전화되었고, 일본사 강화 요구가 급기야 명분을 얻었다. 세계사 미이수란, 학습지도요령 상으로는 세계사가 필수과목으로 규정되어 있기 때문에 시간표 등 교육과정 운영 관련 문서에는 이수과목으로 올라가 있지만 실제 학교에서는 이수하지 않는 실태를 말한다. 이것이 공식적으로 표면화된 것은 2006년이지만 이미 1989년 학습지도요령이 처음 적용되던 1994년부터 문제가 포착되고 있었다. 당시 조사에 의하면 미이수 과목은 지력과 42%, 정보과 22.6%, 공민과 9.7%였는데 이 중 지력과의 78.7%가 세계사라는 것이 확인되어(文部科学省, 2006) 세계사 미이수가 가장 심각하다는 것이 밝혀졌다. 이 사건이 폭로되자 세계사 필수화에 대한 반대 여론은 더욱 강해졌고 급기야 세계사 교육의 무용론에까지 이어졌다. 세계사 필수는 입시 현실에서도 트집 잡혔다. 학교에서는 세계사를 필수로 선택하지만 대학입시센터 시험(일본의 대학입학수학능력시험에 해당)의 과목으로 연결되지 않는다고 비판했다.

문부성이 제시한 역사교육 현황에 따르면 2015년 현재 과목별 교과

표 9-3 **2015년 고교 지력과 교과용 도서 수요**

세계사 A	417,624(82.6%)	일본사 A	426,665(39.3%)	지리 A	415,269(37.4%)
세계사 B	451,833(40.7%)	일본사 B	539,524(48.5%)	지리 B	275,949(24.8%)

자료: 教育課程企画特別部(2015: 3).

표 9-4 **2015년 대학입학센터 시험 수험 상황**

세계사 A	1,378(0.4%)	일본사 A	2,410(0.6%)	지리 A	1,844(0.5%)
세계사 B	84,119(21.5%)	일본사 B	155,359(39.5%)	지리 B	146,922(37.5%)

자료: 教育課程企画特別部(2015: 3).

서 채택 상황은 세계사(A+B)가 137만, 일본사(A+B)가 98만, 지리(A+B)가 69만으로 세계사의 채택이 월등히 높게 확인된다(教育課程企画特別部, 2015: 3). 2015년 고교 지력과 내 도서 수요 통계에서도 세계사가 일본사보다 월등하게 높다(〈표 9-3〉). 하지만 대학입시센터 시험의 응시 비율은 이러한 채택 현황과 연동되지 않았다(〈표 9-4〉).

양 수치를 두고 일본 내에서는 세계사 교육이 형식적이라고 강하게 비판하고 있다. 먼저 A 과목류가 이과 계열의 이수 과목이기 때문에 센터 시험에 직결되지 않으므로 별론으로 두어야 할 것이다. 다음으로 B 과목류의 응시 현황을 비교해보면 지리는 많은 수험생이 응시 과목으로만 선택하는 반면, 세계사뿐만 아니라 일본사는 응시 비율이 낮은 것을 알 수 있다. 이는 한국의 수능 응시 상황과 유사하다. 2015년의 경우 한국 지리를 선택한 수험생은 12만 명 이상이었지만, 한국사는 3만 8000여 명, 세계사는 2만 6000여 명에 불과했다(한국교육과정평가원, 2017: 46). 한국의 상황이 매우 기형적이고 비정상적인 상황이기는 하나 일본의 세계사 응시 상황은 한국과 비교할 때 오히려 양호하다고 판단될 정도이다. 그럼에도 불구하고 과목 채택과 센터 시험 응시 사이의 비율 격차는 세계사 필수에 관한 공격의 근거로 충분했다. 한 걸음 더 나아가 요코하마시 교육위원회는 2010년부터, 도쿄도 교육위원회는 2012년부터 관할 시립·도립 고등학교에서 일본사를 필수화했다(東京都教育委員會, 2012).

이처럼 비판과 압력이 계속되는 가운데 학계는, 세계사 필수는 더 이상 계속될 수 없다고 판단했고, 일본사를 필수로 지정하는 역전의 상황이 되기 전에 역사 종합이라는 새로운 과목을 제안한 것으로 이해된다. 이를 주도한 것은 일본학술회의이다. 일본학술회의는 국립 아카데미로 한국의 학술원과 유사하다. 일본학술회의는 2011년과 2014년 두 차례에 걸쳐 고등학교에서 역사 종합의 신설을 주장했다. 2011년 당시는 신설 과목의 명칭을 '역사 기초'로 명명하고 세 개의 내용 구성안을 제시했으며[4] 2014년에는 여섯 개의 구성 원리와 내용 구성 시안을 제안했다. 2014년에 제시된 구성 원리와 시안은 다음과 같다(역사 종합의 내용 구성에 대해서는 아직 공식적인 발표가 없어, 참고가 될 만한 내용을 343쪽 〈자료 9-1〉에 첨부했다).

'역사 기초' 과목의 구성 원리

① 역사 이해를 탐구하는 것을 주목적으로 한다.

② 일본사와 세계사를 통합한다.

③ 글로벌 히스토리를 둘러싼 근래의 성과를 살린다.

---

4 이 당시에는 역사 기초라는 이름으로 세계사와 일본사가 통합된 과목을 제안했고 세 개의 내용 구성안으로는 시계열형과 주제 학습형이 결합된 형태, 근현대사 집중형, 주제 편성형을 제안했다(日本学術会議, 2011: 17~18).

④ 일본과 인근 제국을 중시한다.

⑤ 역사의 장기·광역 문제를 생각하도록 촉구한다.

⑥ 교육의 방법으로서 질의응답 방식을 중시한다.

'역사 기초' 과목의 내용 구성 시안

제1부 도입

제2부 근대 이전의 세계

제3부 글로벌화의 가속

제4부 근대화와 제국주의의 시대

제5부 탈식민지화, 냉전, 경제 발전의 시대

제6부 전망

2015년에 중앙교육심의회가 본격적으로 역사 종합의 설치를 위한 논의를 시작했으며 2016년에 다시 일본학술회의는 역사 종합이라는 과목 설치 논의에 지지 의사를 표명했다. 이와 동시에 시계열에 따라 학습하되 주제 학습을 중시할 것, 근현대를 중심으로 다룰 것, 세계와 일본의 역사를 연결 지어 학습할 것, 역사를 학습하는 힘을 능동적으로 익힐 것 등의 내용 구성에 관한 원칙과 함께 교육 양성과 연수의 중요성 및 대학 입시에서의 반영 등 과목 운영을 위한 환경 지원 사항을 제언했다(日本学術会議, 2016: 1~11). 아직 역사 종합이 어떤 내용 구성을 이룰지는 미지수이지만 일본학술회의가 제안한 틀 속에서 이루어질 가능성이 높을 것으로 예상된다.

2016년 중앙교육심의회 교육과정부회에 의하면, 역사 종합은 세계와 그 안에 있는 일본을 넓게 상호적인 시각으로 파악하고 근현대의 역사를 이해하는 과목이며, 역사의 추이나 변화를 토대로 과제 해결을 시야에 넣고 현대의 여러 과제 형성과 관계된 근현대 역사를 고찰하는 과목이다. 또한 역사의 큰 전환에 주목해 단원의 주축이 되는 질문을 두고 자료를 활용하면서 역사를 배우는 방법('유사·차이', '인과관계'에 주목하는 등)을 습득하는 것이 바람직하다고 명시했다(中央教育審議會教育課程部會, 2016d: 55). 이는 앞서 일본학술회의가 제안한 내용을 수용하고 있다는 것을 알 수 있다.

2. 현행(개정) 교육과정의 문서 체제와 특징

일본의 공교육은 국가 수준의 교육과정인 학습지도요령에 따라 이루어진다. 학습지도요령은 소학교, 중학교, 고등학교별로 구성되며 유치원의 경우는 특별히 유치원 교육요령이라고 칭하고 있다.

먼저 학교급별 학습지도요령을 보면 총칙을 제시하고 개설 과목에 대해 진술한다. 이하 소학교과 중학교는 개정 학습지도요령을 소개한 것이나 고등학교는 현행의 학습지도요령을 대상으로 했다.

소학교 학습지도요령은 제1장 총칙, 제2장 각 교과, 제3장 특별교과 도덕, 제4장 외국어 활동, 제5장 종합적 학습 시간, 제6장 특별활동으로 구성된다. 각 과 교육과정은 다시 1. 목표, 2. 각 학년의 목표 및 내용, 3. 지도 계획의 작성과 내용의 취급으로 구성된다.

중학교 또한 소학교와 동일한 구조이다. 다만 사회는 학년별 내용이 아니라 분야(영역)별로 진술된다. 이는 1968년 이후 지리 역사 병행 학습의 기초 위에 공민을 학습하는 구조가 도입되면서부터 학년별 영역

표 9-5 **학교급별 학습지도요령의 구성 체제**

학교급	소학교(2017년 개정판)	중학교(2017년 개정판)	고등학교(2008년판)
구성	제1장 총칙 제2장 각 교과 국어, 사회, 산수, 이과, 생활, 음악, 도회 공작, 가정, 체육, 외국어 제3장 특별교과 도덕 제4장 외국어 활동 제5장 총합적 학습 시간 제6장 특별활동	제1장 총칙 제2장 각 교과 국어, 사회, 수학, 이과, 음악, 미술, 보건 체육, 기술·가정, 외국어 제3장 특별교과 도덕 제4장 총합적 학습 시간 제5장 특별활동	제1장 총칙 제2장 각 학과 국어, 지리·역사, 공민, 수학, 이과, 보건 체육, 예술, 외국어, 가정, 정보 제3장 전문학교에 개설되는 각 교과 농업, 공업, 상업, 수산, 가정, 간호, 정보, 복지, 이수, 체육, 음악, 미술, 영어 제4장 총합적 학습 시간 제5장 특별활동

주: 소학교에서의 외국어는 개정판에서 신설되었다.

배치를 학교의 자율에 맡기고자 하는 취지에 따른 것으로 이해된다. 새롭게 발표될 고등학교 과목도 중학교와 마찬가지로 학과별, 과목별[5] 구조를 유지할 것으로 예상된다.

각 교(학)과 및 과목의 학습지도요령은 다시 다음과 같은 구조를 갖는다.

5 한국의 경우 사회 교과 내에 과목이 존재한다. 초등학교의 경우 사회 교과 내에 사회 과목만이 존재하고, 역사는 사회 과목 내 한 영역으로 편재되어 있다. 중학교에서는 사회와 역사 과목이 있다. 고등학교는 공통과목으로 통합 사회와 한국사가 있으며 일반 선택과목 중에 동아시아사와 세계사가 있다.
일본의 경우 소학교와 중학교에서는 교과만이 존재한다. 즉 역사는 사회 과목 내에 존재하는데 특별히 중학교에서는 역사를 별도 영역으로 구성해 '역사적 분야'라는 이름으로 다룬다. 이에 반해 고등학교에서는 '교과'가 아닌 '학과'로 지력과가 편재되어 있다. 현행의 이런 구조로 보면 개정 학습지도요령에서는 역사 종합, 일본사 탐구, 세계사 탐구가 새로운 과목으로 자리 잡을 것으로 전망된다.

1. 목표

2. 각 학년(분야)의 목표 및 내용

3. 지도 계획의 작성과 내용의 취급

2항의 학년별, 분야별 목표 및 내용은 다시 ① 목표, ② 내용, ③ 내용의 취급으로 나뉜다. 내용은 대단원 수준의 항목을 중심으로 내용을 제시한 뒤 그 하위에 중단원 수준의 진술이 이어지는데, 한국의 성취 수준으로 이해하면 된다. 개정 학습지도요령은 학년별 내용을 '지식과 기능(종전의 형식)'에다가 '사고력·판단력·표현력 등'이라는 새로운 항목을 부가해 두 개의 영역으로 나누어 진술하고 있다.

한편 내용의 취급은 다분히 한국의 집필 기준과 유사하다. 내용과 내용 취급의 서술 분량은 거의 동일한데, 내용이 개조식으로 진술된 반면 내용의 취급은 특정 주제에 관해 서술형으로 진술하고 있기 때문에 교과서 서술에 영향을 미칠 수밖에 없다. 검정 제도하에서 국정에 버금가는 시스템이 작동하고 있는 것은 바로 이 때문이다.

3. 살아가는 힘의 재구조화

살아가는 힘(生きる力)은 1998년 학습지도요령 개정부터 21세기의 새로운 교육개혁의 주요 이슈로 설정되었다. 일본 학생들의 여유 없는 생활, 사회성 부족 및 윤리관의 문제, 체력의 저하, 등교 거부, 자살 등의 문제를 지적하는 동시에 국제화 및 정보화, 고령화되는 극심한 변화 속에서 미래 사회를 이끌어가기 위한 문제 해결 능력과 협력 공생의 힘을

길러주어야 한다는 새로운 인식 전환이 요구되었다. 살아가는 힘을 구성하는 요소로 스스로 배우고 생각하고 주체적으로 판단해 행동하고 더욱 문제를 잘 해결하는 자질과 능력, 스스로를 다루면서 타인과 협조하고 타인을 생각하는 마음과 감동하는 마음 등 풍부한 인간성, 활동적으로 살아가기 위한 건강 및 체력을 주요 3요소로 제안했다. 이 시기만 하더라도 살아가는 힘에 대한 논의가 구체화되지 못한 채 전통적 지덕체를 원형으로 하고 있었다.

2008년에 접어들면서 일본 교육계에는 여유 교육과 주 5일제에 대한 전면적인 재고가 이루어졌다. 학생들의 학력이 저하되었는데 이것이 이러한 시책 때문이라는 데 의견이 모였기 때문이다. 일본 학생들의 학력 저하에 대한 우려에 불을 지핀 것은 PISA의 결과였다. 일본의 경우 2000년도는 평가 결과가 최상위권을 유지했으나 2003년과 2006년 연속적으로 순위가 밀리자 여유 교육에 그 책임이 쏟아졌다. 살아가는 힘과 여유 교육이라는 기본 기조에 수정이 가해졌다. 살아가는 힘은 유지하되 이를 위해서는 여유가 아닌 확실한 학력을 길러야 한다는 것으로 방향이 전환되었다(中央教育審議會初中等教育分科會教育課程部會, 2008: 26). 이와 동시에 '살아가는 힘'을 구체적으로 구현하면서 사고력, 표현력, 판단력이 총론 차원에서 새롭게 부각되기에 이른다. 앞에서 언급한 것처럼 개정 교육과정에서는 본격적으로 각 과별 학습지도요령의 내용 항목마다 명시하기 시작했다.

살아가는 힘이 추구하는 것이 무엇인지 어떠한 힘을 교육과정에 안착시키려 하는지는 개정 학습지도요령의 학교급별 총칙에서 짐작해볼 수 있다. 〈표 9-6〉은 소·중학교와 고등학교의 총칙 구성을 대비한 것이다(〈표 9-5〉와 마찬가지로 소·중학교는 개정판이며 고등학교는 현행판이다).

표 9-6 **학교급별 총칙의 구성 체제**

소중학교 개정 학습지도요령 총칙	고등학교 현행 학습지도요령 총칙
제1절 소(중)학교 교육의 기본과 교육과정의 역할	제1절 고등학교 편성의 일반 방침
제2절 교육과정의 편성	제2절 각 교과·과목별 단위 수
제3절 교육과정의 실시와 학습 평가	제3절 각 교과·과목의 이수
제4절 아동(학생) 발달의 지원	제4절 각 교과·과목, 총합적 학습의 시간 및 특별활동의 수업 시수
제5절 학교 운영상의 유의 사항	제5절 교육과정의 편성, 실시에 걸맞게 배려해야 할 사항
제6절 도덕 교육에 관한 배려 사항	제6절 단위 습득 및 졸업 인정
	제7절 통신제과정의 교육과정 특례

개정 총칙은 제1절 소(중)교육의 기본과 교육과정의 역할, 제2절 교육과정의 편성, 제3절 교육과정의 실시와 학습 평가, 제4절 아동(학생) 발달의 지원, 제5절 학교 운영상의 유의 사항, 제6절 도덕 교육에 관한 배려 사항으로 구성된다. 관련 설명 자료에서는 제1절, 제2절, 제3절의 관계를 순환적 관계 구조로 설명하고 있다. 〈그림 9-1〉은 소학교의 내용을 모식화한 것이지만 중학교 총칙 구성도 이와 동일하므로 추구하는 바 또한 같다고 보아도 무방하다. 흥미로운 것은 제1절부터 제3절까지 내용을 좀 더 알기 쉽게 의문형으로 제시했다는 점이다.

제1절은 '무엇을 할 수 있게 되는가'로 제시하고 있어 학습의 직접적 결과를 넘어서 발전적으로 재생산되는 결과를 유도해야 한다는 취지가 엿보인다. 제2절은 '무엇을 배우는가'로 표현하고 있으며 제3절에서는 '어떻게 배우는가'라는 학습 방법을 제안한다. 마지막으로 '무엇에 익숙해졌는가'를 평가함으로써 제1절에서 제시한 목표에 도달 여부를 확인하는 과정으로 회귀한다.

다시 말해 종래의 총칙은 단지 무엇을 배우는지에 대한 서술에 그쳤

그림 9-1 **소학교 학습지도요령 총칙의 구조**

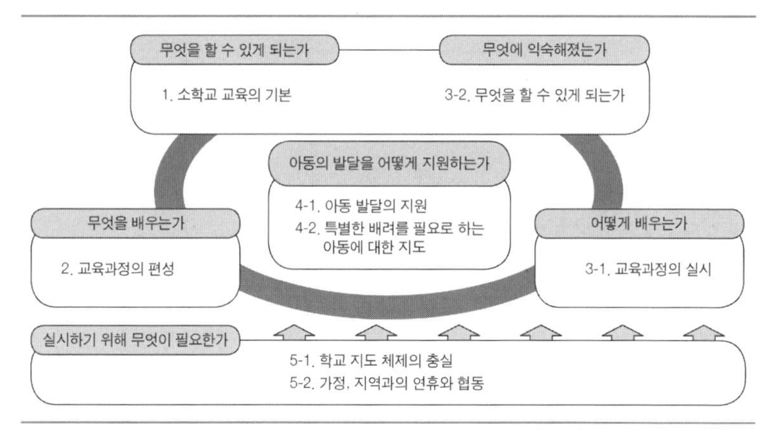

자료: 中央教育審議会教育課程部会(2016e).

다면 개정 총칙은 도달하고자 하는 영역을 순환적 구조로 제시한다. 제4절과 제5절은 이를 실현하기 위한 지원 체제이다.

더 나아가 제1절에서는 아동(학생)들이 육성해야 하는 자질과 능력을 서술했는데 이를 세 가지 기둥으로 설명한다(〈그림 9-2〉).

살아 움직이는 '지식과 기능',[6] 미지의 상황에도 대응할 수 있는 사고력·판단력·표현력, 학습한 내용을 삶과 사회에 적용하고자 하는 학습능력(学びに向かう力)과 인간성이 그것이다. 예컨대 지식과 기능은 무엇을 이해하고 있는지를 넘어서 무엇을 할 수 있는지에 초점을 둔다. 이에 반해 오른쪽 축에서는 이전 학습지도요령부터 등장하기 시작한 사고

6 여기서 '기능'은 'skill'을 의미하는 것으로 판단되며, 이 글을 쓰면서 'skill'은 기술로 표현하는 것이 적절하다고 합의한 바 있다. 그러나 일본어 원어로 '기능'이라고 쓰고 있어 그것을 그대로 따랐다.

그림 9-2 육성해야 할 자질과 능력의 3대 기둥

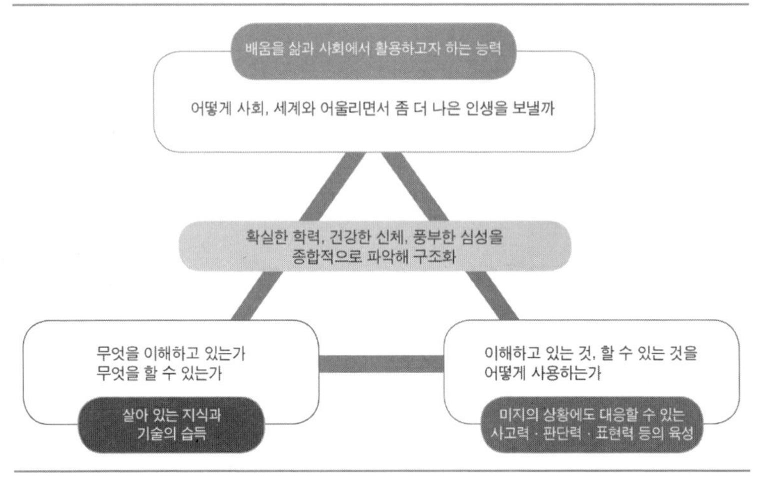

자료: 文部科学省(2016: 140).

력·판단력·표현력을 제시하고 어떻게 사용하는지를 해석하고 있다. 마지막으로 제시한 학습 능력과 인간성은 '어떻게 사회, 세계와 어울리면서 좀 더 나은 인생을 보낼까'로 표현하고 있다. 1998년 학습지도요령에서 전통적 지덕체를 기반으로 제시했던 '확실한 학력, 건강한 신체, 풍부한 심성'의 프레임을 벗어나 스스로 이해하고 실천하는 것에 주목하고, 그것을 주도적으로 활용해 자신의 더 나은 일생을 추구할 수 있는 차원으로 향해가고 있다. 교육과정의 개정 취지에서 자립적으로 살아가기 위해 필요한 '살아가는 힘'의 이념을 구체화해 교육과정이 그 육성과 어떻게 연계되는지를 쉽게 이해할 수 있도록 보여주는 것이 중요하다고 언급하고, '무엇을 배우는가'라는 지도 내용을 재검토하는 데 그치는 것이 아니라 '어떻게 배우는가', '무엇을 할 수 있도록 하는가'를 명확하게 해야 한다고 강조한다. 즉 이해한다는 것은 특정 지식과 기능의 습득만

이 아니라 활용과 적용의 과정을 포괄한다.

이상에서 살펴보듯 개정 학습지도요령에서 제시하고 있는 소(중)학교의 교육 기본은 종전과는 확연히 다른 교육의 구도를 제안하고 있으며 살아가는 힘을 구체화하고 있다.

비록 학습지도요령의 어떤 곳에서도 역량이라는 표현을 직접적으로 등장시키지는 않지만 다양한 능력과 그것을 다루는 다양한 층위를 제시하는 것은 역량 모델에 견주더라도 크게 무리가 없을 것이다. 그럼에도 역량이라는 일체의 표현 없이 단지 1989년판에서 처음 제시한 '살아가는 힘'을 그대로 유지하면서 자신들이 추구한 개혁의 기조를 이어나가고 있는 것은 이채롭다.

1989년에 제안되었던 살아가는 힘은 신자유주의적 기조 위에 개인주의와 선택을 강조하는 기본 방향을 추구한 것이다. 그것이 작동된 구체적인 교육정책으로는 여유(ゆとり), 개성, 자율화 등을 내걸고 수업 시수의 감축(주 5일제의 전면 실시), 선택과목 등 학교 현장의 재량 확대, 글로벌화로 구현되었다. 실행 과정과 그것의 효과는 여러 방면에서 신자유주의적 요구 위에 진보적 의제와 결합되었다(이윤미, 2017: 76~77). 지력과에서 세계사가 필수과목이 된 것은 바로 양자의 결합이 만들어낸 새로운 틈새를 적절하게 활용했기 때문이 아닐까 한다.

하지만 양자의 부조화적 결합은 아이러니하게도 글로벌화 맥락에서 학력 저하 논쟁을 유발하고 역사교육에서는 자국사 강화 요구에 부딪혀 보수적 민족주의 세력과의 갈등을 야기했다. 그 해결책으로 여유나 자율화와 같은 신자유주의적 요소를 되돌려 놓았지만 그렇다고 그간에 주창해온 살아 있는 힘을 전면적으로 폐기하지는 않았다. 살아 있는 힘으로 표현된 개혁의 동력과 학력 제고를 이루어야 하는 양자의 기로에서 일본은 살아 있는 힘의 새로운 재구조화를 추구하면서 역량 중심 교육과정의 논의를 접목하고 있는 것이다.

〈표 9-6〉에 제시된 학교급별 총칙의 구성 체제를 비교해보면 개정 학습지도요령이 추구하는 지점이 좀 더 분명해진다. 고등학교, 즉 현행 총칙은 지식과 기능을 습득하기 위한 교육과정 운영에 한정하고 그것을 위한 세부적인 이행 사항을 언급하는 데 그치고 있다. 이와 달리 개정 총칙은 아동(학생)이 습득해야 할 목표가 지식과 기능을 넘어선 다양한 능력과 그것의 실천으로 확장되고 있다. 이는 비록 역량이라는 단어로 표현되지는 않았지만 역량 중심 교육과정으로 진입하고 있다는 것을 보여주는 지점이 아닐 수 없다. 그렇지만 한국이나 중국에 비해 역량에 관한 논의가 활발하게 이루어지지 않고 그것을 적극적으로 반영하려는 노력 또한 적은 것이 사실이다. 일례로 역사교육 개선을 위한 보고서 중 미국, 영국, 독일, 프랑스 역사교육에 관한 조사 연구가 이루어졌지만 여기서도 종전처럼 자질과 능력이라는 표현으로 번역을 대체하고 있을 따름이다(教育課程企画特別部会, 2015: 6~12).

흥미로운 것은 이러한 능력과 실천이 지식과 기능의 습득 위에 사고력·판단력·표현력이 육성되는 일방적 방향으로 차례대로 전개되는 과정이 아니라는 것을 제안하고 있다는 점이다. 즉 습득, 활용, 탐구의 과정은 습득된 지식과 기능이 사고력·판단력·표현력으로 활용되고, 동시에 사고력·판단력·표현력을 거쳐 지식과 기능이 생성되고 습득되기도 하며, 다시 이를 통해 사고력·판단력·표현력이 새롭게 형성되기도 한다는 것이다. 지식을 중시할 것인지, 사고력을 중시할 것인지는 이항 대립적 논쟁으로부터 탈피해 양자의 공존과 상생을 추구하고 있는 것이다. 이것이 학교 현장에서 어떻게 전개될 것인지는 미지수이며, 자칫 방향성 없이 혼재하는 것에 그칠 우려도 없지 않지만 이 같은 이상적인 입장을 견지하는 이면에는 일본 교육이 당면한 갈등적 상황이 드리워져 있는 것이 아닐까 한다.

지식과 기능, 그리고 다양한 능력(역량)의 상호 관계적 발전을 가능하게 하기 위해서는 학습 과정이 주체적인 학습, 대화형 학습, 심화 학습으로 개선되어야 한다고 보고 이를 능동적 학습(アクティブラーニング)이라고 명명했다(中央教育審議會教育課程部會, 2016b: 6~7). 주체적인 학습이란 배움의 의미와 자신의 삶 및 사회의 본질을 주체적으로 결합시키는 것, 대화형 학습이란 다양한 사람들과의 대화나 선인들의 생각(서적 등)을 통해 생각을 확장하는 것이다. 심화 학습은 각 교과에서 습득한 지식이나 활용한 '관점 및 사고방식'을 적극적으로 이용해, 학습 대상에 깊이 관여하여 문제를 발견, 해결하고 자기의 생각을 형성해 표현하거나 자신의 생각을 바탕으로 구상, 창조해나가는 것이라고 정의했다(中央教育審議會教育課程部會, 2016a: 2).

총칙의 기본 취지는 다시 각 교과로 이어졌다. 학습지도요령 개정 논의가 한창일 즈음 중앙교육심의회는 '각 교과의 특징에 부합하는 관점과 사고방식안'을 제시했는데, 이 중 역사와 관련된 사항을 '사회현상을 시기, 추이 등에 주목해 다루고, 유사점과 차이점 등을 명확하게 한다거나, 현상을 인과관계 등으로 관련짓거나 하는 것'이라고 제시했다(中央教育審議會教育課程部會, 2016c: 1). 이 자료에서는 정보 활용 능력의 육성과 개선, 충실을 위한 안도 제시했는데 사회, 지리·역사, 공민 분야에서는 다음과 같은 역량(힘) 육성을 제시했다(中央教育審議會教育課程部會, 2016c: 7).

- 관찰 및 조사를 통해 정보를 수집, 독해, 정리하기 위해 필요한 힘을 육성
- 선택한 정보를 바탕으로 고찰, 구상, 설명, 논의하기 위해 필요한 힘을 육성
- 사회에서의 정보화의 의미나 영향에 대해 이해하는 것
- 다양한 정보가 사람들의 의사 결정에 영향을 준다는 점을 이해하는 것
- 고교 역사 종합을 신설해 역사에 관한 정보를 비판적으로 음미하고 활용하는 능력을 육성하는 것
- 액티브 러닝의 학습 활동에서 정보통신기술을 효율적으로 활용한 학습을 행하고자 하는 것

(이하 지리 종합, 공공 과목에 관해 별도 언급)

다음 절에서는 이러한 총칙의 취지가 과연 역사과에서 어떻게 접목되고 있는지 살펴보겠다.

4. 역사 과목의 내용 선정 및 구성

역사 학습은 유치원에서부터 과거에 대해 관심을 두도록 배려하고 있다. 유치원 교육요령에 따르면 역사 학습 관련 요소는 환경 부분에서 "일상생활 속에서 우리나라나 지역사회의 다양한 문화와 전통을 가까이 한다"라는 구절에서 확인된다.

앞서 언급했듯이 개정 학습지도요령에서는 내용의 진술에서 전대와 다른 구성을 보인다. 대단원 수준의 항목을 중심으로 제시한 뒤 그 하위에 중단원 수준의 진술이 이어지는데, 지식 및 기능에 관한 부분과 사고력·판단력·표현력에 관한 부분으로 이원화되어 있다.

먼저 소학교에서 다루어지는 내용을 정리하면 〈표 9-7〉과 같다.

3학년에서 시구정촌 역사를, 4학년에서 도도부현의 역사를 학습한 뒤 6학년에서 일본사를 학습하는 환경 확대법의 구성을 띠고 있다[7]. 이는 한국을 포함한 세계 공통의 내용 구성이라고 할 수 있다. 여기에다 지리·역사 병행 학습의 기조를 더해 3학년과 4학년은 각각 시구정촌과 도도부현을 대상으로 역사와 지리를 동시에 다룬다. 5학년에서는 일본 지리를, 6학년에서는 일본의 역사를 배운다.

3~4학년에서 지식 및 기능에 관한 진술은 비교적 다양한 이해 방식과 조사 정리 활동으로 제시한 반면 6학년의 일본사 학습 부분은 'A 내용을 중심으로 B를 했다는 점을 이해하는 것'이라는 반복적 진술로 이루어진다. 수렵·채집 시대부터 현대에 이르는 역사적 흐름을 총 11개로 진술한 뒤 기능에 해당하는 항목 한 개를 말미에 첨언하고 있다.

사고력·판단력·표현력에 관한 진술의 차이는 더욱 크다. 3~4학년에서는 학습 대상의 성격에 걸맞은 사고력과 표현력을 구체적으로 진술한 반면, 5학년 일본사 학습에서는 전체를 뭉뚱그려 제시해 과목 수준의 학습 목표를 연상하게 한다. 서사 중심의 오랜 전통 위에 역사적 사고를 더하려는 개선 노력이 이제 시작되는 수준이라는 것을 보여주는 지점이 아닐까 싶다.

내용의 취급에서는 특별히 소학교 역사교육의 차별화를 위한 유의 사

---

7 현재 일본의 지방자치체는 1도(都), 1도(道), 2부(府), 43현(縣), 664시(市), 1992정(町), 576촌(村)으로 구성되어 있고, 12개의 정령지정도시(政令指定都市)가 있다. 구(區)는 시의 업무 분담이 필요한 경우 하위 단위로 구를 두기도 한다. 시구정촌은 한국의 기초자치단체, 즉 시, 군, 구에 해당하며 도도부현은 광역자치단체, 즉 특별시, 광역시, 도에 해당한다.

표 9-7 **소학교 사회 내용 구성**

학년		3		4	6
대단원 수준		(1) 가까운 지역 및 시구정촌의 모습	(4) 시의 모습 변화	(4) 현 내의 전통과 문화, 선인의 업적	(2)우리 역사상의 주요 사상
중단원 수준	지식 및 기능	· 가까운 지역이나 자신들이 살고 있는 시 모습을 대략적으로 이해하는 것 · 관찰 조사를 하거나 지도 등의 자료를 조사하고 백지도 등에 정리하는 것	· 시나 사람들의 생활 모습은 시간의 경과에 따라 변화해왔다는 것을 이해하는 것 · 청취 조사나 지도 등의 자료를 통해 조사하고 연표 등에 정리하는 것	· 현 내의 문화재나 연중행사, 지역 사람들이 계승하고 있는 것, 그것에는 지역 발전 등 사람들의 다양한 바람이 담겨져 있다는 점을 이해하는 것 · 지역 발전에 기여한 성인은 다양한 고심과 노력으로 당시의 생활 향상에 공헌했다는 점을 이해하는 것 · 견학이나 조사, 지도 등 자료를 참고해 연표	· 수렵, 채집이나 농경의 생활, 고분, 야마토 조정에 의한 통일의 모습을 **중심으로(이 부분은 이하 'a'로 표기)** 국가의 형성에 관한 사고방식에 관심을 갖는 것 · 대륙 문화의 섭취, 다이카개신, 대불 조영(a) 천황을 중심으로 하는 정치가 확립되었다는 **점을 이해하는 것(이 부분은 이하 'b'로 표기)** · 귀족 생활이나 문화(a) 일본풍의 문화가 발생했다(b) · 겐페이 전쟁, 가마쿠라 막부의 시작, 원과의 전쟁(a) 무사에 의한 정치 시작 · 교토 무로마치 당시 대표적인 건축물과 회화(a) 오늘날의 생활문화에 연결된 무로마치 문화가 발생했다(b) · 그리스도교의 전래, 오다·도요토미의 천하 통일(a) 전국의 세상이 통일되었다(b) · 에도 막부의 시작, 산킨고다이나 쇄국 등의 막부 정책, 신분제(a) 무사에 의한 정치가 안정되었다(b) · 가부키, 우키요에, 국학과 난학(a) 조닌 문화가 번성하고 새로운 학문이 발생했다(b) · 흑선의 내항, 폐번치현이나 사민평등의 개혁, 문명개화(a) 우리나라가 메이지 유신을 계기로 구미 문화를 받아들여 근대화를 진행했다(b)

				등에 정리하는 것	· 대일본제국헌법의 반포, 청일·러일 전쟁, 조약 개정, 과학 발전(a) 우리나라의 국력 충실 및 국제 지위가 향상되었다(b) · 중일 전쟁이나 우리나라가 관여한 제2차 세계대전, 일본국헌법의 제정, 올림픽·패럴림픽의 개최(a) 민주적인 국가로 출발해 국민생활 향상, 국제사회에서 중요한 역할을 수행해왔다(b) · 유적이나 문화재, 지도나 연표 등의 자료를 조사하고 정리하는 것
	사고력 판단력 표현력	· 도도부현 내 시의 위치, 시의 지형이나 토지 이용, 교통의 확대 시청 등 주요 공공시설의 장소와 활동, 예로부터 남아 있는 건축물 등에 주목해 가까운 지역이나 시의 모습을 파악하고 장소에 의한 차이를 고찰하고 표현하는 것	· 교통이나 공공시설, 토지 이용이나 인구, 생활 도구 등 시기별 차이에 주목해 시나 사람들의 생활 모습을 다루고, 그것의 변화를 생각하고 표현하는 것	· 역사적 배경이나 현재에 이르기까지의 경과, 보존과 계승을 위한 노력에 주목해 현재의 문화재나 견중행사의 모습을 파악하고 사람들의 바람이나 노력을 생각하며 표현하는 것 · 당시의 과제나 사람들의 바람에 주목해 지역 발전에 노력했던 선인의 구체적인 사례를 파악하고 선인의 행동을 생각하그 표현하는 것	· 세상의 모습, 인물의 활동이나 대표적인 문화유산 등에 주목해 우리나라 역사상의 주요 역사현상을 파악하고 우리나라의 역사 발전의 전개를 생각함과 동시에 역사를 배우는 의미를 생각하고 표현하는 것

항에 주목해볼 만하다. 한국과 마찬가지로 소학교와 중학교에서는 일본사 전체를 거듭 학습하지만 양자 간의 차별 지점을 분명히 하는 진술이 있다. 소학교에서는 "국보, 중요 문화재로 지정된 것이나 세계 문화유산에 등록된 것 등을 파악하고 한국의 대표적인 문화유산을 통해 학습할 수 있도록 배려한다"라고 명시하고, 다루어야 할 인물 42명을 사례로 제시했다(文部科学省, 2017a: 44). 이러한 조치는 망라적 지식에 따른 학습 부담을 최소화할 수 있다는 장점이 있으면서 동시에 교육과정 대강화의 취지를 벗어난 불필요한 통제의 역기능도 있다. 따라서 소학교의 차별성과 학습 부담을 사전에 차단하고자 하는 근본 취지는 살리되 이에 따라 발생할 해악을 줄일 수 있는 벤치마킹이 필요하다.

아울러 여기서는 사고력·판단력·표현력의 진술에서 표현한 '역사를 배우는 의미'에 관해 과거에 발생한 사건을 바탕으로 현재와 미래의 발전을 고찰하는 것 등으로 부연 설명한다. 하지만 이에 동반되는 구체적인 능력이 어떻게 구현될 수 있는지 제안하는 진술이 아쉽다.

〈표 9-8〉에서 볼 수 있듯이 중학교의 개정 학습지도요령에서 역사(적 분야)는 크게 'A. 역사와 대화', 'B. 근세까지의 일본과 아시아', 'C. 근현대 일본과 세계'로 구성된다. 종전까지 도입 단원 격인 역사를 익히는 방법(とらえ方)이 시대 단원 정도의 비중을 차지했던 것과 달리 상당한 비중으로 위상을 올린 것을 알 수 있다. 이는 주체적이고 대화적인 심화 학습을 강조하는 전반적 동향을 역사교육에 실현하기 위한 모색에 따른 것으로 주목할 만하다.

다시 세부적으로 보면 A에는 (1) 우리와 역사, (2) (가까운) 지역의 역사, B에는 (1) 고대까지의 일본, (2) 중세의 일본, (3) 근세의 일본, C에는 (1) 근대의 일본과 세계, (2) 현대의 일본과 세계로 편성된다. 지식과

표 9-8 **중학교 사회 내용 구성**

대단원 수준	중단원 수준	
	지식 및 기능	사고력·판단력·표현력
A. 역사와의 대화 (1) 우리와 역사	· 역표의 표시 방법이나 시대 구분의 의미와 의의에 관한 기본적인 내용을 이해하는 것 · 자료로부터 역사에 관한 정보를 읽고 이해하며 연표에 정리하는 등의 기능을 익히는 것	· 시대나 연표, 추이, 현재의 우리와 연결 등에 주목하고 소학교에서 학습한 역사상의 인물이나 문화재, 사건 등으로부터 적절한 것을 들어 시대 구분과의 관련에 관해 고찰하고 표현하는 것
(2) 가까운 지역의 역사	· 자신이 생활하는 지역이나 계승해온 전통 및 문화에 대해 관심을 갖고 구체적인 사건과 관련지으면서 지역의 역사에 관해 조사하거나 수집한 정보를 연표에 정리하는 등의 기능을 익히는 것	· 비교와 관련, 시대적인 배경과 지역의 환경, 역사와 우리의 관련 등에 주목하고 지역에 남은 문화재나 여러 자료를 활용해 가까운 지역의 역사적 특징을 다면적이고 다각적으로 고찰하고 표현하는 것
B. 근세까지의 일본과 동아시아 (1) 고대까지의 일본	· 세계 문명과 종교의 발생 · 일본 열도에서의 국가 형성(동아시아 문명의 영향을 받으면서 우리나라에서 국가가 형성되었다는 것을 이해하는 것) · 율령국가의 형성 · 고대 문화와 동아시아의 관련성	· 고대 문명과 종교가 발생한 장소와 환경, 농경의 확대나 생산기술의 발전, 동아시아와의 접촉이나 교류, 정치, 문화의 변화 **등에 주목하고 역사상을 상호 관련지음으로써(이 부분은 이하 'a로' 표기)** 고대사회의 **변화 모습을 다면적이고 다각적으로 고찰하고 표현하는 것(이 부분은 이하 'b'로 표기)** · 고대까지의 **일본을 개관하고 시대의 특색을 다면적이고 다각적으로 고찰하고 표현하는 것(이 부분은 이하 'c' 로 표기)**
(2) 중세의 일본	· 무가 정치의 성립과 유라시아의 교류 · 무가 정치의 전개와 동아시아의 움직임 · 민중의 성장과 새로운 문화의 형성	· 무사의 정치 진출과 전개, 동아시아에서의 교류, 농업이나 상공업의 발달(a) 중세 사회의(b) 중세(c)
(3) 근세의 일본	· 세계의 움직임과 통일 사업 · 에도 막부의 성립과 대외 관계 · 산업의 발달과 조닌 문화 · 막부 정치의 전개	· 교역의 확산과 그 영향, 통일 정권의 정책 목적, 산업 발달과 문화 담당자의 변화, 사회의 변화와 막부 정책 변화(a) 근세 사회의(b) 근세(c)

C. 근현대 일본과 세계 (1) 근대의 일본과 세계	· 메이지 유신과 근대국가의 형성 · 회의 정치 시작과 국제사회와의 관련 · 근대 사업의 발전과 근대 문화의 형성 · 제1차 세계대전 전후의 국제 정세와 대중의 출현 · 제2차 세계대전과 인류의 참화	· 공업의 발전과 정치사회의 변화, 메이지 유신의 개혁 목적, 의회정치나 외교의 전개, 근대화가 문화에 가져다준 변화, 세계의 움직임과 우리나라와의 관련(a) 근대사회의(b) 근대(c)
(2) 현대의 일본과 세계	· 일본의 민주화와 냉전하의 국제사회 · 일본의 경제 발전과 글로벌 세계	· 다양한 개혁의 전개와 국제사회의 변화, 정치 전개와 국민 생활의 변화(a) 현대사회의(b) 현대 일본을 개관하고 역사와 우리와의 연계, 현재와 미래의 일본이나 세계의 현재 모습에 대해 문제의식을 가지고 다면적이고 다각적으로 고찰하고 표현하는 것

기능, 사고력·판단력·표현력으로 구분한 이원적 진술은 괄호 단위마다 언급하고 있어 소학교보다는 좀 더 세부적으로 취급된다.

그렇지만 각 중단원 단위에서 진술된 내용을 보면 'A 등에 주목하고 역사상을 상호 관련지음으로써 B 시대 사회의 변화 모습을 다면적이고 다각적으로 고찰하고 표현하는 것'이라는 진술만 반복하고 있어 시대별 특징이나 개별 사건, 인물을 고려한 숙고가 부족해 아쉽다. 앞서 소학교와 마찬가지로 서사 중심의 오랜 전통 위에 새롭게 역사적 사고력을 더하려는 시도가 농익지 못한 단면이 아닐까 한다.

여기서 잠시 근대화와 제국주의를 다루는 방식에 주목해보고자 한다. 일본 역사교육에서 이 부분은 특히 과거사에 대한 역사 인식과 직결되기도 한다.

일본 역사에서 근대화의 기점은 단연 메이지 유신이며 문명개화론에 입각한다. 소학교 과정에서도 메이지 유신은 '구미 문화를 받아들여 근대화를 추진'했다는 인식을 분명히 하고 있다.

일본의 메이지 유신의 역사적 의미는 자연스럽게 '구미 문화'에 대한 해석으로 연결된다. 중학교 사회에서는 구미의 근대화를 산업혁명을 기점으로 삼고 공업화와 국민 형성이라는 두 축을 달성해 서구가 근대화를 이룬 것으로 설명하고 있다. 이를 바탕으로 그들은 아시아에 진출했고 그에 대한 아시아 제국의 저항과 좌절을 다룬다. 일본사에서 메이지 유신을 폐번치현과 사민평등, 문명개화의 연장선에서 다룬 것은 바로 서구의 공업화와 국민 형성이라는 구도를 연결 지어 자연스레 근대화에 성공한 일본을 부각하는 것으로 수렴된다.

이후 전개되는 청일전쟁과 러일전쟁 또한 대일본제국헌법이나 조약 개정 등과 함께 다루면서 일본의 국력이 충실해지고 국제적 지위가 향상되는 과정으로 이해하고 있어 침략 전쟁의 제국주의적 본질을 희석시키고 있다. 19세기에 등장한 초기 제국주의는 제국주의적 특성보다는 '세계의 일체화'라는 시각에서 다루고 일본이 그 무대에 진입해나가는 과정으로 이해될 뿐이다.

고등학교 과목의 내용 구성은 아직 개정 학습지도요령이 고시되지 않아 문부과학성의 관련 논의 자료를 통해 그 개략을 파악할 수밖에 없다. 이번 개정에서 가장 관심이 쏠리는 것은 필수과목으로 새롭게 개설될 '역사 종합'이다(〈표 9-9〉). 1989년판 학습지도요령 이래 세계사를 필수과목으로 지정했던 일본 역사교육계의 노력은, 자국사 강화의 사회적 요구와 입시에서의 세계사 기피 및 이에 따른 편법적 운영에 발목이 잡혀 제동이 걸리고 말았다.

외부에서는 일본사와 세계사의 지위가 뒤바꾸는 개혁이 추진되지 않을까 하는 우려도 있었지만 역사 종합이라는 새로운 과목으로 귀결되었

표 9-9 **고등학교 지력과 내용 구성(예상안)**

<table>
<tr><th rowspan="2">과목</th><th rowspan="2">대단원 수준</th><th colspan="2">중단원 수준</th></tr>
<tr><th>지식 및 기능</th><th>사고력·판단력·표현력</th></tr>
<tr><td rowspan="4">역사 종합</td><td>1) 과목의 도입</td><td>-</td><td rowspan="4">· 역사 전환의 모습을 파악하는 '지속과 변화'
· 인과관계를 파악하는 '원인과 결과'
· 특색을 파악하는 '유사와 차이'</td></tr>
<tr><td>2) 근대화</td><td>· 근대화 이전의 각 지역의 상황
· 산업사회와 국민국가의 형성을 배경으로 생활과 사회의 변화를 다룸</td></tr>
<tr><td>3) 대중화</td><td>· 대중의 사회 참가 확대로 사람들의 생활과 사회, 국제관계의 상황이 변화했다는 것</td></tr>
<tr><td>4) 글로벌화</td><td>· 글로벌화로 인간의 생활과 사회, 국제관계의 상황이 변화했다는 것을 다루고, 세계와 일본의 상호적 관점으로 파악</td></tr>
<tr><td>일본사 탐구</td><td colspan="3">2017년 12월 현재까지 구체적인 내용 미공개</td></tr>
<tr><td>세계사 탐구</td><td colspan="3">2017년 12월 현재까지 구체적인 내용 미공개</td></tr>
</table>

다. 여기에는 학계의 발 빠른 대안 제시가 있었다는 것을 3절에서 언급한 바 있다. 이 과목은 한마디로 근현대사를 중심으로 일본사와 세계사가 결합된 것이다. 문부과학성은 이 과목이 신설된 이유로 근현대사에 관한 이해가 부족하다는 점, 일본사와 세계사의 양자택일적 관계가 아닌 글로벌화된 시각으로 일본의 과거, 현재, 미래를 탐구할 필요가 있다는 점, 조사 발표 활동이나 문제 해결 학습이 좀 더 충분하게 이루어져야 한다는 점 등을 내걸었다.

한편 근현대사 중심의 내용 구성을 글로벌화된 시각과 현재 및 미래와 연계할 수 있는 탐구 방법을 강구하겠다는 이 과목의 취지와 방향이 근대화와 제국주의를 어떤 방식으로 다룰지 또 다른 관심이 쏠리고 있다.

아울러 이 과목이 추구하는 자질과 능력으로 자국의 것과 글로벌한 것을 횡단적·상호적으로 파악하는 힘, 현대사회의 형성 과정을 이해하고 여러 과제를 고찰하는 힘, 지속 가능한 사회를 만드는 데 동참하는 태도, 국제사회에서 주체적으로 살아갈 수 있는 일본 국민으로서의 자각 등을 내세운다.

현재 문부과학성은 역사 종합이 추구하는 과목상을 다음과 같이 제시한다.

① 일본의 동향과 세계의 움직임을 관련지어 파악하는 과목

② 현대적 과제와 연결된 근현대사를 중심으로 하는 과목

③ 역사 고찰을 촉진하는 개념을 중심으로 하는 과목

역사 전환의 모습을 파악하는 '지속과 변화'

인과관계를 파악하는 '원인과 결과'

특색을 파악하는 '유사와 차이' 등

④ 역사 학습 방법을 익히는 과목

역사 속에서 질문을 발견하고, 자료를 기반으로 고찰하고, 서로의 생각을 교류하기 등

위에서 제시한 과목의 성격만으로 보면, 역사 종합은 현행 소학교로부터 시작되는 역사 관련 과목은 물론 역대 어느 교과서도 시도하지 않았던 역사적 사고력에 중점을 둔 과목이 될 것으로 기대한다. 과연 소학교와 중학교의 학습지도요령에서 보여준 다소 안타까운 개혁의 모습이 이 과목에서 새로운 비전을 제시해줄 수 있을까?

에필로그

자국사 교육과 세계사 교육, 사회과 통합과 역사과 독립, 역사교육의 정치화 등의 논란과 이를 해결하기 위한 실천적 모색 등 일본 역사교육이 겪어온 경험과 개선 노력은 여러 면에서 한국과 닮았다.

급속한 사회 변화는 미래를 살아가는 인재 양성에 도움이 되는 다양한 능력을 함양할 수 있는 교육을 요구하고, 이에 일본은 '살아가는 힘'의 육성을 강조한다. 하지만 서사 중심의 역사교육 구조는 여전히 일본 역사교육을 구성하는 주요 원리가 되고 있다. 최근 일본이 고시한 개정 학습지도요령에서도 살아가는 힘을 오랜 서사 구조에 익숙해진 역사교육에 접목하기 위해 노력했다는 것이 다양한 부분에서 확인되지만 여전히 초보적 수준에 머물고 있으며, 추상적이고 비체계적이다.

이런 가운데 종전의 서사 중심 구성과 다른 체제의 '역사 종합'이 고등학교의 새로운 역사 과목으로 개발되면서 일본 역사교육이 처한 딜레마적 상황을 뚫을 수 있는 대안이 될 수 있을지 관심을 모으고 있다. 무엇보다 역사적 사고력을 앞세워 이를 육성하려는 취지가 어떤 모습으로 구현될지 궁금하다. 일본 역사교육이 처한 살아가는 힘과 자국사 강화 사이의 모순적 관계를 해소하고 더 나아가 한국의 엉킨 매듭을 푸는 데 좋은 실마리가 되기를 기대한다.

참고문헌

권오현. 2009. 「일본 역사 학습지도요령, 무엇이 어떻게 바뀌었나?」. ≪역사교육논집≫, 제43권.

이윤미. 2017. 「전후 일본교육개혁의 정치학: 동아시아교육발전모델의 실천적 측면」. ≪교육정치학연구≫, 제24권, 제1호.

教育課程企画特別部会. 2015. "高等学校における教科·科目の現状·課題と今後の在り方について(平成27年 5月25日資料8-1)." http://www.mext.go.jp/a_menu/shotou/new-cs/(검색일: 2017.7.15).

東京教育委員會. 2012. "都立高等学校における日本史必修化の進め方について." http://www.kyoiku.metro.tokyo.jp/buka/shidou/nihonshi.htm(검색일: 2017.7.15).

文部科学省. 2006. "高等学校等の未履修開始年度等について平成18年12月13日字." http://www.mext.go.jp/a_menu/shotou/new-cs/(검색일: 2017.8.1).

_____. 2016. 『平成27年度 文部科學白書』 日經印刷.

_____. 2017a. "小學校學習指導要領(平成29年3月31日)." http://www.mext.go.jp/a_menu/shotou/ new-cs/(검색일: 2017.8.1).

_____. 2017b. "中學校學習指導要領(平成29年3月31日)." http://www.mext.go.jp/a_menu/shotou/new-cs/(검색일: 2017.8.1)

日本学術会議. 2011. "提言新しい高校地理·歷史教育の創造ーグローバル化に対応した時空間認識の育成ー(2011年8月3日)." http://www.scj.go.jp/ja/info/kohyo/division-15.html(검색일: 2017.7. 15).

_____. 2014. "提言再び高校歷史教育のあり方について(2014年6月13日)." http://www.scj.go.jp/ja/info/kohyo/ division-15.html(검색일: 2017.7.15).

_____. 2016. "提言「歷史総合」に期待されるもの(2016年5月16日)." http://www.scj.go.jp/ja/info/kohyo/ division-15.html(검색일: 2017.7. 15).

中央教育審議會教育課程部會. 2016a. "次期学習指導要領等に向けたこれまでの審議のまとめ(案)のポイント(平成28年8月19日資料1)." http://www.mext.go.jp/a_menu/shotou/new-cs/(검색일: 2017.7.15).

_____. 2016b. "次期学習指導要領等に向けたこれまでの審議のまとめ(案)のポイント(平成28年8月26日資料1)." http://www.mext.go.jp/a_menu/shotou/new-cs/(검색일: 2017.7.15).

_____. 2016c. "次期学習指導要領等に向けたこれまでの審議のまとめ(案)のポイント(平成28年8月26日資料2-3)." http://www.mext.go.jp/a_menu/shotou/ new-cs/(검색일: 2017.7.15).

_____. 2016d. "各教科等別ワーキンググループ等の議論の取りまとめについて(案)(平成28年7月19日資料6①)." http://www.mext. go.jp/a_menu/shotou/ new-cs/(검색일: 2017.7.15).

_____. 2016e. "各教科等別ワーキンググループ等の議論の取りまとめについて(案)(平成28年7月19日資料2)." http://www.mext.go.jp/a_menu/shotou/ new-cs/(검색일: 2017.7.15).

中央教育審議會初中等教育分科會教育課程部會. 2008. "幼稚園, 小學校, 中學校, 高等學校及び特別支援學校の學習指導要領等の改善について(答申)(2008年1月17日)." http://www.mext.go.jp/a_menu/shotou/new-cs/information/1290361.htm(검색일: 2017.7.1.)

자료 9-1 **'역사 기초' 과목의 내용 구성 시안**

장별 구성	주요 내용
제1부 도입	기본 과제: 우리는 어떤 장소에 살고 있나? 질문: 동일본 대지진으로 사망한 사람은 얼마나 될까? 질문: 200년 동안 일본에서 1000명 이상의 사망자가 나온 지진이 얼마나 발생했을까?(참고: http://earthquake.usgs.gov/earthquakes/world/historical_country.php#japan) 질문: 200년 동안 진도 8 이상의 지진은 언제, 어디서 발생했을까?(참고: http://earthquake.usgs.gov/earthquakes/eqarchives/ year/mag8/magnitude8_1900_date.php) 질문: 후지산은 언제, 얼마나 자주 분화했나?
제2부 근대 이전의 세계	제1과제: 지금 살아 있는 인류는 어떻게 탄생했나?(인류의 동일성) 질문: 지금 살고 있는 인류는 언제, 어디에서 탄생한 것일까? 질문: 현생 인류는 언제, 어떻게 지구상에 퍼진 것일까? 질문: 그때 다른 동물에게는 어떤 일이 일어난 것일까?(멸종, 가축화) 질문: 인류가 여러 종류의 언어를 사용하게 된 것은 왜일까?〔참고: *The Human Web: A Bird's-Eye View of World History*(John McNeill and William McNeill, 2003)〕 제2과제: 근대 이전 세계에서 인류는 어떻게 연결되어 있었을까? 질문: 먼 지역에 사는 사람들은 어떤 물건을 교환했을까?(감염) 질문: 세계에 퍼진 종교에는 어떤 것이 있었을까? 질문: 세계의 넓은 지역을 정복한 사람은 어떤 사람이 있었을까? 질문: 각각의 지역에 사는 사람은 세상의 관계를 어떻게 인식하고 있었을까? 제3과제: 근대 직전 세계에는 어떤 문명이 있었을까? 질문: 동아시아에 어떤 문명이 있었을까? 질문: 동아시아 이외의 유라시아 대륙에는 어떤 문명이 있었을까? 질문: 아프리카 대륙과 대륙에는 어떤 문명이 있었을까? 특별 질문: 일본·중국·영국 가족은 각각 어떤 특징을 가지고 있을까?
제3부 글로벌화의 가속	제1과제: 과학기술과 결합하면서 인류에게는 어떤 변화가 태어났을까? 질문: 18세기까지의 인류가 사용하던 기술의 예를 몇 가지 들어보자(요리 등) 질문: 17세기 서양에 일어난 '과학 혁명'은 어떤 것이었을까? 질문: 19세기에 탄생한 과학을 기초로 하는 기술의 예를 몇 가지 들어보자(전기 등) 질문: 19 세기에 가속화한 글로벌화는 어떤 기술을 기반으로 한 것일까? 제2과제: 미국과 프랑스혁명에 의해 어떤 정치의 구조가 태어난 것일까? 질문: 18세기 말에 북미에서 나타난 정치는 어떤 점에서 새로운가?

	질문: 프랑스혁명으로 무엇이 바뀐 것일까? 질문: 세계의 다른 지역에 프랑스혁명은 어떤 영향을 주었을까? 제3과제: 아시아 사람들은 서양의 움직임에 어떻게 대응했나? 질문: 서양인이 나타났을 때 중동 사람들은 어떤 경험을 했을까? 질문: 마찬가지로 인도 사람들은? 질문: 마찬가지로 중국이나 조선 사람들은? 특별 질문: 해상 교통 의해 퍼진 감염증에는 어떤 것이 있었을까?
제4부 근대화와 제국주의의 시대	제1과제: 일본은 어떻게 근대화를 시작했을까? 질문: 페리(Matthew Perry) 제독이 왔을 당시 일본의 정치 구조, 경제, 문화는 어떠했을까? 질문: 메이지 유신으로 일본은 어떻게 변화했을까?(예를 들어, 1853년과 1890년을 비교) 질문: 일본인은 서양 문명과 전통을 어떻게 접목시킨 것일까? 제2과제: 일본은 유신 후, 인근국과의 관계를 어떻게 다시 맺었는가? 질문: 류큐와 에조 사람들에게 어떤 일이 일어난 것일까? 질문: 일본은 조선과 중국의 관계를 어떻게 바꿔놓은 것일까? 질문: 청일 전쟁 후 중국과 조선 사람들에게 어떤 일이 일어났나?(일본의 식민 제국화 민족주의와 민주화의 시작) 질문: 러일 전쟁 후 일본과 조선의 관계는 어떻게 변화했을까? 제3과제: 서구 제국이 제국주의적 경쟁을 시작했을 때, 세계에는 무슨 일이 일어났을까? 질문: 중동과 아프리카 사람들에게 무슨 일이 있었을까? 질문: 제1차 세계대전은 어떤 점에서 '새로운 전쟁'이었던 것일까? 질문: 제1차 세계대전의 결과, 서양이나 다른 지역 사람들에게 무슨 일이 일어난 것일까?(러시아 혁명도 들어가지만, 자세한 내용은 추후 보완) 제4과제: 일본이 인근에 다시 확장을 시작했을 때, 아시아 태평양 지역에 무슨 일이 있었을까? 질문: 1930년대 초 일본은 어떤 상태였을까? 질문: 일본의 군부는 어떻게 권력을 잡은 것일까? 질문: 일본군의 침략에 중국은 어떻게 대응했을까? 질문: 일본은 어떻게 서양과 전쟁을 시작한 것일까?
제5부 탈식민지화, 냉전 경제 발전의 시대	제1과제: 대일본 제국이 붕괴된 이후 동아시아의 사람들에게 어떤 일이 일어난 것일까? 질문: 독립 후 한국과 조선은 왜 둘로 갈라진 것일까? 질문: 중국과 대만에서는 어떤 일이 일어나고 있었을까? 질문: 일본인은 어떻게 나라를 재건한 것일까?

	제2과제: '냉전'은 어떻게 시작되고 이어진 것일까? 질문: 자본주의 국가와 사회주의 국가에는 어떤 점에서 차이가 있을까? 질문: 세계 주요국은 어떻게 '냉전'을 시작한 것일까? 질문: 비서구인들은 '냉전' 기간에 어떤 경험을 한 것일까? 제3과제: 아시아 국가는 어떻게 경제 발전을 만들었을까? 질문: 1960년대의 세계에서 일본은 어떤 입장에 있었을까?(일본은 서유럽과 북미가 아닌 지역 가운데 유일하게 경제 발전과 민주화를 경험하고 있었다. 지금과는 다르다) 질문: 한국과 대만은 어떻게 경제 발전을 시작한 것일까? 질문: 산유국에서는 어떤 일이 일어나고 있었을까?(풍요로움을 전제) 제4과제: '냉전' 후의 세계는 어떤 것일까? 질문: 동유럽과 한국, 대만은 어떻게 자유를 손에 넣은 것일까? 물음: '냉전' 후 일부 국가에서 민족 분쟁이 일어난 이유는 무엇일까? 질문: 경제 발전은 반드시 자유로운 사회를 만들 것인가?(중국에 주목)
제6부 전망	기본 과제: 좁아지는 지구에서 어떻게 하면 사람들이 함께 살아갈 수 있을까? 질문: 현재 지구상에 인구, CDP, 숲은 어떻게 분포하고 있는 것일까? 질문: 지금 세계의 인구·상품·문화는 어떻게 이동하고 있는 것일까? 질문: 글로벌화와 산업화의 보급에 따라 어떤 문제가 일어나고 있는 것일까?(기후 변화, 감염 등) 특별 질문: 현재 세계에서 남녀 관계는 어떻게 변화하고 있을까?

자료: 日本学術会議(2014: 12~13).

찾아보기

ㅈ

ㅊ

ㅌ

ㅍ

ㅎ

지은이

강선주는 서울대학교 역사교육과를 졸업하고 미국 인디애나대학교에서 박사 학위를 받았다. 중학교 교사로 재직한 경험이 있으며, 현재 경인교육대학교에서 교수로 재직 중이다. 주된 관심 분야는 역사교육, 세계사, 문화유산 교육, 박물관 교육 등이다. 저서로 『소통으로 만드는 역사교육』(2017)과 『역사교육 새로 보기』(2015)가 있으며, 『마주 보는 세계사 교실』(2007), 『세계사를 보는 눈』(2018) 등 아동 청소년을 위한 역사서를 쓰기도 했다. 공저로 『기억과 전쟁』(2009), 『지구화 시대의 새로운 세계사』(2008), 『역사교육의 내용과 방법』(2007) 등이 있으며, 『글로벌 히스토리란 무엇인가』(2010)를 번역했다. *Identity, Trauma, Sensitive and Controversial Issues in the Teaching of History*(2015), *Palgrave Handbook of Research in Historical Culture and Education*(2017)을 해외 학자와 함께 펴냈다.

고유경은 이화여자대학교 사학과를 졸업하고 독일 튀빙겐대학교에서 박사 학위를 받았다. 현재 원광대학교 역사교육과 교수로 재직 중이다. 주된 연구 분야는 독일 환경사, 세대사, 역사와 기억, 역사교육이다. 최근에는 독일의 정체성 교육과 숲 담론에 관심을 두고 있다. 저서로는 『독일사 깊이 읽기』(2017)와 박사 학위 논문을 바탕으로 한 *Zwischen Bildung und Propaganda: Laientheater und Film der Stuttgarter Arbeiterkulturbewegung zur Zeit der Weimarer Republik*(2002)가 있으며, 공저로 『서양 문화사 깊이 읽기』(2008), 『탈경계 시대의 지구화와 지역화』(2010), 『지구지역 시대의 문화경계』(2009) 등과 역서로 『부르주아 전(傳)』(2005) 등이 있다.

구난희는 서울대학교 역사교육과를 졸업하고 한국교원대학교에서 박사 학위를 받았다. 중학교에서 역사를 가르쳤고, 10여 년간 교육부에서 역사 편수를 담당했다. 현재는 한국학중앙연구원 인문학부 교수로 재직 중이며, 평화와 공존을 위한 역사 이해를 지향하며 역사교육과 발해사를 연구하고 있다. 저서로 『발해와 일본의 교류』(2017), 『발해왕조실록』(2016)이 있으며, 공저로 『발해 유적 사전』(2015), 『8세기 동아시아의 역사상』(2011), *A New History of Parhae*(2012) 등이 있다. 국내외 역사 교육자들과 *'History Wars' and Reconciliation in Japan and Korea*(2017), 『우리 역사교육의 역사』(2015), 『日韓で考える歴史教育』(2010)등을 함께 펴냈다.

박소영은 제주대학교를 졸업하고, 일본 규슈대학에서 박사 학위를 받았다. 현재 한국학중앙연구원에서 연구원으로 재직 중이며, 한국바로알리기사업실에서 외국 교과서의 한국 관련 내용을 개선하는 업무를 담당하고 있다. 주된 관심 분야는 근대 시기 일본 교과서 연구, 외국 교과서에 있는 한국 이미지 연구 등이다. 관련 연구 논문으로 「근대시기 일본이 바라보는 한국에 대한 시선」(2016), 「외국 사회과 교과서에 나타난 한국 이미지」(2012) 등이 있다.

박진동은 서울대학교 역사교육과를 졸업하고 동 대학원에서 교육학 석사·박사 학위를 받았다. 고등학교 교사로 근무하다가 현재 한국교육과정평가원에서 연구 위원으로 재직 중이다. 역사 교육과정과 교과서, 평가, 한국 교육사 등에 주된 관심을 두고 있다. '2017학년도 수능 한국사 필수화에 따른 교사 연수 자료 개발'(2014), '2015개정 교육과정에 따른 역사과 평가기준 개발 연구'(2016) 등에서 연구 책임을 맡았고, '2015 개정 교육과정에 따른 교과용 도서 편찬 준거 개발 연구'(2015), '창의·인성 교육을 위한 성취평가제 내실화 방안'(2015) 등에 공동 연구원으로 참여했다. 공저로 『역사과 평가의 이론과 실제』(2012), 『한·일 역사과 교육과정 비교연구』(2010)가 있다.

방지원은 한국교원대학교 역사교육과를 졸업하고, 동 대학원에서 석사·박사 학위를 받았다. 1990년부터 2007년까지 중·고등학교 교사로 근무했으며, 현재 신라대학교 사범대학 역사교육과에서 재직 중이다. 역사 교육과정과 교과서, 역사 교사 양성 프로그램, 역사교육에서 민주주의 교육 문제에 관심을 두고 공부하고 있다. 대표 논문으로 「공감과 연대의 역사교육과 '과거사' 문제」(2017), 「'국민적 정체성' 형성을 위한 교육과정에서 '주체적 민주시민'을 기르는 교육과정으로」(2015), 「중고등학생들의 현대사 인식과 역사교육」(2014) 등이 있다. 역사 교사들과 함께 역사교육연구소에서 활동하며 『우리 역사교육의 역사』(2015)를 썼고, 『행복한 한국사 초등학교』(2010)를 여러 선생님들과 함께 펴냈다.

윤세병은 공주대학교 역사교육과를 졸업하고 동 대학원에서 박사 학위를 받았다. 고등학교에서 20여 년간 근무했으며 공주대학교, 한국교원대학교 등에서 강의했다. 현재는 유성생명과학고에서 역사 교사로 재직 중이다. 민주주의에 기여할 수 있는 역사교육과 근현대 동아시아의 역사교육에 관심을 가지고 있으며, 한중일 공동 역사 교재 작업에 참여하고 있다. 공저로 『동아시아사 교육자료집』(2016), 『한국이 보이는 세계사』(2011), 『역사, 무엇을 어떻게 가르칠까』(2008), 『살아있는 세계사 교과서』(2005) 등이 있다.

이미미는 서울대학교 역사교육과를 졸업하고 미국 미시간대학교에서 박사 학위를 받았다. 미국 아이오와주립대학교 조교수와 한국교육과정평가원 부연구 위원을 거쳐 현재 홍익대학교 사범대학 역사교육과 조교수로 재직 중이다. 역사 교수·학습에서 교재의 역할, 탐구를 중심으로 하는 역사 교수·학습의 실제, 역사 교사의 전문적 지식 연구에 관심이 있다. 주요 논문으로 「Promoting Historical Thinking Using the Explicit Reasoning Text」(2013), 「교사가 파악하는 역사적 중요성과 교수·학습적 중요성」(2016) 등이 있다.

홍용진은 고려대학교 서양사학과를 졸업하고 프랑스 파리1대학교에서 박사 학위를 받았다. 현재 서울시립대학교 도시인문학연구소 조교수로 재직 중이며, 중세 말에서 근대 초로의 이행기를 중심으로 한 정치 문화 및 국가 형성 문제를 주로 연구하고 있다. 2012년에 「13세기 말~14세기 초 프랑스 왕권 이미지 생산」(2012)으로 역사학회 우수논문상을 수상했고, 최근에는 「중세 말 수도 파리에 대한 국가적 경제 조치 시도」(2017), 「백년전쟁 초기 프랑스 시가에 나타난 정치적 감정들」(2017) 등을 집필했다. 공저로 『전쟁과 프랑스 사회의 변동』(2017), 『서양사 속 빈곤과 빈민』(2016), 『영화, 담다 그리다 비추다』(2016) 등이 있다.

한울아카데미 2052

세계는 역사를 어떻게 교육하는가

9개국의 역사 교육과정 분석

엮은이 | 강선주
펴낸이 | 김종수
펴낸곳 | 한울엠플러스(주)

초판 1쇄 발행 | 2018년 2월 28일
초판 2쇄 발행 | 2019년 1월 15일

주소 | 10881 경기도 파주시 광인사길 153 한울시소빌딩 3층
전화 | 031-955-0655
팩스 | 031-955-0656
홈페이지 | www.hanulmplus.kr
등록번호 | 제406-2015-000143호

Printed in Korea.
ISBN 978-89-460-7052-3 93370

* 책값은 겉표지에 표시되어 있습니다.